IFRS9「金融商品」の構図

Yoshida Yasuhide
吉田康英 | 著

IAS39 置換プロジェクトの評価

IFRS9

IFRS 9 Financial Instruments

同文舘出版

序　文

　本書は国際会計基準審議会（IASB）が 2014 年 7 月に最終版として公表した国際財務報告基準第 9 号「金融商品（IFRS9）」について，金融商品会計の複雑性低減及び世界金融危機の再発防止という 2 つの視点から考察を試みたものである。

　金融商品の会計基準については，IASB の前身である国際会計基準委員会が 1999 年 3 月に国際会計基準第 39 号「金融商品：認識と測定（IAS39）」を公表しているが，財務諸表作成者及び同利用者の双方から複雑との批判があった。米国でも，金融商品に係る米国会計基準は複雑との批判があり，IASB 及び米国財務会計基準審議会（FASB）は，金融商品会計の複雑性低減を目的とする共同プロジェクトを立ち上げるに至った。同プロジェクトでは，償却原価も許容する混合測定属性モデルから公正価値のみとする単一測定属性モデルへの移行の是非を含む中長期かつ包括的な視点から，金融商品会計の見直し作業が進められていた。しかしながら，見直し作業中にサブプライム・ローンの信用危機，同ローンを原資産とする証券化商品市場の混乱，ひいては 2008 年 9 月にリーマン・ブラザーズが経営破綻に追い込まれる等，100 年に一度と称される世界金融危機が発生した。

　事態を重くみた各国政府や G20 は緊急対応に乗り出す一方，世界金融危機に至った背景の 1 つには会計基準の不備があると指摘し，IASB 及び FASB に対して金融商品や公正価値測定を中心に，コンバージェンスを視野に入れた会計基準の早急な見直しを迫った。IASB 及び FASB は，かねてから中長期かつ包括的な視点から金融商品会計の複雑性低減に向けて見直し作業を行っていたが，そこに世界金融危機の再発防止という異なる目的が重畳的に追加される形になった。さらに G20 は見直し期限を区切ったことから，IASB は開発作業の加速化を図るため，見直しが終了した部分（フェーズ）毎に IAS39 を IFRS9 に置き換える方針を採用した。これに対して，FASB は，IASB と共同で見直し作業を行うものの，金融商品会計に係る米国会計基準の改訂は一括で対応する方針を採用している。この作業方針の違いに加え

i

て，両者を取り巻く環境は必ずしも同じではないことからコンバージェンスにもずれが生じる等，IAS39 を IFRS9 に置き換える IAS39 置換プロジェクトは，与えられた目的を十分に達成したとは言い難く，残された課題も少なくない。

したがって，本書では，金融商品会計の複雑性低減及び世界金融危機の再発防止という２つの視点から，IAS39 置換プロジェクトの各フェーズ及び関連性が高い公正価値測定プロジェクトの最終成果を横断的に分析することで，両プロジェクトの結果を総括するとともに，今後の金融商品会計に残された課題を示すことを目的とする。

本書の構成としては，序章にて本書の問題意識を明らかにし，第１章では金融商品会計の複雑性低減プロジェクト，第２章では世界金融危機を概括することで，IFRS9 及び IFRS13 を評価する際の視点を抽出する。次いで第３章では IFRS13，第４章から第６章では IFRS9 のフェーズ毎に全体的な理解に必要な基本事項及び技術的または応用的な要素が強い個別事項に分けて説明する。次いで IAS39 との比較及び米国会計基準の動向等も踏まえて，その特徴を明確にした後に２つの視点から評価を行い，残された課題を示す形で統一している。第７章は IFRS9 で積み残しになったマクロヘッジを取り上げ，終章では IAS39 置換プロジェクトの全体を総括する。なお，コンバージェンスも重要な論点であり，FASB は金融商品に係る米国会計基準の見直しの最終作業段階に入っている。したがって，本来であれば米国会計基準の基準化を待つべきところ，本書の出版助成の期限の関係から，最終作業段階での内容をもとに考察している。この点については，今後も愚直に研究を進め，別な機会にその結果を公表いたしたい。

本書が想定する読者及び読み方は様々であるが，とりあえず IFRS9 及び IFRS13 の概要を知りたい場合には，第３章から第６章の各１節の基本事項（各章の 1.2.（1））を読み，さらに技術的な要素を含む詳細まで理解したい場合には，同節の個別事項（各章の 1.2.（2））を読まれたい。次いで，IAS39 との比較及び米国会計基準の動向を含めた特徴を理解したい場合には，第３章から第６章の各２節を読まれたい。筆者が提示した評価の視点である金融商品会計の複雑性低減及び世界金融危機の再発防止に興味がある場合には，残

りの節のほか，他の章もあわせて読まれたい。なお，マクロヘッジの動向は流動的であるため，第7章は補論的な位置付けにある。

　本書の刊行に至るまでは，多くの方々からの有形無形の協力を受けている。まずは今回の出版の機会を与えていただいた中京大学経営学部の諸先生方に感謝したい。本書は同学部の出版助成による中京大学経営研究双書として刊行されている。次に友杉芳正教授（現・東海学園大学教授）に感謝したい。筆者のような実務界上がりの者を快く受け入れ，学位取得まで親身に指導いただいた友杉教授の学恩は限りなく大きい。あわせて実務界でお世話になった前勤務先の三井住友銀行（旧三井・さくら銀行）及び出向先のアーンスト・アンド・ヤング NY 会計事務所及び新日本有限責任監査法人（旧太田昭和監査法人）の当時の方々にも感謝したい。前勤務先及び出向先は筆者の会計実務の故郷であり，母校である。最後に出版事情が厳しい中，本書の出版を引き受けていただいた同文舘出版株式会社社長の中島治久氏，編集でお世話になった青柳裕之氏に心からお礼を申し上げる次第である。

平成 27（2015）年 12 月

吉田　康英

本書で用いた略語等の一覧

BIS	Bank for International Settlements	国際決済銀行
EU	European Union	欧州連合
FASB	Financial Accounting Standards Board	(米国)財務会計基準審議会
FCAG	Financial Crisis Advisory Group	金融危機諮問グループ
FSB	Financial Stability Board	金融安定化理事会
FSF	Financial Stability Forum	金融安定化フォーラム
G20	Group of Twenty	先進国に新興国を加えた主要20カ国(首脳会議)
IAS	International Accounting Standards	国際会計基準
IASB	International Accounting Standards Board	国際会計基準審議会
IASC	International Accounting Standards Committee	国際会計基準委員会
IFRS	International Financial Reporting Standards	国際財務報告基準
IOSCO	International Organization of Securities Commissions	証券取引監督者国際機構
JWG	Joint Working Group of Standard Setters	ジョイント・ワーキング・グループ
SEC	Securities and Exchange Commission	(米国)証券取引委員会
SFAS	Statements of Financial Accounting Standards	(米国)財務会計基準書

元利金取立モデル	契約上の元利金取立を通じたキャッシュ・フローの回収を事業目的として,金融資産を保有する事業モデル
元利金取立・売却一体化モデル	契約上の元利金取立及び売却の両方を通じたキャッシュ・フローの回収を事業目的として,金融資産を保有する事業モデル
公正価値&純損益	純損益を通じて公正価値で測定
公正価値&その他の包括利益	その他の包括利益を通じて公正価値で測定
組替調整	当期または過去の期間に,その他の包括利益に含まれていた部分を純損益に振り替える会計処理(いわゆるリサイクル,再分類)

本書で用いた国際財務報告（会計）基準

IFRS2	株式報酬（Share-based Payment）
IFRS3	企業結合（Business Combinations）
IFRS5	売却目的で保有する非流動資産及び非継続事業（Non-current Assets Held for Sale and Discontinued Operations）
IFRS7	金融商品：開示（Financial Instruments: Disclosures）
IFRS8	事業セグメント（Operating Segments）
IFRS9	金融商品（Financial Instruments）
IFRS10	連結財務諸表（Consolidated Financial Statements）
IFRS12	他の企業への関与の開示（Disclosure of Interests in Other Entities）
IFRS13	公正価値測定（Fair Value Measurement）
IFRS15	顧客との契約から生じる収益（Revenue from Contracts with Customers）
IAS2	棚卸資産（Inventories）
IAS8	会計方針，会計上の見積りの変更及び誤謬（Accounting Policies, Changes in Accounting Estimates and Errors）
IAS16	有形固定資産（Property, Plant and Equipment）
IAS17	リース（Leases）
IAS18	収益（Revenue）
IAS19	従業員給付（Employee Benefits）
IAS21	外国為替レート変動の影響（The Effects of Changes in Foreign Exchange Rates）
IAS30	銀行業及び類似金融機関の財務諸表における表示（Disclosure in the financial statements of banks and similar financial institutions）
IAS32	金融商品：表示（Financial Instruments: Presentation）
IAS36	資産の減損（Impairment of Assets）
IAS37	引当金，偶発債務及び偶発資産（Provisions, Contingent Liabilities and Contingent Assets）
IAS39	金融商品：認識及び測定（Financial Instruments: Recognition and measurement）
IAS40	投資不動産（Investment Property）
IAS41	農業（Agriculture）

　文中における国際財務報告（会計）基準の参照パラグラフは，特に断りがない限り，2015年1月1日現在で公表されている基準書によるものとし，引用に際しては，参照の便宜の観点から改めて該当する会計基準名を付している。

v

IFRS9「金融商品」の構図◆目次

序　章　IAS39 置換プロジェクトによる
金融商品会計の見直しの背景

はじめに ……………………………………………………………………… *2*

1　IFRS9 及び IAS39 置換プロジェクトの概要 ………………………… *2*

1. IFRS9 の概要及び IFRS 体系における位置付け　*3*
2. IAS39 の概要及び開発過程　*6*
3. IAS39 置換プロジェクトの概要　*10*

2　IAS39 置換プロジェクトによる金融商品会計の見直しの背景 ……… *13*

1. 金融商品会計の複雑性低減プロジェクトによる影響　*14*
2. 世界金融危機による影響　*17*

3　本書の目的及び構成 ………………………………………………… *20*

1. 本書の目的　*20*
2. 本書の構成　*21*

第 1 章　複雑性低減プロジェクトからみた
金融商品会計の見直しの視点

はじめに ……………………………………………………………………… *26*

1　2008 年討議資料（複雑性低減）の概要 …………………………… *26*

1. 目指すべき長期的解決策　*27*
2. 中間的アプローチの概要　*33*
3. 長期的解決策に向けて解消すべき問題　*39*

2　金融商品会計の複雑性低減プロジェクトの背景 …………………… *41*

1. 金融商品会計における測定手法の多様性　*41*

vii

2. 2008 年討議資料（複雑性低減）公開に至る経緯及び
金融商品プロジェクトとの関係　*44*

3　複雑性低減からみた金融商品会計の検討課題の整理 ……………… *45*

1. 財務報告の複雑性と回避可能性　*46*
2. 財務報告における複雑性低減策　*50*
3. 金融商品会計における複雑性低減の視点　*52*

小　括 ……………………………………………………………………… *56*

第 2 章　世界金融危機からみた金融商品会計の見直しの視点

はじめに ………………………………………………………………… *60*

1　世界金融危機の概要及び G20 を含む関係機関による対応 ………… *60*

1. 世界金融危機の概要　*61*
2. 各国政府・規制当局及び G20 による対応　*64*
3. 会計基準設定主体による対応　*66*

2　世界金融危機に至った発生原因の分析 ……………………………… *73*

1. サブプライム・ローンの概要及び信用リスクの増大　*73*
2. 証券化の構造とリスクの不透明化　*75*
3. 再証券化等による危機の伝播とリスクの増幅　*79*
4. 証券化スキーム参加者のビジネス・モデルによる弊害　*84*

3　世界金融危機からみた金融商品会計の検討課題の整理 …………… *88*

1. 市場流動性が著しく低下している状況での公正価値測定の対応　*88*
2. 金融資産の信用リスクの増大に対する適切な対応　*89*
3. 金融資産及び金融負債の分類と測定の簡素化　*89*
4. 金融資産及び金融負債のオフバランス処理の見直し　*90*
5. ビジネス・リスクを含む企業の将来キャッシュ・フロー情報の
開示の拡充　*90*

小　括 ……………………………………………………………………… *91*

第3章 公正価値測定プロジェクトの展開と IFRS13

はじめに ………………………………………………………………………………… *96*

1 IFRS13 による公正価値の測定及び開示の枠組み ………………………… *96*

   1. IFRS 体系における IFRS13 の位置付け　*97*

   2. IFRS13 による公正価値の測定及び開示の概要　*98*

2 IFRS13 による公正価値の測定及び開示の特徴 ……………………… *120*

   1. IFRS13 公表に至るまでの経緯　*121*

   2. IFRS13 における主な論点　*122*

   3. 米国会計基準とのコンバージェンス　*135*

**3 公正価値測定プロジェクトの評価及び
残された主な課題** ……………………………………………………………………… *136*

   1. 金融商品会計の複雑性低減の視点による評価　*137*

   2. 世界金融危機の再発防止の視点による評価　*139*

   3. 残された主な課題　*140*

小　括 ……………………………………………………………………………………… *147*

第4章 IFRS9 による金融資産及び金融負債の分類と測定の見直し

はじめに ……………………………………………………………………………… *152*

**1 IFRS9 による金融資産及び金融負債の分類と
測定の枠組み** …………………………………………………………………………… *152*

   1. フェーズ1「金融資産及び金融負債の分類と測定」の開発過程　*153*

   2. IFRS9 による金融資産及び金融負債の分類と測定の概要　*154*

2 IFRS9 による金融資産及び金融負債の分類と測定の特徴 ………… *175*

   1. 金融資産及び金融負債の分類と測定における
IFRS9 及び IAS39 間の主な相違点　*175*

ix

2. 金融資産及び金融負債の分類と測定における IFRS9 と IAS39 間の
主な論点　*178*

3. 米国会計基準の動向及びコンバージェンスの状況　*185*

3 **IAS39 置換プロジェクトのフェーズ 1 の評価及び**
残された主な課題 ·· *188*

1. 金融商品会計の複雑性低減の視点による評価　*188*
2. 世界金融危機の再発防止の視点による評価　*192*
3. 残された主な課題　*194*

小　括 ·· *199*

第 5 章　IFRS9 による減損の方法の見直し

はじめに ·· *204*

1 **IFRS9 による減損の方法の枠組み** ··· *204*

1. フェーズ 2「減損の方法」の位置付け及び開発過程　*205*
2. IFRS9 による減損の方法の概要　*207*

2 **IFRS9 による減損の方法の特徴** ·· *221*

1. 減損の方法における IFRS9 及び IAS39 間の主な相違点　*222*
2. 減損の方法における IFRS9 及び IAS39 間の主な論点　*224*
3. IFRS9 に至るまでに検討されたモデルの変遷　*235*
4. 米国会計基準の動向及びコンバージェンスの状況　*242*

3 **IAS39 置換プロジェクトのフェーズ 2 の評価及び**
残された主な課題 ·· *247*

1. 金融商品会計の複雑性低減の視点による評価　*247*
2. 世界金融危機の再発防止の視点による評価　*251*
3. 残された主な課題　*253*

小　括 ·· *260*

第6章　IFRS9による一般ヘッジ会計の見直し

はじめに ……………………………………………………………………… *266*

1　IFRS9による一般ヘッジ会計の枠組み ………………………………… *266*

   1. フェーズ3「ヘッジ会計」の位置付け及び開発過程　　*267*

   2. IFRS9による一般ヘッジ会計の概要　　*268*

2　IFRS9による一般ヘッジ会計の特徴 …………………………………… *286*

   1. 一般ヘッジ会計におけるIFRS9及びIAS39間の主な異同点　　*286*

   2. 一般ヘッジ会計におけるIFRS9及びIAS39間の主な論点　　*289*

   3. 米国会計基準の動向及びコンバージェンスの状況　　*294*

3　IAS39置換プロジェクトのフェーズ3の評価及び残された主な課題 ………………………………………………………………… *296*

   1. 金融商品会計の複雑性低減の視点による評価　　*296*

   2. 世界金融危機の再発防止の視点による評価　　*299*

   3. 残された主な課題　　*300*

小　括 ……………………………………………………………………………… *306*

第7章　マクロヘッジ会計の方向性

はじめに ……………………………………………………………………… *312*

1　オープン・ポートフォリオの特徴及び一般ヘッジ会計による対応の限界 ……………………………………………… *312*

   1. オープン・ポートフォリオの動的リスク管理　　*313*

   2. 一般ヘッジ会計による限界　　*318*

2　マクロヘッジ討議資料の概要 …………………………………………… *321*

   1. ポートフォリオ再評価アプローチの概要　　*321*

   2. ポートフォリオ再評価アプローチの適用対象　　*326*

   3. ポートフォリオ再評価アプローチの適用範囲　　*333*

3 **マクロヘッジ討議資料における概念上の論点** ……………………… *338*

    1. 会計の基本的な枠組みとリスク管理との整合性　　*338*

    2. IFRS9 に組み入れた場合の整合性　　*340*

    3. マネジメント・アプローチによる多様性　　*341*

小　括 ………………………………………………………………………… *342*

終章　IAS39 置換プロジェクトの総括及び
　　　金融商品会計の今後の課題

はじめに ………………………………………………………………………… *346*

1 **IAS39 置換プロジェクトの総括** ……………………………………… *346*

    1. IAS39 置換プロジェクトの成果としての IFRS9 の枠組み　　*346*

    2. 金融商品会計の複雑性低減の視点による評価　　*347*

    3. 世界金融危機の再発防止の視点による評価　　*350*

    4. IAS39 置換プロジェクトの総括的な評価　　*351*

2 **IAS39 置換プロジェクト終了後の
金融商品会計に残された主な課題** ……………………………………… *353*

    1. 米国会計基準とのコンバージェンスとの是非　　*353*

    2. 金融商品の会計基準と金融機関の会計基準の是非　　*355*

    3. 全面公正価値会計への移行の是非　　*356*

結びに代えて …………………………………………………………………… *357*

参考文献　*359*

索　引　*365*

IFRS9「金融商品」の構図
―IAS39 置換プロジェクトの評価―

序　章

IAS39置換プロジェクトによる
金融商品会計の見直しの背景

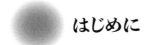
はじめに

　IASBは，IFRS体系の金融商品会計をIAS39からIFRS9に置き換えることを目的とするIAS39置換プロジェクトを展開し，2009年11月の金融資産の分類と測定の改訂を手始めに数次の改訂作業を行った後，2014年7月の改訂をもって同プロジェクトは終了している。これによって，IFRS適用企業の金融商品会計はIFRS9によるほか，日本のように自国会計基準を維持しつつ，IFRSとのコンバージェンスを図る方針を採用する国では，これまでのIAS39に替えて，IFRS9がコンバージェンスの対象になる。

　IAS39置換プロジェクトの背景には，IASB及びFASBの共同による金融商品会計の複雑性低減プロジェクトに加えて，世界金融危機によるG20からの見直し要請がある。そのため，IFRS9は，金融商品会計の複雑性低減及び世界金融危機への対応という2つの目的の達成が課せられ，開発作業はIASBの単独ではなく，FASBも参画する形となった。IASB及びFASBは，IFRSと米国会計基準間のコンバージェンスを目指しながらも，両者を取り巻く利害関係者のニーズは必ずしも同じではなく，G20からは早期の見直しを迫られたため，IFRS9には残された課題も少なくない。

　したがって，本章では，最初にIFRS9及びIAS39置換プロジェクトの概要を説明する。次いで金融商品会計の見直しの背景にある金融商品会計の複雑性低減プロジェクト及び世界金融危機を概括した後[1]，本書の目的及び構成を示すものとする。

1　IFRS9及びIAS39置換プロジェクトの概要

　2014年7月改訂後の完成版とされるIFRS9は，IAS39に代わる新たな金融商品会計の基準としてIFRS体系に組み込まれる。IFRS9は，IAS39から変更された点も多いが，引き続きIAS39を踏襲している点も少なくない。変更点を含むIFRS9とIAS39間の具体的な比較は各章で扱うこととし，ここではIFRS9及びIAS39の概要，IAS39置換プロジェクトにおける各フェーズの作

業概要を説明する。

1. IFRS9の概要及びIFRS体系における位置付け

(1) IFRS9の概要

IFRS9は，金融資産及び金融負債の認識と消滅（認識の中止），分類と測定，減損及び一般ヘッジ会計に関する包括的な会計基準である。

IFRS9では，原則として企業の事業モデル（business model）に応じて金融資産を分類の上，事業モデル毎に測定属性及び損益計上方法等を定めている。ここでの事業モデルは，金融資産の契約上の元利金取立を通じたキャッシュ・フローの回収を事業目的とする元利金取立モデル，契約上の元利金取立及び売却の両方を通じたキャッシュ・フローの回収を事業目的とする元利金取立・売却一体化モデルのほか，これら2つに該当しない残余の事業モデルの3つとなる。なお，元利金取立モデル及び元利金取立・売却一体化モデルに分類される金融資産は，事業モデルのほかに契約上のキャッシュ・フロー特性として特定日に発生する元本及び元本残高に対応する利息のみとする要件を充たす必要がある。元利金取立モデルに分類された金融資産は償却原価，元利金取立・売却一体化モデルに分類された金融資産は公正価値＆その他の包括利益（組替調整あり），これら2つ以外の残余の事業モデルに分類された金融資産は公正価値＆純損益となる。金融資産の分類は当初認識時に行われ，その後の分類変更は事業モデル自体に変更がある場合を除いて認められない。金融負債の測定は，デリバティブ等の例外を除いて償却原価が基本となる。

IFRS9では，事業モデルに基づく分類のほか，一部の株式等の資本性金融商品は公正価値＆その他の包括利益（組替調整なし）とするその他の包括利益オプション，会計上のミスマッチ解消等の一定の要件を充たす金融資産及び金融負債は公正価値＆純損益（またはその他の包括利益）とする公正価値オプションの適用を認めている。また，ヘッジ会計の要件を充たす場合には，例外的な措置であるヘッジ会計が適用できる。

このようにIFRS9では，公正価値及び取得（償却）原価の混合測定属性モデルを採用している。なお，公正価値＆純損益以外の金融資産，具体的には

元利金取立モデル及び元利金取立・売却一体化モデルに分類される金融資産には，予想損失モデル（expected loss model）に基づいて12カ月または全期間の予想信用損失に等しい金額を損失評価引当金（loss allowance）に計上する会計処理が適用される。

なお，IFRS9による金融資産及び金融負債の認識と消滅（認識の中止）の取扱いは，IAS39が採用するリスク・経済価値アプローチに支配概念を加味した継続的関与アプローチを踏襲している。具体的には，契約上の当事者になった時点で金融資産または金融負債を認識する。その後，金融資産については，原則としてキャッシュ・フローに対する契約上の権利が消滅した時点，またはほとんど全てのリスク及び経済価値がほかに移転した時点で消滅（認識の中止）となる。譲渡した金融資産のリスク及び経済価値の移転度合が不明確な状況で当該資産の支配を保持している場合には，継続的に関与する範囲で当該譲渡資産の認識を継続する。金融負債については，債務の履行のほか，免責や取消し，または失効となった時点で消滅（認識の中止）となる。なお，債務者及び債権者間で大幅に異なる条件による金融負債の交換（契約変更を含む）がある場合には，既存の金融負債の消滅（認識の中止）と同時に新たな金融負債の認識を行うことになる。

（2）IFRS9の適用時期及びIAS39の継続適用に係る特例措置

IFRS9は，2018年1月1日以後に開始する事業年度から適用となる。早期適用は認められるが，その場合には早期適用した旨の開示のほか，IFRS9の全ての規定の同時適用が求められる。ただし，金融負債に公正価値オプションを適用した場合の自己の信用リスクに起因する公正価値の変動をその他の包括利益に表示する規定に限っては，当該規定を早期適用した旨及び関連する開示を行うことを条件に早期適用が認められる。なお，IFRS9は，IAS8による遡及適用の対象となるが（初年度適用時点で消滅しているものを除く），実務上の負担等を勘案して様々な移行措置が設けられている。

2014年7月のIFRS9の改訂によってIAS39置換プロジェクトは終了となり，IAS39はIFRS9に置き換えられたことから，本来であればIAS39の規定は全て失効になるはずである。しかしながら，マクロヘッジの見直し作業は，

4

IAS39置換プロジェクトから切り離され，別途に立ち上げられたマクロヘッジプロジェクトで開発作業が続いている。このマクロヘッジプロジェクトの結果によっては，先行したIFRS9の一般ヘッジ会計が改訂される可能性がある。その場合には，IFRS適用企業において，数度のシステム変更を含む対応（IAS39のヘッジ会計からIFRS9の一般ヘッジ会計に変更，次いでマクロヘッジ会計に関連したIFRS9の一般ヘッジ会計の改訂）が必要になる。そのため，IASBは，マクロヘッジプロジェクトが終了するまで，マクロ公正価値ヘッジの会計処理はIAS39の特例措置を引き続き適用できるほか，一般ヘッジの会計処理は，IFRS9またはIAS39のいずれかを選択適用できる経過措置を設けている。したがって，マクロヘッジの会計処理に目途がつくまでは，IAS39の役割が完全になくなるわけではない。

（3）他のIFRSとの関連性

IFRS9は金融商品に関する包括的な会計基準であるが，表示及び開示については他のIFRSで規定されている。IAS32は金融商品の表示に関する会計基準であり，具体的には金融商品の発行体側における負債と資本の表示，関連する利息や配当等の分類，金融資産及び金融負債の相殺表示の規定等を取り扱っている。なお，IFRS9の適用範囲にも関係する金融商品，金融資産，金融負債及び資本性金融商品等の定義は，IAS32から参照する形となっている。

IFRS7は金融商品の開示に関する会計基準であり，具体的には貸借対照表（財政状態計算書）及び損益計算書（包括利益計算書）またはこれらの注記を通じて，財務諸表利用者が財政状態及び業績における金融商品の重要性を評価する際に役立つ開示項目を定めている。企業が保有する金融商品の決算日時点のリスク・エクスポージャーを財務諸表利用者が評価する際に役立つ開示項目としては，信用リスク，流動リスク，市場リスクに係る定性的及び定量的情報，変則的な金融資産の譲渡（一部譲渡，継続的関与での全部譲渡等）に関する補足情報が示されている。このようにIFRS体系の金融商品会計は，認識及び測定（減損，ヘッジ会計を含む）に関するIFRS9，表示に関するIAS32，開示に関するIFRS7の3つが中核となる。

なお，金融商品会計は，測定属性に公正価値を用いることが多いため，公正価値の測定及び開示に関する包括的な会計基準である IFRS13 と密接な関係にある。また，金融商品の用途の1つに資金調達を目的とする証券（流動）化取引があるが，その際には金融資産の保有者が特別目的会社を設立し，同社に金融資産を譲渡することが一般的である。この場合，特別目的会社に対する金融資産の譲渡処理には IFRS9 が適用されるが，特別目的会社の連結財務諸表上の取扱い，具体的には連結対象の子会社に該当するかどうかの判定には IFRS10 が適用される。また，特別目的会社が非連結と判定された場合には，IFRS12 によって，譲渡人による継続的関与やリスク負担の内容等の開示が求められる場合がある。

　これらを勘案すると，IFRS 体系の金融商品会計は，認識及び測定（減損，ヘッジ会計を含む）に関する IFRS9，表示に関する IAS32，開示に関する IFRS7 を中核とし，これを補足する形で公正価値の測定及び開示に関する IFRS13，証券化取引等を含む連結に関する IFRS10 及び IFRS12 にて構成されている。

2. IAS39の概要及び開発過程

(1) IAS39の概要

　IASB の前身である IASC が 1999 年 3 月に公表した IAS39 は[2]，2014 年 7 月の改訂を経て IFRS9 に置き換えられるまで，IFRS 体系での金融資産及び金融負債の認識と消滅（認識の中止），分類と測定，減損及びヘッジ会計に関する包括的な会計基準であった。

　IAS39 では，原則として経営者の意図に基づいて金融資産を分類し，分類した区分毎に測定属性及び損益計上方法等を定めている。経営者の意図による分類は，損益を通じて公正価値測定となる金融資産（financial assets at fair value through profit or loss），満期保有投資（held-to-maturity investments），貸付金及び債権（loans and receivables），売却可能金融資産（available-for-sale financial assets）の4つである。損益を通じて公正価値測定となる金融資産は公正価値＆純損益，満期保有投資と貸付金及び債権は取得（償却）原価，売却可能金融資産は公正価値＆その他の包括利益（組替調整あり）であ

6

り，デリバティブはヘッジ会計が適用される場合を除いて公正価値＆純損益となる。金融資産の分類は当初認識時に行われ，その後に満期保有投資に分類した金融資産を正当な理由なく途中売却（または分類変更）した場合は，懲罰的規定（tainting rule）が適用される。金融負債の測定は，デリバティブ等の例外を除いて償却原価が基本となる。

なお，IAS39は，経営者の意図に基づく分類のほか，会計上のミスマッチ解消等の一定の要件を充たす金融資産及び金融負債には，公正価値＆純損益とする公正価値オプションの適用を認めている。ヘッジ会計の要件を充たす場合には，例外的な措置であるヘッジ会計が適用できる。このように，IAS39は分類規準や区分が異なるものの，IFRS9と同様に公正価値及び取得（償却）原価の混合測定属性モデルを採用している。

IAS39の減損の会計処理は，金融資産の分類区分及び公正価値測定の信頼性等に応じて異なるが，減損の認識には客観的証拠を必要とし，将来事象の反映は行わない発生損失モデル（incurred loss model）が基礎になっている。金融資産及び金融負債の認識と消滅（認識の中止）の会計処理は，リスク・経済価値アプローチに支配概念を加味した継続的関与アプローチであり，IFRS9も踏襲している。

（2）IAS39制定までの開発過程

IAS39は，IASCによる金融商品プロジェクトの成果であり，1999年3月に公表されている。このプロジェクトは，金融商品に関する認識，測定及び開示の包括的な会計基準の設定を目指して1988年に開始され，1991年9月に公開草案第40号「金融商品」（IASC, 1991），次いで1994年1月に公開草案第48号「金融商品」（IASC, 1994）が公表されている。この2つの公開草案は，いずれも金融商品を経営者の意図に基づいて分類の上，分類区分毎に測定属性及び損益計上方法（減損を含む）を定めるほか，所定の要件を充たす場合にはヘッジ会計が適用できる内容であった。これらの公開草案に対しては，IASCの開発作業が拙速であり，検討には十分な時間が必要等の批判的なコメントが多かったことを勘案し，IASCとしては，認識及び測定分野と表示及び開示分野に分けてプロジェクトを進めることにした。

7

表示及び開示分野については，1995 年 6 月に IAS32 が公表されている。認識及び測定分野については，公開草案に対するコメントや各国会計基準設定主体の動向等を考慮しながら開発作業が続けられ，1997 年 3 月に IASC 及びカ ナ ダ 勅 許 会 計 士 協 会（Canadian Institute of Chartered Accountants, CICA）の共同プロジェクトによる討議資料「金融資産及び金融負債の会計処理（以下「CICA・IASC 討議資料」）」（CICA・IASC, 1997）が公表されている。CICA・IASC 討議資料の内容は，原則として全ての金融資産及び金融負債に公正価値＆純損益を適用する提案であった。この提案に対するコメントは，解決すべき課題が多いことを理由に反対意見が大半であったが，IASCは CICA・IASC 討議資料をタタキ台として，中長期的な視点から認識及び測定分野に関する包括的な会計基準の開発を目指していた。この動きとは別に，IASC は 2000 年までに国境を越えた資金調達及び世界のどの市場でも上場できるように，IOSCO から支持された 1 組のコアとなる国際会計基準，いわゆるコアスタンダード（core Standards）の開発に合意していた[3]。このコアスタンダードの項目には，金融商品の認識及び測定に関する会計基準が含まれていたため，IASC としては IOSCO との合意期限を睨んだ暫定対応的な会計基準の開発も迫られた。

　このような状況の中，IASC は既に運用実績がある米国会計基準をもとに暫定対応的な会計基準を開発する一方，各国の会計基準設定主体等と共同して中長期的な視点からあるべき金融商品会計基準の開発作業を続けることを決定した。ここでの暫定対応的な会計基準が 1999 年 3 月に公表された IAS39であり，金融資産の分類と測定は SFAS115「特定の負債証券及び持分証券への投資の会計処理」（FASB, 1993b），減損は SFAS114「貸付金の減損に関する債権者の会計処理－ SFAS5 及び SFAS15 の改訂」（FASB, 1993a），デリバティブ及びヘッジ会計は SFAS133「派生商品及びヘッジ活動に関する会計基準」（FASB, 1998），認識及び消滅（認識の中止）は SFAS125「金融資産の譲渡及びサービス業務並びに金融負債の消滅に関する会計基準」（FASB, 1996）の考え方を基礎にしている。したがって，公表当初の IAS39 は，同時点の金融商品に関する米国会計基準のダイジェスト版に近い内容になっている。

8

（3）IAS39制定後の変遷

　IASCは，IOSCOと合意したコアスタンダードの完成期限に間に合わせるべく，暫定対応的な会計基準としてIAS39を公表する一方，主要9カ国の会計基準設定主体及び職業会計士団体とともにJWGを組成し，あるべき包括的な会計基準の検討を続けた結果，2000年12月に基準案「金融商品及び類似項目（以下「JWGドラフト基準」）」（JWG, 2000）を公表している。JWGドラフト基準の内容は，CICA・IASC討議資料を基礎にしつつ，ヘッジ会計を廃止して，全ての金融資産及び金融負債に公正価値＆純損益を適用する方針の徹底が図られている。したがって，CICA・IASC討議資料と同様にJWGドラフト基準に対する反対意見は多く，IASCは短期間での基準化を断念し，後述の金融商品会計の複雑性低減プロジェクトを通じて，中長期的な視点からあるべき包括的な会計基準の開発作業を続けるための体制整備を図っている。

　なお，暫定対応的な会計基準ながらも，実際に適用が開始されたIAS39（及びIAS32）から生じた問題には早急な対応を要するため，IASBは2001年7月にIAS32及びIAS39改訂（改善）プロジェクトを開始している。このプロジェクトの目的は，IAS32及びIAS39間の首尾一貫性の確保，IAS39の適用指針の本則への組み込み，各国の会計基準設定主体を含む関係者から指摘があった問題の改善等の限定的なものであり，中長期的な視点からの包括的な会計基準の開発を妨げるものではないとされている。

　IAS32及びIAS39改訂（改善）プロジェクトの成果としては，2003年12月にIAS32及びIAS39の改訂版が公表されたほか，2004年には「金利リスクのポートフォリオ・ヘッジに対する公正価値ヘッジ会計」（IASB, 2004a）及び「金融資産及び金融負債の当初認識」（IASB, 2004b），2005年には「グループ内予定取引のキャッシュ・フロー・ヘッジ会計」（IASB, 2005a），「公正価値オプション」（IASB, 2005b）及び「金融保証契約」（IASB, 2005c），2008年には「適格なヘッジ対象」（IASB, 2008a）及び「金融資産の分類変更」（IASB, 2008b）等の追加改訂が行われている。このように，IAS39は，細則主義の米国会計基準を母体とし，さらに関係者の要望に応じて追加改訂を繰り返した結果，複雑な会計基準になったといえる。

3. IAS39置換プロジェクトの概要

(1) フェーズ別対応の背景

　IAS39 は複雑な会計基準であったため，多くの財務諸表作成者及び利用者から，理解や解釈が困難である等の指摘がなされた。金融商品会計が複雑であることは，米国会計基準も同じであり，IFRS 及び米国会計基準間のコンバージェンスを求める意見も多かったことから，IASB 及び FASB は，金融商品会計を改善して簡素化を図る共同作業を 2005 年から開始するに至った。いわゆる金融商品会計の複雑性低減プロジェクトであり，2006 年 2 月に IASB 及び FASB が締結した覚書（Memorandum of Understanding, MoU）「IFRS と米国会計基準間のコンバージェンスに向けたロードマップ 2006-2008（以下「2006 年 MoU）」（IASB, 2006b）に基づき，2008 年までにデュー・プロセス文書を公表することが目標とされた。そのデュー・プロセス文書が討議資料「金融商品の報告における複雑性の低減（以下「2008 年討議資料（複雑性低減）」）」（IASB, 2008c）であり，2008 年 3 月に公表されている。2008 年討議資料（複雑性低減）の詳細は第 1 章で触れるが，公正価値による単一測定属性モデルの採用を長期的解決策としつつ，そこに至るまでの措置として，測定の見直しとヘッジ会計の簡素化に重点を置いた当面の中間的アプローチが提案されている。

　2008 年討議資料（複雑性低減）に対するコメントの多くは，金融商品会計の大幅な見直しを支持するものであり，IASB は 2008 年 11 月に金融商品の認識及び測定を見直すプロジェクトを正式な議題に加えたほか，FASB でも 2008 年 12 月に正式な議題に加えている。2009 年 3 月の IASB 会議では，混合測定属性モデルを前提として，プロジェクトの目的，金融商品の分類規準及び測定方法等の議論が行われ，既に顕在化していた世界金融危機の緊急対応の観点から迅速に進めるとしたが，この時点で具体的な期限は決まっていなかった。ところが 2009 年 4 月の第 2 回 G20 金融サミット（ロンドン）において，IASB 及び FASB に対して 2009 年末までに同プロジェクトを完成するように要請がなされたため，IASB は同月に IAS39 の置き換えを加速化させたタイム・テーブルを公表し，開発作業を 3 つのフェーズに分割の上，各フェーズの開発作業が終了する毎に IAS39 の関連箇所を削除して，IFRS9 に

置き換えるアプローチを採用することになった。

　フェーズ別対応の場合には，全てのフェーズが終了するまで，IAS39 と IFRS9 が混在するほか，相互に関連性がある項目間に齟齬が生じる可能性がある。IASB としては，フェーズ別対応による問題を認識しながら，金融商品会計を速やかに改善すべきとの G20 の要請に応えるため，フェーズ 1「金融資産及び金融負債の分類と測定」，フェーズ 2「減損の方法」，フェーズ 3「ヘッジ会計」の 3 つのフェーズを設定し，フェーズ毎に IAS39 を IFRS9 に置き換える開発作業を進めることにした。なお，2006 年 MoU には，認識の中止プロジェクトも含まれており，その一環として IASB は 2009 年 3 月に公開草案「認識の中止（IAS39 及び IFRS7 に対する改訂案）」（IASB, 2009a）を公表している。IAS39 が複雑である理由の 1 つには，様々な概念（リスクと経済価値，支配，継続的関与等）が混在する金融資産及び金融負債の消滅（認識の中止）規定があり，世界金融危機で問題となったオフバランス処理にも深く関係する分野でもある。認識の中止プロジェクトについては，さらなる検討が必要であること，改訂済みの米国会計基準の適用状況を見極める必要があること[4]，IAS39 の消滅（認識の中止）規定は世界金融危機の際でも有効であったとの意見があること等から，IASB は作業計画を見直し，IAS39 の規定を維持したまま，主に開示面の改善を図ることを決定した。この決定を受けて，IASB は 2010 年 10 月に IFRS7 を改訂し，金融資産の譲渡に関する開示の拡充を行っている。

(2) フェーズ1「金融資産及び金融負債の分類と測定」の概要

　分類は，金融資産及び金融負債にどのような会計処理を適用するのか，具体的には原則となる測定属性及び損益計上方法を決定することになる。公正価値＆純損益が適用されない金融資産の減損の方法や例外措置であるヘッジ会計の検討においても，まずは原則となる会計処理が先決問題である。

　IASB は，フェーズ 1 から開発作業を開始し，2009 年 11 月には金融資産側の分類と測定，2010 年 10 月には金融負債側の分類と測定を基準化し，IAS39 から IFRS9 に置き換えている。次いで 2014 年 7 月の改訂をもって，フェーズ 1 は終了している。IFRS9 の分類及び測定は，複雑かつ適用が困難との批

判があった細則主義のIAS39に代えて，原則主義に基づいて事業モデル及び契約上のキャッシュ・フロー特性という2つの分類規準によって金融資産を分類の上，測定属性及び損益計上方法を定めている。IFRS9による金融資産の分類規準は，フェーズ2による減損の方法の対象範囲の絞り込みにも用いられ，減損モデルの単一化が図られたことから，フェーズ1の結果は複数の減損モデルが存在したIAS39の構造上の問題解決に寄与している。

(3) フェーズ2「減損の方法」の概要

　世界金融危機では，金融資産に係る減損損失の認識の遅延が指摘された。したがって，減損の方法を取り扱うフェーズ2は，予想される減損損失を適時に認識かつ測定する方法の開発がテーマになっている。

　IASBは2009年11月に公開草案「金融商品：償却原価及び減損（以下「2008年公開草案（減損）」）」（IASB, 2009b），2011年1月に補足資料「金融商品：減損（以下「2011年補足資料（減損）」）」（IASB, 2011）を公表し，次いで2013年3月に再公開草案「金融商品：予想信用損失（以下「2013年再公開草案（減損）」）」（IASB, 2013a）を公表している。これらの公開草案は，予想損失モデルに基づく点で共通しているが，具体的な会計処理は各々異なっている。IASBは，2013年再公開草案（減損）をもとに検討を進めて2014年7月に基準化し，IAS39からIFRS9に置き換えることでフェーズ2は終了している。IFRS9の減損の方法は，元利金取立モデル及び元利金取立・売却一体化モデルに分類された金融資産を対象に原則として当初認識時点で全期間の予想信用損失の部分（12カ月）計上を求め，信用リスクが著しく増大した場合に全期間の予想信用損失に切り替える二重測定アプローチを採用している。なお，IASBでは，IFRS9の減損規定の円滑な適用を支援するため，2014年6月に移行リソース・グループ（Transition Resource Group）の組成を表明している[5]。

(4) フェーズ3「ヘッジ会計」の概要

　通常の会計処理の例外措置であるヘッジ会計は，それ自体が会計基準に複雑性をもたらすほか，細則主義であるIAS39のヘッジ会計では，ヘッジ取引

郵 便 は が き

| 1 | 0 | 1 | 8 | 7 | 9 | 6 |

料金受取人払郵便

神田支店
承　認
8175

差出有効期間
平成28年7月
14日まで

5 1 1

（受取人）
東京都千代田区
　神田神保町1－41

同文舘出版株式会社
愛読者係行

毎度ご愛読をいただき厚く御礼申し上げます。お客様より収集させていただいた個人情報
は、出版企画の参考にさせていただきます。厳重に管理し、お客様の承諾を得た範囲を超
えて使用いたしません。

図書目録希望　　有　　　　無

フリガナ		性　別	年　齢
お名前		男・女	才

ご住所	〒
	TEL　　　（　　　）　　　　　Eメール

ご職業	1.会社員　2.団体職員　3.公務員　4.自営　5.自由業　6.教師　7.学生 8.主婦　9.その他（　　　　　　　　　　　）
勤務先 分　類	1.建設　2.製造　3.小売　4.銀行・各種金融　5.証券　6.保険　7.不動産　8.運輸・倉庫 9.情報・通信　10.サービス　11.官公庁　12.農林水産　13.その他（　　　　　　　）
職　種	1.労務　　2.人事　　3.庶務　　4.秘書　　5.経理　　6.調査　　7.企画　　8.技術 9.生産管理　10.製造　11.宣伝　12.営業販売　13.その他（　　　　　　　　）

愛読者カード

書名

◆ お買上げいただいた日　　　　　年　　　月　　　日頃
◆ お買上げいただいた書店名　　（　　　　　　　　　　　　）
◆ よく読まれる新聞・雑誌　　　（　　　　　　　　　　　　）
◆ 本書をなにでお知りになりましたか。
　1．新聞・雑誌の広告・書評で　（紙・誌名　　　　　　　　）
　2．書店で見て　3．会社・学校のテキスト　4．人のすすめで
　5．図書目録を見て　6．その他（　　　　　　　　　　　　）

◆ 本書に対するご意見

◆ ご感想
　●内容　　　　良い　　普通　　不満　　その他（　　　　　）
　●価格　　　　安い　　普通　　高い　　その他（　　　　　）
　●装丁　　　　良い　　普通　　悪い　　その他（　　　　　）

◆ どんなテーマの出版をご希望ですか

＜書籍のご注文について＞
直接小社にご注文の方はお電話にてお申し込みください。 宅急便の代金着払いにて発送いたします。書籍代金が、税込1,500円以上の場合は書籍代と送料210円、税込1,500円未満の場合はさらに手数料300円をあわせて商品到着時に宅配業者へお支払いください。
同文舘出版　営業部　TEL：03 - 3294 - 1801

の経済実態の反映が困難との指摘があった。したがって，ヘッジ会計を取り扱うフェーズ3は，細則主義から原則主義への転換によるヘッジ会計の簡素化及びヘッジ取引の経済実態の反映が開発のテーマになっている。IASBは，2010年12月に公開草案「ヘッジ会計（以下「2010年公開草案（ヘッジ）」）」（IASB, 2010a），次いで2012年9月にIASBウェブサイトを通じてレビュードラフトを公開の上，2013年11月に基準化し，IAS39からIFRS9に置き換えることでフェーズ3は終了している。IFRS9の一般ヘッジ会計は，ヘッジ会計の適格要件を中心にIAS39のヘッジ会計の見直しを図ったものであり，それに伴って企業のリスク管理活動に関する開示を拡充している。具体的には，財務諸表上でリスク管理活動の成果を忠実に反映するため，企業のリスク管理活動と会計処理の整合性を図る方向でヘッジ会計の見直しが図られている。なお，フェーズ3の開発過程で結論が出なかったマクロ公正価値ヘッジは，IAS39置換プロジェクトのタイム・スケジュールの関係から切り離され，マクロヘッジプロジェクトにおいて開発作業が続いている。

　2014年7月時点で全てのフェーズが終了となり，IAS39はIFRS9に置き換えられた結果，IAS39置換プロジェクト全体も終了している。なお，金融商品会計と密接な関係がある公正価値測定プロジェクトは，IASBが2006年11月に討議資料「公正価値測定」（IASB, 2006a），2009年9月に公開草案「公正価値測定」（IASB, 2009c）を公表し，次いで2011年5月にIFRS13として基準化することで終了している。

② IAS39置換プロジェクトによる 金融商品会計の見直しの背景

　前述のようにIAS39置換プロジェクトの背景には，IASB及びFASBの共同による金融商品会計の複雑性低減プロジェクトに加えて，同プロジェクトの作業中に顕在化した世界金融危機によるG20からの会計基準の見直し要請があった。

　金融商品会計の複雑性低減プロジェクトの目的及びG20の見直し要請は，ともに金融商品会計の複雑性低減を通じた会計情報の有用性の向上，IFRSと

米国会計基準間のコンバージェンスの促進という点で共通しているが，前者の時間軸は中長期も視野に入れる一方，後者の時間軸は極めて短期間と異なっている。また，金融商品会計の複雑性低減プロジェクトは，CICA・IASC討議資料に続く包括的かつ抜本的な対応策の検討が主眼である一方，G20の見直し要請は，世界金融危機の再発防止のための局所的な対応策の検討が主眼である。いずれにしても，IAS39置換プロジェクトは2つの異なる背景が交錯した結果，IFRS9は，両方の目的の達成が期待される形になった。

　また，金融商品会計の測定属性には公正価値が多用されており，世界金融危機の際には市場流動性が著しく低下した証券化商品等の公正価値測定のあり方がG20から指摘される等，金融商品会計に関するIFRS9と公正価値測定に関するIFRS13は密接な関係にある。

　したがって，ここではIAS39置換プロジェクトに影響を及ぼした金融商品会計の複雑性低減プロジェクト及び世界金融危機を概括する。

1. 金融商品会計の複雑性低減プロジェクトによる影響

(1) 金融商品会計の複雑性低減プロジェクトの概要

　前述のように，金融商品会計の複雑性低減プロジェクトは，IASB及びFASBの共同プロジェクトである。同プロジェクトの成果である2008年討議資料（複雑性低減）では，金融商品の財務報告の最重要課題として複雑性，具体的には金融商品の測定方法が数多く存在することを指摘し，その改善に向けて長期的解決策（long-term solution）及び当面の中間的アプローチ（intermediate approach）を提案している。

①長期的解決策(IASB, 2008c, pars.3.1-3.2)

　全ての金融商品を対象に公正価値＆純損益を適用する単一測定属性モデルを採用する。

②中間的アプローチ

　次の3つのアプローチを基本とし，検討に際しては組み合わせによる適用も許容する。

1) アプローチ1：現行の測定規定の改訂（IASB, 2008c, par.2.9）

満期保有投資区分の削除，または売却可能金融資産区分を削除して売買目的区分との統合による金融資産の分類区分の削減，満期保有投資区分の金融資産を途中売却した際の懲罰的規定の削除を通じた分類区分の要件（または制限規定）の簡素化（または削除）。

2) アプローチ2：選択的例外を伴う公正価値測定原則に置き換え（IASB, 2008c, par.2.15）

金融商品から生じるキャッシュ・フローの変動性に着目した例外規準を充たす金融商品に限って取得原価ベースによる測定の選択を許容し，それ以外の全ての金融商品の測定属性は公正価値とする原則に置き換え。

3) アプローチ3：ヘッジ会計の見直し（IASB, 2008c, par.2.23）

公正価値オプション適用対象の拡大または運用の弾力化，ヘッジ手段や金融商品から生じる損益の純損益外での認識によるヘッジ会計の全廃（置き換えを含む），ヘッジの有効性テスト等を含むヘッジ会計の適格要件の簡素化。

　長期的解決策である公正価値＆純損益とする単一測定属性モデルの採用は，CICA・IASC 討議資料及び JWG ドラフト基準等を通じてかねてから IASB が提案してきた内容であり，FASB も基本的に同じ考え方である。単一測定属性モデルであれば，分類区分や複合金融商品の分離処理自体が不要となり，公正価値を測定属性として評価差額は純損益に計上すれば，減損処理自体も不要になる。ヘッジ会計についても，ヘッジ対象が非金融商品または予定取引である場合を除いて，基本的に不要または大幅に縮小できる。

　しかしながら，長期的解決策に対する反対意見は根強く，2008 年討議資料（複雑性低減）でも，公正価値測定に対する懸念事項として，公正価値の変動を純損益に計上した際の目的適合性の解釈，純損益に対する未実現損益の反映の是非，市場で観測可能な情報が入手困難な状況下での公正価値の見積り等があることを認めている（IASB, 2008c, par.3.40）。さらに公正価値による単一測定属性モデルに移行する際の課題として，公正価値の変動の内訳表

示，金融商品の開示，公正価値測定のあり方，金融商品の定義を含む適用範囲等があることを示している（IASB, 2008c, par.3.81）。

いずれにしても，2008年討議資料（複雑性低減）は，公正価値による単一測定属性モデルを長期的解決策としつつ，そこに至るには解決すべき課題が多いため，当面は現行の公正価値及び取得（償却）原価による混合測定属性モデルを前提として，中間的アプローチによる複雑性低減を提案している。

(2) 金融商品会計の複雑性低減プロジェクトからの視座

IFRS9は，IAS39と同様に混合測定属性モデルを維持しつつ，2008年討議資料（複雑性低減）が提案する中間的アプローチをもとに複雑性低減を図っている。例えばIAS39置換プロジェクトのフェーズ1「金融資産及び金融負債の分類と測定」及びフェーズ2「減損の方法」は，中間的アプローチのアプローチ1「現行の測定規定の改訂」及びアプローチ2「選択的例外を伴う公正価値測定原則に置き換え」に対応し，フェーズ3「ヘッジ会計」は，アプローチ3「ヘッジ会計の見直し」に対応している。したがって，IAS39からIFRS9に置き換えたことによる複雑性の低減効果に対する評価は，この中間的アプローチ自体の妥当性及び各フェーズの最終成果であるIFRS9の各規定と同アプローチとの適応度合が基軸となる。

なお，2008年討議資料（複雑性低減）では，主題である財務報告の複雑性自体を定義することなく，SECが設置した財務報告改善に関する諮問委員会が2008年8月に公表した最終報告書「米国における財務報告の改善（以下「2008年SEC報告書」）」（SEC, 2008）に依拠している（IASB, 2008c, par. BD13）。2008年SEC報告書では，理解及び適用が困難な状態を複雑性として定義した上，財務報告上の複雑性の発生原因として，複雑な経済活動，比較可能性及び首尾一貫性の欠如，会計基準の性質，膨大な会計基準量，会計教育の欠陥，情報の伝達を列挙し，複雑な経済活動以外は回避可能な複雑性と指摘している（SEC, 2008, pp.18-20）。また，回避可能な複雑性のうち，特に問題となる項目としては，公正価値と取得（償却）原価による混合測定属性モデル，会計基準における明確な線引き規定及び一般原則に対する例外措置の存在，開示に対する全体的アプローチの未整備を挙げている（SEC, 2008, p.25）。

序章　IAS39 置換プロジェクトによる金融商品会計の見直しの背景

したがって，IAS39 から IFRS9 に置き換えたことによる複雑性の低減効果に対する評価は，2008 年討議資料（複雑性低減）の視点に加えて，2008 年 SEC 報告書が指摘する回避可能な複雑性の解消（または緩和）度合も基軸となる。

2. 世界金融危機による影響

(1) 世界金融危機の概要

世界金融危機の主な原因の 1 つに会計基準の不備があると指摘し，IASB に対して期限を区切って早急な見直しを迫った G20 の要請は，IAS39 置換プロジェクトの重要性を一気に高め，IASB は開発作業をフェーズ別で対応する等，その後の審議に大きな影響を与えることになった。世界金融危機の発端は，2006 年から 2007 年にかけて米国で顕在化したサブプライム・ローンの信用リスクの増大にあるとされる。これだけであれば 1980 年代の米国の S ＆ L 危機[6]，1990 年代後半の日本のバブル崩壊のように，その発生原因は不動産関連融資の信用リスクの増大であり，影響を受ける関係者や地域は，ある程度限定されたはずである。それが世界金融危機までに至った背景には，証券化及びデリバティブ等の普及，過度なレバレッジ運用や証券化自体を目的とするビジネスモデルの濫用等が指摘される。

金融技術である証券化の利点にはリスク分散効果があるが，世界金融危機に関連する金融資産の原資産を遡ると，その多くはサブプライム・ローンにつながるため，実際にはリスク分散効果が機能していなかった。加えて，これらの金融商品の発行者及び投資者を含む関係者は，証券化商品（及び再証券化商品）やデリバティブ等によってネットワーク（連鎖）化されたため，原資産であるサブプライム・ローンの信用リスクの増大は同ネットワークを通じて一気に伝播・拡散する結果となった。通常の貸出金と異なり，証券化商品やデリバティブの仕組みは複雑であり，特に数次の証券化を重ねた再証券化商品のキャッシュ・フロー及びリスク分析は，通常の投資者にとって不可能に近い。この場合のリスク管理は，一般的に信用格付業者による信用格付に依存せざるを得ない状況にあった。

サブプライム・ローンの信用リスクの増大は，同ローン証券化商品の元利

17

金や関連デリバティブの支払能力に疑念をもたらし，発行市場及び流通市場の取引量が急速に減少したため，これらの金融商品の適正価格が見いだしにくい状況になった。加えて，投資適格であった多くの証券化商品の信用格付も，信用格付業者によって一気に投資適格対象外に引き下げられため，大半の関係者が依存していた信用格付自体も信頼を失うことになった。その結果，関係のない証券化商品の元利金支払能力にも疑念が生じ，多くの投資者が保有ポジション圧縮のために売却したことで市場価格が下落，それに嫌気がさしてさらに売却となる負の連鎖に陥った。金融機関によっては，運用資産であるサブプライム・ローン証券化商品等を担保に短期資金調達を繰り返すことで利益獲得を図る，レバレッジ運用型のビジネスモデルを展開していた。証券化商品等の市場価格の大幅な下落は，これらの金融機関に対して，資金運用側では損失ポジションの増加，資金調達側では担保価値低下による資金調達能力の悪化という2つの悪影響を同時にもたらす形になった。これによって，世界金融市場のメインプレイヤーである欧米の大手金融機関にも信用不安が高まり，2008年9月には実際にLehman Brothers Holdings Inc.（以下「リーマン・ブラザーズ」）が経営破綻するに至った。

いわゆるリーマン・ショックによって市場関係者は「大きすぎて潰せない（too big to fail）」神話が通じないことを知り[7]，次の経営破綻先の発生を懸念して金融市場に対する資金提供を一斉に見合わせたため，金融仲介機能が著しく低下して世界経済が急速に冷え込む結果になった。いわゆる世界金融危機であり，事態を重くみた各国政府・規制当局が緊急対応に乗り出すことで終息したものの，完全に回復するまで相当の時間を要したほか，再発防止策の検討及び対応が今なお続いている状態にある。

(2) 世界金融危機からの視座

各国政府・規制当局は，世界金融危機の緊急対応及び再発防止策の1つに会計基準の見直しを掲げ，会計基準設定主体であるIASB及びFASBに行動を促している。例えば，2008年11月の第1回G20金融サミット（ワシントンD.C.）に先駆けて開催されたFSFでは，世界金融危機に関連した会計基準の見直しの必要性を指摘し，次のような項目を示している。

18

序章　IAS39 置換プロジェクトによる金融商品会計の見直しの背景

- ・公正価値の測定及び開示に関する会計基準の見直し。
- ・オフバランス事業体に関する会計及び開示基準の見直し。

次いで 2009 年 4 月の第 2 回 G20 金融サミット（ロンドン）では，IASB に対して 2009 年末までに次の項目に対処すべきことを勧告している。

- ・金融商品会計の複雑性の緩和。
- ・より広い範囲の信用情報を反映した貸倒引当金の計上。
- ・オフバランス・エクスポージャー及び評価の不確実性に関する会計基準の改善。
- ・専門家との協同による国際的な評価基準の適用の明確化と一貫性の達成。
- ・高品質を維持した会計基準による世界的な単一化に向けた作業計画の確立。
- ・独立性を維持した会計基準の開発を可能にする IASB の体制の見直し及び規制当局や新興国市場を含む利害関係者の関与方法の改善。

これらの項目は，世界金融危機に際して，金融商品の市場流動性が著しく低下した際の公正価値の測定方法が不明確であったこと，価値下落が明らかな状況でも会計上の減損の認識要件を充たさないために損失計上が遅れたこと，金融資産の保有目的や種類等に応じて会計処理が異なるため，財務諸表利用者側では理解が困難となり，財務諸表作成者側でも解釈に幅が生じて混乱したことと呼応している。なお，市場流動性が著しく低下した際の公正価値測定のあり方は，金融商品会計の複雑性低減プロジェクトの長期的解決策である公正価値による単一測定属性モデルの課題でもある。金融資産の保有目的や種類等に応じて会計処理が異なることに起因する財務報告の複雑性は，同プロジェクトの中間的アプローチの課題でもある。

このように，世界金融危機による会計基準の見直しと金融商品会計の複雑性低減プロジェクトには共通性がある一方，前者は短期間での限定的かつ局所的な対応に対して，後者は中長期での抜本的かつ包括的な対応という相違がある。したがって，両者の目標は必ずしも同じではないことから，IFRS9 の評価に際しては，金融商品会計本来の複雑性低減の達成度合に加えて，世界金融危機の再発防止を目的とした対応の達成度合も基軸となる。

19

3 本書の目的及び構成

1. 本書の目的

　対象となる金融商品の取引自体が複雑なことに加えて，細則主義の米国会計基準を母体に追加改訂が積み重なったIAS39は，多くの関係者から複雑である等の批判があった。IASBは，FASBと共同で金融商品会計の複雑性低減プロジェクトを立ち上げ，見直し作業を進めている最中に世界金融危機が発生し，G20から早急な見直し要請があったため，同プロジェクトの見直し作業をフェーズに区切り，終了した部分からIAS39を置き換えることになった。したがって，2014年7月の改訂をもって完成したIFRS9は，G20の要請を反映したタイム・スケジュールを意識した突貫作業の結果であり，IAS39と同様に暫定的な要素も多い。その影響もあって，IAS39置換プロジェクトの当初範囲に含まれていた認識の中止（消滅）は，公開草案の公表までで基準化に至らず（開示の拡充に切り替え），開発に時間を要するマクロ公正価値ヘッジは別なプロジェクトに移行されている。

　IFRS9の開発に際して，IASBは，金融商品会計の複雑性低減プロジェクト及び世界金融危機によるG20の見直し要請という2つの目的の達成が期待され，さらに米国会計基準とのコンバージェンスも求められる等，極めて困難な立場に置かれたことになる。仮に経済学の定理である「N個の独立した目標を達成するためには，N個の独立した手段が必要」があてはまるならば[8]，金融商品会計の複雑性低減，世界金融危機によるG20からの見直し要請，米国会計基準とのコンバージェンスという3つの目標について，IFRS9という1つの手段で達成できたかどうかは検証の余地がある。一方でIFRS9は，これまでIFRS体系の金融商品会計として定着していたIAS39を全面的に置き換えるものであり，昨今のIFRS普及の広まりを勘案すると，世界各国の多くの企業の財務諸表に影響を及ぼすことになる。日本でも，IFRS適用企業はもちろんのこと，日本会計基準適用企業にとっても，今後想定されるIFRSとのコンバージェンス作業を通じて影響が及ぶことが予想される[9]。

序章　IAS39 置換プロジェクトによる金融商品会計の見直しの背景

したがって，本書では，完成版とされる 2014 年 7 月時点の IFRS9 の考察を通じて IAS39 置換プロジェクトの成果を総括することで，IASB のデュー・プロセスである適用後レビュー作業及び今後予想される日本会計基準と IFRS 間のコンバージェンス作業を進める際の論点整理に資することを目的とする[10]。

2. 本書の構成

本書は，IAS39 置換プロジェクトの成果を総括するため，その背景にある金融商品会計の複雑性低減プロジェクト及び世界金融危機による G20 の見直し要請から，IFRS9 の考察に必要となる評価の視点を抽出する。次いで，抽出した評価の視点に基づいて，IFRS9 の各フェーズ及び金融商品会計と関連性が高い公正価値測定プロジェクトの成果である IFRS13 を考察することで IAS39 置換プロジェクトの成果を総括した上，同プロジェクト終了後の金融商品会計に残された主な課題を示す構成になっている。

具体的には，序章「IAS39 置換プロジェクトによる金融商品会計の見直しの背景」で本書の問題意識を示すものとする。第 1 章「複雑性低減プロジェクトからみた金融商品会計の見直しの視点」及び第 2 章「世界金融危機からみた金融商品会計の見直しの視点」では，IAS39 置換プロジェクトの背景である金融商品会計の複雑性低減プロジェクト及び世界金融危機を概括した上，IAS39 置換プロジェクトに与えた影響の分析を通じて，IFRS9 を評価する際の視点を考察する。第 3 章「公正価値測定プロジェクトの展開と IFRS13」では，金融商品会計の複雑性低減プロジェクトの長期的解決策である公正価値による単一測定属性モデルの課題であり，世界金融危機を招いた原因の 1 つでもある公正価値測定及び開示のあり方について，IASB が示した対応策である IFRS13 を考察する。次いで，IFRS9 については，IAS39 置換プロジェクトのフェーズ別対応にあわせて，第 4 章「IFRS9 による金融資産及び金融負債の分類と測定の見直し」，第 5 章「IFRS9 による減損の方法の見直し」，第 6 章「IFRS9 による一般ヘッジ会計の見直し」に区分して考察する。なお，第 4 章から第 6 章の各章については，各規定の全体的な枠組みを概括した後，IAS39 との比較を含めて改訂に至った背景及び特徴を示し

21

ている。次いで金融商品会計の複雑性低減プロジェクト及び世界金融危機の視点からIAS39からIFRS9への置換効果を分析の上，残された主な課題を示す形で統一している。フェーズ3「ヘッジ会計」は，マクロ公正価値ヘッジの会計処理に目途が着くまで実質的に終了していないため，第6章の補論に相当する第7章「マクロヘッジ会計の方向性」において，IASBが2014年4月に公表した討議資料「動的リスク管理の会計処理：マクロヘッジに対するポートフォリオ再評価アプローチ（以下「マクロヘッジ討議資料」）」（IASB, 2014）の概要を示すものとする。終章「IAS39置換プロジェクトの総括及び金融商品会計の今後の課題」では，IAS39置換プロジェクトの成果を総括するとともに，同プロジェクト終了後の金融商品会計に残された主な課題を考察する。

　IAS39置換プロジェクトの当初範囲に含まれていた認識の中止プロジェクトは，最終的にIAS39の消滅（認識の中止）規定がIFRS9に引き継がれていること等もあり，本書の検討対象には含めていない。なお，IFRSと米国会計基準間のコンバージェンスの動向は，FASBが見直し作業を続けている状況につき，本書では2015年11月末時点におけるFASBの公表物を基礎にしている。

注

1) 特に断りがない限り，評価対象のIFRS9は，2015年1月1日現在で公表のものとする。
2) IASBの前身であるIASCは，主要9カ国の会計士団体によって1973年6月に設立され，IASC財団の組織改正によってIASBとなり，2001年から活動している。IASBは，同時点でIASCが公表したIASを引き継いでいる。
3) 海外市場で資金調達する際に求められる財務諸表の会計基準の選択肢の1つにIASを採用するため，IASC及びIOSCOは，1995年7月にIASコアスタンダード作成プログラムに同意し，IASCはIASに準拠した財務諸表の作成に必要となる会計基準の包括的な体系，すなわちコアスタンダードの作成に着手した。IASCによるコアスタンダードは，2000年4月公表のIAS40を最後に完成し，IOSCOは2000年5月のシドニー総会において「多国籍の証券募集及びクロスボーダー上場を容易にするためのIAS使用に関する決議」を公表，コアスタンダードとして承認するに至っている。
4) FASBは，2009年6月にSFAS166「金融資産の譲渡に関する会計処理－SFAS140の改訂」（FASB, 2009a）及びSFAS167「FIN46（R）の改訂」（FASB, 2009b）を

公表している。これらは証券化の会計処理の変更を求めるものであり，QSPE（Qualifying Special Purpose Entities）という概念を廃止し，証券化スキームの特別目的会社であっても，例外なく連結範囲の検討対象とするほか，連結の判断規準に定性的要因を追加している。また，開示の拡充も図られている。

5) 同グループは，IFRS9 の減損規定を実際に適用する際の問題点の議論を行うとともに，IASB が何らかの措置を講じる必要性の判断を支援することを目的とする。メンバーは，金融機関及び会計事務所出身の 12 名及び金融監督当局を含むオブザーバー 3 名で構成されている。

6) S&L とは，米国の貯蓄貸付組合（Savings and Loan Association）の略であり，本来は個人向け住宅ローンの希望者によって構成された組合である。運用は長期の住宅ローン，調達は短期の預金という構造的な期間ミスマッチ状態において，1980 年代に市場金利が急激に上昇かつ不良債権が増加したことから，S&L の経営破綻が多発し，米国において大きな社会問題になった。

7) 潰した場合の影響を勘案すると「大きすぎて潰せない」ことであり，too big to fail とみなされる金融機関は，仮に経営破綻の危機に直面した場合でも，最終的には政府等による救済があるだろうとの期待感を指す。

8) 1969 年にノーベル経済学賞を受賞したヤン・ティンバーゲン（Jan Tinbergen）が提唱したものであり，彼の名前を冠して「ティンバーゲンの定理」と称されている。

9) 2015 年 3 月の第 307 回企業会計基準委員会では，金融商品に関する日本会計基準は相当程度整備されていること，IFRS9 と米国会計基準間で相当程度差異が残ることが予想されること等から，IFRS9 と日本会計基準のコンバージェンスに着手するかどうかは将来的な検討課題と位置付け，当面は IFRS9 の実務上の懸念の把握にとどめることが審議されている。

10) IASB による適用後レビュー（post-implementation review）とは，IFRS 財団デュー・プロセス・ハンドブックによって実施が要求される手続である。IFRS の開発や大幅な改訂の過程で議論が多かった論点を対象に，基準が意図した通りに機能しているかどうかを確認するため，通常は基準が 2 年間適用された後に開始される。

第 1 章

複雑性低減プロジェクトからみた
金融商品会計の見直しの視点

はじめに

　金融商品会計は複雑との問題意識は，世界金融危機が顕在化する以前から存在し，IASB は 2008 年 3 月に 2008 年討議資料（複雑性低減）を公表している。FASB でも，IASB との共同資料ではないが[1]，同時期に 2008 年討議資料（複雑性低減）を添付資料とするコメント募集（FASB, 2008a）を行っている。G20 は世界金融危機の原因の 1 つに会計基準の不備を指摘し，2009 年 4 月の第 2 回 G20 金融サミット（ロンドン）では，金融商品会計の複雑性低減を図ることを勧告している。世界金融危機の代名詞といえる 2008 年 9 月のリーマン・ショックと同じ年に公表された 2008 年討議資料（複雑性低減）は，まさに G20 の要請に合致したこともあり，IAS39 置換プロジェクトの重要性は一気に高まる形となった。

　なお，同年 8 月には，SEC から財務報告の改善に向けた 2008 年 SEC 報告書が公表されているが，2008 年討議資料（複雑性低減）と同様に公正価値及び取得（償却）原価による混合測定属性モデルを前提に複雑性低減が検討されており，公正価値測定を巡る問題意識も同じであることから共通点が多い。

　したがって，本章では，2008 年討議資料（複雑性低減）の内容及び公表の背景を概括の上，2008 年 SEC 報告書で示された複雑性の定義及び発生原因の分析を通じて，IAS39 から IFRS9 に置き換えたことによる複雑性低減に対する評価の視点を考察する。

1　2008年討議資料（複雑性低減）の概要

　2008 年討議資料（複雑性低減）では，金融商品会計の最重要課題として複雑性，具体的には金融商品の測定方法が数多く存在することを指摘の上，それに対して目指すべき長期的解決策及び当面の中間的アプローチを示している。なお，IASB 及び FASB の狙いは，金融商品の測定方法の削減とヘッジ会計の見直し，IFRS 及び米国会計基準間のコンバージェンスであり，2008 年討議資料（複雑性低減）は，その際の議論のたたき台として公表されたも

のである。

1. 目指すべき長期的解決策

（1）公正価値による測定属性の統一

　2008年討議資料（複雑性低減）では，金融商品の測定方法及び損益計上方法が多岐にわたるため，同一企業がまったく同じ金融商品を複数保有している場合でも，経営者の意図や選択可能な会計処理の許容によって異なる測定属性や損益になることを指摘する。この結果から生じる金融商品会計の複雑性は，財務諸表作成者，監査人，会計基準設定主体，規制当局等の財務報告利用者にとって問題であり，長期的解決策として金融商品会計基準の適用対象になる全ての金融商品に単一の測定属性を適用することを提案している

図表 1 - 1　長期的解決策によった場合の複雑性低減の具体例

対象項目	現行（2008年時点）の会計処理	複雑性の低減度合
金融商品の分類区分	経営者の意図で金融商品を分類の上，異なる測定方法（償却原価，公正価値&純損益，公正価値&その他の包括利益等）を適用。	大 （単一測定であれば，分類自体が不要）
減損の認識及び測定	測定属性の相違等に応じて，複数の減損の認識及び測定方法を適用。	大 （公正価値に反映されるため，減損処理自体が不要）
金融商品の分類区分の変更	分類区分は取得（発生）時に決定。その後の変更は正当な理由がある場合のみ許容し，正当な理由がない場合は懲罰的規定を適用。	大 （単一測定であれば，変更自体がない）
ヘッジ会計	ヘッジ手段（主にデリバティブ）を通じて，ヘッジ対象の公正価値またはキャッシュ・フローの変動を緩和する例外的な措置。適用は，所定の要件を充たす必要あり。	中 （ヘッジ対象が非金融商品や予定取引等の場合，引き続き必要になる可能性あり）
組込デリバティブを含む混合契約の特定及び分離処理	所定の要件を充たす混合契約は，組込デリバティブとホスト契約（金融または非金融商品）に分離の上，各々に本来の会計処理を適用。	中 （ホスト契約が非金融商品の場合，引き続き必要になる可能性あり）

出所：IASB（2008c, par.1.10, Table2）をもとに加筆。

27

（IASB, 2008c, par.3.1）。次いで，ここでの単一の測定属性は公正価値とし，公正価値の変動を純損益に計上することで複雑性は大幅に低減するほか，企業間及び期間比較が容易となるため，財務諸表利用者の理解可能性が高まるとの考え方を示している。

　図表1-1は，2008年討議資料（複雑性低減）が提案する長期的解決策，すなわち全ての金融商品に公正価値＆純損益を適用した場合に想定される複雑性低減の具体例である（IASB, 2008c, par.1.10）。

　2008年討議資料（複雑性低減）が示す長期的解決策，すなわち全ての金融商品に公正価値＆純損益を適用するアプローチは，必ずしも斬新なものでない。このアプローチは，JWGが2000年12月に公表したJWGドラフト基準の提案と基本的に同じである。JWGドラフト基準では，その公正価値測定の原則（JWG, 2000, p.150）から公正価値が最も適合性が高い測定属性とし，利益認識の原則（JWG, 2000, p.157）から評価差額は発生した期の純損益に計上することを提案している。その結果として，ヘッジ会計や組替調整の必要性はほとんどなくなるため，会計基準としての複雑性は大幅に低減することになる。JWGには，FASBやIASB（当時はIASC）も参加していたことから，JWGドラフト基準と2008年討議資料（複雑性低減）が同じ方向性であることは自然の成り行きといえる。

(2) 公正価値測定の妥当性

　2008年討議資料（複雑性低減）では，公正価値が全ての金融商品に適切な唯一の測定属性とする論拠について，将来キャッシュ・フローの変動可能性が大きい金融商品と将来キャッシュ・フローが固定または変動可能性が小さい金融商品に大別して説明している。

1) 将来キャッシュ・フローの変動可能性が大きい金融商品(IASB, 2008c, pars.3.12-3.18)

　将来キャッシュ・フローの変動可能性が大きい金融商品としては，デリバティブやレバレッジ性の高い複合金融商品，株式や保険契約・保証等を想定の上，次の理由から公正価値が唯一の測定属性と結論付けている。

①当初認識時のキャッシュ・フロー（取得原価または入金額）と最終的な
　キャッシュ・フローには相関関係がないため，当初認識時のキャッシュ・
　フローを基礎とする測定属性は，将来キャッシュ・フローの予測に際し
　て役に立たないこと。

②償却原価による測定には，将来キャッシュ・フローの発生額及び発生時
　期の明確化を要するが，将来キャッシュ・フローの変動可能性が大きい
　場合には困難であること。

2）将来キャッシュ・フローが固定または変動可能性が小さい金融商品（IASB, 2008c, pars.3.19-3.21）

　将来キャッシュ・フローが固定または変動可能性が小さい金融商品として
は，固定・変動利付債券（債権）[2]，割引債券（債権）及び無利息の債権・債
務等を想定の上，金融資産及び金融負債毎に公正価値及び取得原価ベースで
の測定値の比較検討を行っている。なお，ここでの将来キャッシュ・フロー
は，満期まで保有かつ信用リスクが僅少につき，当該キャッシュ・フローの
発生可能性が極めて高いものが該当する。したがって，高い信頼性をもって
予測可能であり，当初認識時のキャッシュ・フローと相関関係にあることが
前提にある。

①金融資産の測定属性に取得原価ベースの測定値を支持する主な理由（IASB, 2008c, par.3.23）

・計算が容易，かつ従来から適用による習熟度に加えて，経営者が短期的
　な売買を意図していない場合の事業計画との整合性が高いこと。

・実際に受け取る金額を概ね反映していること。

②金融資産の測定属性に公正価値を支持する主な理由（IASB, 2008c, par.3.24）

・全ての金融資産に公正価値を適用すれば，キャッシュ・フローの性質や
　変動可能性に関する境界線の問題はなくなり，会計基準の複雑性の大幅
　な低減につながること。

・取得原価ベースの測定値に固有な問題，例えば減損の認識及び測定，高
　い信用リスクに起因する高利回りの金融資産等の取扱い等[3]は，公正価

値による測定を通じて包括的な対応が可能になること。

このように，将来キャッシュ・フローが固定または変動可能性が小さい金融資産には，公正価値または取得原価ベースの測定値のいずれも利点があるが，公正価値は測定日に受け取るであろう価格をよりよく反映するため，売却の意図がない場合でも信用リスクの影響を含む将来キャッシュ・フローの評価に役立つとする。一方，取得原価ベースの測定値については，減損に係る問題解決の困難さを強調している。

③金融負債の測定属性に取得原価ベースの測定値を支持する主な理由（IASB, 2008c, par.3.31）

・計算が容易，かつ従来から適用による習熟度に加えて，債務の移転や市場での転売等は稀であり，通常は約定通りの返済となる結果との整合性が高いこと。

・債務額は不変にも関わらず，公正価値の変動や信用リスクに起因する変動額を純損益に反映することは不合理であること。

④金融負債の測定属性に公正価値を支持する主な理由（IASB, 2008c, par.3.32）

・金融資産と同様，全ての金融負債にも公正価値を適用することで，キャッシュ・フローの性質や変動可能性に関する境界線の問題はなくなり，会計基準の複雑性の大幅な低減につながること。

・将来キャッシュ・フローの支払額及び支払時期が同一である複数の金融負債について，取得原価ベースの測定値の場合は，当初認識時点の信用リスクや金利水準によって異なる金額が計上される一方，公正価値の場合には常に同額で計上されること。

・測定日に債務の移転や市場での転売があると仮定した場合には，それを反映した値になること。

金融負債の公正価値測定を支持する背景には，貸借対照表に公正価値で計上することを重視し，それに伴う評価損益は架空なものではなく，必然的なものとみている。一方，金融負債の取得原価ベースの測定を支持する背景には，純損益の意義を重視し，公正価値とした場合の評価損益は実現困難であることから架空であり，純損益に対する歪みと捉えている。金融負債の測定

属性の検討は，公正価値ベースと取得原価ベースの得失を両論併記している
ため，金融資産とは異なり，金融負債の公正価値測定には慎重姿勢がみられ
る。

(3) 公正価値測定に対する懸念事項

2008年討議資料（複雑性低減）では，金融商品に単一の測定属性を適用す
る場合には公正価値が妥当としている。これはキャッシュ・フローが固定ま
たは変動可能性が小さい金融商品は，取得原価ベースの測定値（償却原価や
入金額）でも，相当程度の目的適合性を有する情報が提供可能であるが，将
来キャッシュ・フローの変動可能性が大きい金融商品は，公正価値が唯一の
測定属性であれば，全ての金融商品に対する単一の測定属性として公正価値
が消去法的に選択されるためである。なお，2008年討議資料（複雑性低減）
では，公正価値測定に対する根強い批判を考慮して，次のような懸念事項が
あることを認めている（IASB, 2008c, Section3, PartB）。

1）公正価値の変動に対する目的適合性の解釈

経営者にとって管理不能な公正価値の変動は，業績評価の指標である純損
益に計上すべきではないとの意見がある一方，市場の変動に起因する公正価
値の変動は，実際に生じている現象として反映すべきとの意見がある。ここ
での焦点は，公正価値の変動の反映による人為的な純損益ボラティリティを
問題とみるのか，または公正価値の変動という事実の無視による人為的な安
定性を問題とみるのかの争いといえる。

2）未実現損益の純損益計上の是非

測定日時点で未実現である公正価値の変動からの評価損益を純損益に計上
することは，会計情報の信頼性を損なうほか，特に金融負債については，債
務額が不変にも関わらず，未実現損益を計上することに対する批判がある。
2008年討議資料（複雑性低減）の焦点は，基本的に金融負債の公正価値測定
に絞られている。会計情報の信頼性を損なうとの批判は，多くの金融負債
（借入金や買掛金等）は市場で売買されていない（もしくは極めて稀）ため，

金融資産と比べて，公正価値の見積りに主観が入り込む余地が大きいとする。この点については，正確な見積りでも目的適合性が劣る値よりも，不正確な見積りでも目的適合性が高ければ，一般的に会計情報の有用性は高くなり，主観の介入は取得原価ベースでの測定値でも，減損の見積り等で同様なことが生じるとの考え方を示している（IASB, 2008c, par.3.67）。債務額が不変でも未実現損益を計上することの批判は，いわゆる負債の公正価値測定のパラドクスを問題とするものである。負債の公正価値測定のパラドクスとは，金融負債発行者側の信用リスクの減少は負債の公正価値の増加（増加分は損失），信用リスクの増大は負債の公正価値の減少（減少分は利益）となる結果について[4]，とりわけ保守的な対応が望まれる信用リスクの増大という状況で利益が発生する取扱いを指すものである。この問題については，貸手側が保有する金融資産の信用リスクの増大による損失は，反射的に契約相手方である借手側での利益につながること，企業価値の減少は，株主のみならず，債権者も負担することが合理的であるならば，負債の公正価値測定は株主及び債権者間の価値移転手続に相当するとして，金融負債の公正価値の減少による利益計上の妥当性を指摘している[5]。負債の公正価値測定のパラドクスを巡る議論は，2000年に公表されたJWGドラフト基準でも取り上げられており（JWG, 2000, pars.4.55-4.62），2008年討議資料（複雑性低減）の公表時点でも未解決であることがわかる。

3）市場で観測可能な情報が入手困難な状況での公正価値の見積り

　財務諸表作成者の多くは，市場で観測可能な情報が入手困難な状況での公正価値の見積りに懸念を示している。金融商品によっては，公正価値の見積りに際して専門家の利用が必要となるが，一部の国・地域では利用が困難であったり，財務諸表作成者や監査人側で判断を要する局面が増加する可能性が指摘されている。ただし，この指摘に対しては，見積りに不確実性が伴うことは取得原価ベースでの減損等でも同様であるほか，ほとんどの金融商品の公正価値情報は，現行の会計基準で既に開示が要求されている事実が示されている（IASB, 2008c, par.3.80）。

2. 中間的アプローチの概要

　2008年討議資料（複雑性低減）は，全ての金融商品に公正価値＆純損益を適用することを長期的解決策としつつ，前述の公正価値測定に対する強い懸念を勘案して，金融商品に関する現行の測定規定の簡素化を主眼とした中間的アプローチも提案している。IASBは，中間的アプローチの採用に伴って現行規定を変更する場合でも，①目的適合性や理解可能性が低下しないこと，②長期的解決策を視野に入れて，現行規定による公正価値の適用範囲を狭めないこと（理想的には適用範囲を広げること），③複雑性を増大させないこと（理想的には簡素化につなげること），④変更による費用対効果が十分に認められること，の4つの基本方針をもとに検討を進めた結果（IASB, 2008c, par.2.2），次の3つのアプローチを提案している。

　アプローチ1：現行の測定規定の改訂

　アプローチ2：選択的例外を伴う公正価値測定原則に置き換え

　アプローチ3：ヘッジ会計の見直し

　なお，中間的アプローチの適用に際しては，単独に限ることなく，組み合わせも想定している（IASB, 2008c, par.2.5）。

図表1-2　アプローチ1における3つの改訂案の主な効果及び問題点

改訂案の内容	改訂案の主な効果	改訂案の主な問題点
満期保有投資区分（取得原価ベースの測定属性が適用）の削除。	公正価値の適用範囲の拡大及び満期保有投資の事後変更に対する懲罰的規定が不要になること。	結果として増加する売却可能金融資産の処分損益に係る問題（計上区分や組替調整の是非等）が拡大すること。
売却可能金融資産区分（公正価値＆その他の包括利益）を削除し，売買目的区分（公正価値＆純損益）に統合。	公正価値測定による評価差額の取り扱いが単一化されること。	結果として増加する売買目的区分からの純損益ボラティリティが増大すること。
デリバティブ及び活発な市場で取引される金融商品は公正価値にて測定（それ以外は現行規定を適用）。	活発な市場で取引される金融商品の分類・測定方法の単一化及び公正価値の適用範囲が拡大すること。	活発な市場の定義が必要となるほか，実際の保有意図と適合しない会計処理になる可能性があること。

(1) アプローチ1：現行の測定規定の改訂

　アプローチ1は，金融商品に関する現行の測定方法の多様化を勘案し，①金融商品の分類区分の削減，②分類区分の要件（または制限規定）の簡素化（または削減）を通じた測定規定の改訂を提案するものである（IASB, 2008c, par.2.9）。①金融商品の分類区分の削減は，図表1－2のように3つの改訂案が示されている（IASB, 2008c, pars.2.10-2.12）。

　②分類区分の要件（または制限規定）の簡素化（または削減）は，適切な開示規定の拡充を条件として，満期保有投資区分の恣意的な事後変更を防止する目的で課されている懲罰的規定の削減を提案している（IASB, 2008c, par.2.13）。懲罰的規定とは，取得時に満期保有投資区分に分類した金融資産を正当な理由がないまま中途売却した場合，残り全ての金融資産の満期保有投資の意図を否定の上（強制的に他の区分に分類変更），その後一定期間は満期保有投資区分の使用を認めないものである[6]。この懲罰的規定を廃止することで，財務諸表作成者は過去における1度の意思表示の誤りで残り全ての再分類を迫られるリスクが解消するほか，再分類時の規定も不要になる等の利点がある。

(2) アプローチ2：選択的例外を伴う公正価値測定原則に置き換え

　アプローチ2は，現行の測定規定について選択的例外を伴う公正価値測定原則に置き換えることを提案するものである（IASB, 2008c, par.2.15）。このアプローチでは，例外規準を充たす金融商品には取得原価ベースでの測定を許容する一方，それ以外の金融商品の測定は公正価値になる。なお，例外となる取得原価ベースの測定対象は，金融商品から生じるキャッシュ・フローの変動性に着目し，具体的には前述の将来キャッシュ・フローが固定または変動可能性が小さい金融商品を想定している。このような金融商品にとって，取得原価ベースの測定値（償却原価や入金額）は目的適合性を有する会計情報であり，公正価値に代わる選択肢になるためである。ただし，このアプローチは，例外ながらも取得原価ベースでの測定値を許容するため，全てを公正価値測定とする長期的解決策とは異なることになる。

　アプローチ2を採用した場合に想定される主な利点及び問題点は図表1－

第1章　複雑性低減プロジェクトからみた金融商品会計の見直しの視点

図表1-3　アプローチ2の主な利点及び問題点

主な利点	主な問題点
• 会計基準の分量及び複雑性を大幅に低減できること(デリバティブの定義は不要になる等)。 • IASB及びFASBの最終目標である公正価値測定の対象範囲が拡大すること。 • 取得原価ベースの測定は選択的例外であり，選択しなければ複雑性が低減すること。 • 新たな金融商品が誕生しても，原則的な対応が可能になること。	• 現行規定と異なるため，置き換えの際には大幅な変更が必要になること。 • 選択的例外ながら取得原価ベースの測定値を許容するため，適用範囲を決める必要があること。 • 評価差額に関する問題(純損益またはその他の包括利益のいずれか，組替調整の是非等)を解決する必要があること。

3の通りである。

(3) アプローチ3：ヘッジ会計の見直し

アプローチ3は，現行のヘッジ会計の見直しを提案するものであり，具体的にはヘッジ会計の全廃（または置き換え）及びヘッジ会計の簡素化という2つの改訂案を示している（IASB, 2008c, par.2.30）。

1) ヘッジ会計の全廃（または置き換え）

ヘッジ会計の全廃案は，現行のヘッジ会計がヘッジ活動の経済実態を十分に反映していないことを理由とし，ヘッジ活動に関する開示の拡充を前提にヘッジ会計を全廃することで，会計基準の複雑性の低減を図るものである（IASB, 2008c, par.2.32）。理由は異なるが，JWGドラフト基準でも，ヘッジ会計の適用を認めていない[7]。2008年討議資料（複雑性低減）では，ヘッジ会計の全廃案について，財務諸表作成者を中心に純損益ボラティリティの増大を招き，ヘッジ活動の経済効果を無視する結果になる等の強い反対意見があることを認識している（IASB, 2008c, par.2.33）。したがって，ヘッジ会計の全廃案に加えて，公正価値ヘッジに起因する測定上の問題の是正を中心とするヘッジ会計の置換案も提案している。なお，IFRS及び米国会計基準による公正価値ヘッジの会計処理は，ヘッジ対象の公正価値変動（ヘッジ対象リスクに起因する部分）とヘッジ手段（原則としてデリバティブ）の公正価

35

値変動の両方を発生した期の純損益に計上するため，ヘッジの有効部分は自動的に相殺される一方，非有効部分は純損益に反映される[8]。

　公正価値ヘッジの置換案としては，①ヘッジ対象に対する公正価値オプションの適用，②ヘッジ手段から生じる損益の純損益外での計上，③金融商品から生じる損益の純損益外での計上の3つが示されている（IASB, 2008c, par.2.35）。

①ヘッジ対象に対する公正価値オプションの適用

　この提案は，現行の公正価値オプションの適用対象及び適用要件を見直すことで，公正価値ヘッジの代替を図るものである（IASB, 2008c, par.2.37）。現行の公正価値オプションの適用対象は金融商品に限られ，その指定は当初認識時のみで取消は不能，かつ部分指定はできない等の規定になっている。この規定について，適用対象を非金融商品にも拡大し，かつ当初認識後の指定や部分指定も認めるように変更することで，公正価値オプションの適用対象の拡大かつ運用の弾力化を図るものである。

②ヘッジ手段から生じる損益の純損益外での計上

　この提案は，公正価値ヘッジのヘッジ対象の簿価修正を廃止し，ヘッジ手段から生じる損益は純損益外，具体的にはその他の包括利益に計上するものである（IASB, 2008c, par.2.45）。この場合の会計処理はキャッシュ・フロー・ヘッジと類似するため，会計処理の簡素化も図ることができる。

③金融商品から生じる損益の純損益外での計上

　この提案は，全ての金融商品を公正価値測定の上，評価差額は当該企業の信用リスクに起因する部分（その他の包括利益に計上）を除いて，純損益またはその他の包括利益のいずれかに計上する選択権を付与するものである（IASB, 2008c, par.2.49）。この選択は当初認識時に行われるが，その後の取消しも可能とする。また，金融商品から生じる損益のうち，特定割合を純損益，残りをその他の包括利益に計上することも可能とする。したがって，ヘッジ対象リスクに起因する部分は純損益計上を選択すれば，公正価値ヘッジと同様の効果が得られつつ，ヘッジ対象全体を公正価値で測定できる。

　これら3つの公正価値ヘッジの置換案の主な利点及び問題点は，図表1－

第1章　複雑性低減プロジェクトからみた金融商品会計の見直しの視点

図表1-4　公正価値ヘッジの置換案の主な利点及び問題点

提　案	主な利点	主な問題点
ヘッジ対象に対する公正価値オプションの適用	公正価値オプション自体は単純であり，その結果の理解は容易であること。	公正価値オプションの適用要件の弾力化は，新たな複雑性を生み出す可能性があること。
ヘッジ手段から生じる損益の純損益外での計上	ヘッジ対象の簿価修正が不要となるため，ヘッジ対象の測定属性は変わらないこと。ヘッジの会計処理を単一化できること。	ヘッジ手段から生じる損益について，その他の包括利益から純損益に組替調整を行う必要があるため，必ずしも複雑性の低減につながらないこと。
金融商品から生じる損益の純損益外での計上	部分ヘッジも含めて，より多くの金融商品が公正価値測定になること。	金融商品から生じる損益の計上区分の選択によっては，新たな複雑性を生み出す可能性があること。

4の通りである。

2）ヘッジ会計の簡素化

　ヘッジ会計の簡素化は，現行のヘッジ会計の大枠を維持しつつ，主にヘッジの有効性評価に係る事前・事後テストの簡素化を提案するものである（IASB, 2008c, par.2.55）。ヘッジ会計の廃止（または置き換え）案は，主に公正価値ヘッジを対象とするが，ヘッジ会計の簡素化は，キャッシュ・フロー・ヘッジも対象になる。

　この提案については，①ヘッジ取引の指定及び文書化，②ヘッジ取引の指定解除及び再指定，③部分ヘッジ，④ヘッジの有効性評価（及びヘッジの非有効部分の取扱い），⑤ポートフォリオ（包括）ヘッジ，⑥ヘッジ損益の再分類，⑦予定取引等の実行時の取扱いが検討されている（IASB, 2008c, par.2.56）。これらの項目に関する現行（討議資料公表の2008年当時）規定の概要及び検討の方向性は図表1-5の通りである。

37

図表1-5　ヘッジ会計の簡素化に向けた検討項目

検討項目	現行（2008年当時）規定の概要	検討の方向性
ヘッジ取引の指定及び文書化	ヘッジ会計は任意かつ例外措置につき，損益操作防止の観点からヘッジ開始時にヘッジ対象及びヘッジ手段，ヘッジ対象リスク等を指定して文書化。	損益操作の防止効果は維持しつつ，文書化の後に問題があった場合でも，ヘッジ会計の遡及的な取消しにはならない措置を検討する。
ヘッジ取引の指定解除及び再指定	企業は，いつでもヘッジ会計の中止を選択可能。中止した場合のヘッジ手段は，他のヘッジ対象のヘッジ手段として再指定が可能。	透明性の観点から，ヘッジ会計の中止やヘッジ手段の再指定に対する企業の選択権に一定の制限を加える。
部分ヘッジ	ヘッジ対象の全体ではなく，特定のリスク（金利，為替等）やエクスポージャーの一部のみをヘッジ対象として指定可能。	複雑性低減の観点から，部分ヘッジに対するヘッジ会計を廃止（全部ヘッジのみとする），または部分ヘッジに特有な問題の解決策を検討する。
ヘッジの有効性評価（及びヘッジの非有効部分の取扱い）	ヘッジ会計の継続にはヘッジが極めて有効であることが求められ，ヘッジ対象の公正価値またはキャッシュ・フローの変動に対するヘッジ手段による相殺度合いが80-125%の範囲内であれば，当該ヘッジは極めて有効とする定量的評価に基づくテストが必要。	項目全体をヘッジ対象として指定する場合は，ヘッジの有効性評価テストを廃止，または事後テストは定性的評価のみとする簡素化を検討する。
ポートフォリオ（包括）ヘッジ	複数のヘッジ対象をグループ化し，ポートフォリオ単位でヘッジを行う場合，構成要素である個々のヘッジ対象間には，相当程度の類似性があることが必要。	個々のヘッジ対象間の類似性の要件に代えて，自社が採用するポートフォリオのリスク管理上のエクスポージャーをヘッジ対象にすることを検討する。
ヘッジ損益の再分類（キャッシュ・フロー・ヘッジによるヘッジ手段損益の組替調整）	ヘッジ対象（予定取引等）から実際に発生する損益計上時期に対応させて，その他の包括利益に計上したヘッジ手段の損益を純損益に組替調整を行う。	ヘッジ対象の継続的な把握を不要にするため，ヘッジ対象から実際に発生する損益計上時期に関係なく，ヘッジ開始時に予定した通りに組替調整を行う。
予定取引等の実行時の取扱い	確定約定の為替リスクヘッジや予定取引実行時のヘッジ手段に係る損益の会計処理が複数あり，企業による選択が可能。	比較可能性の観点から，企業による選択はやめて，会計処理の統一化を検討する。

3. 長期的解決策に向けて解消すべき問題

2008 年討議資料（複雑性低減）は，全ての金融商品に公正価値＆純損益を適用する長期的解決策に向けて解消すべき問題として，①公正価値の変動の内訳表示，②金融商品の開示，③公正価値測定のあり方，④金融商品の定義を含む金融商品会計基準の適用範囲を示している（IASB, 2008c, Section3, PartC）。なお，中間的アプローチでも，それまでの会計基準と比べて公正価値の測定範囲が拡大するため，これらの問題に目処をつけることは不可避といえる。

(1) 公正価値の変動の内訳表示

公正価値測定の賛成論者も，将来キャッシュ・フローの予測に必要な契約上の金額や発生時期に関する情報提供が必要であるほか（IASB, 2008c, par.3.30），評価差額を純損益に計上することで誤解を生じさせない表示の重要性を指摘している（IASB, 2008c, par.3.48）。2008 年討議資料（複雑性低減）では，表示及び開示が財務諸表の表示プロジェクトで取扱われていること等から検討対象外としつつ，次の項目を課題として示している（IASB, 2008c, par.3.82）。

①評価差額を市場に関連する要素とそれ以外の要素に区分表示する方法。

②評価差額を区分表示する場合の適用範囲（市場で観測不能なインプットを用いた測定のみに適用，または売買目的の金融商品のみに適用等）。

③利息収支と公正価値の変動部分の区分表示の是非及び区分表示する場合の方法。

④キャッシュ・フローの発生確率に起因する変動影響の区分表示の是非及び区分表示する場合の方法。

これらの課題は，公正価値の根源であるキャッシュ・フローの変動を市場リスクや信用リスク等の要因毎（貨幣の時間価値部分を含む）に明確に区分できるかどうか，さらには当初予測とその後の乖離影響も含めて，将来キャッシュ・フローの予測に資する情報提供ができるかどうかを問うものといえる。

（2）金融商品の開示

金融商品の開示規定にはIFRS7があるが，金融商品の種類や保有意図毎に開示の内容が異なっている。また，金融商品の開示規定は混合測定属性モデルが前提であり，全ての金融商品を公正価値測定とする単一測定属性モデルでの開示は想定していない。混合測定属性モデルから公正価値による単一測定属性モデルへの全面置き換えを想定した場合，金融商品の開示に関する主な課題は次の通りである（IASB, 2008c, par.3.86）。

①財務諸表上の異なる箇所に点在する類似項目の開示の一本化。

②公正価値測定の場合に不要となる開示項目の削除，新たに求められる開示項目の追加。

③金融商品全般を通じて欠落している情報の追加。

④開示全体のパッケージ化の推進。

（3）公正価値測定のあり方

公正価値測定の前提となる公正価値自体の定義や測定方法等は，IFRS及び米国会計基準間で相違がみられた。この問題については，FASBから一般原則を含む多くの論点をカバーしたSFAS157「公正価値測定」（FASB, 2006b）が2006年9月に公表済みであったことから，IASBは2006年11月にSFAS157そのものを討議資料「公正価値測定」（IASB, 2006a）として公表の上，寄せられたコメントをもとに審議を進めている状況にあった。図表1－6は，2008年討議資料（複雑性低減）において実際に全ての金融商品を公正価値測定とした場合に問題となる主な取引として示されたものである（IASB, 2008c, par.3.90）。

図表1-6　公正価値測定で問題となる主な取引

問題となる主な取引	問題となる要素
クレジットカード契約，ローン・コミットメント，要求払預金。	顧客関係に起因する無形資産的要素の取扱い。
第三者による保証付債務に対する債務者側の会計処理。	債務者にとって負債である借入金に内在する第三者保証の効果の取扱い。
政府機関による預金保証(保険)に対する金融機関側の会計処理。	金融機関にとって負債である預金に内在する預金保険の効果の取扱い。

40

(4) 金融商品の定義を含む金融商品会計基準の適用範囲

　IASB及びFASBが目指す長期的解決策は、全ての金融商品を対象とする全面公正価値会計であるが、その場合に適用対象となる金融商品の定義は、IFRSと米国会計基準間で必ずしも統一されていない。公正価値測定の適用範囲の問題は、金融商品の定義に基づくべきか、または異なる原則に基づくべきかであり、IASB及びFASBは金融商品の定義に基づくことを暫定合意している。したがって、基本となる金融商品や金融資産及び金融負債の定義の明確化、それに基づく例外（他の会計基準にて規定済み等）の明確化、類似性の観点から適用対象とする非金融商品の明確化等の追加作業が必要となる。

 # 金融商品会計の複雑性低減プロジェクトの背景

　2008年討議資料（複雑性低減）の目的は、世界金融危機によるG20の要請に合致するが、もともとは複雑で理解が困難との批判に対応するため、IASB及びFASBの共同プロジェクトによる金融商品会計基準の見直しが背景にある。金融商品会計の複雑性は、主に測定手法の多様性が原因であるため、IASB及びFASBは、公正価値＆純損益による単一測定属性モデルを最終的解決策として提案するに至っている。ここでは2008年討議資料（複雑性低減）公表当時の測定手法の多様性の実態を明らかにした上、それに起因する複雑性低減を目指した同討議資料の公開に至るまでの経緯及び金融商品プロジェクトとの関係を説明する。

1. 金融商品会計における測定手法の多様性

(1) 金融資産側の測定手法の多様性

　2008年討議資料（複雑性低減）公表当時の金融資産側の主な測定手法及び対象取引は図表1－7の通りである。なお、これらはIFRSまたは米国会計基準のいずれかのみに該当する項目もあれば、両方に該当する項目もある。

図表 1 - 7　2008年討議資料（複雑性低減）公表当時の金融資産側の取扱い

主な測定手法	対象となる主な取引
公正価値にて測定，評価差額は純損益に計上。	売買目的の金融資産，キャッシュ・フロー・ヘッジのヘッジ手段以外のデリバティブ資産，公正価値オプション適用対象の金融資産。
公正価値にて測定，評価差額はその他の包括利益に計上（減損部分は純損益に計上）。	売却可能金融資産に分類された金融資産。
公正価値にて測定，評価差額の一部は純損益，残余はその他の包括利益に計上。	キャッシュ・フロー・ヘッジのヘッジ手段であるデリバティブ資産（ヘッジの有効部分はその他の包括利益，ヘッジの非有効部分は純損益）。
公正価値の部分的な変動を加減した取得（償却）原価にて測定。	公正価値ヘッジの対象資産（取得原価等±ヘッジ対象リスクに起因する公正価値の変動額）。
取得原価にて測定，減損部分は純損益に計上。	満期保有投資の金融資産，貸付金及び債権。
取得原価から回収不能見込額（引当金）を控除した帳簿価額にて測定。	満期保有投資の金融資産，貸付金及び債権。
問題債権（財政状態の悪化による債務の再編に該当）について，SFAS15（FASB, 1977）に基づく引当額を控除した帳簿価額にて測定。	貸付金及び債権（回収見込の元利金キャッシュ・フローを当初の約定金利で割り引いた現在価値で計上）。
低価法に基づき，公正価値または帳簿価額のいずれか低い方の金額で測定。	SFAS65（FASB, 1982）に基づいて，売却目的で保有する貸付金及び債権。
一部売却による残留部分の帳簿価額について，売却対象資産の帳簿価額を売却・残留部分の公正価値割合で按分した値として算出。	財務構成要素アプローチによる一部売却後の残留部分の資産（帳簿価額×残留部分の公正価値／全体の公正価値）。
持分法による評価額にて測定。	持分法適用対象となる金融資産（関連会社株式等）。

出所：IASB（2008c, par.1.2, Table1）をもとに加筆。

（2）金融負債側の測定手法の多様性

　2008年討議資料（複雑性低減）公表当時の金融負債側の主な測定手法及び対象取引は図表1－8の通りである。なお，これらはIFRSまたは米国会計

第1章　複雑性低減プロジェクトからみた金融商品会計の見直しの視点

図表1-8　2008年討議資料（複雑性低減）公表当時の金融負債側の取扱い

主な測定手法	対象となる主な取引
公正価値にて測定，評価差額は純損益に計上。	売買目的の金融負債，キャッシュ・フロー・ヘッジのヘッジ手段以外のデリバティブ負債，公正価値オプション適用対象の金融負債。
公正価値にて測定，評価差額の一部は純損益，残余はその他の包括利益に計上。	キャッシュ・フロー・ヘッジのヘッジ手段であるデリバティブ負債（ヘッジの有効部分はその他の包括利益，ヘッジの非有効部分は純損益）。
公正価値の部分的な変動を加減した当初入金額または償却原価にて測定。	公正価値ヘッジ対象の負債（当初入金額等±ヘッジ対象リスクに起因する公正価値の変動額）。
当初入金額にて測定。	当初入金額と返済額が等しい金銭債務。
償却原価（償還差額を調整）にて測定。	当初入金額と返済額が異なる金銭債務。
当初は公正価値にて測定，その後は引当金規定（IAS37）に基づく金額または収益規定（IAS18）に基づく償却累計額を控除した金額のいずれか大きい方で測定（IAS39, 2009, par.47）。	市場金利を下回る約定金利のローン・コミットメント。

出所：IASB（2008c, par.1.2, Table1）をもとに加筆。

基準のいずれかのみに該当する項目もあれば，両方に該当する項目もある。

（3）金融商品の測定方法の多様性の主な要因

　金融資産及び金融負債の測定手法が多様化した主な要因の1つとしては，金融商品会計が取得（償却）原価と公正価値の混合測定属性モデルであるため，公正価値測定の場合の評価差額の取扱いや取得（償却）原価測定の場合の減損の取扱いが複数存在することが挙げられる。公正価値測定の場合の評価差額の取扱いは，純損益またはその他の包括利益のいずれに計上するかの選択のほか，その他の包括利益に計上した場合には，純損益への組替調整を行うかどうか，いわゆるリサイクル問題がある。一方，取得原価測定の場合には，将来キャッシュ・フローの回収不能見込額の取扱い，いわゆる信用損失の認識及び測定に関する問題がある。信用損失の問題は，公正価値測定であっても，信用損失部分は純損益に計上し，それ以外の部分はその他の包括

43

利益に計上する場合にも生じることになる[9]。また，ヘッジ会計を適用する場合，ヘッジ対象の簿価修正を行う公正価値ヘッジであれば，公正価値または取得原価のいずれでもない測定属性になる問題がある。これらの問題の多くは，純損益の概念にも関係することから，最終的には概念フレームワークレベルとして解決に時間を要するため，2008年討議資料（複雑性低減）は，長期的解決策のほかに中間的アプローチも提案する必要があったものと解される。

2. 2008年討議資料（複雑性低減）公開に至る経緯及び金融商品プロジェクトとの関係

2008年討議資料（複雑性低減）は，IASB及びFASBの2006年MoUに含まれている金融商品プロジェクトの成果の1つである。2006年MoUでは，金融商品プロジェクトについて，金融商品会計を混合測定属性モデルから公正価値による単一測定属性モデルに置き換えるプロジェクトと認識の中止プロジェクトの2つを示した上[10]，前者についてはデュー・プロセス文書の公表を予定していた。2008年討議資料（複雑性低減）は，このデュー・プロセス文書に該当するものである。なお，FASB及びIASBは，1980年代から金融商品会計基準の開発に取り組んでいる。FASBは，1986年に金融商品会計に関する広範なプロジェクトを発足しており，2008年討議資料（複雑性低減）が公表された2008年3月時点で基準化に至った同プロジェクトの主な成果は次の通りである。

・SFAS114「貸付金の減損に関する債権者の会計処理」（FASB, 1993a）
・SFAS115「特定の負債証券及び持分証券への投資の会計処理」（FASB, 1993b）
・SFAS133「派生商品及びヘッジ活動に関する会計処理」（FASB, 1998）
・SFAS155「特定の混成金融商品に関する会計処理」（FASB, 2006a）
・SFAS157「公正価値測定」（FASB, 2006b）
・SFAS159「金融資産及び金融負債に関する公正価値オプション」（FASB, 2007a）

この基準化の推移からわかるように，まずは金銭債権，有価証券，デリバティブ等の基本的な金融商品の種類毎に対応がなされ，次いでヘッジ会計や

公正価値オプション等の例外措置による対応が重畳的に積み上がっている。なお，1986年以前の米国会計基準では，外国為替取引はSFAS52「外貨換算」（FASB, 1981），先物取引はSFAS80「先物契約の会計処理」（FASB, 1984）によって公正価値測定が求められていたが，それ以外のデリバティブには明確な規定がなく，金融商品及び非金融商品ともに測定属性は取得（償却）原価が基本であった。そこから1980年代後半にかけて急速に進展した金融経済に対応するため，取引意図に応じた例外やそれまでの会計慣行を考慮しながら，現在の混合測定属性モデルが形成されたといえる。その結果，全体として一貫性に欠け，個々の会計基準間に矛盾や欠落が生じたことも，金融商品会計が複雑で理解が困難とされる原因の1つである。

　一方，IASB（当時はIASC）は，1989年にカナダ勅許会計士協会と共同で金融商品プロジェクトを発足し，主な成果として1995年にIAS32，1998年にIAS39を公表している。その後，IASBはIAS32及びIAS39を数次にわたって改訂しているが[11]，これらはFASBの金融商品プロジェクトの主な成果が基盤になっている。したがって，当時のIFRSと米国会計基準の金融商品会計は類似しているため，2008年討議資料（複雑性低減）の提案は，IASBとFASBの両者が抱える問題に対する共通認識を示したものといえる。

③ 複雑性低減からみた金融商品会計の検討課題の整理

　2008年討議資料（複雑性低減）は，金融商品会計の複雑性低減の観点から見直しを提言した上，その方策として長期的解決策及び中間的アプローチを示している。しかしながら，主題である複雑性自体について，同討議資料は特に検討することなく，2008年SEC報告書の検討結果に依拠している。したがって，ここでは財務報告の複雑性自体を取り上げた2008年SEC報告書をもとに，複雑性の定義や発生の原因，複雑性の形成要素及び金融商品会計との関係を考察する。

1. 財務報告の複雑性と回避可能性

（1）複雑性の定義及び発生原因

2008年SEC報告書では，複雑性を理解及び適用が困難な状態と定義した上，財務報告の複雑性については，関係者にとって次に示した行為が困難な状態としている（SEC, 2008, pp.18-19）。

①投資者が取引や事象の経済実態，企業の財政状態及び経営成績を理解すること。

②財務諸表作成者が一般に公正妥当と認められた会計原則を適切に適用して，取引や事象の経済実態，企業の財政状態及び経営成績を伝えること。

③他の関係者（監査人，アナリスト，規制当局等）が財務諸表を監査，分析または規制すること。

財務報告の複雑性は，財務報告を通じた企業と利害関係者間の効果的な伝達を阻害し，誤った資源配分や市場の非効率性を生み出すことになる。次に2008年SEC報告書は，財務報告の複雑性の発生原因として，次の項目を挙げている（SEC, 2008, pp.19-20）。

①複雑な経済活動

取引内容の高度化やクロス・ボーダー化を伴った取引規模の増大は，経済活動の理解を困難なものにしていること。

②比較可能性及び首尾一貫性の欠如

公正価値及び取得（償却）原価による混合測定属性モデル，会計基準における明確な線引き規定及び一般原則の例外措置の存在等は，経済活動や企業間の比較可能性の疎外要因になること。会計基準によっては，首尾一貫性の欠如から特定の結果の誘導を目的とした取引構築の余地があること。

③会計基準の性質

会計基準によっては，開発時に考慮された異なる見解や数多くの特殊事例に対応するために詳細な指針が存在する上，複数の会計基準設定主体の関与による影響があること。また，個々の会計基準は，不完全で一貫性がない概念フレームワークのもとで作成されているため，その理解や適用が困難となる性質を内在すること。

④膨大な会計基準量

公式及び非公式な会計基準や解釈指針が膨大な量であり，過剰な要求事項が含まれていること。

⑤監査及び開示規制

訴訟リスクや結果論的な批判を意識した詳細な監査の要求，投資者にとって意味がない財務諸表の修正再表示の要請や開示規制があること。

⑥会計教育の欠陥

学部・大学院の会計教育，公認会計士試験（合格後の継続的専門研修を含む）の内容は，適切な原理・原則の理解よりも，複式簿記システムや詳細な会計基準の学習を重視する傾向があること。

⑦情報の伝達

投資者によって求められる情報が異なるほか，投資者のニーズよりも法的リスクを重視していること。また，開示に対する全体的なアプローチが未整備なため，情報の量や時期，伝達手段が複雑となり，投資者にとって必要な情報の検索が困難になっていること。

2008年SEC報告書は，これらの複雑性の発生原因のうち，会計処理の対象となる取引や事象自体に内在する項目，すなわち，①複雑な経済活動に起因するものは回避不能な複雑性（unavoidable complexity）とし，これ以外の項目（②から⑦）は，回避可能な複雑性（avoidable complexity）として区別している。

（2）回避可能な複雑性の形成要素

2008年SEC報告書は，現行の財務報告における回避可能な複雑性のうち，特に問題視すべき項目として，①公正価値と取得（償却）原価による混合測定属性モデル，②会計基準における明確な線引き（Bright lines）規定，③一般原則に対する例外措置，④開示に対する全体的アプローチの未整備を挙げている（SEC, 2008, p.25）。

①公正価値と取得（償却）原価による混合測定属性モデル

混合測定属性モデルは，公正価値による問題及び取得（償却）原価による問題の両方をかかえるほか，評価差額を純損益またはその他の包括利益のい

ずれに計上するのか，さらに組替調整を求めるかどうかの検討も必要となる。

②会計基準における明確な線引き規定

明確な線引き規定は，本来は連続的な取引に人為的な境界を設けるものであり，線引きの結果によっては経済実態を適正に表示できない，または線引きを境に結果が大きく異なる会計処理となる。この問題は，特に認識に関する明確な線引き規定（例えば，リース会計のオンバランスまたはオフバランス処理に関する規定[12]）で顕在化することが多い。

③一般原則に対する例外措置

一般原則に対する例外措置は，大多数の企業が適用する一般原則からの乖離による複雑性を生み出すことになる。一般原則からの乖離の認容は，投資者と財務諸表作成者間の会計情報の伝達に関する一般原則だけでなく，例外措置の理解も求めるためである。業界固有の解釈指針や財務諸表作成者に選択権がある代替的な会計方針の存在は[13]，企業間比較を行う際に調整を要し，適用範囲の除外は，会計基準自体の適用範囲に対する詳細な分析が求められる。競合モデルの併存は，類似の取引に異なる会計処理が適用されるため，モデルの相違による影響を把握する必要がある。このように，一般原則に対する例外措置の存在は，全ての利害関係者に対して，一般原則に加えて例外措置による影響の理解を求めることになる。

④開示に対する全体的アプローチの未整備

開示規定の多くは，会計基準毎に断片的なアプローチで導入された経緯から，過度に詳細な開示や重複開示，財務諸表上での不整合な表示等が存在する。また，開示の枠組みは，意義のある表現手段ではなく，単なる規則順守の考え方に支配されている。

(3) 金融商品会計における回避可能な複雑性

前述の財務報告における回避可能な複雑性について，金融商品会計に当てはめた場合の主な項目は次の通りである。

①公正価値と取得（償却）原価による混合測定属性モデル

2008年SEC報告書公表当時の金融商品会計は，売買目的の金融資産及びデリバティブは公正価値＆純損益，満期保有投資の金融資産は取得（償却）

原価，その中間にある売却可能金融資産は公正価値＆その他の包括利益（組替調整あり）とする混合測定属性モデルである。また，ヘッジ会計を適用した場合，キャッシュ・フロー・ヘッジのヘッジ手段であるデリバティブの評価差額はその他の包括利益に計上となるほか，公正価値ヘッジのヘッジ対象は，公正価値または取得原価のいずれでもない測定属性になり得る。これに対して，非金融商品会計は取得原価ベースが原則であるため[14]，公正価値と取得（償却）原価の混合測定属性モデルによる複雑性の問題は，主に金融商品会計に起因するものといえる。

②会計基準における明確な線引き規定

明確な線引き規定には，所定の数値に達した（または達しない）場合に特定の会計処理を求める閾値基準（quantified threshold）と所定の要件を充たした場合に特定の会計処理を求める合否テスト（pass/fail test）の2種類がある（SEC, 2008, pp.40-41）。金融商品会計における明確な線引き規定の主な適用例は，次の通りである。

閾値基準の適用例

・ヘッジ会計の適格要件であるヘッジの有効性評価について，極めて有効と判断する高い相関関係の閾値として80-125％テストがあること。

合否テストの適用例

・適格要件を充たさないか，または規定に従った文書化がない場合，ヘッジ会計の適用ができないこと。

・金融資産の譲渡について，売却処理は所定の要件を充たす必要があり，充たさない場合は担保付借入処理になること。

③一般原則に対する例外措置

一般原則に対する例外措置は，選択可能な会計方針，適用範囲の除外，競合モデルの併存という形で存在する。なお，選択可能な会計方針と競合モデルの併存は，いずれも認められる会計処理が複数ある点は同じだが，選択可能な会計方針は財務諸表作成者に選択権があるのに対して，競合モデルの併存は選択権がない点が異なる。

金融商品会計において，選択可能な会計方針の主な事例は次の通りである。

・ヘッジ会計の適用は任意であり，経済実態としてヘッジが有効な状況でも強制適用されないこと。
・公正価値オプションの適用は任意であり，強制適用されないこと。
・（米国会計基準では）近い将来に売却する意図がない有価証券でも，売買目的に分類することが許容されること（FASB, 1995, Q&A35）。
金融商品会計において，適用範囲の除外の主な事例は次の通りである。
・債務保証の一部，従業員株式報酬，企業結合における偶発対価等は，金融商品会計基準の適用対象である金融商品から除外されていること。
・従業員株式報酬やリース取引は，公正価値測定の適用対象から除外されていること。
金融商品会計において，競合モデルの併存の主な事例は次の通りである。
・減損テストの適用単位や閾値を含む減損損失の認識及び測定方法は，貸出金等の金銭債権や有価証券等の金融資産の種類によって異なること。
・一般的に債務の消滅は法的履行によるが，年金債務を含む退職後給付債務は非認識にする等の複数の取扱いがあること。
　なお，米国会計基準にみられる産業特有の解釈指針の存在は，一般原則に対する例外措置に該当する。

④開示に対する全体的アプローチの未整備

　会計基準毎に開示内容が規定されてきた経緯から，冗長かつ重複する開示項目が多い一方，会計基準の狭間にある関連情報は欠落している等，財務報告利用者にとって必要な情報が入手困難であること。この問題は，開示の記載箇所が財務諸表の注記とそれ以外の部分（Management discussion & Analysis, 経営者による討議と分析等）に分散していることも影響している。

2. 財務報告における複雑性低減策

　2008年SEC報告書では，財務報告における回避可能な複雑性に対して，次のような低減策を提案している。

(1) 公正価値と取得（償却）原価による混合測定属性モデルに起因する複雑性低減策

2008 年 SEC 報告書は，公正価値及び取得（償却）原価のいずれの測定属性にも解決すべき問題があることを考慮し，会計基準設定主体が体系的な測定フレームワークを完成し，かつ公正価値による報告の支持基盤が固まるまでは，公正価値測定の適用範囲の拡大は慎重に行うことを提案している（SEC, 2008, pp.27-28）。この提案は，公正価値測定上の諸問題が未解決な状況での公正価値による単一測定属性モデルへの移行は困難なことを認めるものであり，現行の混合測定属性モデルを前提とした複雑性低減策として，損益計算書とキャッシュ・フロー計算書間の差異要因の表示，事業活動単位での測定属性の統一等の検討を促している。

(2) 会計基準における明確な線引き規定に起因する複雑性低減策

2008 年 SEC 報告書は，明確な線引き規定には実務上の混乱防止や比較可能性の促進効果がある等の利点を認めつつ，認識に係る明確な線引き規定はできる限り廃止し，比例的な認識（適用が困難な場合は質的要素の採用）への移行を提案している（SEC, 2008, p.40）。この提案は，明確な線引き規定が測定及び表示面で効果的な役割を果たす一方，認識面では経済実態を重視することなく，機械的な適用になりがちであることの反省が背景にある。なお，認識面において，明確な線引き規定を廃止して比例的な認識に移行する場合，その補足または代替となる開示の強化を促している。

(3) 一般原則に対する例外措置に起因する複雑性低減策

2008 年 SEC 報告書は，一般原則に対する例外措置について，完全無欠な基準の成立を待つよりも，一定程度の適正性を備えた会計基準を早期に適用できる利点を認めつつ，選択可能な会計方針及び競合モデルの併存の廃止，適用範囲の除外を最低限にするための検証の強化を提案している（SEC, 2008, pp.45-55）。この提案の背景には，業種に関係なく類似の活動には類似の会計処理を適用すべきとする比較可能性の視点があり，一般原則と異なる産業特有の解釈指針の廃止も提案している。また，会計基準のあり方として，規定

偏重の細則主義ではなく，経済実態を重視した原則主義への切り替えの検討を促している。

(4) 開示に対する全体的アプローチの未整備に起因する複雑性低減策

2008年SEC報告書は，開示は一貫した目的及び原則に沿って論理的かつ意義がある伝達とする全体的なアプローチのもと，冗長な開示項目の廃止を含む単一の開示指針の策定を提案している（SEC, 2008, pp.34-35）。この提案の背景には，米国上場会社の開示規定は，SEC及びFASBの両方が関与していることもあるが，開示全体に一貫した目的及び原則がないため，重複及び過度な開示になっている点がある。また，2008年SEC報告書は，企業の事業活動に影響を与える主要な前提，会計上の見積り及び感応度分析の開示のほか，財務諸表上で認識済みまたは未認識の取引の両方について，期間を通じて重要な変化をもたらすリスクや不確実性に関する定性的な情報の開示を提案している。財務諸表で未認識の取引も開示対象に含める背景には，世界金融危機の際に問題になった非連結対象の仕組投資運用会社（Structured Investment Vehicle，以下「SIV」）に対する関係者間の不整合かつ不十分な開示が市場の混乱を増長させたことがある[15]。

3. 金融商品会計における複雑性低減の視点

2008年SEC報告書は，投資者からみた会計情報の有用性の向上に加えて，作成者や監査人の観点からも財務報告の改善を検討している。ただし，基本的には米国における財務報告制度に焦点を置いているため，IFRSと米国会計基準間のコンバージェンスは取り上げていない。したがって，2008年討議資料（複雑性低減）と異なる点はあるものの，両者とも複雑性低減を目指しており，公表時期も2008年という点では共通している。この共通性の観点から，2008年SEC報告書の提案に基づいて，2008年討議資料（複雑性低減）で示された金融商品会計の見直しの方向性を検討すると次の通りである。

(1) プロジェクトの進め方からの視点

2008年SEC報告書では，公正価値による単一測定属性モデルへの移行は

拙速であり，取得（償却）原価との混合測定属性モデルを継続する方針を示している。2008 年討議資料（複雑性低減）では，金融商品会計の複雑性低減に向けた長期的解決策として公正価値による単一測定属性モデルを示しながら，暫定対応として混合測定属性モデルを前提とする中間的アプローチを示している。両者とも公正価値測定を巡る問題の解決に目途がつくまで，取得（償却）原価との混合測定属性モデルの継続を想定している点では同じである。また，公正価値測定を巡る問題についても，市場流動性が著しく低下した状況での見積りの信頼性や負債の公正価値測定のパラドクス，公正価値測定による純損益ボラティリティの増大の解釈等を含めて共通しているため，両者の問題認識はほぼ同じといえる。しかしながら，公正価値測定の範囲について，2008 年 SEC 報告書では現行の範囲を超えた拡大に慎重姿勢を示す一方，2008 年討議資料（複雑性低減）の中間的アプローチでは，現行の範囲を下限として基本的には拡大を図る積極姿勢である点が異なる。このため，2008 年討議資料（複雑性低減）の中間的アプローチは，どのアプローチも公正価値測定の範囲拡大につながる傾向が見受けられる。

(2) 個々のアプローチからの視点

　2008 年討議資料（複雑性低減）の中間的アプローチに基づく金融商品会計の見直しは，財務諸表の作成者，利用者及び監査人等を含む広い観点からの簡素化であり，現行規定から中間的アプローチへの移行によって複雑性が増大しないことを前提としている。当面の金融商品会計の見直しは，中間的アプローチが基軸になると想定した場合，2008 年 SEC 報告書で示された複雑性低減の視点から，3 つの中間的アプローチを検討すると次の通りである。

1) アプローチ1：現行の測定規定の改訂

　現行の測定規定の改訂であるアプローチ 1 は，取得原価ベースである満期保有投資区分の削除，または売却可能金融資産区分を削除して売買目的区分に統合する内容につき，結果として公正価値測定の範囲拡大につながる。アプローチ 1 によると，公正価値測定の信頼性や純損益・純資産ボラティリティの増大等の公正価値を巡る問題がさらに大きくなるため，これらの問題

の解決に目途がつくまでは公正価値測定の範囲拡大に慎重姿勢をとる 2008 年SEC 報告書の方針とは異なる。なお，アプローチ1では，満期保有投資区分に関する懲罰的規定の廃止を提案しているが，この懲罰的規定は一部でも所定の要件を充たさない場合，同区分の残りの全ての金融資産に異なる会計処理を強制する点から，2008 年 SEC 報告書で示された回避可能な複雑性での明確な線引き規定に該当する。したがって，満期保有投資区分に関する懲罰的規定の廃止は，2008 年 SEC 報告書で示された回避可能な複雑性低減と同一線上にある。

2）アプローチ2：選択的例外を伴う公正価値測定原則に置き換え

　選択的例外を伴う公正価値測定原則に置き換えるアプローチ2は，キャッシュ・フローが固定または変動性が小さい金融商品に限って取得（償却）原価ベースでの測定を選択可能としつつ，残りは全て公正価値測定とするものである。結果として，前述のアプローチ1と同様に公正価値測定の範囲拡大につながるため，同様の問題を抱えること及び 2008 年 SEC 報告書の基本方針と異なる点は同じである。さらにアプローチ2では，取得（償却）原価ベースによる測定が選択可能な会計方針に該当するほか，その適用対象を特定するための要件が必要になる等，2008 年 SEC 報告書で示された回避可能な複雑性での一般原則に対する例外措置を増加させる結果となる。

　したがって，2008 年討議資料（複雑性低減）では，中間的アプローチの中でもアプローチ2が最も効果的かつ効率的な中間的なステップと評価しているが（IASB, 2008c, par,2,21（d）），公正価値測定を巡る問題が未解決な状態で公正価値測定の範囲拡大を図ることになる。加えて，新たな一般原則に対する例外措置の増加となる選択的例外の許容は，複雑性低減と逆行するため，2008 年 SEC 報告書の観点からは必ずしも同じ評価にはならない。

3）アプローチ3：ヘッジ会計の見直し

　ヘッジ会計の見直しであるアプローチ3は，現行のヘッジ会計の廃止（場合によっては置き換え）または現行のヘッジ会計の維持を前提に簡素化を図るものである。ヘッジ会計自体は原則的な会計処理と異なる例外措置であ

り，さらに経済実態としてヘッジ効果が認められる場合でも，その適用は財務諸表作成者に選択権がある選択可能な会計方針である。したがって，現行のヘッジ会計の廃止は，2008 年 SEC 報告書で示された一般原則に対する例外措置の廃止による回避可能な複雑性低減と同一線上にある。しかしながら，この提案は，既にヘッジ会計を適用している財務諸表作成者を中心として，ヘッジ会計を廃止した場合に生じる純損益ボラティリティの増大は，ヘッジ活動による経済効果の忠実な表現に反するとの意見が多い（IASB, 2008c, par.2.33)。また，現行のヘッジ会計の置き換え措置である公正価値オプションの適用要件の緩和や評価差額の計上区分の変更は，一般原則に対する例外措置の中身が入れ替わるだけであり，2008 年 SEC 報告書で示された回避可能な複雑性低減に寄与しないといえる。現行のヘッジ会計の維持を前提とした簡素化については，複雑性の原因とされる文書化を含むヘッジ会計の適格要件の多くが任意適用であるヘッジ会計を通じた損益操作の排除の役割を果たしていることも認識する必要がある。したがって，安易な簡素化は，会計情報の有用性を毀損するおそれがあるため，慎重に行う必要がある。なお，ヘッジ会計の簡素化の候補としては，極めて高いヘッジの有効性を示す閾値基準の 80-125％ テスト，規定に従った文書化がない場合にはヘッジ会計の適用ができない（取り消し）合否テスト等の明確な線引き規定の廃止（または緩和）が挙げられている。これらについては，2008 年 SEC 報告書に示された回避可能な複雑性低減と同一線上にある。

(3) 全体的な枠組みからの視点

2008 年討議資料（複雑性低減）の中間的アプローチは，いずれも公正価値及び取得（償却）原価ベースによる混合測定属性モデルが前提にあるため，公正価値なら見積りの信頼性を含む測定上の問題，取得（償却）原価ベースなら配分及び減損の認識・測定等の問題が引き続き残ることになる。混合測定属性モデルに代わって，仮に測定属性を公正価値に単一化した場合でも評価差額の取扱い，具体的には純損益またはその他包括利益の区分規準やその他の包括利益とした場合の組替調整の是非等の問題がある。2008 年討議資料（複雑性低減）では，金融商品会計の複雑性低減に対する長期的解決策とし

て公正価値＆純損益とする単一測定属性モデルを提案しているが，評価差額を純損益に計上する明確な論拠は示されていない。評価差額に関する問題は，開示の拡充等で対応可能なところもあるが，本質的にはその他の包括利益との関係性を含む純損益の定義に帰することから，財務報告の概念フレームワークレベルでの対応が求められる。

　金融商品会計レベルの問題としては，回避不能な複雑性と回避可能な複雑性の見極めが重要となる。回避不能な複雑性は，会計処理の対象となる取引や事象，経済活動自体が複雑なことであり，そのために会計処理が複雑になったとしても，それを甘受することで会計情報の有用性の向上につながる面もある。したがって，本質的に回避不能な複雑性に対しても，一律的に回避可能な複雑性の低減策を押し付けることは，会計情報の有用性を毀損するおそれがあり，財務報告の改善にはつながらないといえる。複雑性低減を目的とする金融商品会計の見直しに際しては，回避不能な複雑性と回避可能な複雑性を見極めた上での対応が必要である。

小　括

　本章では，2008 年討議資料（複雑性低減）の内容及び公表に至る経緯を概括の上，2008 年 SEC 報告書で示された複雑性の定義及び発生原因の分析を通じて，IAS39 から IFRS9 への置き換えによる複雑性低減に対する評価の視点を考察した。全ての金融商品に公正価値＆純損益を適用する単一測定属性モデルへの移行は，公正価値測定を巡る問題が残るものの，取得原価ベースを巡る問題は一気に解消することになる。また，測定属性の違いに基づく分類規準や分類変更時の措置自体も不要になる等，取得（償却）原価との混合測定属性モデルと比較して複雑性は大幅に低減することになる。

　しかしながら，2008 年 SEC 報告書が指摘するように，複雑性は回避不能なものと回避可能なものがある。この複雑性の性質の違いの見極めは重要であり，見誤った場合には表面的な複雑性低減は達成するものの，実質的には会計情報の有用性を毀損し，財務報告の改善にはつながらない結果となる。したがって，金融商品会計の見直しに際しては，一律的かつ機械的に単純化

第1章　複雑性低減プロジェクトからみた金融商品会計の見直しの視点

を図ることなく，会計基準に起因する人工的な複雑性と経済活動に起因する本質的な複雑性を見極めた上での対応が必要となる。

注

1) FASB は，IASB との共同資料にしなかった理由について，同時期に公表が予定されていた米国のヘッジ会計基準を見直す公開草案と重複した場合にコメント提出者が混乱するおそれがあること，2008年討議資料（複雑性低減）が用いる「公正価値」について，米国会計基準と IFRS 間で定義が異なること等を挙げている（FASB, 2008a, pars.8-12）。

2) ここでの変動利付の金融商品は，元本及び利息の受払額が予め定めた指数に基づいて定期的に更新されるため（例えば，3カ月毎に当該時点の3カ月物 LIBOR に基づいて利息額を決定），金利によって公正価値の大幅な変動が生じないものを想定している。

3) 金融資産の約定金利は，基準（リスク・フリー）金利に信用リスク・プレミアム等を加算して決定されるため，将来において債務不履行になる可能性が高い＝信用リスクが高い場合には，約定金利は高くなる。したがって，取得原価会計のもとで何らの手当てを行わない場合，信用リスクの高い金融商品は，実際に信用リスクが顕在化して貸倒損失が生じるまで収益過大となるおそれがある。

4) 市場金利は，測定日時点の基準（リスク・フリー）金利に同時点で市場参加者が求めるリスク・プレミアム等を上乗せしたものにつき，信用不安等で信用リスク・プレミアムが増大すると市場金利は上昇するため，現在価値としての公正価値は減少する。

5) 信用リスクの反映の是非による負債の公正価値測定のパラドクス問題は，2008年討議資料（複雑性低減）（IASB, 2008c, pars.3.73-3.77）のほか，伊藤（2013, pp.191-246）を参照されたい。

6) IAS39（2009, par.9）では，当年度及び前2会計年度中に正当な理由がない中途売却があり，当該金額に重要性がある場合には，いかなる金融資産も満期保有投資区分に分類してはならない規定になっている。

7) JWG ドラフト基準では，金融商品に全面公正価値会計を適用すれば，損益の認識時期の不一致の調整が不要になるとして，リスク管理活動の一環からの特別な会計処理を認めていない（JWG, 2000, pars.7.1-7.22）。

8) 公正価値ヘッジの会計処理は，IFRS 及び米国会計基準とも基本的に同じである。これに対して，日本会計基準はヘッジ対象の簿価を修正することなく，ヘッジ手段の公正価値変動の全額を純資産（個別では評価・換算差額等，連結ではその他の包括利益累計額中の繰延ヘッジ損益）に計上する繰延ヘッジ処理を採用している。したがって，ヘッジ対象の測定属性は不変であり，ヘッジの非有効部分は純損益に反映されずに繰り延べられる等の相違がある。

9) FASB は，2009年4月に FASB スタッフ意見書 FAS115-2 and FAS124-2「一時的ではない減損の認識及び表示」（FASB, 2009c）を公表し，負債証券に関する一時的ではない減損の解釈指針を改訂するとともに，売却可能（available-for-sale）

57

区分の負債証券に係る一時的ではない減損のうち，信用損失に関する部分は純損益，それ以外の要素に関する部分はその他の包括利益に区分表示する対応を図っている。

10) 2005年4月にSECとEU間でIFRSに基づく財務諸表を米国資本市場で用いる際に必要となる米国会計基準との再調整表を廃止する可能性を検討した結果を受けて，2006年MoUでは，IFRSと米国会計基準間のコンバージェンスの観点から解消を要する差異項目を合意している。

11) IASBは，IAS32及びIAS39改訂（改善）プロジェクトの一環として，2003年12月にIAS32を改訂している。また，IASBは2005年8月にIFRS7を公表し，IAS30を置き換えるとともに，IAS32の開示規定をIFRS7に移行している。これに伴い，IAS32の名称は，それまでの「開示及び表示」から「表示」に変更されている。

12) IAS17では，リースをファイナンス・リースとそれ以外のオペレーティング・リースに大別し，ファイナンス・リースは売買取引（いわゆるオンバランス），オペレーティング・リースは賃貸借取引（いわゆるオフバランス）による会計処理を定めている。ファイナンス・リースの要件としては，リース期間が対象リース資産の経済的耐用年数の大部分を占めること，リース開始日の最低リース料総額の現在価値が対象リース資産の公正価値と少なくともほぼ等しいこと等がある。

13) 例えば，IAS40では，投資不動産の会計方針として「公正価値モデル（公正価値で測定し，評価差額は発生した期の純損益に計上）」または「原価モデル（取得原価から減価償却・減損損失累計額を控除）」のどちらかを選択できる。

14) 非金融商品会計でも，例えばIAS16では，原価モデルのほかに再評価モデル（再評価実施日の公正価値から，その後の減価償却・減損損失累計額を控除）も会計方針として選択できる等の例外措置がある。

15) SIVとは，主に長短金利差に着目して利鞘を稼ぐ形態の資産運用会社であり，欧米の大手金融機関やヘッジファンド等が運営することが多い。一般的には高いレバレッジ運用方針のもと，短期資金を調達して長期資産に投資するスキームに特徴がある。

第 2 章

世界金融危機からみた
金融商品会計の見直しの視点

はじめに

　IAS39 置換プロジェクトは，金融商品会計が複雑との批判に応えるために IASB 及び FASB の共同による金融商品会計の複雑性低減プロジェクトの一環として進められてきたが，その途中に顕在化した世界金融危機を契機に重要性が一気に高まることになった。G20 は世界金融危機の原因の１つに会計基準の不備があると指摘し，両者に対して見直しを強く求めたためである。G20 が提示した見直しのタイム・スケジュールは短く，IASB は期限に間に合わせるために IAS39 置換プロジェクトの方針を変更し，フェーズに分けて開発作業を行うことにした。

　会計基準の開発能力はあるが，その採用を強制する権限がない IASB にとって，会計基準の採用権限を有する各国首脳の集合体である G20 からの見直し要請は，自らの存立に関わるほどの重圧であったと思われる。金融商品会計の複雑性低減プロジェクトと世界金融危機を背景とした G20 の見直し要請は，ともに複雑な金融商品会計の簡素化という点で共通性がある。一方，金融商品会計の複雑性低減プロジェクトは包括的な視点であるのに対して，G20 の見直し要請は局所的な視点という側面があり，開発作業に許された時間軸の相違等も勘案すると，両者の方向性は必ずしも同じとはいえない。

　したがって，本章では世界金融危機に至る経緯及び G20 を含む関係機関の対応について，その理解に必要なサブプライム・ローンや証券化商品の仕組み等も含めて概括する。次いで会計の視点による世界金融危機の原因分析に基づいて，世界金融危機の再発防止の面から IFRS9 及び IFRS13 の評価の視点を考察する。

1 世界金融危機の概要及びG20を含む関係機関による対応

　米国の住宅貸付金融であるサブプライム・ローンの信用リスクの増大は，同ローンを原資産とする証券化商品及び関連デリバティブを媒体として世界

金融市場に混乱をもたらし，さらに 2008 年 9 月の米国大手投資銀行である
リーマン・ブラザーズの経営破綻を契機として世界金融危機までに発展した。
ここでは世界金融危機に至るまでの流れを節目毎にまとめた後，各国政府・
規制当局による対応，次いで G20 の見直し要請に対する IASB 及び FASB の
対応を概括する。

1. 世界金融危機の概要

（1）米国におけるサブプライム・ローン信用危機の発生

　2005 年頃からの米国における住宅ローン金利の上昇及び住宅価格上昇率の
低下等の影響から，債務者はペイメント・ショックと担保価値下落のダブル
パンチを受ける形となり，サブプライム・ローンの延滞率は上昇に転じた。
サブプライム・ローンの延滞率の上昇は，同ローンを原資産とする証券化を
通じて資金調達をしていた住宅ローン会社の資金繰りを悪化させた。この資
金繰りの悪化によって，2007 年 1 月には中堅住宅ローン会社の Owint
Mortgage Solutions Inc. が経営破綻に至り，同年 8 月には最大手住宅ロー
ン会社の Countrywide Financial Corporation の経営悪化が表面化した。

　このような状況において，信用格付業者はサブプライム・ローン証券化商
品の信用格付を大幅に引き下げた。例えば，Mood's 社は，2007 年に入って
から最上位格付（Aaa）であった 198 種類のサブプライム・ローン証券化商
品の格下げを実施，そのうち 30 種類は 10 段階以上の引き下げによって投資
不適格の水準となった。信用格付の引き下げで買手を失ったサブプライム・
ローン証券化商品市場の流動性は急速に悪化し，売手は通常での換金が困難
となり，投げ売りで稀に成立した売買価格はさらに安値を更新する等，市場
は正常な値付けができない状況に陥った。

（2）パリバ・ショックによる金融危機への発展

　世界金融危機の予兆である米国発のサブプライム・ローンの信用リスク増
大による証券化商品の信用格付の引き下げ，関連金融機関の経営悪化の影響
は欧州に伝播した。2007 年 8 月に欧州の大手金融機関である BNP Paribas
（以下「パリバ」）は，正常な値付けができない市場環境ではサブプライム・

ローン証券化商品の適正価値の算出が困難であること等を理由として，傘下にある3つの投資ファンドの償還を凍結した。いわゆるパリバ・ショックであり，これを契機に米国発のサブプライム・ローン問題は欧州金融市場に重大な影響を及ぼし，2007年9月には英国のNorthen Rock銀行で取り付け騒ぎがおこるなど，一部の金融機関で信用不安が生じるに至った。

これらの影響から2007年12月には欧米の短期金融市場の流動性が逼迫し，2008年3月にはサブプライム・ローン証券化商品を営業の主軸にしていた米国大手投資銀行のBear Stearnsの経営が悪化したため，ニューヨーク連邦準備銀行が緊急融資を行うことで救済し，最終的にはJP Mortgan Chase & Co.に救済合併されるに至った。

(3) リーマン・ショックによる世界金融危機への拡大

米国大手投資銀行のリーマン・ブラザーズは，2000年代に入って不動産貸付及び不動産証券化商品を中心とする資金運用で業績を伸ばしていた[1]。しかしながら，2008年のサブプライム・ローン証券化商品市場の悪化は同社の経営を直撃し，2008年第2四半期には28億ドルの損失を計上，同年9月10日公表の第3四半期の決算見込みでは39億ドルの損失に達した。リーマン・ブラザーズは，営業の主軸であった不動産貸付及び不動産証券化商品を中心とする投資運用部門等を売却する方針を発表し，米国政府及び連邦制度準備委員会（Federal Reserve Board，以下「FRB」）の仲介を受けて，複数の金融機関と売却交渉を始めた。しかしながら交渉はとん挫し，リーマン・ブラザーズは2008年9月15日に連邦破産法第11条の適用を申請して経営破綻に至った。

経営破綻した場合の影響が大きすぎて潰せない（Too big to fail），最終的にはBear Stearnsのように米国政府が救済するとの市場の予想を裏切る形でリーマン・ブラザーズが経営破綻に至ったことから，国際金融市場の緊張は一気に高まり，その影響は新興国にも連鎖して世界金融危機に発展した。いわゆるリーマン・ショックは，大手金融機関でも経営破綻となる事実を市場関係者間に強く認識させた結果，市場関係者は次の経営破綻先を噂する等の相互不信に陥った。

第2章 世界金融危機からみた金融商品会計の見直しの視点

リーマン・ブラザーズの経営破綻前までの金融危機は，サブプライム・ローン問題に起因する証券化商品市場の流動性低下や一部の金融機関の信用不安にとどまっていた。これに対して，リーマン・ブラザーズが経営破綻した2008年9月以降は，世界の金融システム全体をゆるがすほどの問題に拡大し，さらに深刻化していった（内閣府, 2008, 第1章）。

（4）AIGの経営危機とクレジット・デリバティブの影響

米国政府は，リーマン・ブラザーズを救済しなかった一方，大手保険会社の American International Group. Inc.（以下「AIG」）は，同社からの要請に応えて緊急融資の救済措置を発動している[2]。具体的にはリーマン・ブラザーズが連邦破産法第11条の適用を申請した2008年9月15日の翌日に，FRBは AIG 株式の80% を取得できる権利を取得した上で同社に最大850億ドルの融資枠を付与している。AIG が保有するサブプライム・ローン証券化商品の評価損は，2007年第3四半期から2008年第2四半期の1年間で248億ドルとなり，2008年6月末の同社の自己資本の32% までに達した。リーマン・ブラザーズが経営破綻した2008年9月15日の翌日の AIG の株価は1.25 ドルまでに急落，終値は4.76 ドルに戻ったものの，2008年初の株価は60ドル程度であったことから，大幅な値下がりであったことがわかる。

リーマン・ブラザーズ及び AIG とも，経営危機に至った主な原因はサブプライム・ローン証券化商品の価値下落が根源にあったが，米国政府が AIG を救済した背景には，同社が借入金を返済できるだけの資産を有していたほか，クレジット・デフォルト・スワップ（Credit Default Swap, 以下「CDS」）の売手として，信用リスクのプロテクションを幅広く提供していたことがある。CDS の主要な売手である AIG が破綻すれば，信用リスクのプロテクションの買手の多くがパニックに陥る可能性が高く，場合によっては世界金融市場が麻痺状態となり，金融機関が連鎖倒産する世界金融恐慌を招きかねないとの判断があったとされる。リスクに対するヘッジ手段の提供者が破綻すれば，リスクをヘッジしていたにも関わらず，肝心なときにリスクにさらされることになる。このため，AIG の信用不安の高まりは，CDS というデリバティブを通じて，市場関係者にカウンターパーティ・リスクを再認識させたことに

63

なる。

2. 各国政府・規制当局及びG20による対応

(1) 各国政府・規制当局による緊急支援

　各国政府・規制当局は，世界金融危機の拡大を阻止すべく，個別に問題がある金融機関に対して財政資金による資本注入の実施，不良資産の買い取りのほか，ゼロ金利政策等の金融緩和措置を実施した。あわせて急速な景気減速に対応するため，各国において大規模な財政政策が実施された。米国政府は銀行が保有するサブプライム・ローン証券化商品の買い取りで損失に歯止めをかけるため，自己資本の大幅な減少による倒産防止を目的とした金融安定化法（Emergency Economic Stabilization Act of 2008）案を2008年10月に下院に提出，可決されたことから公的資金による銀行の不良資産買い取りを決定した。同法に基づく公的資金の総枠7,000億ドルのうち，2,500億ドルは資本注入枠に割り当てられ，2008年10月下旬には主要9行に対して合計1,250億ドルの公的資金による資本注入が実施された。

　欧州の各国政府は，2008年10月12日の緊急首脳会議において，それまでの各国政府による散発的な対策を反省し，翌13日には一斉に金融安定化政策を発表した。同政策を通じたフランス及びドイツによる資本注入と銀行債務に対する政府保証の総額は，それぞれ3,600億ユーロと4,800億ユーロ，合計で8,400億ユーロに上った。その後，ドイツではBayern Lardsbankと民間大手のCommerzbank，フランスではCredit Agricole,，Societe Generale S.A.など大手6行が資本注入を申請した。これら以外の国々でも，政府・規制当局が金融機関に対して相当額の資本注入や銀行債務保証を実施している。

(2) G20を通じた協調対応

　世界金融危機対策として，各国政府・規制当局は，自国の金融機関に対して緊急支援を行う一方，世界規模での危機拡大及び実体経済への悪影響を食い止めるため，他国との協調による資金供給やG20レベルでの金融市場安定化のための行動計画の策定等の協調対応を行っている。

1）第1回G20金融サミット（ワシントンD.C.）

2008年11月には，米国ワシントンD.C.で「金融・世界経済に関する首脳会合（以下「G20金融サミット」）」が開催された[3]。本会合では，世界金融危機の原因の解明，各国の対応策と今後とるべき措置に加えて，危機の再発防止に向けた改革の基本原則及び優先すべき事項等の議論がなされた。これらの議論の成果は，「金融・世界経済に関する共同声明」として公表されている（外務省，2008）。

本共同声明は，5つの共通原則からなっており，「金融危機は，一貫性に欠けた不十分な金融規制・監督の結果で生じたもの」として，金融規制・監督体制の強化を指摘している。なお，本共同声明は，2008年4月に開催されたFSFの提言（2008年4月及び同年10月のフォローアップ）が柱になっている（FSF, 2008）。FSFの提言では，各国蔵相に対して，①規制が生み出す景気循環増幅効果の緩和，②仕組み金融商品等に適用する国際的な会計基準の見直し，③CDS清算機関等のインフラ整備を通じた店頭デリバティブ取引の透明性の向上とシステミック・リスクの削減，④金融機関の報酬体系の見直し等を求めている。

2）第2回G20金融サミット（ロンドン）

2009年4月には，英国ロンドンで第2回G20金融サミットが開催された。公表された共同声明には，金融規制・監督体制の見直し策として，①FSBの創設，②国際協調の促進，③健全化規制に向けた国際的な枠組みの強化（自己資本規制，流動性管理等），④ヘッジファンド規制の強化（登録制の導入等），⑤報酬制度に対するFSF原則の適用（取締役会による報酬制度への関与の拡大，リスク調整型報酬制度の導入等），⑥関連国際機関による非協力的な国・地域の特定と効果的な対抗措置の策定（タックス・ヘイブンでの取引報告等），⑦会計基準の見直し（公正価値会計の再検討や金融商品の評価基準の改善等），⑧信用格付業者規制の強化（登録制の導入，格付プロセスの開示等）が盛り込まれている（外務省，2009a）。この共同声明を受けて，FSFは機能の拡充・強化を図るため，G20参加国の全てが参加するFSBに改組された。なお，FSFは，本共同声明の柱となった「金融システムにおける

景気循環増幅効果への対応（FSF, 2009a）」，「健全な報酬慣行に関する原則
（FSF, 2009b）」及び「危機管理における国際的連携に関する原則（FSF,
2009c）」に関する報告書を公表している。このうち，「金融システムにおける
景気循環増幅効果への対応」に関する報告書では，新たな自己資本規制の枠
組みとして，経済状況に応じた銀行の自己資本水準の変更の柔軟性，すなわ
ち好況時には自己資本の水準や質を引き上げ，不況時には引き下げを可能と
するほか，貸倒引当金も好況時には積み増し，不況時には取り崩しを可能と
することを提案している。

3) 第3回G20金融サミット（ピッツバーグ）

2009年9月には，米国ピッツバーグで第3回G20金融サミットが開催され
た。ここでは金融システムの強化を図るため，銀行の自己資本の量及び質の
双方を改善し，過度なレバレッジを抑制する国際ルールを2010年末までに策
定することが提言されている（外務省，2009b）。金融システムの強化のため
に取り組む課題としては，①質の高い資本の積み上げと景気循環増幅効果の
抑制，②金融安定化に資する報酬制度の改革，③店頭デリバティブ市場の改
善，④クロスボーダーによる金融機関の破綻処理と金融システム上で重要な
金融機関に対する規制の強化，⑤会計基準の見直し等が挙げられている。な
お，本会合の直前に開催された中央銀行総裁・銀行監督当局長官グループ
（The Group of Central Bank Governors and Heads of Supervision，以下
「GHOS」）は，銀行の規制・監督及びリスク管理の強化に向けて「世界的な
銀行危機に対する包括的な対応」（GHOS, 2009）を公表している[4]。同対応で
は，銀行セクターの規制強化に向けて，景気連動性を抑制するために資本
バッファーの導入を含むバーゼルⅢの大枠が示されたほか，将来予測情報を
取り入れた引当金制度の導入が盛り込まれている。

3. 会計基準設定主体による対応

(1) G20からの金融会計基準の見直し要請

前述のように，G20は世界金融危機による市場の混乱原因の1つに会計基
準の不備を掲げるとともに，IASBに対して見直しを要請している。2008年

11 月の第 1 回 G20 金融サミット（ワシントン D.C.）に先駆けて開催の FSF で指摘された，会計基準の見直しを要する項目は次の通りである（FSF, 2008）。

1）公正価値の測定及び開示に関する会計基準の見直し

　世界金融危機による金融市場の混乱は，公正価値の測定及び開示に関する会計基準が脆弱であり，特に市場流動性が著しく低下した際の公正価値の測定に問題があったとして，FSF は，IASB に対して次の事項を提言している。
　　・公正価値の評価技法及び測定に伴う不確実性に関する開示基準の強化。
　　・市場が活発でない状況における公正価値の測定指針の充実，評価技法のベストプラクティスの収集や測定指針の作成を支援する助言委員会の設置。

2）オフバランス事業体に関する会計及び開示基準の見直し

　証券化ビジネスに関連してオフバランス事業体に多大なリスク・エクスポージャーが蓄積され，著しく悪化した段階で露見したとして，FSF は，IASB に対して次の事項を提言している。
　　・オフバランス事業体の明確な取り扱いと潜在リスクの開示の拡充。
　　・オフバランス事業体に対する会計及び開示基準の早期改善と国際的なコンバージェンスに向けた他の会計基準設定主体との協力体制の確立。
　次に 2009 年 4 月の第 2 回 G20 金融サミット（ロンドン）において，G20 は公正価値会計の枠組みに再同意する一方，会計基準設定主体に対して，市場流動性を考慮した金融商品の評価基準の改善を促している。さらに会計基準がもたらす景気循環増幅効果に関する FSF の指摘を受けて（FSF, 2009a），G20 は会計基準設定主体に対して，2009 年末までに次の項目に対処することを提言している。
　　・金融商品会計の複雑性低減。
　　・より広い範囲の信用情報を反映した貸倒引当金の計上。
　　・オフバランスのリスク・エクスポージャー及び測定の不確実性に関する会計基準の改善。

・専門家との協同による国際的な評価基準の適用の明確化と一貫性の達成。
・高品質を維持した会計基準の世界的な統一化に向けた作業計画の策定。
・独立性を維持した会計基準開発を可能とする IASB の体制の見直し及び規制当局や新興国市場を含む利害関係者の関与方法の改善。

　この 2009 年 4 月の第 2 回 G20 金融サミット（ロンドン）による会計基準の見直し要請は，IASB 及び FASB が共同で進めてきた金融商品会計の見直し作業のタイム・スケジュールに大きな影響を及ぼすことになった。IASBは，G20 が示した見直し期限の 2009 年末に間に合わせるため，IAS39 置換プロジェクトの開発作業を 3 つのフェーズに分けた上，終了したフェーズ毎にIAS39 から IFRS9 に置き換える方針を決定している。

(2) IASB及びFASBによる対応

　G20 から会計基準の見直しを要請された IASB は，コンバージェンスの観点から，FASB と共同して対応に当たることになった。対応に際して，IASBと FASB は FCAG を組成し，FCAG の勧告に基づいて会計基準を見直すとともに，会計基準設定主体の独立性や説明責任の強化に向けた活動に取り組むことにした。FCAG は欧州及び米国から各 1 名の計 2 名の共同代表のもと，透明性が高い財務報告に関心があり，かつ国際金融市場での幅広い経験を有する 15-20 名の上級指導者によって構成され，FSB，BIS バーゼル委員会，SEC 等がオブザーバーとして参加している。第 1 回会合は 2009 年 1 月に開催され，数度の会合を経て同年 7 月に最終報告書「金融危機諮問グループ報告書（以下「2009 年 FCAG 報告書」)」（FCAG, 2009）が公表されている。2009 年 FCAG 報告書では，国際的な会計基準の策定に際して考慮すべき，次の 4 つの基本原則及び関連する勧告事項が示されている。

基本原則 1：有効な財務報告（Effective Financial Reporting）
　財務報告は，業績及びビジネスの状況について，偏りがない，透明かつ目的適合性を有する情報を提供することで，金融システム上で不可欠な役割を果たしている。有効な財務報告は，一貫性を有する高品質の会

計基準の公正な適用，厳格な監査及びこれらの基準の改善に依存する。財務報告は，投資者やその他の金融市場の参加者間の資源配分の決定のほか，規制当局の規制においても極めて重要な役割を果たすものである。財務報告の透明性及び完全性に対する全ての利用者の信頼は，世界経済の安定と健全な成長にとって極めて重要である。規制当局の基準は，会計基準とは異なるものの，財務報告に重要な影響を与えることから，両者の相違による影響は，財務報告の透明性と完全性を毀損しない方法で開示しなければならない。

この基本原則 1「有効な財務報告」に関連する勧告事項は，次の通りである。

1.1 IASB 及び FASB は，幅広い助言のもとで可及的速やかに金融商品会計の簡素化及び改善を図るため，審議における優先順位を最大限に引き上げること。

1.2 減損の会計処理にみられるように，IFRS と米国会計基準間には見解の相違があることを認識するとともに，IASB 及び FASB はコンバージェンスに向けて努力すること。

1.3 将来予測情報を積極的に反映した貸倒引当金となるように，IASB 及び FASB は，金融商品プロジェクトにおいて発生損失モデルの代替モデル（予想損失モデルや公正価値モデル等）を検討すること。

1.4 予想損失モデルの検討に際しては，財務報告の透明性を損なう利益操作を助長しないように注意すること。

1.5 債務者自らの信用リスクに起因する金融負債の公正価値の変動について，IASB 及び FASB は，金融商品プロジェクトにおいて当該変動額の純損益計上の是非を再検討すること。

1.6 金融商品，連結／消滅及びリスクの開示に係る会計基準は，規制当局にとっても重要につき，IASB 及び FASB は，引き続き規制当局と意見交換をすること。

1.7 現行の発生損失モデルに代えて，将来予測情報を積極的に反映した代替モデルが開発された際には，会計基準と規制当局の基準間の乖離が

縮小するかもしれない。しかしながら，両者間の乖離が残る範囲において，IASB 及び FASB は，財務報告の整合性を損ねることなく，規制当局からの要請である透明性を確保した引当方法を検討すること。

1.8 金融商品プロジェクトの優先順位を引き上げるとともに，IASB 及び FASB は 2006 年 MoU による他の項目のコンバージェンスや改善に向けて実効性がある作業を進めること。

1.9 当面の間，FASB はオフバランス処理に関する会計基準の改訂及び遅滞のない実施に努めること[5]。

1.10 金融商品及び連結／消滅プロジェクトの開発作業では，内在するリスクの透明性を高める描写，とりわけ複雑な金融商品に目を向けること。

基本原則 2：財務報告の限界（Limitations of Financial Reporting）
　有効な財務報告は，市場，投資者，アナリストに必要不可欠な厳密かつ透明性がある情報を提供するが，規制当局は提供された情報に完全に頼ることはできない。全ての利用者は，財務報告の限界，すなわち業績は一定時点のスナップショットを提供するだけであり，マクロ経済の成長に関する完全な洞察を提供するものではないことを認識すべきである。また，財務報告は，適切なインフラのもとで十分に機能している市場で生成された信頼性があるデータ，資産及び負債の評価に際して適切な価格の検証ができる金融機関や他の業態の利用に依存している。

　この基本原則 2「財務報告の限界」に関連する勧告事項は，次の通りである。

2.1 概念フレームワークの共同プロジェクトにおいて，IASB 及び FASB は，財務報告の限界を明確に認識すること。

2.2 財務報告の利用者は，その限界を認識するとともに，自ら判断する姿勢やデュー・デリジェンスを決して止めないこと。

2.3 全ての店頭市場，特に仕組み商品やデリバティブ市場を対象として，市場価格の透明性を助長するインフラの整備を適切な規制当局に求め

ること。

2.4 事業体，とりわけ金融機関は，有効な価格検証プロセス及び資産・負債の評価業務の改善に注力すること。価格検証の信頼性を高めるため，担当部署は可能な限り，販売（トレーディング）部署からの独立性を確保すること。

基本原則3：会計基準のコンバージェンス（Convergence of Accounting Standards）

　金融市場を巡る世界的潮流の視点から，報告企業の地理的な所在地に関係なく，一貫性があって偏りがなく，透明かつ目的適合性を有する情報を提供できる，高品質で世界的にコンバージェンスされた単一の財務報告基準の作成は，極めて重要である。

この基本原則3「会計基準のコンバージェンス」に関連する勧告事項は，次の通りである。

3.1 IASB 及び FASB は，高品質な会計基準の維持及び強化の一環から，全ての努力をコンバージェンスに振り向けること。具体的には世界金融危機関連（金融商品と連結／消滅）及び 2006 年 MoU に含まれる他のプロジェクトを可及的速やかに進めること。

3.2 国，金融市場参加者及び国際ビジネス関係者は，高品質を維持した単一セットの会計基準の開発に対して積極的に支援すること。

3.3 IFRS の適用またはコンバージェンスが未終了の全ての国は，実行可能かつ明確な導入計画を作成すること。

3.4 会計基準がコンバージェンスされたとしても，財務報告の相違は，国または地域間の監査基準の相違やその適用の相違から生じ得る。したがって，関連する国際組織は，その旨を認識するとともに，会計基準設定主体と共同して解決を図ること。その際には，国際的な会計事務所が重要な役割を果たすことが期待される。

71

> 基本原則 4：会計基準設定主体の独立性と説明責任（Standard Setter Independence and Accountability）
>
> 　高品質で偏りがない会計基準を作成するため，会計基準設定主体は，不当なビジネス及び政治上の圧力から高度に独立した立場を維持する必要がある。そのためには，ステークホルダーの幅広い関与及び公益の視点からの監督を含む，適切なデュー・プロセスによる高水準の説明責任を有しなければならない。

　この基本原則 4「会計基準設定主体の独立性と説明責任」に関連する勧告事項は，次の通りである。

4.1　現在進行中の IASB 及び FASB の共同による金融商品プロジェクトは，両審議会とも 2009 年末までの終了に向けて最優先の案件になっているが，その際のデュー・プロセスは妥協すべきではないこと。FCAG は，両審議会による審議過程のレビューを行う予定であり，世界金融システム上で重要な金融商品プロジェクトを担う会計基準設定主体が不当なビジネス及び政治上の圧力にさらされないことが求められる。

4.2　緊急な状況下の対応策でも広範な承認が得られるように，IASB 及び FASB は，簡便なデュー・プロセスが認められる条件を事前に定めておくこと。その場合においても，最大限の協議ができる実行可能な手続を開発しておくこと[6]。

4.3　当面の間，公共の説明責任システムの一部として，政策立案者は，会計基準設定主体に関心事項を伝えることができ，かつすべきであること。なお，会計基準が特定の結果を誘導することは差し控えるべきであり，そのような配慮は会計基準の開発や財務報告，ひいては金融システム全体の独立性に対する信頼維持の観点から重要であること。

4.4　不当な圧力からの独立性を維持するため，IASB は，公平かつ強制的に十分な金額が供給されるような運営資金の調達体制を構築すること。

4.5　監視委員会（Monitoring Board）の権限維持のため，その委員構成は証券規制当局を含む広範な国々まで地理的に拡大すべきこと。

IASB 及び FASB は，FCAG が示した 4 つの基本原則及び関連の勧告事項を踏まえて，国際的に受け入れ可能な金融商品会計の見直し作業を共同で行うことに合意した。なお，金融商品会計の見直しの具体的な進め方について，IASB は，前述のように G20 が示したタイム・スケジュールに間に合わせるべく，フェーズ 1「金融資産及び金融負債の分類と測定」，フェーズ 2「減損の方法」及びフェーズ 3「ヘッジ会計」の 3 つに区分して開発作業を行い，終了したフェーズから部分的に IAS39 から IFRS9 に置き換える方法を採用している。これに対して，FASB は，コンバージェンスの観点から IASB と共同で審議を行う一方，分類と測定，減損及びヘッジ会計は相互に関連性があることを重視し，米国会計基準としての金融商品会計は一括して見直す方法を採用している。

② 世界金融危機に至った発生原因の分析

G20 は，世界金融危機の再発防止の観点から，IASB 及び FASB に対して金融商品会計の見直しを要請したため，IAS39 置換プロジェクトの重要性は一気に高まった。また，サブプライム・ローン証券化商品の公正価値測定が困難を極めたことが世界金融危機に至った原因の 1 つであるとの指摘を受けて，公正価値測定プロジェクトの重要性も同様に高まった。これらの経緯から，金融商品会計の中核である IFRS9 及び関連性が高い IFRS13 の評価に際しては，世界金融危機の再発防止という視点が含まれるとして，そのためには世界金融危機に至った発生原因の分析が必要となる。したがって，ここでは世界金融危機に至った発生原因の分析に必要な要素として，サブプライム・ローン，証券化（再証券化）や関連デリバティブの構造及び資金運用・調達に係るビジネス・モデルの仕組みを考察する。

1. サブプライム・ローンの概要及び信用リスクの増大

(1) サブプライム・ローンの概要

世界金融危機の発端は，米国の住宅貸付金融であるサブプライム・ローンの信用リスクの増大にあるとされる。サブプライム・ローンの多くは，証券

化商品の原資産になったことから，後述のサブプライム・ローン証券化商品とも密接な関係にある。サブプライム・ローンとは，信用力が比較的低いサブプライム層に対するローンのことである。貸出債権は，一般的に債務返済能力や信用履歴等にて示される債務者の信用力に基づいて，信用力が高い階層はプライム（prime），低い階層はサブプライム（sub-prime）に区分される。米国の金融規制当局の定義によると，原則として債務者が次の項目のいずれか1つ以上に該当する場合，当該債務者に対する貸出債権はサブプライムに区分される（内閣府，2007）。

・過去12カ月以内に30日間の延滞が2回以上，または過去24カ月以内に60日間の延滞が1回以上ある者。
・過去24カ月以内に強制執行，抵当物件の差し押さえ，担保権の実行，債権の償却が行われた者。
・過去5年以内に破産した者。
・所得に占める借入金返済比率が50%以上，または借入金返済を差し引いた月収では生計が十分に賄えない者。
・FICOスコア660以下であり[7]，予想債務不履行率が相対的に高い者。

　米国におけるサブプライム・ローンの本格的な広がりは，1990年代後半からであり，特に2004年以降は大幅に増加した。住宅ローンの新規貸出に占めるサブプライム・ローンの割合をみると，2003年は8%に対して，2005年には20%に達している。その増加は証券化の進展とも密接な関係があり，証券化された住宅ローンの割合は，2001年の50%台から2006年には80%台まで上昇している（岩田，2009, pp.3-4）。

(2) サブプライム・ローンの信用リスクの増大

　サブプライム・ローンの金利の特徴をみると，住宅ローン全体では約70%が固定金利に対して，サブプライム・ローンは，変動金利と固定金利を組み合わせたハイブリッド型金利が大半を占めていた（OECD, 2007）。中でも典型的な2/28ハイブリッド・ローンは，返済期間30年のうち，最初の2年間は固定金利，残りの28年間は変動金利が適用される。このローンでは，最初2年間の固定金利が通常の金利水準よりも低い一方（low introductory teaser interest rate, 誘い水的な低金利), 2年後の金利見直し（金利リセット）時は当該時点のクレジット・スコアに見合うプレミアムを反映した変動金利になるため, 債務者によってはローン返済額が大幅に上昇するショック（ペイメント・ショック）を受ける。また, 借入当初の一定期間は金利のみの支払いとし, 元本返済は開始されない誘い水も用意されていた。

このようなハイブリッド型金利のサブプライム・ローンが普及した背景には, 債務者にとって借入当初の返済負担が軽減されることに加えて, 当初2年間は延滞せずに返済すればクレジット・スコアが改善し, 金利リセット時のプレミアム（金利）が引き下げとなる利点がある。また, 金利リセット時に住宅価格が上昇していれば, 当該価格の上昇分を担保としてさらに有利な条件のローンへの借換えも期待できる。一方, 住宅価格が下落に転じた場合には, 借入当初に期待した有利な条件でのローン借換えは不可能となり, 担保価値を大幅に超えた負債を抱えるリスクがある。さらに金利リセット以降に市場金利が上昇すれば, ペイメント・ショックが増加するリスクもある。これらのサブプライム・ローンに内在するリスクは, 2006年半ば以降に住宅価格の上昇率が減速, 一部の地域では下落し始めたことで顕在化し, 借換えが困難になってペイメント・ショックに直面する債務者が急増, サブプライム・ローンの延滞率の急速な悪化を招いた[8]。これ以外にサブプライム・ローンの延滞率が急速に悪化した背景には, 金融機関間の貸出競争の激化や投資対象である証券化商品の需要増加に応えるため, 金融機関側が証券化商品の原資産であるサブプライム・ローンの審査基準を緩和したことが指摘される。特に2006年に貸し出されたサブプライム・ローンの延滞率の悪化は顕著であり, 金利リセット前から他の年に実行されたローンの延滞率の最大値を大幅に上回っていたほか, 貸出直後の債務不履行も多くみられた（IMF, 2007）。いずれにしても, サブプライム・ローンの債務不履行の増加によって, 貸手側である金融機関は大きな損失を被る結果となった。

2. 証券化の構造とリスクの不透明化

(1) 証券化の基本的な仕組みとリスク移転

世界金融危機は, サブプライム・ローンを原資産とする証券化商品の拡販

によって，当初は米国内の信用危機に留まっていた影響が国際金融市場に伝播・増幅するに至った。この過程において，証券化商品の公正価値測定を含む会計基準の不備を G20 から指摘された IASB 及び FASB は，金融商品会計の見直し作業を加速することになった。証券化には多くの関係者が関与するが，ここでは関係者をオリジネーター，特別目的会社（Special Purpose Vehicle, 以下「SPV」）及び投資者に限定した上，証券化の基本的な仕組みを概括する。

　図表 2 - 1 は，証券化の基本的な仕組みを示したものである。証券化商品の原資産を自ら創出し（オリジネート），SPV に譲渡する者をオリジネーターという。保有資産を譲渡して資金調達を目指すオリジネーター（金融機関や一般事業会社等）は，SPV に保有資産（貸出債権や不動産等）を譲渡する。SPV は譲り受けた資産，すなわち証券化商品の原資産から生じるキャッシュ・フローを元利金支払いに充当する証券（証券化商品）を発行する。証券を購入した投資者が SPV に支払う証券購入代金は，SPV による資産の購入代金に充てられ，最終的には SPV に譲渡した資産の対価としてオリジネー

図表 2 - 1　証券化の仕組み（基本）

オリジネーター （資金調達者）		SPV （会社、組合、信託等）		投資者 （資金運用者）	
現金	原資産 （譲渡）	原資産 （購入）	証券 （発行）	証券 （購入）	現金

証券化の仕組み（基本）
①オリジネーターは証券化の原資産を SPV に譲渡（売却） ②SPV は譲り受けた原資産をもとに証券を発行 ③投資者は SPV が発行した証券を購入、代金を SPV に支払 ④SPV は証券の発行代金から、オリジネーターに原資産の購入代金を支払（その後、SPV は原資産から生じるキャッシュ・フローを証券の元利金に充当）

ターのもとに還流する。その後に投資者が保有する証券化商品の利息及び元本の支払いは，SPV が保有する原資産が生み出すキャッシュ・フローが充てられる。

　証券化のニーズは様々であるが，ここではオリジネーターが金融機関として，運用・調達の期間ミスマッチに起因する金利リスクの軽減を例に説明する。金融機関の資金運用は，長期ローンが相当の割合を占める一方，資金調達の多くは返済期限が短い預金や市場資金等の短期資金に依存することが一般的である。この運用・調達の期間ミスマッチは，金利低下局面では長期の運用金利（受取利息）の低下速度よりも，短期の調達金利（支払利息）の低下速度が上回ることから，利益増加のメリットを享受できる。一方，金利上昇局面では長期の運用金利（受取利息）の上昇速度よりも短期の調達金利（支払利息）の上昇速度が上回ることから，損失増加を招く金利リスクにつながる。また，資産として貸出債権を保有する限り，債務者の債務不履行等があれば貸倒損失が生じる等，いわゆる信用リスクも当然に負うことになる。これらの金利及び信用リスクは，証券化を通じて対象資産を他者に移転することで，リスクの軽減を図ることが可能となる。すなわち，証券化による運用側ポジションの圧縮によって運用・調達の期間ミスマッチ部分が減少すれば，それを原因とする金利リスクは軽減される。また，証券化商品の元利金支払いは，SPV が保有する原資産から生じるキャッシュ・フローのみに依存し，投資者は証券の元利金回収が不能になっても，譲渡人であるオリジネーター側に当該損失の補填を要求できない仕組みであれば，信用リスクは当該投資者に移転しているためである。

(2) トランシェ（クラス）区分による優先劣後構造

　証券化に際して，SPV は，譲渡人（オリジネーター）から原資産を購入する資金を調達するために証券を発行する。SPV が果たす役割は，単なる導管（conduit）とすると，原資産の購入資金の実際の出し手は証券を購入する投資者であるため，証券化の成功の鍵は投資者からいかに資金を引き出すか，すなわち投資者のニーズに沿った証券化商品の設計が重要となる。投資者のニーズは様々であり，利回りが低くても信用リスクが低い（元利金の支払確

実性が高い）証券（例えば，AAA 格に代表される信用格付業者による信用格付の最高位[9]）を希望する者もいれば，ある程度の信用リスクは引き受ける代わりに（元利金の支払確実性に懸念あり），当該リスクに見合う利回りが得られる証券を求める者もいる。このような投資者の異なるニーズに対応した証券化を可能とする金融技術の1つに，トランシェ（tranche）区分による優先劣後構造がある。これは証券を複数の種類（トランシェ）に区分し，その区分に応じて証券の元利金支払いに充当する原資産から生じるキャッシュ・フロー（例えばローンからの元利金回収額）の割当順位（優先・劣後）を決めるものである。

　図表2－2は，図表2－1で示した証券化の基本的な仕組みについて，原資産のプール化及びトランシェ区分による証券の優先劣後構造を加えたものであり，通常の証券化はこの仕組みに基づいて行われる。トランシェについて，シニア（senior），メザニン（mezzanine），エクイティ（equity）の3区分を想定すると，証券化の原資産から生じるキャッシュ・フローは，まずはシニア証券の元利金支払いに優先的に割り当て，次いでメザニン証券の元利金支払いに割り当て（シニアに対して劣後），その後に残額があればエクイティ証券に割り当てられる。これによって証券化の原資産のキャッシュ・フローが予定通りに発生しない場合のリスクは，エクイティ証券やメザニン証券が負担することでシニア証券の元利金償還の確実性が高まるため，優先劣後構造は証券化商品の代表的な信用補完方法として広く用いられている。証券化商品の購入に際して，投資者は信用格付業者による信用格付を重視することが一般的につき，例えばシニア証券は AAA 格，メザニン証券は投資適格水準内（例えば BBB 格）になるようにトランシェを区分することで投資者の異なるニーズに対応できる。トランシェ区分による優先劣後構造を利用した証券化の前提には，相互に独立した多数の原資産のプール化によるリスク分散と大数の法則がある[10]。リスク分散が機能していれば，プールを構成する個々の原資産から生じるキャッシュ・フローが同時期に全てゼロになる可能性は低く，大数の法則が機能していれば，キャッシュ・フローの発生確率の予測ができるためである。

　サブプライム・ローンの証券化は，多数の債務者＝多数のサブプライム・

図表2-2 証券化の仕組み（プール化＋優先劣後構造）

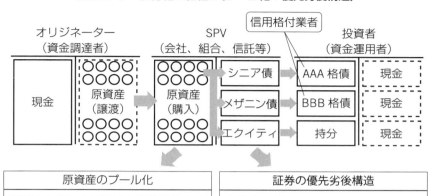

ローンのプール化を通じて、表面的にはリスク分散と大数の法則を充たしていた。しかしながら、実際には米国の特定地域に居住する特定階層の債務者群という偏りがあり、金利上昇や地価下落等の経済事象（ペイメント・ショック等）に対する債務者間の相関関係は高かったことから、プール化によるリスク分散効果は十分に機能していなかった。加えて、大数の法則を利用できるほどの統計データが未整備な状況のまま、証券化ビジネスだけが先行する形となった。

3. 再証券化等による危機の伝播とリスクの増幅

(1) 再証券化による新たなシニア証券創出の仕組み

　世界金融危機に至った原因の1つとして、証券化商品の複雑性が指摘されている。前述のように、証券化の原資産は、単一ではなく複数（プール化）であり、トランシェ区分による優先劣後構造を採用しているため、通常の債

券（債権）と異なり，証券化商品の元利金に係るリスク及びキャッシュ・フローの追跡・分析が困難なことは確かである。加えて，多くの投資者は購入対象として AAA 格に代表される高格付証券を求め，販売側の金融機関等は再証券化や追加的な信用補完措置等で対応したことから，証券化商品の複雑性に拍車がかかる形となった。証券化は一回だけとは限らず，証券化商品を別の SPV が取得し，これをもとに新たな証券化商品を発行する再証券化もよく行われる。再証券化によって，第一次証券化ではシニア証券よりも信用リスクが大きいメザニン証券でも，原資産のプール化によるリスク分散及びトランシェ区分による優先劣後構造を通じて，第二次証券化では信用格付がAAA 格のシニア証券に組み替えが可能となる。SPV にプールされた多数のメザニン証券（第一次証券）が同時に債務不履行等にならない限り，これらから生じるキャッシュ・フローが優先的に割り当てられるシニア証券（第二

図表 2 - 3　再証券化の仕組み

SPV①

原資産	シニア債 AAA 格債
	メザニン債① BBB 格債
	エクイティ（劣後）

例えば第 X 次証券化の BBB 格債を束ねて再（X+1）証券化し、投資者が求める AAA 格債を創出

SPV②

原資産	シニア債 AAA 格債
	メザニン債② BBB 格債
	エクイティ（劣後）

SPV③

原資産	シニア債 AAA 格債
	メザニン債③ BBB 格債
	エクイティ（劣後）

再証券化 SPV

メザニン債① BBB 格債	シニア債 AAA 格債
メザニン債② BBB 格債	メザニン債 BBB 格債
メザニン債③ BBB 格債	エクイティ（劣後）

再証券化商品の投資者

AAA 格債	現金
BBB 格債	現金
持分	現金

原資産のプール化 & 優先劣後構造
原資産は BBB 格債でも、プール化でリスク分散、かつ優先劣後構造を経た再証券化によって優先トランシェのキャッシュ・フロー（元利金）の信用を補完

次証券）の元利金償還の確実性が高くなるためである。

　図表2−3は，再証券化の仕組みを示したものである。再証券化による証券化商品について，世界金融危機の発端になったサブプライム・ローン証券化商品を例にとると，サブプライム・ローンを原資産とする第一次証券化商品として住宅ローン担保証券（Residential Mortgage Backed Securities，以下「RMBS」），RMBSを原資産とする第二次証券化商品として債務担保証券（Collateralized Debt Obligation，以下「CDO」），CDOを原資産とする第三次証券化商品としてCDOスクエアード（以下「CDO^2」），CDO^2を原資産とする第四次証券化商品としてCDOキューブド（以下「CDO^3」）等が組成されていた。再証券化によって，低格付の証券化商品から高格付の証券化商品の創出が可能となった半面，ただでさえ困難な証券化商品の元利金に係るリスク及びキャッシュ・フローの追跡・分析はさらに困難になった。

(2) 追加的な信用補完措置の機能不全

　証券化の成功の是非は，投資者が欲する高格付の証券化商品の組成にかかっている。再証券化は，そのための有効な金融技術の1つであるが，それだけでは信用格付業者から期待する信用格付を取得できなければ，追加的な信用補完措置を講じることになる。ここでは，追加的な信用補完措置の例として，モノラインによる債務保証及びクレジット・デリバティブの仕組みを概括した上，それらが世界金融危機時に機能不全に陥った原因を指摘する。

1) モノラインによる債務保証

　証券化に際して，トランシェ区分による優先劣後構造を用いた信用補完だけでは不十分な場合，追加的な信用補完措置として，証券化商品の元利金支払いに債務保証を取り付けることがある。サブプライム・ローン証券化商品を例にとると，当時最高格付けを保持していたモノラインと呼ばれる金融保証専門会社（monoline insurers）による債務保証がある[11]。モノラインは，かねてから地方債を中心に保証業務を行ってきたが，1980年代半ば以降からは証券化商品の保証業務にも進出した。2006年末時点のモノラインによる保証残高の60%は地方債等の公的債券の保証であるが，証券化商品の保証も

81

26% に及んでいる（内閣府，2008）。高格付のモノラインによる債務保証によって，証券化商品の信用格付の引き上げができれば，約定利率の引き下げによる発行コストの削減（債務保証料の勘案後）や市場流動性の向上等が期待できる。

　サブプライム・ローンの証券化の進展には，モノラインも一翼を担った形となるが，原資産であるサブプライム・ローンの延滞率が予想以上に増加したことから，サブプライム・ローン証券化商品の債務保証をしていたモノラインにも，予想以上の損失が生じる懸念が高まった。例えば，大手モノラインの ACA Financial Guaranty は，保証債務の履行による損失から財政状態が悪化したため，2007 年 12 月に同社の信用格付はシングル A から投資不適格のトリプル C まで一挙に格下げとなった。モノラインの信用格付の格下げは，投資者のサブプライム・ローン証券化商品離れを加速させるだけでなく，同証券化商品とは無関係な金融商品の信用格付の格下げ，それに伴う市場価格の下落等の悪影響を及ぼすに至った。特に地方債の信用格付の格下げは，地方政府の資金調達コストを上昇させるだけでなく，地方債を保有する金融機関側で評価損が発生する等で信用収縮をもたらす負の連鎖の可能性が高まることになる。また，モノラインは，後述のCDS取引市場において，信用リスクのプロテクションの売手の役割も担っていた。したがって，履行請求があった場合に応じる義務がある売手側のモノライン自身の信用格付の格下げや財政状態の悪化は，プロテクションの効果を減殺するため，買手側に不安を募らせる結果になった。

2) クレジット・デリバティブによる信用保証

　サブプライム・ローンの債権者及び同ローン証券化商品の投資者は，ともに原債務者の債務不履行による信用リスクを負うことになる。この信用リスクのヘッジ手段としては，前述した証券化の優先劣後構造やモノラインによる債務保証のほかに，クレジット・デリバティブの利用がある。クレジット・デリバティブとは，リスクをヘッジする側とリスクをとる側の二当事者間において，両者と無関係である第三者の信用リスク，具体的には債務不履行（デフォルト）リスクの度合を取引対象とするものである。図表2－4は，代

第2章　世界金融危機からみた金融商品会計の見直しの視点

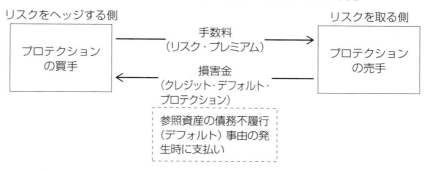

図表2-4　クレジット・デフォルト・スワップの基本例

・売手は参照資産に予め定めた債務不履行事由（倒産、期限の利益の喪失、格下げ、リストラクチャリング等）が発生した際、買手に損害金を支払う代わりに、買手から手数料を受け取る。
・参照資産は、単一または複数のバスケットの場合もあり得る。
・損害金の算出方法としては、名目想定元本 × 所定の比率、基準価額－参照資産の市場価格、参照資産の当初価格－同資産の市場価格等がある。

表的なクレジット・デリバティブであるCDSの例であり、プロテクションの買手（リスクをヘッジする側）は、プロテクションの売手（リスクをとる側）に手数料（リスク・プレミアム）を支払う一方、売手は予め定めた参照資産に債務不履行事由が発生した場合、損害金額（クレジット・デフォルト・プロテクション）を買手に支払うものである。債務不履行事由は、個々の契約によって様々であるが、一般的には倒産、期限の利益の喪失、債務の条件変更等が用いられる。

　信用リスクのヘッジニーズの拡大を背景として、クレジット・デリバティブの取引量は増加傾向にあるが、その多くは清算機関等が介在しない相対取引である[12]。この場合、債務不履行事由が発生した際に買手側が受け取るクレジット・デフォルト・プロテクションの確実性は、売手側の支払能力のみに依存する。買手からすれば、クレジット・デリバティブをヘッジ手段としてサブプライム・ローンや同ローン証券化商品の信用リスクをヘッジしたつもりでも、売手側の財政状態が同様な資産を有することから悪化し、クレジット・デフォルト・プロテクションの支払能力に疑義が生じれば、当初に

83

想定したヘッジ効果の実効性は著しく減殺される。

世界金融危機に際して，信用リスクをとる（売手）側とリスクをヘッジする（買手）側は，ともにサブプライム・ローン及び同ローン証券化商品を保有していたため，両者の財政状態はそれらに内在する信用リスクに連動（同期化）しやすい状況にあった。したがって，ヘッジ手段の売手側の信用リスクが増大することで，買手側はクレジット・デリバティブによるヘッジ効果が期待できない状況になった[13]。

4. 証券化スキーム参加者のビジネス・モデルによる弊害

(1) レバレッジ運用のマイナス影響

証券化は，資金調達やオフバランス効果を目的とするオリジネーターだけでは完結せず，資金を提供する投資者，証券化商品に対する追加的な信用補完措置を提供する業者，証券化商品の信用格付を行う信用格付業者，証券化スキームの全体を取り仕切るアレンジャー等の多くの関係者が関与する。これらの関係者は，各々の立場から証券化に参加しているが，根源にあるリスクやビジネス・モデルが類似していたことから，サブプライム・ローンの信用リスクの増大や同ローン証券化商品の価値下落による悪影響が一気に伝播しやすい状況にあった。ここでは，多くの証券化（商品）取引参加者が採用していたレバレッジ（leverage）運用による弊害及び市場全体の負の連鎖の発生経緯を概括する。

レバレッジ運用とは，要は借金をして手持ち資金の数倍の投資を行うことであり，うまくいけば株主資本に対する見返りの増大，すなわち自己資本利益率（Return on Equity）を高める効果がある。BIS バーゼル規制に代表される自己資本比率規制対象の金融機関を例にとると，規制上の自己資本比率の分母にあたるリスク・アセット換算額は，資産種類毎に定められたリスク・ウェイト率に応じて異なる（リスク・アセット換算額＝保有資産額×個々のリスク・ウェイト率）。仮に通常の住宅ローンのリスク・ウェイト率は50%，AAA格の証券化商品のリスク・ウェイト率は20%とすると[14]，運用資金を住宅ローンよりも AAA 格の証券化商品に傾斜配分することで，自己資本比率規制も考慮したレバレッジ運用の効果が期待できる。

84

図表 2-5 レバレッジ運用のマイナス作用

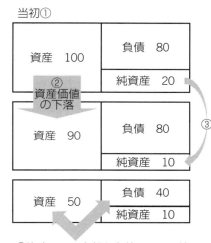

出所：小林・大類(2008) p.83, 図2-4に加筆。

　しかしながら，図表2-5に示すように運用資産の価値が下落したり，借入の継続（借換え）が困難になる等の資金調達に支障が生じた場合，レバレッジ運用は大きくマイナスに作用するため，リスクが高い運用方針といえる。

　例えば運用資産の価値が一定限度を超えて下がると，借入先から追加担保の差入または資産の強制売却が求められることがある。いわゆるマージンコールであり，追加担保の差入に応じられる資金的余裕があればともかく，それが困難な場合には運用資産の売却を余儀なくされるが，市況悪化時の売り急ぎや強制売却はさらなる価格下落の圧力になる。また，レバレッジ運用の資金調達を短期資金に依存している場合，借換えが困難であれば返済資金の確保のために運用資産を売却せざるを得ない。特に運用・調達の期間ミスマッチによる金利差益を狙って高いレバレッジ運用を行う投資者において，運用資産の価値下落と資金調達の支障が同時に発生した場合，その財政状態は一気に悪化することになる。

世界金融危機によるサブプライム・ローン証券化商品の市場価格の急落（不透明化）は，短期資金調達によるレバレッジ運用をしていた金融機関を含む投資者に対して，運用資産である証券化商品の価値下落と資金調達の支障を同時にもたらしたことから，その財政状態は一気に悪化した。証券化商品は，マージンコール等を通じて売り急ぎや強制売却の対象になったため，それがさらなる価格下落の圧力となる負の連鎖が発生し，市場関係者間で将来見通しがつかなくなり，疑心暗鬼から短期金融市場で一時的に資金供給が滞るまでに至ったと解される。

(2) 証券化を前提としたビジネス・モデルによる負の連鎖

　証券化という技術は，多数の投資者が各々のリスク許容度に応じて，原資産のリスクを効率的に分散して負担することを可能とする。図表2－6で示すように，証券化は様々な立場の関係者が協働・役割を分担することで，取引全体の効率性やリスク分散効果が向上する等の利点がある一方（内閣府，2007），損失の所在や規模に関する不透明感が高まる欠点がある。なお，証券化の収益の多くがオリジネート時に得られることから，金融機関によっては，当初から証券化のために原資産のサブプライム・ローンを貸出（オリジネート）し，ただちに証券化を通じて貸借対照表から切り離すビジネス・モデル（Originate-to-distribute model，以下「OTDモデル」）を採用したところがある。

　OTDモデルでは，自らオリジネートした貸出債権の長期保有を想定していないため，貸付時の審査・モニタリング機能が甘くなり，質の悪い（信用リスクが高い）原資産が生み出されるおそれがある。その場合のリスクは，証券化取引の成立によって投資者に移転するため，OTDモデルの濫用による質の悪い原資産の大量創出は，質の悪い証券化商品を市場に供給する結果となり，証券化市場全体の不健全化につながった。

　また，オリジネーターとして証券化取引に参加した金融機関の中には，SPVのエクイティ部分に対する資金供給に加えて，独立の非連結事業体であるSIVを通じて，サブプライム・ローン証券化商品の運用にも関わっていた。SIVの資金調達は，短期の資産担保コマーシャル・ペーパー（Asset- backed commercial paper, 以下「ABCP」）によるロールオーバー（借換継続）方式が通常につき，前述のように運用資産の価値が下落するとロールオーバーが困難となり，資金繰りに窮する結果になった。SIVの運営母体である金融機関は，自らの信用や評判維持の観点から資金繰りに窮した傘下のSIVに対して信用枠を供与して資金調達を支援するほか[15]，場合によってはSIVが保有するサブプライム・ローン証券化商品を買い戻す救済措置を発動した。自己資本比率規制等の関係から，金融機関本体や連結子会社による運用資産の積

図表2-6　貸出金の証券化の流れとリスク分散

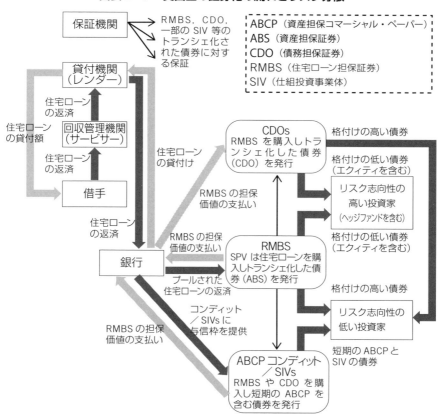

出所：内閣府(2007)。

み増しが困難な場合，SIV はその抜け道となる別動部隊として，会計基準上
は連結対象外となるように組成されていた。連結対象外である SIV に対する
救済措置は，金融の視点からは再仲介（Re-Intermediation）」であるが，会
計の視点からは連結対象になることから不良資産及び負債が一気に表面化
し，悪い意味での「意図せざるバランスシートの拡大」を招くに至った。

③ 世界金融危機からみた 金融商品会計の検討課題の整理

　世界金融危機の実態は，サブプライム・ローンの信用リスクの増大及び同
ローン証券化商品の公正価値の不透明化によって市場流動性リスクと資金流
動性リスクが同時に増大し，結果として短期金融市場に対する資金供給が急
激に減少したことによる。会計自体は経済実態の写像であり，直接的に作用
するものでなければ，世界金融危機で問われることは，その役割である財務
諸表利用者の意思決定に有用な情報の提供をできていたかどうかである。具
体的には，世界金融危機に関連するリスクを適時に認識し，適切な測定属性
に基づいて測定していたかどうか，必要かつ十分な開示が行われていたかど
うかである。

　ここでは，世界金融危機における会計上の検討課題を整理することで，世
界金融危機の再発防止から IFRS9 及び IFRS13 の評価の視点を考察する。

1. 市場流動性が著しく低下している状況での公正価値測定の対応

　世界金融危機に至った理由の１つには，サブプライム・ローンの信用リス
クの増大によって，同ローン証券化商品の元利金支払能力に疑念が生じ，そ
れに不安を感じた保有者の投げ売りや規制による強制売却によって，市場で
正常な値付けが困難になったことがある。金融商品会計基準では，一般的に
売買目的の金融資産を中心に公正価値をもって貸借対照表価額とするほか，
金融商品全般に対して公正価値情報の開示を求めている。しかしながら，世
界金融危機のように市場で通常の値付けができない，すなわち市場流動性が
著しく低下している状況での公正価値測定のあり方について，当時の会計基

88

準は明示的に対応していなかった。したがって，第1の会計上の検討課題としては，市場流動性が著しく低下している状況での公正価値測定の対応が指摘できる。

2. 金融資産の信用リスクの増大に対する適切な対応

　証券化自体を目的とするOTDモデルを採用した証券化ビジネス参加者の中には，証券化商品の原資産であるサブプライム・ローンを大量に保有した状況で信用危機に直面した。証券化までの在庫であるサブプライム・ローンの信用リスクの増大に対して，適時かつ適切な金額の貸倒引当金（または貸倒損失）を計上する等の会計上の手当てが行われていれば，世界金融危機レベルまでに至ることなく，限定的な信用危機レベルに留まったかもしれない。また，サブプライム・ローン証券化商品の投資者も，同様に適切な会計上の手当てを行っていれば，市場における会計不信は回避できたかもしれない。当時の会計基準では，金融資産の減損の認識に際して客観的証拠の存在を求めていた。しかしながら，世界金融危機は急速に進展したことから，減損の客観的証拠を待って減損を認識する会計処理では後手に回り，必ずしも適時かつ適切な金額となる会計上の手当てができていなかった。いわゆる，損失計上が「少なすぎて，遅すぎる（too little too late）」問題である。したがって，第2の会計上の検討課題としては，金融資産の信用リスクの増大に対する適切な対応が指摘できる。

3. 金融資産及び金融負債の分類と測定の簡素化

　次に世界金融危機は，金銭債権であるサブプライム・ローン，それを原資産とする証券化商品等の有価証券及び関連デリバティブ等の様々な金融商品を媒体として，市場関係者間に負の連鎖を引き起こした。これらの金融商品の法的形式や取引形態は異なるものの，その本質は契約に起因するキャッシュ・フロー及びリスクという点で共通している[16]。しかしながら，当時から金融商品会計は，公正価値及び取得（償却）原価による混合測定属性モデルであり，実質的には同じキャッシュ・フロー及びリスクの金融商品であっても，保有意図や取引形態に応じて複数の異なる会計処理が認められてい

た。したがって，世界金融危機に際して，同じ金融商品であっても，貸借対照表価額や損益計上時期等が異なることになり，その複雑な会計上の取扱いが問題視された。また，前述の第2の会計上の検討課題とも関連するが，金融資産には，複数の異なる減損の認識及び測定方法が認められていた。対象である金融商品自体が複雑である以上，その会計基準も複雑になるとしても，その結果の会計情報が利用者にとって有用かどうかは別問題であり，簡素化を通じて回避可能な複雑性が解消される場合もある。分類と測定の多様化による会計基準の複雑性は，会計情報の理解可能性にも影響する。したがって，第3の会計上の検討課題としては，金融資産及び金融負債の分類と測定の簡素化が指摘できる。

4. 金融資産及び金融負債のオフバランス処理の見直し

　米国発のサブプライム・ローンの信用危機が世界金融危機までに至った原因の1つには，証券化の影響がある。前述のように証券化ではSPVが用いられるが，原資産の譲渡人側では，会計基準に準拠してSPVが連結対象外（除外）となるように組成することが一般的である。また，証券化商品を中心にレバレッジ運用していた金融機関は，資金調達の手段にレポ取引を多用していたが，レバレッジ比率が高すぎると信用格付等に悪影響を及ぼす可能性があるため，レポ取引のオフバランス化によって負債の圧縮を図るインセンティブが生じ得る。会計基準に準拠したオフバランス処理であるものの，その後の救済措置によって譲渡人側でオンバランス（連結）処理になった事例や会計基準の解釈の隙をついたレポ取引の発覚でオフバランス（譲渡）処理に疑義が生じた事例[17]は，当初にオフバランスを許容した会計基準への不信感につながっている。したがって，第4の会計上の検討課題としては，金融資産及び金融負債のオフバランス処理の見直しが指摘できる。

5. ビジネス・リスクを含む企業の将来キャッシュ・フロー情報の開示の拡充

　世界金融危機では，短期資金調達による過度なレバレッジ運用をしていた金融機関を中心に資金繰りが悪化し，信用不安から資金の出手が急激に減少したため，短期金融市場が一時的に機能不全状態に陥った。その背景には，

90

証券化商品の価値が急落したため，多くの証券化ビジネス参加者の資金運用及び資金調達の両面で同時に問題が生じ，財政状態が悪化したことがある。同じ金融機関であっても，商業銀行の主な資金調達方法は安定的な預金に対して，投資銀行（いわゆる証券会社）の主な資金調達方法は，不安定なレポ取引等という点で異なる。企業が採用するビジネス・モデルや資金調達方法の是非は，会計基準の範疇外としても，財務報告の目的が企業による将来（正味）キャッシュ・インフロー獲得能力の評価に役立つ情報提供であるならば，当該能力に影響を及ぼすビジネス・リスクについても，何らかの形で情報の開示が必要といえる。したがって，第5の会計上の検討課題としては，ビジネス・リスクを含む企業の将来キャッシュ・フロー情報の開示の拡充が指摘できる。

小　括

　本章では，世界金融危機の再発防止の観点から IFRS9 及び IFRS13 の評価の視点を考察するため，世界金融危機に至る経緯及び G20 を含む関係機関による対応について，その理解に必要と思われるサブプライム・ローンや証券化商品の仕組み等も含めて，主に会計の視点から概括した。世界金融危機自体は，サブプライム・ローン証券化商品の価値の不透明化によって市場流動性リスク及び資金流動性リスクが同時に増大し，結果として短期金融市場に対する資金供給が減少したものであり，それ自体は会計上の問題ではない。しかしながら，金融商品の測定属性に公正価値を多用しながら測定指針が不十分であったこと，信用リスクの増大を適時かつ適切に認識及び測定できなかったこと，細則主義の米国会計基準を母体とするため，かねてから複雑と批判があった IAS39 の見直しに時間を要していたことも事実である。したがって，世界金融危機を金融商品会計の欠点を問い直す契機とみれば，G20 の見直し要請には一定の合理性があると解される。

　世界金融危機によって顕在化した金融商品会計の検討課題としては，①市場流動性が著しく低下している状況での公正価値測定の対応，②金融資産の信用リスクの増大に対する適切な対応，③金融資産及び金融負債の分類と測

定の簡素化，④金融資産及び金融負債のオフバランス処理の見直し，⑤ビジネス・リスクを含む企業の将来キャッシュ・フロー情報の開示の拡充が挙げられる。IAS39 置換プロジェクトの目的の１つには，世界金融危機の再発防止があることから，その最終成果である IFRS9 及び関連性が高い IFRS13 の評価の視点は，これらの検討課題の取り組み度合となる。

注

1) リーマン・ブラザーズは，1850 年に設立された米国第 4 位の投資銀行の１つであり，2008 年 9 月 15 日に連邦破産法第 11 条を申請して倒産するまで，国際金融市場の一翼を担う存在であった。

2) AIG は，米国に本拠を置く保険会社であり，米経済誌『フォーブス』の 2007 年版世界優良企業 2000 社番付では全業種通算で第 6 位，保険セクターでは第 1 位にランクされ，2008 年 9 月 21 日までダウ平均株価の構成銘柄の１つであった。

3) 金融サミットの参加国及び国際機関は，G7（日本，米国，英国，ドイツ，フランス，イタリア，カナダ）に加えて，アルゼンチン，オーストラリア，ブラジル，中国，インド，インドネシア，メキシコ，韓国，ロシア，サウジアラビア，南アフリカ，トルコ，欧州連合（欧州委員会，オランダ，スペイン）であり，参加国際機関は国際連合，国際通貨基金，世界銀行，FSF である。

4) GHOS は，BIS バーゼル銀行監督委員会の上位機関であり，同委員会のメンバー国の中央銀行総裁及び（非中央銀行の）監督当局長官から構成されている。なお，BIS バーゼル銀行監督委員会は銀行監督に関する継続的な協議の場であり，監督及びリスク管理に関する実務指針を作成し，世界的な適用の促進に取り組んでいる。委員会のメンバーは，アルゼンチン，オーストラリア，ベルギー，ブラジル，カナダ，中国，フランス，ドイツ，香港特別行政区，インド，インドネシア，イタリア，日本，韓国，ルクセンブルグ，メキシコ，オランダ，ロシア，サウジアラビア，シンガポール，南アフリカ，スペイン，スウェーデン，スイス，トルコ，英国及び米国の代表で構成されている。

5) FASB は，2009 年 6 月に SFAS166「金融資産の譲渡に関する会計処理 – SFAS140 の改訂」（FASB, 2009a）及び SFAS167「FIN46（R）の改訂」（FASB, 2009b）を公表している。これらは証券化の会計処理の変更を求めるものであり，QSPE（Qualifying Special Purpose Entities）という概念を廃止し，証券化スキームの特別目的会社であっても，全て連結範囲の検討対象とするほか，連結の判断規準に定性的要因を追加している。また，開示の拡充も図られている。

6) 世界金融危機の緊急対応として，IASB は IAS39 で禁止されていた金融資産の再分類を遡及して認める IAS39 及び IFRS7 の改訂を 2008 年 10 月に行っているが（IASB, 2008b），これは通常のデュー・プロセスを停止し，評議員会の了承のみの異例な措置であった。

7) FISCO スコアとは，Fair Isaac 社が開発したクレジット・スコアであり，個人の信用履歴，借入金残高，借入金の構成等の項目に基づいて，個人の債務返済能力

を 375 〜 900 点の間で評点化したものである。

8) 2006 年初頭のサブプライム・ローン（変動型）の延滞率は 5% 前後であったが，2008 年には 27% に至っている（国土交通省，2010）。

9) Moody's 社の長期債務格付は 9 段階（各段階とも 1（上位），2（中位），3（下位）の付加記号あり）であり，最上位格付のカテゴリーは「Aaa」である。Standard&Poor's 社の長期債務格付は 10 段階（AA から CCC までの各段階では ＋，－の付加記号あり）であり，最上位格付のカテゴリーは「AAA」である。

10) 原資産のプール化によるリスク分散効果を含む証券化の仕組み等は，川北（2012）を参照されたい。

11) 複数の種類の商品（生命保険，損害保険等）を取り扱う保険会社（マルチライン）に対して，単一の商品である金融保証を取り扱う保険会社をモノラインという。

12) 清算機関とは，売買の相手側に代わって対象物の受渡し，資金（決済代金）の受払いに係る債務引受を行うことで決済の履行を保証する主体を指す。したがって，相対取引における債務履行は売買当事者間のみの関係に対して，清算機関が介在する取引では，売買当事者に代わって清算機関が債務を履行するため，一般的には相対取引よりも取引の安全性が高くなる。

13) 世界金融危機とクレジット・デリバティブの関係については，中空（2009）を参照されたい。

14) リーマン・ショックによる影響で BIS 自己資本比率規制を見直す前のリスク・ウェイト率である。

15) リスクマネジメント上のレピュテーションリスク（Reputational Risk，評判リスク），すなわち企業の評判が企業経営に悪影響を及ぼすリスクに該当する。例えば，米国大手銀行の Citigroup. Inc は，傘下の SIV が発行したシニア債の信用格付の維持及び資金調達を支援するために，2007 年 12 月に同 SIV に対して資金供給支援枠を設定し，連結対象に加えている。この資金供給支援枠の設定は，法的義務ではないため，評判リスクを考慮して母体行の責任を明確化したものといわれている（金子，2011, p.52）

16) 金融商品の本質及び特性については，吉田（2003, pp.59-65）を参照されたい。

17) リーマン・ブラザーズは，通常はオンバランス（資金貸借）処理となるレポ取引について，当時の会計基準のオフバランス（譲渡）処理の要件の 1 つである担保維持の数値基準（98%）を意図的にクリアするためのレポ取引（社内では「レポ105」と称されていた）を組成し，オフバランス処理していた。この事実は，同社の経営破綻後に米国連邦破産裁判所（United States Bankruptcy Court Southern District of New York, 以下「USBC」）から調査官に任命された Anton R. Valukas の調査報告書（USBC, 2010）によって明らかになり，注記・開示の虚偽表示の疑いが指摘されている。

第 3 章

公正価値測定プロジェクトの
展開とIFRS13

はじめに

　現行の会計制度は，公正価値と取得（償却）原価による混合測定属性モデルである。公正価値は，取引所価格等の市場価格が基本となるが，それがない場合には合理的に算定された価額となる。金融商品といえども市場価格は意外に少なく，デリバティブや証券化商品等の仕組み債の多くは，何らかの評価技法を用いて合理的に算定された価額が公正価値となる。非金融商品の公正価値の多くは，活発な市場自体が存在しないため，合理的に算定された価額に依拠せざるを得ない。

　公正価値測定の適用範囲は拡大傾向にある一方，その測定値の多くは合理的に算定された価格，すなわち見積りであることも事実である。見積りによる信頼性はかねてから問題視されていたが，サブプライム・ローン証券化商品の公正価値の見積りに疑念が生じたことが世界金融危機に至った一因と解される。世界金融危機の再発防止の観点から，公正価値の測定及び開示に関する会計基準の見直しを求めるG20からの要請もあり，IASBは金融商品及び非金融商品に共通する包括的な公正価値の測定及び開示基準として，2011年5月にIFRS13を公表している。

　本章ではIFRS13による公正価値の測定及び開示の枠組みを概括するともに，基準化に至るまでの変遷や主な論点，米国会計基準とのコンバージェンス等も含めて，その特徴を明らかにする。次いで，金融商品会計の見直しの契機となった金融商品会計の複雑性低減プロジェクト及び世界金融危機の視点から，公正価値測定プロジェクトの結果を評価するとともに，残された主な課題を考察する。

1 IFRS13による公正価値の測定及び開示の枠組み

　IFRS13は，金融商品及び非金融商品の両方を対象として，個々のIFRS間で不整合がみられた公正価値の定義や測定のあり方及び開示の統一化を図る

ことを目的としている。IFRS13は，公正価値による測定または開示を要求する個々のIFRSに適用されるが，公正価値による測定範囲の拡大を図るものではない。IFRS13は，公正価値の測定及び開示をいかに行うべきかの規定であり，いかなる場合に公正価値で測定すべきかの規定ではないためである。後者のいかなる場合に公正価値で測定すべきかは，個々のIFRSに基づくことになる。なお，前者の公正価値の測定及び開示をいかに行うべきかは，ファイナンス等の周辺知識が必要になるため，IFRS13の理解は必ずしも容易ではない。

ここでは，IFRS体系におけるIFRS13の位置付けを簡単に触れた後，公正価値の測定及び開示に関する基本事項を説明する。次いでファイナンス等の周辺知識を含めて個別事項を説明することで，公正価値の測定及び開示に関するIFRS13の全体的な枠組みを概括する。

1. IFRS体系におけるIFRS13の位置付け

IFRS13の主な目的は，①公正価値を定義すること，②単一のIFRSとして公正価値測定のフレームワークを示すこと，③公正価値測定に関連する開示を定めることであり（IFRS13, par.1），個々のIFRSが公正価値による測定または開示を要求している場合に適用される。ただし，IFRS2の株式報酬取引，IAS17のリース取引，公正価値と類似するが公正価値ではない測定，例えばIAS2の正味実現可能価額やIAS36の使用価値は，IFRS13による公正価値の測定及び開示規定の両方が適用対象外となる。また，IAS19にて公正価値測定となる制度資産，IAS26にて公正価値測定となる退職給付投資及びIAS36にて回収可能価額が公正価値（処分費用控除後）となる資産は，IFRS13による公正価値測定が適用されるが，開示規定は適用対象外となる。

IFRS体系におけるIFRS13の位置付けは，個々のIFRSで求められる全ての公正価値の測定及び開示に共通して適用される要求事項の単一のセットであり，その適用を通じて公正価値の測定及び開示の首尾一貫性の向上，ひいては会計情報の比較可能性を高めることを目的とする。IFRS13の公表以前から，一部のIFRSでは資産や負債に対して公正価値による測定や開示を求めていたが，統一的な指針がないまま，長年にわたって個々に基準化されて

97

いた。その結果，個々のIFRS間の公正価値測定の解釈指針や開示規定には，首尾一貫性がなく不整合が生じていたことから，会計情報の比較可能性の低下が懸念され，実務上の取扱いにも混乱がみられた。IFRS13は，これらの問題に対処するため，IFRS体系を貫く公正価値の測定及び開示の統一指針として開発されたものである。

　IFRS13の適用対象は，非金融商品も当然に含まれるが，現行の会計制度で測定属性に公正価値を採用する多くは金融商品につき，本基準が金融商品会計に与える影響は大きい。IASB及びFASBの共同による金融商品会計の複雑性低減プロジェクトの成果である2008年討議資料（複雑性低減）では，全ての金融商品に公正価値＆純損益を適用する，いわゆる全面公正価値会計を長期的解決策としている。この長期的解決策に向けて解消すべき問題には，理論面及び技術面の両方があるが，IFRS13は後者の技術面の問題に向けての一歩といえる。なお，IASB及びFASBは，全面公正価値会計を長期的解決策としつつ，当面の中間的アプローチとして，金融商品の分類区分の削減等を含む測定規定の改訂，選択的例外を伴う公正価値測定原則に置き換え等を検討してきた。例えば，IAS39置換プロジェクトのフェーズ1「金融資産及び金融負債の分類と測定」の成果であるIFRS9の金融資産及び金融負債の分類と測定の要求事項は，この中間的アプローチに沿ったものである。IFRS9では，金融資産及び金融負債の測定属性を取得（償却）原価と公正価値の2つに大別している。前者の取得（償却）原価に固有の問題である減損の認識及び測定は，同プロジェクトのフェーズ2「減損の方法」の成果が適用される一方，後者の公正価値に固有の問題である測定方法にはIFRS13が適用される。したがって，金融商品会計におけるIFRS13の位置付けは，2008年討議資料（複雑性低減）で示された長期的解決策及び中間的アプローチのいずれにおいても，重要性が高いことがわかる。

2. IFRS13による公正価値の測定及び開示の概要

（1）IFRS13による公正価値の測定及び開示の基本事項

1）公正価値の定義及び基礎的要件

　IFRS13は，公正価値について「測定日時点での市場参加者間の秩序ある

取引において，資産を売却するために受け取るであろう価格，または負債を移転するために支払うであろう価格」と定義している（IFRS13, par.9）。この定義から，公正価値の基礎的要件として，①市場ベースの測定値であり，企業固有（entity-specific）の測定ではないこと，②市場参加者（market participants）間の秩序ある取引（orderly transaction）が前提であること，③出口価格（exit price）であること，の３つを指摘できる。なお，公正価値の理解に際しては，「市場」「市場参加者」「秩序ある取引」「出口価格」の意味が重要になるため，個々に説明していく。

①「市場」の意味（IFRS13, pars.16）

市場ベースの測定値である公正価値が前提とする市場は，対象資産または負債の取引量及び取引水準が最大の市場，すなわち主要な市場（principle market）となる。主要な市場がない場合には，資産であれば売却による受取額の最大化，負債であれば移転による支払額の最小化ができる市場，すなわち最も有利な市場（most advantageous market）となる。これを厳密に解釈すると，企業は主要な市場（ない場合は最も有利な市場）を決定するため，想定される全ての市場を網羅的に調査する必要があり，膨大な実務上の負担が生じかねないことになる。この問題に対応するため，IFRS13は，反証がない限り，企業が対象となる資産または負債の取引を通常行っている市場をもって主要な市場（ない場合は最も有利な市場）と推定できる取扱いを設けている（IFRS13, par.17）。

最も有利な市場は，主要な市場がない場合に用いられる市場概念であるが，その決定に際しては輸送コスト（transportation cost）及び取引コスト（transaction cost）が問題になる。輸送コストとは，資産を現在の場所から主要な（ない場合は最も有利な）市場に輸送するために発生するコストである。取引コストとは，資産の処分または負債の移転に直接関連するコストであり，取引がなければ発生しないものが該当する。IFRS13では，商品のように所在地が資産の特性である場合，当該資産を現在の場所から主要な（ない場合は最も有利な）市場に運ぶために生じる輸送コストは，対象資産の市場価格に反映させるべきとする（IFRS13, par.26）。一方，取引コストは，資産または負債の特性ではなく，個々の企業が実際に採用する取引方法に応じ

て異なるため，反映した場合には企業固有の測定になるとして，市場価格への反映を禁止している（IFRS13, par.25）。したがって，取引コストは，最も有利な市場の選定に際して考慮する一方，公正価値の測定自体には反映させない取扱いとなる。輸送コスト及び取引コストを考慮した市場の選定について，事例を用いて説明すると次の通りである。

事　例

　対象商品は，A市場及びB市場の2つの異なる市場で売買されており，各々の市場価格，当該商品を市場まで運ぶ輸送コスト及び取引コストは次の通りである。

取引市場	A市場	B市場
個々の市場価格　①	CU104	CU100
個々の輸送コスト②	CU 8	CU 8
市場での正味受取価格③	CU 96	CU 92 ←公正価値の測定値
（③＝①－②）		（輸送コスト考慮後）
個々の取引コスト④	CU 12	CU 4
企業の正味受取価格⑤	CU 84	CU 88 ←最も有利な市場の判定値
（⑤＝③－④）		（取引コスト考慮後）

　対象商品にとって，A市場が主要な市場の場合，当該商品の公正価値は輸送コスト考慮後の正味受取価格CU96（A市場の③）となる。A市場及びB市場とも当該商品の主要な市場に該当しない場合には，輸送コスト及び取引コストを考慮した最も有利な市場となるため，B市場が選定される（A市場の⑤CU84＜B市場の⑤CU88）。ただし，公正価値は取引コストを反映しないため，公正価値は輸送コスト考慮後の正味受取価格であるCU92（B市場の③）となる。

　なお，主要な（ない場合は最も有利な）市場の選定に際しては，測定日時点における対象企業の参加可能性も考慮する必要がある。対象資産または負債が同一であっても，卸売業者（ホールセール）と小売業者（リテール）では，参加可能な市場が異なり得る。卸売業者と小売業者間をつなぐ仲介業者

（ブローカー）であれば，仲介業者同士の市場のほか，仲介を通じて両方の市場にも参加可能である。したがって，主要な（ない場合は最も有利な）市場の選定は，同一の資産または負債でも，対象企業によって異なる場合がある。

②「市場参加者」の意味(IFRS13, par.22)

市場は測定日時点で参加可能な市場参加者で形成されるため，市場参加者の定義が必要となる。市場参加者は，対象資産または負債に関する主要な（ない場合は最も有利な）市場での買手及び売手のうち，次の特徴を全て有する者が該当する（IFRS13, Appendix A）。

・互いに独立しており，関連当事者ではないこと（独立性）。
・取引に必要な知識を有しており，かつ対象取引について，利用可能な全ての情報をもとに十分な理解があること（取引内容の理解）。
・対象取引を執行する能力があること（取引の執行能力）。
・対象取引を締結する自発的な動機があり，強制や強要ではないこと（自発的な取引動機）。

企業は，市場参加者が対象資産または負債の値付け（pricing）の際に用いる仮定をもとに，自らの経済的利益の最大化行動（資産なら売却価格の最大化，負債なら移転価格の最小化）を前提として公正価値測定を行う。すなわち，公正価値とは，企業固有の視点からの測定値ではなく，市場参加者の視点からの測定値である。したがって，後述の公正価値測定の際に使用するインプットの収集は，測定日現在で企業が参加可能な対象資産または負債の主要な（ない場合は最も有利な）市場で値付けを行う市場参加者の視点から行うことが求められる。

③「秩序ある取引」の意味(IFRS13, Appendix A)

秩序ある取引とは，対象となる資産または負債の取引は市場慣行とされるマーケティング活動ができる測定日前の一定期間の存在が前提にあり[1]，それを欠いた強制清算や投売等の強制された取引ではないことを意味する。一般的に勧誘，販売促進及びデュー・デリジェンス等のマーケティング活動に必要な期間があってこそ，市場参加者は，取引内容を理解した上で自発的に取引を行うことができる。マーケティング活動期間は，対象となる資産（負

債）毎に異なり，一般的に取引所取引ならば実質的に不要である一方，相対取引ならば相応の期間が求められる。

売主側の特殊な理由，例えば破産や担保取立，規制抵触等から通常必要となるマーケティング活動期間が確保できない状況での売却は，秩序ある取引ではなく，強制された取引に該当する。すなわち，強制された取引とは，市場参加者であれば到底受容しない価格の受け入れを余儀なくされる状況下での取引である。公正価値測定に用いるインプットは，秩序ある取引が前提であり，強制された取引の場合には調整する必要がある。したがって，測定日現在で参加可能な対象資産または負債の主要な（ない場合は最も有利な）市場を選定した後には，秩序ある取引という観点から取引の質の見極めが求められる。

④「出口価格」の意味(IFRS13, Appendix A)

出口価格とは，資産であれば売却で受け取るであろう価格，負債であれば移転で支払うであろう価格のことである。出口価格の概念は，市場参加者の視点からキャッシュ・インフロー（資産の場合），またはキャッシュ・アウトフロー（負債の場合）に対する期待を表すものである。企業が資産の売却ではなく，使用によってキャッシュ・インフローを生み出すつもりでも，資産を同じ方法で使用する市場参加者に売却すると仮定したならば，資産の使用から生じるキャッシュ・インフローの期待は売却価格，すなわち出口価格に等しいとの考え方が成り立つ。負債であれば，企業が債務の移転ではなく，義務の履行によるキャッシュ・アウトフローを選択した場合でも，負債を同じ方法で履行する市場参加者に移転すると仮定したならば，義務の履行から生じるキャッシュ・アウトフローの期待は移転価格，すなわち出口価格に等しいとの考え方が成り立つ。自らの資本性金融商品であれば，当該金融商品を資産として保有する市場参加者の観点から，出口価格を用いることができる。

出口価格の反対概念としては，資産の取得で支払うであろう価格，負債の引き受けで受け取るであろう価格の入口価格（entry price）がある。同一の資産または負債の交換取引でも，状況によっては出口価格と入口価格が異なり得るが[2]，市場の観点によれば，売手側にとって取引終了時点の出口価格

102

は，反射的に買手側にとって取引開始時点の入口価格と同額になる。したがって，公正価値は市場ベースの測定値とするIFRS13では，出口価格と入口価格を特に区別することなく，出口価格を統一的に使用している。

2) 公正価値の評価技法

IFRS13は，公正価値測定に際して，状況に応じて十分なデータが利用可能な評価技法を用いるものとし，市場参加者が広く用いる評価技法として，マーケット・アプローチ（market approach），コスト・アプローチ（cost approach）及びインカム・アプローチ（income approach）の3つを例示している（IFRS13, pars.61-62）。各々のアプローチの概要及び適用例は次の通りである。

①マーケット・アプローチ(IFRS13, pars.B5-B7)

マーケット・アプローチは，同一または比較可能な（類似の）資産または負債の市場価格，または市場価格と関連性がある情報を使用する評価技法の総称である。マーケット・アプローチの適用例としては，次のようなものがある。

- ・測定対象と同一の資産または負債の市場価格＝公正価値。
- ・測定対象と類似の資産または負債の市場価格（±調整値）＝公正価値。
- ・比較会社評価倍率×測定対象の業績指標（±調整値）＝公正価値（または公正価値の基礎計数となる企業価値）。
- ・マトリックス・プライシング指標×測定対象の指標（±調整値）＝公正価値　等。

ここではマーケット・アプローチの適用例のうち，比較会社評価倍率による非上場会社株式の公正価値測定及びマトリックス・プライシング指標による非上場債券の公正価値測定を簡単に説明する。

比較会社評価倍率による非上場会社株式の公正価値測定とは，市場価格が入手可能な比較（類似）企業の市場価格と関連性が高い業績指標を組み合わせた評価倍率を算定し，測定対象会社の業績指標に当該倍率を乗じた値を測定対象会社株式の公正価値とするものである。対象会社と比較（類似）会社間に類似性があり，かつ同様の業績であれば，市場も同様に評価をすると仮

定すれば，比較会社評価倍率を用いた評価技法も合理性がある。比較会社評価倍率の例としては，利益をベースとする業績指標と企業価値を組み合わせた評価倍率（EBITDA 倍率等[3]），株主資本の価額をベースとする業績指標と株価を組み合わせた評価倍率（純資産倍率等）がある。例えば，比較（類似）企業の純資産倍率は 1.3 倍（＝比較企業の株価／純資産），対象企業の純資産は 120 とした場合の対象企業株式の公正価値は，156（＝ 120 × 1.3）と見積もられる。

次にマトリックス・プライシング指標による非上場債券の公正価値測定とは，市場価格が入手可能な債券の残存期間，約定金利及び信用格付等と市場価格の関連性から理論価格を算定し，それに市場価格がない測定対象債券の関連指標を当てはめることで，公正価値を見積もるものである。

②コスト・アプローチ(IFRS13, pars.B8-B9)

コスト・アプローチは，資産の用役能力を再調達するために現在必要とされる金額，いわゆる再調達原価を求める評価技法である。市場参加者である売手が資産の売却で受け取るであろう金額は，市場参加者である買手が支払う効用が同等の代替資産の購入または建設コストに陳腐化（機能，物理，経済的要因）を考慮した金額が基礎となる。この考え方は，市場の参加者である買手は，当該資産の用役能力の再調達額よりも多い金額を支払うことはないとの経済原理に基づくものである。コスト・アプローチは，他の資産または負債との組み合わせで使用される有形資産の公正価値測定に用いられることが多い。

なお，資産の再調達原価は，再び取得するために支払う金額である入口価格に該当し，公正価値の定義である出口価格に反するとの見方がある。この見方に対して，IFRS13 は対象資産の再調達原価，すなわち市場参加者である当該資産の買手が支払う金額は，反射的に当該資産の売手が受け取る金額に等しいとして，コスト・アプローチは出口価格に基づく公正価値と整合性があるとの考え方を示している（IFRS13, par.BC141）。

③インカム・アプローチ(IFRS13, pars.B10-B30)

インカム・アプローチは，将来キャッシュ・フローを単一の現在の（割引後）金額，すなわち現在価値に変換する評価技法である。現在価値の算出に

必要な見積要素としては，①将来キャッシュ・フローの金額及び発生時期，②固有の不確実性による将来キャッシュ・フローの金額及び発生時期の変動可能性，③貨幣の時間価値，④将来キャッシュ・フローに固有の不確実性を負担する対価（リスク・プレミアム），⑤市場参加者が考慮に入れるその他の要素，⑥負債の場合は当該負債の不履行リスク（債務者自身の信用リスクを含む）等がある。市場ベースの公正価値としての現在価値は，これらの要素を市場参加者の視点から見積もることが求められる。インカム・アプローチの適用例としては，次のようなものがある。

・（割引）現在価値法
・オプション価格算定モデル
・複数期間超過収益法

　オプション価格算定モデル及び複数期間超過収益法は，いずれも現在価値法の延長線上にあるため，ここでは現在価値法を中心に説明する。市場参加者は，測定対象の将来キャッシュ・フローに付随する固有の不確実性，いわゆるリスクの引き受けに際して，それに見合う対価のリスク・プレミアムを受け取ることで取引は成立する。したがって，市場ベースの公正価値測定に際しては，市場参加者の視点から引き受けたリスクに見合うリスク・プレミアムを反映する必要があり，その反映の仕方に応じて，現在価値法は割引率調整技法と期待現在価値技法に大別される。

　割引率調整技法は，割引率にリスクを反映する技法であり，具体的には市場で取引されている比較可能な資産または負債の市場利回りを参照するものである（IFRS13, pars.B18-B22）。市場利回りには，市場参加者が求めるリスク・プレミアムが反映されているためである[4]。この場合の将来キャッシュ・フローは，リスクを反映（控除）していない値，具体的には契約上の金額を含む最も可能性が高い単一のキャッシュ・フローのセット（統計学上の最頻値に該当）となる。割引率調整技法では，割引率にリスクを反映（含む）するため，将来キャッシュ・フローにもリスクを反映（控除）すると，リスクの二重計算という誤りが生じるためである[5]。

　期待現在価値技法は，将来キャッシュ・フローにリスクを反映する技法であり，具体的にはリスク・プレミアムに相当するキャッシュ・フローを加減

（資産であれば控除）するものである（IFRS13, pars.B23-B30）。この場合の将来キャッシュ・フローは，想定されるシナリオ毎に発生確率を乗じた確率加重の平均値である1組のセット（統計学上の期待値に該当）となる。シナリオとして生じ得る全ての将来キャッシュ・フローは，確率加重で反映されるため，割引率調整技法で用いる将来キャッシュ・フローのように特定（最も可能性が高い）事象だけを想定していない。この場合の割引率は，前述のリスクの二重計算による誤りを避けるため，将来キャッシュ・フローに反映させたリスクは含まない金利が用いられる[6]。なお，IFRS13では，ポートフォリオ理論上のシステマティック（分散不能）リスクについて，将来キャッシュ・フローに反映（控除）させて，リスク・フリー金利で割り引く第1法，割引率に反映（期待利回り）させる第2法を示しているが，基本的な考え方は同じである。割引率調整技法及び期待現在価値技法の概要をまとめると，図表3－1の通りである。

　公正価値測定に際しては，マーケット・アプローチ，コスト・アプローチまたはインカム・アプローチのうち，対象物の性質や入手可能なデータをもとに市場参加者の視点と整合性がある評価技法を用いることになる。複数の評価技法を用いる場合には，その結果である見積りの範囲（上下幅）の妥当

図表3-1　割引率調整技法及び期待現在価値技法の概要

	割引率調整技法	期待現在価値技法
将来CF	単一の最頻値または(最も可能性の高い)最善の見積値。	一定の範囲で発生可能性がある見積値を発生確率で加重した期待値。
割引金利	リスクに対応する金利(リスク・フリー金利＋リスク・プレミアム)。	将来CFに反映済みのリスクを除いた金利(リスク・フリー金利等)。
計算例 将来CFは1年後に発生とする	最善の見積値1,120，期待値1,100，リスク・フリー金利10%，リスク・プレミアム2%	
	現在価値 $=$ 最善の見積値1,120 / 1,000 （1+0.1+0.02）	現在価値 $=$ 期待値1,100 / 1,000 （1+0.1）
見積りの要点	市場で金利(価格)が観察できる類似物の分析が必要。	将来CFの発生額及び発生時期に係るシナリオとシナリオ毎の発生確率の見積りが必要。

性を検討する必要がある（IFRS13, par.63）。

3）公正価値測定のインプット

　公正価値測定に際しては，評価技法の選択に加えて，インプット（inputs）の選択が求められる。インプットとは，市場参加者が資産または負債の値付けを行う際に使用するであろう仮定を指す。例えば，対象資産に市場価格があるならば，市場参加者は当該市場価格を値付けに使用すると仮定できる。仮に市場価格 10（1 単位当たり）がある対象資産 100 単位の公正価値は，一般的にマーケット・アプローチに基づく評価技法によって1,000（＝ 100 単位× 1 単位当たり市場価格 10）となるが，この場合の 1 単位当たりの市場価格 10 がインプットに該当する。インカム・アプローチに基づく現在価値法であれば，現在価値（＝将来キャッシュ・フロー／（1＋ 割引金利）年数）を算定する場合の将来キャッシュ・フローや割引金利，オプション性がある場合のボラティリティ等がインプットに該当する。インプットは，市場参加者が資産または負債の値付けの際に用いる入手可能な市場データを基礎とする観察可能インプット（observable inputs）と市場データが入手困難であるため，市場参加者であれば資産または負債の値付けの際に用いると仮定した利用可能な最善の情報である観察不能インプット（unobservable inputs）に大別される。

　IFRS13 は，公正価値測定に用いる評価技法のインプットについて，関連性のある観測可能インプットの使用を最大限とし，観測不能インプットの使用は最小限にすることを要求している（IFRS13, par.67）。インプットは，次に示す 3 つのレベル（レベル 1，レベル 2，レベル 3）に区分されるが，レベル 1 及びレベル 2 は観測可能インプット，レベル 3 は観測不能インプットに該当する。なお，IFRS13 は，公正価値の測定及び開示の首尾一貫性と比較可能性の観点から，インプットに基づいて公正価値を階層構造化（hierarchy）の上，レベル 1 インプットを最優先とし，次いでレベル 2 インプット，レベル 3 インプットは最劣後とする適用順位を定めている（IFRS13, par.72）。

①レベル1インプット(IFRS13, pars.76-80)

企業が測定日現在で参加可能な同一資産または負債の活発な市場での（無修正の）相場価格が該当する。レベル1インプットは，最も信頼性が高い公正価値の証拠であり，一部の例外的な状況（実務上の理由からマトリックス・プライシングを用いることが妥当な場合，後発事象の発生等で活発な市場の相場価格が測定日現在の公正価値を表していない場合，負債または自らの資本性金融商品の公正価値測定で固有要因の調整が必要な場合）を除いて，無修正による適用が求められる。

②レベル2インプット(IFRS13, pars.81-84)

直接または間接的な観察可能インプットのうち，レベル1に該当する相場価格以外のものが該当する。レベル2インプットの具体例は，次の通りである。

・類似の資産または負債の活発な市場における相場価格。

・活発ではない市場における同一または類似の資産または負債の相場価格。

・測定対象の資産または負債の相場価格以外の観測可能インプット（例えば観測可能な市場金利で裏付けられたイールドカーブ上の金利[7]，オプションの市場価格に内在するインプライド・ボラティリティ，市場金利に内在する信用リスク・プレミアム等）。

・相関関係等のその他の手段を通じて，観測可能な市場データから算出されるインプット（例えば比較会社評価倍率等）。

なお，公正価値測定に必要なレベル2インプットに調整を加える必要があり，その調整に観測不能インプットを用いる場合，それが公正価値測定に与える影響の重要性によってはレベル3に区分される。

③レベル3インプット(IFRS13, pars.86-89)

インプットのうち，市場で観察不能なものが該当する。レベル3インプットの適用は，測定日現在において対象資産または負債に関する市場データがほとんどない状況に限られる。ただし，このような場合でも，市場ベースの出口価格とする公正価値概念は同じにつき，レベル3インプットでも，市場参加者が値付けの際に用いるであろう仮定を反映しなければならない。したがって，レベル3インプットの適用に際しては，自己のデータを出発点にで

108

きるが，合理的に入手可能な市場参加者の仮定を考慮の上，他の市場参加者であれば異なるデータを使用したり，他の市場参加者には入手できない当該企業固有の要素が含まれている場合には，自己のデータを調整する必要がある。例えば，観測可能な市場データの裏付けがないイールドカーブ上の長期金利，オプションの過去の市場価格から算出されたヒストリカル・ボラティリティ，企業自身のデータに基づく財務予測からの将来キャッシュ・フローの展開等は，レベル3インプットに該当する。

4）インプット別の公正価値の開示

　IFRS13は，経常的または非経常的な公正価値測定を要する対象資産または負債に用いる評価技法及びインプットの説明に加えて，レベル3インプットを適用した経常的な公正価値測定が純損益またはその他の包括利益に与える影響について，財務諸表利用者の評価に役立つ情報の開示を要求している。なお，経常的な公正価値測定とは，個々のIFRSによって決算日毎に公正価値測定が要求（または許容）される場合であり，非経常的な公正価値測定とは，個々のIFRSによって特定の状況で公正価値測定が要求（または許容）される場合を指す[8]。IFRS13による具体的な公正価値の開示内容は，次の通りである（IFRS13, par.93）。
　①決算日時点の公正価値（経常的及び非経常的な場合とも同じ。なお，非経常的な場合は，公正価値測定の理由を含む）。
　②3つのインプット区分に応じた公正価値の階層別開示（経常的及び非経常的な場合とも同じ）。
　③公正価値階層のレベル1とレベル2間の全ての振替（経常的な場合のみ。振替の理由及び振替時期の決定に関する企業の方針を含む）。
　④公正価値階層のレベル2及びレベル3に区分される公正価値の評価技法及び使用したインプットの説明（経常的及び非経常的な場合とも同じ。評価技法に変更がある場合は，その旨及び変更の理由。レベル3に区分される公正価値は，観測不能インプットに関する定量的情報を含む）。
　⑤公正価値階層のレベル3に区分される公正価値に係る期首から期末までの調整表（経常的な場合のみ。なお，調整表の項目は，純損益に計上し

た金額及び表示科目，その他の包括利益に計上した金額及び表示科目，購入・売却・発行・決済額，レベル３の変動に関する全ての振替がわかるように区分）。

⑥公正価値階層のレベル３に区分される公正価値で測定された資産及び負債に含まれる決算日時点の未実現損益（経常的な場合のみ。公正価値測定によって純損益に計上した金額のうち，決算日時点の保有資産及び負債からの未実現損益の変動に起因する金額及び計上した表示科目を開示）。

⑦公正価値階層のレベル３に区分される公正価値測定プロセスの説明（経常的及び非経常的な場合とも同じ。測定方針及び手続の決定方法や各期の公正価値変動の分析方針等を含む）。

⑧公正価値階層のレベル３に区分される公正価値の感応度の定性的な説明（経常的な場合のみ。適用した観測不能インプットを異なる値に変更すると，測定額が著しく変動する場合の感応度に係る記述的な説明。他のインプット間に相関関係がある場合には，当該関係による公正価値の感応度の説明を含む）。

⑨公正価値階層のレベル３に区分される金融資産及び金融負債の公正価値の感応度の定量的な分析（経常的な場合のみ。適用した観測不能インプットを合理的な範囲内の代替値に変更すると，測定額が著しく変動する場合には，その旨の記述及び変更による影響を含む）。

⑩非金融資産の最有効使用と現在の用途の相違（経常的及び非経常的な場合とも同じ。その旨の記述及び最有効使用と異なる方法で使用している理由）。

このように，IFRS13の開示項目は多岐にわたるが，図表３－２は最も特徴的な開示項目の１つである②「３つのインプット区分に応じた公正価値の階層別開示」の記載例である。

図表 3 - 2　3 つのインプット区分に応じた公正価値の階層別開示

	決算日	決算日現在の下記を用いた公正価値測定		
		活発な市場における同一資産の相場価格	重要な他の観察可能インプット	重要な観察不能インプット
	X1年12月31日	（レベル1）	（レベル2）	（レベル3）
経常的な公正価値測定				
売買目的の株式				
不動産業	60	42	18	
石油・ガス産業	25	25		
合　計	85	67	18	
債　券				
住宅ローン担保証券	90		30	60
社債	45	25	20	
合　計	135	25	50	60
デリバティブ				
金利系	55		55	
商品先物	35	35		
合　計	90	35	55	
投資不動産				
商業用（北米）	15			15
商業用（欧州）	25			25
合　計	40			40
経常的な公正価値合計	350	127	123	100

　なお，貸借対照表価額は公正価値と異なるが，注記等で公正価値が開示される資産または負債（例えば償却原価区分の金融資産及び金融負債）についても，前述の②「3つのインプット区分に応じた公正価値の階層別開示」，④「レベル2及びレベル3に区分される公正価値の評価技法及びインプットの説明（観測不能インプットに関する定量的情報は除く）」及び⑩「非金融資産の最有効使用と現在の用途の相違」の開示は必要となる（IFRS13, par.97）。

(2) IFRS13による公正価値の測定及び開示に関する個別事項

　ここでは，IFRS13による公正価値の測定及び開示のうち，前述の基本事項の理解に際して有益な事項，例外的または技術的な要素が強い事項を概括する。

1) 非金融資産の公正価値測定における最有効使用の概念

　金融資産から生じるキャッシュ・フローは契約によるため，だれが保有しても同じであり，ポートフォリオのように組み合わせた場合でも超過リターンは生じない。したがって，金融資産の公正価値測定は，基本的に単独使用を想定すれば足りる。一方，非金融資産から生じるキャッシュ・フローは，使用方法によって異なるほか，他の資産または負債と組み合わせることで，個々に単独使用した場合の合計額以上の価値（シナジー効果を含む）を生みだすことも可能である。この金融資産と非金融資産の相違に対応するため，IFRS13では，非金融資産の公正価値測定のみに適用される最有効使用（highest and best use）及び評価前提（valuation premise for non-financial assets）の規定を設けている。

　最有効使用とは，市場参加者が前提とする非金融資産の使用方法のうち，当該資産または当該資産と他の資産や負債の組み合わせ（例えば事業単位）を通じて価値が最大となる使用を指す（IFRS13, Appendix A）。最有効使用の検討に際しては，報告企業が異なる用途を意図している場合でも，市場参加者の視点から，物理的な可能性，法的な許容性，財務的な実行可能性を加味して最大の価値となる使用方法を決定する必要がある。報告企業が意図する用途と最有効使用が異なる例としては，競争相手による使用を阻止する目的での防御的な保有等がある[9]。

　評価前提の規定には，非金融資産の公正価値測定に際して，市場参加者の視点から最有効となる使用方法を決定する際の留意事項が示されている（IFRS13, par.31）。非金融資産は，前述のように他の資産との組み合わせによる使用を通じて価値が最大となる場合が多い一方，金融資産と同様に単独使用（交換を含む）でも価値が最大となる場合がある。したがって，評価前提の規定は，組み合わせによる使用及び単独使用の両方を想定しており，非

金融資産の公正価値測定の際に考慮することになる。

①組み合わせによる使用が最有効使用の場合

・測定対象資産の公正価値は，測定時点で当該資産を売却したら受け取るであろう金額によること。

・市場参加者は，他の資産または負債を保有しており，測定対象資産との組み合わせによる使用が可能な状態にあると仮定すること。

・当該資産及び補完的な資産と関連性がある負債には運転資本相当が含まれるが，当該資産を含む組み合わせのうち，他の資産の調達見合い財源となる負債は含まないこと。

・非金融資産の最有効使用に関する仮定は，当該資産を含む資産群の組み合わせまたは負債を含む全ての組み合わせを通じて首尾一貫していること。

②単独使用が最有効使用の場合

資産の最有効使用が単独使用の場合，当該資産を単独使用する市場参加者に売却したら受け取るであろう金額によること。

なお，非金融資産の公正価値測定に際しては，測定対象資産が事業の一部として組み合わせによる使用を前提とする場合でも，個々のIFRSが定める会計単位との整合性を考慮する必要がある。会計単位は，一般的に個々の資産・取引単位につき，他の資産との組み合わせによる使用が最有効使用でも，測定対象資産の出口価格自体は単独の価格となる。この場合，買手側では，測定対象資産の最有効使用のために必要な補完的な資産及び関連負債は既に保有済みと仮定し，測定対象資産の取得に必要な金額だけしか支払わないとの考え方に基づくためである。

2）負債及び自社の資本性金融商品の公正価値測定

公正価値は，市場ベースの出口価格につき，負債及び自社の資本性金融商品であれば，測定日に当該債務（負債），または権利及び責任（自社の資本性金融商品）を市場参加者に移転すると仮定した際に支払う金額となる。移転であることから，測定日時点で負債及び自社の資本性金融商品は未決済，すなわち相手方との決済で消滅していないことが前提にある。多くの場合，企

業は負債を第三者に移転することは意図していない（またはできない）にも
関わらず，IFRS13が移転という概念を採用する理由は，決済では企業固有
の要因（自らの内部資源の利用）が反映される可能性があること，市場参加
者の視点によれば決済または移転のいずれも義務の履行コストやリスクの反
映は同じであり，結果として公正価値は同額になるとの考え方が根底にある
（IFRS13, par.BC82）。

　次いでIFRS13は，負債の公正価値測定において，企業自身の信用リスク
を含む債務不履行リスクを反映させること及び債務不履行リスクの水準は負
債の移転の前後で同一と仮定することを求めている（IFRS13, par.BC94）。報
告企業である譲渡人と市場参加者である譲受人の信用格付が同一とは限らな
い中，債務不履行リスクの水準は負債の移転の前後で同一と仮定する背景に
は，取引相手方である市場参加者は，債務不履行リスクの変動を価格に反映
するであろうこと，企業の信用度合を特定しないと，市場参加者として想定
する譲受人によって公正価値に違いが生じること等がある。また，企業に
とっての負債の入口価格には，自社の信用リスクが反映される一方，出口価
格には反映しないとした場合，何らの変動がなくとも，負債の帳簿価額（入
口価格）と公正価値（出口価格）間に差異が生じることになる。公正価値は，
市場ベースの出口価格である限り，公正価値測定に際して市場参加者が値付
けで考慮するリスクの内容は，資産及び負債とも同じでなければ首尾一貫性
に欠けることになる。なお，負債の公正価値測定のパラドクス問題について，
IASBは公正価値測定プロジェクト，すなわちIFRS13の範囲を超えるものと
して，他のIFRSに取扱いを委ねている[10]。

　公正価値測定に際して，同一または類似の負債，自社の資本性金融商品の
市場価格が使用できる場合は当該市場価格を用いるが，一般的には入手でき
ない場合が多い。IFRS13では，市場価格を用いることができない負債及び
自社の資本性金融商品の公正価値測定について，他者が資産として保有して
いる場合と保有していない場合に大別して定めている。

①他者が資産として保有している場合(IFRS13, pars.37-39)

　測定日現在に同一項目を資産として保有している市場参加者の観点から，
対象となる負債及び資本性金融商品の公正価値を測定する。考え方として

は，測定対象の負債及び資本性金融商品の公正価値は，反射的に資産としての公正価値と同額であるとみなすものである。公正価値測定に際しては，公正価値の階層構造に従って観測可能インプットが優先適用される。具体的には次の通りである。

レベル１：他者が資産として保有する同一物の活発な市場での相場価格。

レベル２：他者が資産として保有する類似物の活発な市場での相場価格，活発ではない市場での同一物または類似物の相場価格等。

レベル３：インカム・アプローチやマーケット・アプローチによる評価技法の使用（観測可能インプットがない場合）。

なお，他者が保有する資産の公正価値に当該資産に固有な要因による影響額が反映されている場合には，当該影響額を除く必要がある。想定される固有な要因の例としては，測定対象物と類似物の特性の相違（発行者の信用度合等）や会計単位の相違（例えば保証付債務について，資産側の市場では一体とみなして相場価格が成立している一方，負債の会計単位は債務保証と債務本体を別個に取扱う場合）等がある。

②他者が資産として保有していない場合(IFRS13, pars.40-41)

債務者（または発行者）としての市場参加者の視点から，評価技法を用いることで，負債または資本性金融商品の公正価値を測定する。なお，市場参加者はリスク・プレミアムを求めることから，評価技法に現在価値法を用いる場合には，債務引受に見合うリスク・プレミアムを加味する必要がある。

なお，負債または自社の資本性金融商品には，第三者に対する移転制約条項が付されている場合も多いが，IFRS13では，市場参加者は当該制約条項の存在を理解した上で取引するため，その影響は取引価格に反映済みとみている（IFRS13, par. 46）。したがって，取引価格に移転制約条項の影響が未反映な事実が明らかでない限り，公正価値測定のインプットとなる取引価格の修正は要しない。

3) 市場・信用リスク相殺目的の純額ポジションの取扱い

公正価値測定に際しては，金融資産または非金融資産に関係なく，会計単位毎に行うことが基本である。前述の非金融資産に係る最有効使用及び評価

前提の規定は，他の資産及び負債との組み合わせによる使用を仮定した場合の対象資産の経済的便益を対象とするものであり，他のIFRSで異なる会計単位が定められていない限り，通常は当該資産のみが公正価値測定の対象となる。金融資産の会計単位は，一般的に個々の商品（契約）単位であり，非金融資産のようなシナジー効果がないため，金融資産同士または金融負債の組み合わせによるポートフォリオ（グループ）単位の公正価値は，その構成要素である個々の金融資産または金融負債の公正価値の総和になる。

　これがIFRS13の基本的な考え方であるが，金融商品で構成されるポートフォリオの目的が市場リスクまたは相手方の信用リスクの相殺であり，かつ一定の要件を充たす場合には，当該ポートフォリオの純額（ネット）ポジションを公正価値測定の単位とする例外措置（以下「純額ポジションの例外措置」）を認めている（IFRS13, par.48）。純額ポジションの例外措置を適用した場合，ポートフォリオの構成要素である個々の金融資産と金融負債の公正価値の総和は，当該ポートフォリオの純額ポジションの公正価値と異なり得る。例えば，金融資産及び金融負債の両方を大量に保有する金融機関等が市場リスクの軽減を図る場合，個々の金融資産の売却または金融負債の移転等による取引（ポジション）の終了（手仕舞）のほか，対象リスクを相殺する目的で反対ポジションを創出（資産側が多い場合は負債を創出，負債側が多い場合は資産を創出）する取引を行うことがある。信用リスクの軽減を図る場合には，予め取引相手等とネッティング契約を締結し[11]，相手方が債務不履行等に陥った際，相手方を債権者とする自社発行の金融負債と相手方を債務者とする自社保有の金融資産を相殺することで，信用リスク・エクスポージャーを軽減する事前措置を講じることも少なくない。このような場合，実際のリスク・エクスポージャーは，金融資産及び金融負債の各々の総額ではなく，両者の差額である純額ポジションとなるため，リスク管理対象も純額ポジションになることが一般的である。

　IFRS13の純額ポジションの例外措置は，このような取引実態を勘案したものであり，これを適用した場合の公正価値測定の取扱いは次の通りである（IFRS13, par.48, pars.53-56）。

　・ロング・ポジション（資産と負債を相殺後，資産側が残る場合）であれ

第3章　公正価値測定プロジェクトの展開とIFRS13

ば売却して受け取る価格，ショート・ポジション（資産と負債を相殺後，負債側が残る場合）であれば移転するために支払う価格に基づくこと。

・ビッド・アスク・スプレッドの範囲内から[12]，最も適切と思われる価格を適用すること。

・特定の相手先との信用リスク軽減の事前措置（ネッティング契約や担保交換契約等）の影響も反映すること。

・市場参加者が当該純額ポジションを値付けする際の方法と整合性がある方法を適用すること。したがって，市場参加者が純額ポジションを取引単位とみる場合，当該純額ポジションに含まれる個々の金融資産または金融負債の公正価値の総和と純額ポジション単位の公正価値は異なり得ること。

・純額ポジションの例外措置は，財務諸表の表示には適用されないため，公正価値は個々の金融資産及び金融負債毎に表示すること。したがって，純額ポジション単位に特有な調整（信用リスク軽減の事前措置を含む）がある場合には，合理的かつ首尾一貫した基準に従って，ポートフォリオを構成する個々の単位の金融資産や金融負債の公正価値に配分（調整）する必要があること。

なお，純額ポジションの例外措置は，IFRS13の原則的な取扱いと異なるため，その適用は，次の要件を全て充たした場合に限って認められる（IFRS13, par.49）。

・純額ポジションは，文書化されたリスク管理方針または投資戦略に従って管理されていること。

・ポートフォリオの管理情報は，企業の経営幹部に伝達されていること。

・対象となる金融資産及び金融負債は，経常的に公正価値測定が要求，または選択されていること。

・純額ポジションの源泉であるポートフォリオは，金融資産及び金融負債のみで構成されていること。

・ポートフォリオを構成する金融資産及び金融負債の市場リスク及びデュレーション（duration）は，ほぼ同一であること。

なお，純額ポジションの例外措置に基づき，純額ポジションを取引単位と

117

みなして公正価値測定を行う場合，通常は純額ポジション自体の市場が存在しないため，直接的に観測可能な相場価格等のレベル1インプットは入手困難である。したがって，公正価値測定に適用するインプットは，何らかの調整または自己データの使用を要するため，純額ポジションの公正価値は，レベル2またはレベル3に区分される。

　純額ポジションの例外措置を適用した場合と適用しない（できない）場合の公正価値測定について，事例を用いて説明すると次の通りである。

事　例
　金融機関Aは，純額ポジションの例外措置の要件を充たした金融資産（個々に独立した4,000単位）及び金融負債（個々に独立した3,500単位）から構成されるポートフォリオを有している。ビッド・アスク・スプレッドの中で，最も適切と思われる公正価値を表す個別単位の金融資産の出口価格は45，個別単位の金融負債の出口価格は47とする。

---

①純額ポジションの例外措置を適用しない場合の公正価値測定

金融資産と金融負債は独立した測定単位とし，各々の出口価格を適用する。

15,500 ＝金融資産4,000単位×出口価格45 －金融負債3,500単位
　　　　　×出口価格47

②純額ポジションの例外措置を適用する場合の公正価値測定

純額ポジションを測定単位とし，対応する出口価格を適用する。

22,500 ＝純額（資産側）ポジション500（＝ 4,000 － 3,500）単位
　　　　　×出口価格（資産側）45

4）市場流動性が著しく低下している状況での公正価値測定

　公正価値測定では，観測可能インプットが優先適用されるが，当該インプットが強制された取引（強制清算または投げ売り）に基づくならば，観察可能でも公正価値の基礎的要件の1つである「秩序ある取引」に該当しないため，無条件に優先適用することなく，必要に応じて修正を行う必要があ

る。

IFRS13 では，秩序ある取引かどうかの判断に際して，最初に取引活動量または取引水準の著しい低下の有無を判定し（第1段階），取引活動量または取引水準の著しい低下が認められる場合には追加的な分析を求める（第2段階），いわゆる2段階方式を採用している。

第1段階：取引活動量または取引水準の著しい低下の有無の判定

対象資産または負債の取引活動量または取引水準の著しい低下の有無の判定に際しては，次に示した要因の影響度合及び関連性を考慮して行う（IFRS13, par.B37）。

・最近の取引が少ないこと。

・相場価格が現在の情報に基づいて形成されていないこと。

・相場価格が時期または市場毎で著しく異なっていること。

・これまで対象資産（または負債）の公正価値と高い相関関係があった指数について，明らかに相関関係が崩れていること。

・入手可能な市場データを反映した期待キャッシュ・フローの見積値と比較して，取引価格に内在する流動性リスク・プレミアムや延滞率等の指標が著しく上昇していること。

・ビッド・アスク・スプレッド幅が大きいか，または著しく拡大していること。

・対象（類似）資産または負債の発行市場の活動が著しく低下していること（または発行市場が消滅状態にあること）。

・公表情報がほとんどないこと（例えば相対市場における取引情報）。

第2段階：秩序ある取引であるかどうかの追加分析

取引活動量または取引水準の著しい低下の事実は，秩序ある取引に該当しない取引（強制清算，投げ売り等）の状況証拠であるが，それだけでは十分ではない。したがって，第1段階で取引活動量または取引水準の著しい低下があると判定された場合には，第2段階に進んで，次に示した状況の有無の確認等を含む追加分析を実施の上，対象取引が秩序ある取引に該当するかどうかの識別を行うことになる（IFRS13, par.B43）。

・周知期間が不十分であり，現在の市場環境において通常かつ慣行とされ

るマーケティング活動ができていないこと。
・通常かつ慣行とされるマーケティング活動期間はあるが，売手が対象資産または負債を単一の市場参加者にしか売り込んでいないこと。
・売手が破産状態または管財人の管理下にあるか，その寸前の状況にあること。
・売手が規制または法律上の要求を充たすために売却を迫られていること[13]。
・同一（または類似）の資産または負債の最近の取引価格と比較して，取引価格が異常値であること。

IFRS13では，第1段階で取引活動量または取引水準の著しい低下があると判定した場合，公正価値測定の目的は変わらないものの，評価技法の変更または複数の評価技法の使用（例えばマーケット・アプローチとインカム・アプローチの併用）を示唆している（IFRS13, par.B40）。なお，複数の評価技法の使用から得られた測定値のウェイト付けに際しては，各々の測定値の乖離幅の大小等の合理性を考慮する必要がある。次いで第2段階での追加分析の結果，秩序ある取引に該当しないと判断した場合には，公正価値測定に際して，当該取引価格のウェイト付けを低くしなければならない。秩序ある取引と判断した場合には，①当該取引の分量，②当該取引と対象資産または負債の比較可能性，③当該取引日と測定日の間隔等を勘案の上，公正価値測定に際して当該取引価格と他の指標間のウェイト付けを決定する。秩序ある取引かどうかの判断に必要な情報が十分に得られない場合は，当該取引価格が唯一または主要な基礎とは限らないため，秩序ある取引の場合に比べて，公正価値測定に際して当該取引価格のウェイト付けを低くすることになる（IFRS13, par.B44）。

 IFRS13による公正価値の測定及び開示の特徴

IFRS13は，2008年討議資料（複雑性低減）で示された長期的解決策，すなわち全ての金融商品に公正価値&純損益を適用する単一測定属性モデルの課題の解決に向けた準備作業の第一歩といえる。また，FSFは，世界金融危

機におけるサブプライム・ローン証券化商品等の公正価値の測定指針の未整備を指摘し，IASBに対して公正価値の測定及び開示基準の強化を勧告しており，IFRS13は当該勧告に対する回答に相当する。なお，IASBは，IFRS13の開発作業に際して，既に公正価値の測定及び開示基準として運用実績があるSFAS157「公正価値測定」を手本にしたため，IFRSと米国会計基準のコンバージェンス度合は高い一方，米国会計基準において未解決な問題もそのまま引き継いでいる。

したがって，ここでは，IFRS13公表に至るまでの経緯を含めて，IFRS13の主な特徴及び米国会計基準とのコンバージェンスを概括する。

1. IFRS13公表に至るまでの経緯

公正価値の測定及び開示について，明確かつ包括的な会計基準が必要との問題意識は，IASB及びFASBとも同じであり，FASBは2003年6月に公正価値プロジェクトを開始し，IASBは2005年9月に公正価値の定義の明確化及び適用ガイダンスの提供を目的とするプロジェクトを議題（アジェンダ）に追加した。会計基準の開発で先行したのはFASBであり，2004年6月に公開草案「公正価値測定」（FASB, 2004）を公表し，2006年9月にSFAS157「公正価値測定」（FASB, 2006b）として基準化している。その後，世界金融危機によって顕在化した市場性が著しく低下した場合の公正価値測定の問題に緊急対応するため，FASBは，2008年10月にスタッフ意見書（FASB Staff Position）であるFSP FAS157-3（FASB, 2008c），2009年4月にFSP FAS157-4（FASB, 2009d）を公表している。

FASBの動きに追随するように，IASBは2006年11月にSFAS157をタタキ台として，IASBの見解を反映した討議資料「公正価値測定」（IASB, 2006a）を公表している。次いでIASBも世界金融危機によって顕在化した市場性が著しく低下した場合の公正価値測定の問題に緊急対応するため，前述のFASBスタッフ意見書に呼応して，2008年10月にはIASBスタッフ要約（IASB Staff Summary）「市場がもはや活発でない時における公正価値測定の判断」（IASB, 2008d），IASB専門諮問委員会報告（IASB Expert Advisory Panel）「もはや活発でない市場における金融商品の公正価値測定及び開示」

（IASB, 2008e）を公表している。なお，IASB が 2009 年 5 月に公表した公開草案「公正価値測定」（IASB, 2009c）は，SFAS157 をもとに市場性が著しく低下した場合の対応等を追加した内容になっている。

　FASB 及び IASB は並行して作業を進めていたが，サブプライム・ローン証券化商品等の公正価値の測定方法や開示について，会計基準のコンバージェンスも含めて見直しを求める G20 の要請に対応するため，2009 年 10 月に両者は改めて公正価値の測定及び開示に関する共通の会計基準を作成することに合意した。この合意に基づき，IASB は，2010 年 6 月に開示面に限定した公開草案「公正価値測定における測定の不確実性分析の開示」（IASB, 2010b）を公表している。また，FASB は，IFRS とのコンバージェンスを強化するため，2010 年 6 月に更新書案「公正価値の測定及び開示（Topic820：US GAAP と IFRS における共通の公正価値の測定及び開示要求のための修正）」（FASB, 2010a）を公表している。FASB 及び IASB は，これらの公開草案に対するコメントをもとに共同で審議を続けた後，IASB は 2011 年 5 月に IFRS13 を基準化し，FASB も同時期に IFRS13 と同様の要求事項とするための改訂（ASC820）を行っている。これら一連の会計基準の公表及び改訂をもって，FASB 及び IASB の共同作業は終了し，IASB の公正価値測定プロジェクトも終了している。

　なお，IASB は，IFRS13 の開発中に公正価値測定に必要な市場データ等が入手困難な場合を想定した教育文書（Educational Material）が必要との要望が多かったことを勘案して，IFRS 財団に公正価値測定に関する教育文書の作成を依頼している。IFRS 財団は，教育文書の第一弾として，2012 年 12 月に「IFRS9 の範囲内の相場価格のない資本性金融商品の公正価値の測定（以下「教育文書（公正価値測定）」）」（IASB, 2012a）を公表している。IFRS 財団が作成する教育文書には，IFRS のような強制力がなく，IASB の承認は受けていないが，実務上の参考指針になるものといえる。

2. IFRS13における主な論点

（1）価格調整としてのディスカウント・プレミアム反映の是非

　公正価値測定に関する主な論点としては，インプットの調整項目における

第3章　公正価値測定プロジェクトの展開と IFRS13

ディスカウント・プレミアムの反映の是非がある。対象物を複数保有している場合の公正価値測定は，原則として対象物の保有単位数に対象物1単位当たりのインプットを乗じた積（＝保有単位量×1単位当たりのインプット）となる。ここでの問題は，原則的な取扱いである「公正価値＝保有数量×1単位当たりのインプット」の例外，すなわち保有数量の多寡が1単位当たりのインプットに影響を及ぼすことを認めるかどうかである。インプットの値を増加（＝公正価値の増加）させる調整をプレミアム，インプットの値を減少（＝公正価値の減少）させる調整をディスカウントとすると，問題となる調整要因の代表例としては，大量保有要因及び支配プレミアム・非支配ディスカウントが挙げられる。

1）大量保有要因

　大量保有要因（blockage factor）とは，一回の取引で保有数量全ての売却注文が執行された場合，対象物の通常の日次取引量では保有数量を十分に吸収できないため，相場価格に影響を与える可能性のことである（IFRS13, par.69）。取引価格は日々の通常の需要量（買注文）と供給量（売注文）の一致で成立するため，仮に日々の通常の需要量（買注文）を大きく上回る供給量（売注文）がある場合，当該価格では成立しないことになる。大量保有要因は値崩れにつながるため，仮に当該要因を反映した場合の取引価額は「保有数量×1単位当たりのインプット（通常の売買価格－大量保有要因）」となる。

2）支配プレミアム・非支配ディスカウント

　対象物が株式の場合，当該株式発行会社の支配権を獲得するため，通常の売買価格に支配権獲得を目指した上乗せ分，いわゆる支配プレミアム（control premium）を含んだ金額で取引が行われることがある。仮に支配プレミアムを反映した場合の取引価額は，「保有数量×1単位当たりのインプット（通常の売買価格＋支配プレミアム）」となる。また，当該企業の支配権を獲得できない程度の株式の保有数量ながら，インプットである企業価値等に支配権が含まれている場合，非支配ディスカウント（non-controlling interest

123

discount）が問題となる。仮に非支配ディスカウントを反映した場合の取引価額は，「保有数量×1単位当たりのインプット（算定価格－非支配ディスカウント）」となる。

3）IFRS13における価格調整の取扱い

価格調整としてのディスカウント・プレミアムの反映の是非について，IFRS13では，大量保有要因に基づく価格調整は純額ポジションの例外措置を除いて一切認めない一方，支配プレミアム及び非支配ディスカウントは，会計単位という切り口から許容する道を開いている。

①大量保有要因に対するIFRS13の取扱い

IFRS13が大量保有要因による価格調整を認めない論拠は，大量保有とする意思決定は当該企業に固有のものであり，それを公正価値に反映することは「市場ベースの測定値であり，企業固有の測定ではないこと」とする公正価値の基礎的要件に合致しない点にある。この場合の大量保有要因の実現は，取引の執行方法（逐次売却または一斉売却）によって異なり，対象物に固有な特性ではないため，公正価値に反映すべきではないとの考え方である。この考え方は，前述の取引コストの取扱いとも共通している。したがって，IFRS13は，大量保有要因を理由とするインプットの調整について，純額ポジションの例外措置を除き，全てのレベルを通じて禁止している（IFRS13, par.69）。

IFRS13は大量保有要因による価格調整を原則として禁止する一方，リスク管理の実態の反映を理由として，前述の純額ポジションの例外措置を適用する場合には実質的に認める道を開いている。純額ポジションの保有量自体が市場参加者の視点から取引単位となる場合，保有量の多寡に起因する価格調整は合理性を有するためである。市場参加者が取引単位である純額ポジションの規模を値付けで考慮するならば，大量保有要因は純額ポジションを構成する金融資産群及び金融負債群に係る公正価値測定に必要な価格調整として認められる。なお，価格調整は，ビッド・アスク・スプレッドの範囲内において，大量保有要因を含む他のディスカウントまたはプレミアム等を勘案して公正価値を最もよく表す価格を基礎に行われる。ただし，純額ポジ

ションの例外措置は測定に限られ，財務諸表上の表示には適用されない点は前述の通りである。

②支配プレミアム・非支配ディスカウントに対するIFRS13の取扱い

支配プレミアム・非支配ディスカウントについて，IFRS13では，対象物の保有量と会計単位に整合性があり，市場参加者が当該プレミアムまたはディスカウントを対象資産または負債の取引に際して考慮するならば，公正価値測定に反映するとしている（IFRS13, par.69, par.BC158）。したがって，市場参加者の視点から投資先の支配権獲得が自らの経済的利益の最大化につながる場合，通常の取引価格に支配権獲得のための追加的な価値，すなわち支配プレミアムを反映（加算調整）することが公正価値の基礎的要件に合致する。同様に市場参加者の視点から投資先の支配権を獲得しない方が自らの経済的利益の最大化につながる場合，評価技法による見積値が支配権部分を含んでいるならば，非支配ディスカウントを反映（減算調整）することが公正価値の基礎的要件に合致するためである。

ただし，レベル1インプットが入手可能な場合は，当該インプット値を修正せずに常に最優先で適用するIFRS13の公正価値の階層構造は不変につき，測定対象物にレベル1インプットがあれば，当該インプットを適用して公正価値を測定する必要がある。したがって，支配プレミアム及び非支配ディスカウントによる価格調整は，対象物の保有量が会計単位と整合性があり，かつレベル1インプットがない場合（レベル2またはレベル3しかない場合）に限って行われる。

（2）取引価格と公正価値が異なる場合の取引初日の損益問題

公正価値測定に関する主な論点としては，測定対象物の当初認識時の公正価値と取引価格が異なる場合の取扱い，いわゆる「取引初日の損益（day one gain or loss）」問題がある。取引価格は，資産なら取得のために支払う価格，負債なら引受けによって受け取る価格の入口価格（entry price）に対して，公正価値は，資産なら売却にて受け取る価格，負債なら移転のために支払う価格の出口価格（exit price）である。入口価格と出口価格は，概念的に異なるものの，通常は前述のように当初認識時の入口価格である取引価格と出口

価格である公正価値は同額となる。取得や売却の際に取引コストが生じる場合でも、IFRS13の公正価値測定では、取引コストを考慮しないため、入口価格と出口価格間で差異は生じないことになる[14]。したがって、通常の場合は取引価格をもって当初認識時の公正価値とみなし得るが、次のような場合には測定対象物の取引価格と当初認識時の公正価値が異なることが想定される（IFRS13, par.B4）。

①取引が関係当事者間によること（当該取引が市場の要件を充たしている場合を除く）。

②取引が強制的、または売手側が取引価格の受け入れを強制されていること（例えば、売手が困難な財政状態にある場合）。

③取引価格の会計単位と公正価値測定の会計単位が異なる場合。

④取引が行われる市場と主要（または最も有利）な市場が異なる場合。

個々のIFRSにおいて、当初認識時の測定額に公正価値を要求（または許容）している場合、取引価格が異なれば差額が生じることになる。IFRS13では、個々のIFRSが別段の規定を設けていない限り、当該差額を発生時の純損益に計上することを定めている（IFRS13, par.60）。この場合、対象資産（負債）を取得（発生）したと同時に純損益が計上されるため、「取引初日の損益」と称される所以である。測定対象物の当初認識時の公正価値と取引価格が異なる要因は様々であるが、ここでは異なる要因の代表例及び個々のIFRSの取扱いを概括する。

1）当初認識時の公正価値と取引価格が異なる代表例
①取引市場と主要な市場が異なる場合(IFRS13, pars.IE24-IE26)

企業A（金融機関以外の小口顧客）と仲介業者B（証券ディーラー）は、両者間で等価（締結時の取引価格はゼロ）の金利スワップ契約を締結した。企業Aにとって、当該金利スワップ取引の参加可能な市場はリテール市場のみである。この場合、企業Aにとっての当初認識時の金利スワップの公正価値（出口価格）は、取引価格（入口価格）と同額（ゼロ）であり、取引初日の損益は生じない（出口で手数料が生じる場合でも、当該手数料は取引コストにつき、公正価値に影響を与えない）。一方、仲介業者にとって、金利ス

ワップを移転する際の市場が仲介業者間で構成されるディーラー市場であれば，参加可能な主要な市場はディーラー市場となる。したがって，仲介業者Bにとって，当該金利スワップの公正価値測定は，ディーラー市場における市場参加者の視点によるため，企業Aと締結した取引価格とは異なることになる。

②取引価格にディスカウント・プレミアムが含まれている場合

企業Cは，活発な市場で取引されている有価証券について，市場を経由しない相対取引を通じて大量購入した結果，売却先から大量購入による割引を受けた。この場合の取引価格は，大量購入の割引効果によって市場価格を下回るが，大量保有要因は全てのインプットを通じて価格調整が禁止されている。加えて活発な市場における同一物の相場価格，すなわちレベル1インプットがある場合，公正価値測定に際しては，会計単位に関係なく，レベル1インプットが優先適用される。したがって，大量購入によるディスカウントを反映した取引価格とレベル1インプットの相場価格は異なることになる。

③支払(受取)対価に異なる性質の項目が含まれている場合(IFRS9, par. B5.1.2)

企業Dは，自社の信用リスク等を勘案した通常の市場金利（3年物）が8%のところ，約定金利5%，利息は毎年末の後払いとする期間3年の貸出1,000を実行した。取引価格（貸出額）1,000と公正価値923の差額77（市場金利と約定金利の差異の現在価値）は[15]，誤った値付け（約定金利の設定）でない限り，代償としての貸出手数料，または貸出先に対する財政支援または何らかの利益供与等が想定される。

2) 個々のIFRSによる取引初日の損益の取扱い

①IFRS9における取扱い

IFRS9における金融資産または金融負債の当初認識時の測定は公正価値となるが（IFRS9, par.5.1.1），通常は取引価格（支払対価または受取対価）が該当するため，当初認識時の公正価値と取引価格は同額にて，取引初日の損益は生じない。

なお，対象となる金融商品に活発な市場がない，すなわちレベル1イン

プットがない場合の公正価値は，評価技法を用いて算出することになる。IFRS9では，当初認識時の公正価値に関する最善の証拠は取引価格であるとした上，両者が異なる場合に公正価値がレベル1インプットまたは観察可能インプット（レベル1またはレベル2インプット）だけを用いた評価技法にて算出されていれば，当初認識時に当該差額を純損益として計上する取扱いにつき，取引初日の損益の計上を認めている（IFRS13, par.B5.1.2A）。これ以外の場合，例えばレベル3インプットを用いた評価技法であれば，取引価額を当初認識時の公正価値とみなすため，取引初日の損益は生じないことになる。この場合には，取引価格と同額になるように評価技法の算出値を修正するとともに（IFRS13, par.64），その後は市場参加者が値付けに際して考慮する要因（時間の経過分を含む）の変動部分に限って純損益に計上する（IFRS9, par.B5.1.2A）。なお，IFRS9は，前述の取引市場と主要な取引市場が異なる場合や取引価格にディスカウント・プレミアムが含まれている場合に特段の規定を設けていない。したがって，公正価値がレベル1インプットまたは観測可能インプットだけを用いた評価技法で算出されている場合，公正価値と取引価格との差異は，IFRS13の規定によって取引初日の損益として純損益に計上される。

②IFRS3における取扱い

IFRS3では，企業結合に際して取得企業が移転した対価等よりも取得した識別可能資産及び引受負債の取得日時点の正味金額の方が超過する状況において，認識の誤りや漏れの有無等を検証した後も超過額が残る場合，取得企業は取得日に当該超過額を純損益に計上することを求めている（IFRS3, par.34）。いわゆる割安購入（bargain purchase）の場合の「負ののれん」である。また，企業結合の移転対価は，公正価値で測定する必要があるが，公正価値と異なる帳簿価額の資産または負債（例えば非貨幣性資産や事業等）が対象になることがある。この場合の移転対価の公正価値測定から生じる利得または損失は，純損益に計上される（IFRS3, par.38）。

このように，割安購入益及び移転対価の公正価値と帳簿価額の差額は，企業結合時に純損益として計上されるため，取引初日の損益が生じることになる。なお，IFRS3では，当初認識時の公正価値と取引価格が異なる場合の差

額について，IFRS9のように公正価値のインプットの種類に応じて異なる取扱いを設けていない。したがって，観測不能インプットであるレベル3インプットを用いた公正価値測定でも，その結果から発生した利得または損失は純損益に計上される。

③IAS41における取扱い

IAS41では，生物資産を当初認識時及び決算日毎に公正価値（売却費用控除後）で測定するほか（IAS41, par.12），生物資産から収穫された農産物は，収穫時点の公正価値（売却費用控除後）で測定することを求めている（IAS41, par.13）。生物資産及び農産物を公正価値（売却費用控除後）で当初認識することから生じる利得または損失は，発生した期の純損益に計上されるため（IAS41, par.26, par.28），取引初日の損益が生じることになる。ただし，IAS41は，信頼性がある公正価値（売却費用控除後）測定ができない場合，当該生物資産は減価償却累計額及び減損損失累計額控除後の取得原価で測定し，その後に信頼性がある公正価値（売却費用控除後）測定が可能になった時点で切り替えを求めている（IAS41, par.30）。なお，IAS41では，当初認識時の公正価値と取引価格が異なる場合の差額について，IFRS9のように公正価値（売却費用控除後）のインプットの種類に応じて異なる取扱いを設けていない。したがって，観測不能インプットであるレベル3インプットを用いた公正価値（売却費用控除後）測定でも，信頼性があると判断すれば，取引初日の損益が生じることになる。

（3）市場流動性の著しい低下時の市場性の反映

公正価値測定に関する主な論点としては，市場流動性が著しく低下した場合の公正価値測定のあり方がある。この論点は，世界金融危機の原因の1つに会計基準の不備を指摘した上，特に市場が活発でない状況における公正価値の測定指針の充実を求めたG20の要請と呼応するものである。この問題に対して，IFRS13は市場流動性が著しく低下している状況でも公正価値測定は市場参加者の視点によるとの基本方針は維持する一方，市場流動性の著しい低下がある場合の適用指針を設けることで，G20からの要請に対応している。ここでは，資産の活動量または取引水準の著しい低下がある場合の適用

指針に相当する IFRS13 の設例 14（IFRS13, pars.IE49-IE58）をもとに，その基本的な考え方を概括する。

①対象商品及び市場の概況

・企業 A は，20X6 年後半に実行された無保証の住宅ローンを原資産とする 7 つのトランシェのうち，返済順位が 3 番目である信用格付が AAA 格のジュニア・トランシェ証券化商品を証券発行日（20X8 年 1 月 4 日）に取得した。

・測定日（20X9 年 3 月 31 日）時点の同ジュニア・トランシェ証券化商品の信用格付は A 格であり，発行当初の 20X8 年 1 月から同年 6 月までの 6 カ月間のブローカー市場の取引実績は月に数回程度，20X8 年 7 月から 20X9 年 3 月までの 9 カ月の取引実績はほとんどない状況であった。

②市場の取引活動量または活動水準，評価技法に係る企業Aの判定

・企業 A は，取得日から測定日までの相当期間にわたって対象証券化商品の取引実績が僅少なことを主な根拠として，取引活動量または取引水準が著しく低下していると判定した。

・公正価値の評価技法については，裏付けとなる取引実績が僅少なことから，マーケット・アプローチは用いず，割引率調整技法によるインカム・アプローチを採用することにした。なお，割引率調整技法につき，割引率はリスクを反映した市場利回りを見積もることにした。

③市場利回りの見積りに際しての考慮事項

・市場金利＝リスク・フリー金利＋リスク・プレミアムとした場合のリスク・フリー金利及びリスク・プレミアム（債務不履行リスク，担保価値リスク，流動性リスク等）に関する入手可能な市場データ。

・対象証券化商品の発行時点の信用リスク・プレミアムの水準及び保有期間中の変動。

・対象証券化商品と比較可能な債券または指数間の要素比較（証券化の原資産の貸倒率や期限前償還率，担保権の執行率，トランシェの優先劣後構造等）。

・信用格付業者や証券会社等による関連報告書。

・ブローカーや値付け業者等の第三者が公表した相場価格等。

第 3 章　公正価値測定プロジェクトの展開と IFRS13

④測定日（20X9年3月31日）時点の市場利回りの検討過程

・企業 A は，測定日（20X9 年 3 月 31 日）時点の対象証券化商品の市場利
回りについて，同時点のリスク・フリー金利 3%，発行日（20X8 年 1 月
4 日）時点の信用リスク・プレミアム 2.5%，発行日から測定日間の信用
リスク・プレミアムの上昇分 7% 及び信用リスク・プレミアムの参照指
標と対象証券化商品の差異調整分の正味 0.5%（減算）を加減した 12%
（＝ 3% ＋ 2.5% ＋ 7% － 0.5%）を参考値として見積もった。

なお，信用リスク・プレミアムの参照指標と対象証券化商品の差異調整で
ある 0.5%（減算）は，対象証券化商品の流動性リスク・プレミアムであり，
対象証券化商品の発行日（20X8 年 1 月）時点の利回りと参照指標の利回りの
差異 3.5%（減算）と，対象証券化商品に固有の流動性リスク・プレミアム 3%
（加算）を考慮したものである。

・ブローカーが提供する対象証券化商品の市場利回りの参考相場（拘束力
なし）は，15 ～ 17% である。ただし，企業 A は，ブローカーが用いた
評価技法やインプットを知り得る立場にないことから，当該参考相場は
取引の結果を反映したものではないと評価した。

⑤測定日（20X9年3月31日）時点の市場利回りの決定過程

・企業 A は，市場利回りの検討過程で得られた参考値の範囲から，合理性
を考慮してウェイト付けを行うことにした。

・ウェイト付けに際して，ブローカーが提供する相場価格（15 ～ 17%）に
は拘束力がなく，その評価技法やインプットも不明であり，取引の結果
を反映していないとの判断からウェイト付けを低くした。これに対して，
自己データを用いた参考値（12%）は，市場参加者が現在の市場におい
て秩序ある取引の値付けをする際に織り込むリスクを適切に反映してい
るとの判断からウェイト付けを高くした。

・結果として，参考値の範囲から 13%（自己データを用いた参考値の 12%
により近い）を対象証券化商品の市場利回り，すなわちインカム・アプ
ローチの割引率調整技法に用いる割引率とした。

この IFRS13 の適用指針は，ブローカーの参考相場等のレベル 2 インプッ
トがある場合でも，状況に応じて自己データによる見積値のレベル 3 イン

131

プットが優先することを示している。一方、市場流動性の著しい低下があっても、公正価値測定に際しては可能な限り市場参加者の視点から関連データを収集することを通じて、測定日現在の市場を反映した見積りとすべきことも示唆している。

(4) レベル3インプットの公正価値に内在する不確実性への対応

公正価値測定に関する主な論点としては、観測不能インプットであるレベル3インプットを用いて測定した公正価値の信頼性がある。IFRS13の公開草案に対するコメントの中には、企業固有の見積りであるレベル3インプットを用いた場合でも、レベル1やレベル2インプットを用いた場合と同様に「公正価値」で表現すると、財務諸表利用者の誤解を招くとの指摘があった。この指摘に対して、IASBは、①市場参加者の視点という意味では、レベル3インプットも同じであること、②レベル2とレベル3インプットの区分に主観の介入は不可避であり、それによって取扱いが異なることは望ましくないこと等を理由に、レベル3インプットを使用した場合でも異なる名称や取扱いはしないことを決定している（IFRS13, par.BC173）。したがって、他のIFRSに別段の定めがない限り、IFRS13では、レベル3インプットを使用した場合でも取引初日の損益計上を許容している。一方、市場参加者の視点という縛りはあるものの、レベル3インプットは観測不能インプットであり、企業固有の見積りを通じた主観の介入は否めないことも事実である。これに対して、IFRS13では、レベル3インプットを使用した公正価値に詳細な開示を求めることで対応を図っている。

レベル3インプットを使用した公正価値測定のみに求められる主な開示規定は、次の通りである。

①経常的な公正価値測定に関する期首残高から期末残高に至る調整表（当期中の変動要因について、純損益に計上した利得または損失の合計額、その他の包括利益に計上した利得または損失の合計額、購入・売却及び決済額、レベル3への振替額及びレベル3からの振替額毎に区分）。なお、振替については、その理由及びレベル間の振替時期の決定に関する企業の方針を含む。

②純損益に計上した利得及び損失の合計額のうち，決算日時点の保有資産及び負債からの未実現損益の変動に起因する額と計上した表示科目。

③公正価値測定プロセスの説明。

④公正価値の感応度の定性的な説明（使用したインプットを異なる値に変更すると，測定額が著しく変動する場合の感応度に係る記述的な説明）。なお，インプット同士に相関関係がある場合には，当該関係による公正価値の感応度の説明を含む。

⑤金融資産及び金融負債の公正価値の感応度の定量的な分析。なお，使用したインプットを合理的な範囲での代替値に変更すると測定額が著しく変動する場合には，その旨及び変更による影響を含む。

図表 3 - 3　重要な観測不能インプットを使用した公正価値測定

（単位:百万円）

	株　式	債　券	ファンド	デリバティブ	合　計
期首残高	49	105	145	30	329
レベル3への振替		60(a)(b)			60
レベル3からの振替		△ 5(b)(c)			△ 5
当期の利得または損失合計					
純損益に計上		△23	7	5	△11
その他の包括利益に計上	3				3
購入・発行・売却及び決済					
購入による増加	1			18	19
発行による増加					0
売却による減少		△ 12	△ 62		△74
決済による減少				△ 15	△15
期末残高	53	125	90	38	306
期末の保有資産について純損益に計上した当期の未実現損益の変動		△3	△5	2	△6

(a)レベル2からレベル3への振替は、市場の取引量低下による観測可能な市場データの不足による。

(b)レベル間の振替は、振替の原因となった事象の発生または状況変化があった時点で行っている。

(c)レベル3からレベル2への振替は、当該債券について観測可能なデータが利用可能になったことによる。

図表 3 - 4　重要な観測不能インプットを使用した公正価値測定に関する定量的情報の開示例

(単位：百万円)

項　目	X9/12/31 公正価値	評価技法	観察不能なインプット	範囲（加重平均）
持分証券：	53	割引キャッシュ・フロー	加重平均資本コスト	7％－16％（12.1％）
			長期収益成長率	2％－5％（4.2％）
			長期税引前営業利益	3％－20％（10.3％）
			市場性欠如の割引	5％－20％（17％）
			支配プレミアム	10％－30％（20％）
		類似会社の市場価格	EBITDA倍率	10－13倍（11.3倍）
			収益倍率	1.5－2.0倍（1.7倍）
			市場性欠如の割引	5％－20％（17％）
			支配プレミアム	10％－30％（20％）
債　券：				
住宅ローン担保証券	125	割引キャッシュ・フロー	定常的な早期返済率	3.5％－5.5％（4.5％）
			貸倒確率	5％－50％（10％）
			損失強度	40％－100％（60％）
商業不動産ローン	50	割引キャッシュ・フロー	定常的な早期返済率	3％－5％（4.1％）
担保証券			貸倒確率	2％－25％（5％）
			損失強度	10％－50％（20％）
債務担保証券	35	合意価格	提示された相場	20－45
			比較可能性調整(％)	－10％－＋15％(＋5％)
デリバティブ：				
クレジット	38	オプション・モデル	信用ボラティリティの年換算	10％－20％
			相手方の信用リスク	0.5％－3.5％
			自己の信用リスク	0.3％－2.0％
投資不動産：				
商業用アジア	31	割引キャッシュ・フロー	長期営業利益率	18％－32％（20％）
			還元利回り	0.08％－0.12％（0.10％）
		市場比較アプローチ	平方メートル当たりの価格（米ドル）	$3,000－$7,000 （$4,500)
商業用ヨーロッパ	31	割引キャッシュ・フロー	長期営業利益率	15％－25％（18％）
			還元利回り	0.06％－0.10％（0.80％）
		市場比較アプローチ	平方メートル当たりの価格（ユーロ）	€4,000－€12,000 （€8,500)

第3章 公正価値測定プロジェクトの展開とIFRS13

　これらのレベル3インプットに対する追加的な開示規定のほか，レベル2
とレベル3インプット間の区分は必ずしも明確でないことを勘案して，レベ
ル2とレベル3インプットを使用した公正価値測定については，使用した評
価技法とインプットの説明（レベル3の場合には定量的情報を含む）を求め
る開示規定がある。ここでは，レベル3インプットに対する追加的な開示規
定の代表例として，レベル3インプットによる経常的な公正価値測定に関す
る期首残高から期末残高に至る調整表（図表3－3）及び重要な観測不能イ
ンプットを使用した公正価値測定に関する定量的情報の開示例（図表3－4）
を示すものとする。

3. 米国会計基準とのコンバージェンス

　IFRS13を最終成果とするIASBの公正価値測定プロジェクトは，FASBと
の共同プロジェクトであり，IASBが2006年11月に公表した討議資料「公
正価値測定」（IASB, 2006a）はSFAS157がタタキ台であること等から，公
正価値の測定及び開示におけるIFRSと米国会計基準間のコンバージェンス
の度合は高い。また，公正価値測定プロジェクトの途中に顕在化した世界金
融危機で指摘された公正価値測定を巡る問題は，IASB及びFASB間で共有
される結果となった。例えば市場流動性が著しく低下した場合の公正価値測
定に関するFASBのスタッフ意見書FAS157-4の趣旨（FASB, 2009d, pars.
A32A-A32G）は，IFRS13の設例14（IFRS13, pars.IE49-IE58）に引き継がれ
ている。また，米国会計基準もIFRS13と整合性を図るために改訂する等，
FASBとしてもコンバージェンスに向けた努力をしている[16]。結果として，
IFRS13と米国会計基準には，図表3－5に示した相違点（及び用語や綴り
の相違）があるものの，IFRS適用企業と米国会計基準適用企業の企業間比
較に際して重要な問題がなく，適用に際して異なる解釈が生じない水準，す
なわち実質的なコンバージェンスが概ね達成されている。

135

図表 3-5　IFRS13と米国会計基準間の主な相違点

	IFRS13	米国会計基準（ASC820）
投資会社に対する投資の公正価値	純資産の計算に際して，各国間の実務が異なる可能性があること等を考慮して規定せず。	一定要件を充たした際の便法として，純資産額（無修正）の使用を容認。
要求払預金（金融負債）の公正価値	要求払金額の現在価値を下回ることはないとの下限を明示。	要求払金額とする旨を明示。
デリバティブの公正価値の開示	マスターネッティング契約があっても，純額（ネット）表示は認めていない。	一定の要件を充たしたマスターネッティング契約がある場合には，純額（ネット）表示を認めている。
レベル3に区分される金融商品の公正価値の定量的な感応度分析の開示	必要（IFRS7の開示規定を引き継ぎ）。	不要（定性的な開示のみ必要）。
レベル3に区分される公正価値測定の不確実性分析	インプット同士に相関関係がある場合には，当該関係性及び影響を説明。	不　要。

公正価値測定プロジェクトの評価及び残された主な課題

　IFRS13の適用対象は金融商品に限らないが，その多くは金融商品であることも事実であり，世界金融危機の主な原因の1つとして指摘された項目には，市場流動性が著しく低下している状況での金融商品の公正価値測定のあり方があった。また，金融商品会計の複雑性低減プロジェクトによる2008年討議資料（複雑性低減）では，長期的解決策として公正価値による単一測定属性モデルを示すほか，いくつかの中間的アプローチを提案しているが，いずれも公正価値測定の範囲拡大につながるものである。したがって，ここでは，金融商品会計の複雑性低減の視点及び世界金融危機の再発防止の視点から，公正価値測定プロジェクトの結果を評価するとともに，残された主な課題を考察する。

1. 金融商品会計の複雑性低減の視点による評価

　IAS39 置換プロジェクトの背景には，世界金融危機の原因の 1 つに会計基準の不備があるとして，その見直しを求める G20 の要請という短期的な視点だけではなく，かねてから金融商品会計は複雑との批判に応えて複雑性低減を図るため，IASB 及び FASB による共同プロジェクトのもと，中長期的な視点で検討を続けてきた経緯がある。

　ここでは，金融商品プロジェクトと密接な関係にある公正価値測定プロジェクトの成果である IFRS13 について，2008 年討議資料（複雑性低減）及び 2008 年 SEC 報告書の視点から金融商品会計の複雑性低減の効果を考察する。

(1) 2008年討議資料（複雑性低減）からの視点

　IASB による 2008 年討議資料（複雑性低減）では，金融商品会計の複雑性低減に向けた長期的解決策として，全ての金融商品に公正価値＆純損益を適用する単一測定属性モデル，いわゆる全面公正価値会計の採用を提案している。一方，この長期的解決策に向けて解決すべき課題の 1 つとして公正価値測定のあり方，具体的には公正価値の変動に対する目的適合性の解釈，未実現損益である評価差額の純損益計上の是非，市場で観測可能な情報が入手困難な状況での見積りの不確実性等を挙げている。なお，2008 年討議資料（複雑性低減）は，長期的解決策のほかに中間的アプローチとして，アプローチ 1 「現行の測定規定の改訂」及びアプローチ 2 「選択的例外を伴う公正価値測定原則に置き換え」を提案しているが，いずれも公正価値測定の適用範囲が拡大することになる。測定属性を取得（償却）原価から公正価値に切り替えることで，金融商品会計の複雑性低減を図るならば，公正価値測定を巡る課題の解決が先決問題となる。

　IFRS13 は，公正価値測定及び開示に関する会計基準にすぎず，公正価値測定の範囲やいかなる場合に公正価値で測定するかは，個々の IFRS の専決事項である。また，目的適合性の解釈は，概念フレームワークレベルの議論であるため，公正価値測定を巡る課題は，IFRS13 だけで全て解決できるわけではない。この前提のもとで，IFRS13 は市場流動性が著しく低下した場

合の公正価値測定の指針を示した上，レベル３インプットによる（市場で観測可能な情報が入手困難な状況による）公正価値測定には，追加的な開示等の措置がなされている。これらの対応は，後述のように実際に運用した際の実効性の問題はあるものの，公正価値の測定及び開示の技術的な側面の課題解決に向けた一歩であり，公正価値の測定範囲の拡大による金融商品会計の複雑性低減の基盤整備に寄与すると解される。

（2）2008年SEC報告書からの視点

SECによる2008年SEC報告書は，会計基準の複雑性低減を目指す点では2008年討議資料（複雑性低減）と同じであるが，2008年討議資料（複雑性低減）の対象範囲は金融商品会計に限定される一方，2008年SEC報告書の対象範囲は非金融商品も含む会計制度全体という点で異なる。2008年SEC報告書は，財務報告の複雑性を回避不能なものと回避可能なものに大別し，回避可能な複雑性のうち，特に問題視すべき項目の１つに公正価値と取得（償却）原価による混合測定属性モデルを挙げている。いずれの測定属性にも複雑性の要因を有する混合測定属性モデルについて，測定属性を１つに絞り込めば不採用とした測定属性に起因する複雑性が解消することは確かである。2008年SEC報告書は，公正価値及び取得（償却）原価のいずれの測定属性も解決すべき問題があることを指摘の上，会計基準設定主体が体系的な測定フレームワークを完成し，かつ公正価値による財務報告の支持基盤が固まるまでは，公正価値測定の適用範囲の拡大は慎重に行うことを提案している。したがって，中間的アプローチでも，公正価値による測定範囲の拡大を志向する2008年討議資料（複雑性低減）とは，必ずしも同じ路線ではないといえる。

金融商品会計のみを対象とする2008年討議資料（複雑性低減）と異なり，非金融商品も含む会計制度全体を対象とする2008年SEC報告書では，非金融商品全般の測定属性を公正価値とした際の主観のれんの問題のほか，現行の取扱いが大幅に変更となる点を考慮したものと思われる。また，公正価値測定がもたらす副次的効果，例えば景気循環増幅効果や会計情報の有用性に対する影響等もあわせて検討することが求められる。したがって，当面は公

正価値及び取得（償却）原価による混合測定属性モデルを続けるにしても，会計基準の複雑性低減は必要であるならば，各々の測定属性に起因する複雑性の解消が求められる。この点について，IFRS13は，個々のIFRS間にみられた公正価値の定義，測定及び開示の不整合の解消を図るため，IFRS体系を貫く公正価値の測定及び開示の包括的指針として位置付けられる。したがって，混合測定属性モデルの測定属性の1つである公正価値の測定及び開示について，首尾一貫性がある会計基準が整備されたことは，回避可能な複雑性低減に寄与するものと解される。

2. 世界金融危機の再発防止の視点による評価

　米国発のサブプライム・ローンの信用危機が世界金融危機までに至った理由の1つとして，同ローンを原資産とする証券化商品市場の流動性の著しい低下によって公正価値が不透明化したことが指摘される。世界金融危機の契機になった2008年9月のリーマン・ブラザーズの経営破綻当時，公正価値の測定及び開示に関する包括的な会計基準は，FASBが2006年9月に公表したSFAS157のみであった。公表時のSFAS157には，市場流動性が著しく低下した場合の公正価値測定の取扱いが明記されておらず，FASBは2008年10月にスタッフ意見書FSP FAS157-3（FASB, 2008c）及び2009年4月にFSP FAS157-4（FASB, 2009d）を公表することで緊急対応を図っている。これらの意見書の趣旨は，相場価格等の観測可能インプット（レベル1またはレベル2）が存在したとしても，公正価値測定に係る階層構造の硬直的な適用を戒めるものであった。具体的には，秩序ある取引に該当しないと判断された取引の相場価格は，公正価値測定に際して無修正で使用することなく，適切な調整を加えたり，他の参考指標によりもウェイト付けを下げることでレベル3インプットの使用を認めるものである。この米国会計基準による市場流動性が著しく低下した場合の公正価値測定の取扱いは，IFRS13でも同様な内容で基準化されている。

　世界金融危機を招いた原因の1つとされる公正価値測定に係る会計基準の不備は，ともかくレベル1インプットを最優先とする公正価値の階層構造の硬直的な適用のもと，本来の公正価値の意義が喪失している市場の相場価格

を無批判に使用したことにある。したがって，状況に応じてレベル3イン
プットの弾力的な使用を認める IFRS13 は，将来的に世界金融危機と同様な
経済事象が生じた場合でも，会計基準として措置済みという点で評価でき
る。この市場流動性が著しく低下した場合の公正価値測定の取扱いは，2008
年11月の第1回 G20 金融サミット（ワシントン D.C）に先駆けて開催され
た FSF の提案である「公正価値測定及び開示に関する会計基準の見直し」の
うち，市場が活発でない状況における公正価値の測定指針の充実に応えたも
のでもある。したがって，世界金融危機によって顕在化した金融商品会計の
検討課題の1つである「市場流動性が著しく低下している状況での公正価値
測定の対応」については，後述の残された課題があるものの，会計基準の問
題として認識の上，その対応策として測定及び開示指針が明示されたことは
評価できる。

3. 残された主な課題

　IASB は，IFRS13 の公表をもって公正価値測定プロジェクトを終了してい
る。しかしながら，2011年10月の IASB 会議では IFRS13 の教育文書（公正
価値測定）の作成を決定し，IFRS 財団は 2012年12月に第一弾として非上
場株式の公正価値測定に関する章を公表する等，IASB 全体としてアフター
フォローを続けている。また，将来において，世界金融危機と同様な状況が
生じた場合，IFRS13 が想定通りに機能するかどうかは未知数である。ここ
では，IFRS13 公表後の残された主な課題を考察する。

(1) 市場の機能不全時における市場参加者の視点の維持

　IFRS13 は，観測可能インプットである相場価格が存在する場合でも，そ
れが「秩序ある取引」から得られた値でなければ，自己のデータをもとに当
該相場価格に調整を加えたり，他の参考指標に対してウェイト付けを低くす
ること等を通じて，レベル3インプットの弾力的な使用を認めている。しか
しながら，レベル3インプットの使用に際しても，公正価値の定義自体は変
わらないことから，合理的に入手可能なレベルで市場参加者の視点による仮
定及び関連情報の収集が求められる。これは観測可能インプットがないこと

140

から自己のデータを用いた見積値による場合でも，当該見積値は市場参加者の視点による公正価値であり，経営者固有の視点による使用価値とは異なるとの基本方針によるものである。

　例えば，前述のIFRS13の設例14「資産に係る活動量または水準が著しく低下した場合の市場利回りの見積り」をみると，住宅ローン証券化商品の公正価値測定は，自己のデータに加えて市場参加者の視点から比較可能な類似の金融商品の信用リスク・プレミアム，流動性リスク・プレミアム及びブローカーの相場価格等を参考にすることで，測定日時点の市場を反映した見積りとすべきことを示唆している。公正価値測定の対象物自体に観測可能インプットがない場合，類似物の相場価格や参考指標に基づくデータをイールドカーブに反映することで市場利回り（割引率）を算出し，測定対象キャッシュ・フローを割り引く等，いわゆるビルドアップ・アプローチ（IFRS13, par.B19）を用いた公正価値の見積り自体は，それなりに合理性が認められる。ビルドアップ・アプローチは，裁定取引を通じた本来の適正価格への収斂を前提とする合成ポートフォリオの考え方が基盤にあり，これによってファイナンス理論が成立しているためである。一方，この考え方は，裁定取引が可能となる活発な市場の存在，具体的には市場が有する価格発見機能を担保する売手及び買手の存在及び十分な取引量の確保が前提にある。

　IFRS13の公正価値の基礎的要件の１つである「秩序ある取引」は，市場が有する価格発見機能が担保されている状態を指すものと解される。ここでの問題点は，市場の価格発見機能が不全状態に至った場合でも，市場参加者の視点によるデータ収集を要求することの実効性である。公正価値の測定対象物の市場の価格発見機能が著しく低下することで秩序ある取引が成立しない状況では，類似物の相場価格や参考指標等を代替的なインプットとして使用するにしても，金融市場（商品）間に連動（相関）性があれば，当該インプット自体も秩序ある取引によるものとはいえない。その場合には，これまでの平均値や過去に同様な事象が観測された際のデータの使用が想定されるが，それらが測定日時点の市場を忠実に表現している保証はない。測定日現在で市場が機能不全の状態であれば，市場参加者の視点によるデータを見つけ出すことは困難と思われる。

いずれにしても，「市場のことは市場に聞け」という IFRS13 の基本方針は，公正価値の概念維持のために必要である一方，世界金融危機で観測された市場が有する価格発見機能の不全状態が再び将来において生じた際，実際の運用面で問題がないか（本当に機能するか）どうかが今後の課題といえる。そのためにも，この課題の検討に備えて，世界金融危機でみられた相場価格の形成過程の検証を含む実証研究の蓄積が望まれる[17]。

（2）公正価値測定の信頼性の判断規準

　IFRS13 は，3 段階のインプットに応じた公正価値の階層構造を示すとともに，公正価値測定に際して評価技法を用いる場合には，関連性がある観察可能インプットを最大限に使用し，観察不能インプットの使用は最小限にすることを規定している。次いで観察不能インプット，すなわちレベル 3 インプットの適用に際して，合理的に入手可能な情報をもとに市場参加者も同様なデータを使用したり，市場参加者では入手できない固有の要素が含まれていないと判断できる場合には，企業の自己データを基礎とすることを許容している。したがって，市場参加者の視点（仮定）は異なるとの反証がない限り，企業は自己データを市場参加者の仮定とみなすことができる。反証可能性を含む自己データの適正性の判断には情報収集が必要となるが，IFRS13 では実務上の配慮から合理的に入手可能な範囲にとどめている（IFRS13, par.89）。

　この結果，市場参加者からの視点（仮定）について，合理的に入手可能な情報に基づく検討という要件を充たせば，レベル 3 インプットによる公正価値でも，開示の取扱いは別として，観測可能（レベル 1 または 2）インプットによる公正価値と同列に扱われる。しかしながら，情報の合理的な入手可能性は，測定者自身の判断によるところが大である。また，IFRS13 による公正価値の階層構造は，インプットの性質に基づくものであり，評価技法自体は関係がないことからの弊害，例えば評価技法の未成熟性を問題視する考え方がある。越智（2012）は，レベル 3 インプットによる公正価値のうち，評価技法の多様性から最低限の信頼水準を充たさない領域としてレベル 4 概念を提唱し，同レベルの会計処理として貸借対照表上は取得原価とした上，公正価値の評価技法毎の測定値のばらつき幅を開示すること等を提案してい

る。IFRS13 では，市場参加者からの視点に基づく情報が合理的に入手困難な場合のレベル3インプットの取扱いが明示されていない。一方，IFRS13 では，レベル3を含む全てのインプットによる公正価値を対象として，取引価格と当初認識時の公正価値が異なる場合，他の IFRS に別段の定めがなければ，取引初日の損益として当該差額を純損益に計上することを定めている。公正価値測定に際して，市場参加者の視点の判断が情報の合理的な入手可能性という主観性に依存し，かつ評価技法の成熟性は考慮しない IFRS13 の枠組みにおいては，越智（2012）の提案も一定の合理性があると解される。

　いずれにしても，評価技法が必要とするデータに問題があるか，または評価技法自体が未成熟であることから，測定値のばらつきが許容範囲を超すような場合にまで，評価技法を用いた公正価値測定を無条件に認める理由はない。このような場合の最終的な判断規準は，会計情報の基本的な特性である意思決定を行う際の有用性を支える情報の質的特性を充たしているかが改めて問われることになる。有用な会計情報の質的特性について，IASB は 2010年9月に「財務報告に関する概念フレームワーク（以下「2010年概念フレームワーク」）」（IASB, 2010c）を公表し，次いで 2015年5月に限定的な変更や残りの章を含む公開草案「財務報告に関する概念フレームワーク（以下「2015年公開草案（概念フレームワーク）」）」（IASB, 2015）を公表している。2010年改訂前の概念フレームワークまでは，公正価値測定の最終的な判断規準と密接な関係にある質的特性の信頼性（reliability）及び慎重性（prudence）が採用されていた。しかしながら，改訂後の 2010年概念フレームワークでは，信頼性が表現の忠実性（faithful representation）に変更となり，慎重性は削除されている。これに対して，2015年公開草案（概念フレームワーク）では，慎重性を再導入するとともに，財務報告の目的適合性（relevance）に影響を与える要因の1つとして，測定の不確実性（measurement uncertainty）の明確化を提案している。レベル3インプットや未成熟な測定技法を用いた公正価値は，測定の不確実性のレベルと情報の目的適合性を高める他の要因間のトレードオフ関係にある。したがって，個々の IFRS の適用や解釈の根本を支える概念フレームワークのさらなる検討が求められるところである。

143

(3) 会計基準における具体的な評価指針の位置付け

　公正価値の評価技法について，IFRS13 では基本的な考え方を示す程度であり，対象物毎の具体的な評価技法は規定していない。一方，財務諸表作成者間の公正価値測定能力に格差があることは事実であり，格差の程度によっては IFRS13 の実際の運用面で支障が生じ，ひいては会計情報の有用性に影響が及ぶことも懸念される。この問題の解決策の１つとしては，会計基準設定主体が公正価値の具体的な評価指針の策定に関与を強めることが考えられるが，その場合には副次的な問題の発生が想定される。この点について，FASB は，SFAS157 を公表した 2006 年 9 月から間もない 2007 年 1 月にコメント勧誘「財務報告のための評価指針（以下「コメント勧誘」)」(FASB, 2007b) を公表している。コメント勧誘における主な質問事項は，次の通りである。

質問 1　財務報告のための評価指針は必要か。

　　　　(a)　必要とする場合の評価指針は，概念的なレベルまたは詳細なレベルのいずれか，またはその両方を含むべきか。

　　　　(b)　評価指針の開発作業に必要な時間軸をどのように捉えるべきか。

質問 2　財務報告のための評価指針の策定に際して，既存の評価・鑑定基準設定主体の関与度合はどの程度が妥当か。

質問 3　財務報告のための評価指針の発行までの作業手続はいかにあるべきか。

質問 4　評価指針の開発プロセスは，国際的なレベルまたは米国による単独（個別国）レベルのいずれか。

関連質問　評価指針の公表権限はだれにあるのか，評価指針の公表に際して設定主体が従うべき手順（due process procedures）はいかにあるべきか，評価指針の設定主体が必要とする活動資金は，どのように調達すべきか。

　FASB は，これらの質問事項に寄せられたコメントをもとに，2007 年 4 月に主要会計事務所及び評価・鑑定基準設定主体による意見交換会を開催している。質問事項に寄せられたコメント及び意見交換の方向性は様々であり，意見交換会での議論を踏まえた具体的な決定事項やその後の追加作業の指示

第3章　公正価値測定プロジェクトの展開とIFRS13

等はなかった（FASB, 2007c）。

1）意見交換会における主な意見の概要

　意見交換会における主な意見としては，財務報告のための評価指針は，必要かつ有益であるが，その内容や発行時期は，SFAS157の適用状況を評価した後に検討することが得策との声があった。評価指針の内容については，過度に細則を設けると実務面で混乱を招くほか，測定対象自体や評価技法等の変化に対応しきれず，時代遅れになるとの懸念が表明されている。その関係から，評価指針の開発作業に必要な時間軸は，長期かつ継続（永続）的になるとの指摘があった。評価指針に対する既存の評価・鑑定基準設定主体の関与度合について，多くの参加者が高品質かつ目的適合性を高めるためには，評価・鑑定専門家の関与が必要と指摘する一方，関与する主体は評価・鑑定基準設定主体または個人の専門家のいずれが妥当であるかは様々な意見がみられた。評価指針の公表までの作業手続については，多くの参加者が公式な手順が必要と指摘する一方，具体的な作業手続案については，①会計基準設定主体が複数の専門家グループの支援のもとに評価指針を公表，②評価指針の公表のために，会計基準設定主体が緊急問題特別委員会（Emerging Issues Task Force, 以下「EITF」）のような下部組織を組成[18]，③会計基準設定主体及び規制・監督機関の監視のもと，独立した組織が財務報告のための評価指針を公表する等に意見が分かれた。意見が分かれた背景には，会計基準設定主体の管理（責任）が及ぶ範囲と実際に適用した場合の改訂作業等の負担の兼ね合いがある。評価指針の開発プロセスについては，個別国レベルによる迅速な対応と国際レベルによるコンバージェンスのどちらを重視するかで意見が分かれたほか，評価・鑑定基準にも国際的なコンバージェンスに向けた動きがあることが指摘されている。

2）会計基準としての具体的な評価指針を巡る動向

　IASBは，2012年12月に教育文書（公正価値測定）を公表している。教育文書（公正価値測定）の作成者はIFRS財団であるため，会計基準としての強制力はなく，IASBの承認は受けていない。教育文書（公正価値測定）は，

145

評価技法の適用を IFRS13 の文脈に沿って例示したものであり，評価業務に必要な全ての重要な作業を定めたり，特定の状況における具体的な評価アプローチを定めることが目的ではないと明記されている（IASB, 2012, par.7）。教育文書（公正価値測定）の内容自体は，一般的なファイナンス理論に基づくものであるが，IFRS13 の設例と比べると，その記述は概念的な域を超えて詳細な適用指針の域にあるように感じられる。その意味では，IASB として公正価値の評価指針に関与していく姿勢がみられる一方，その作成は会計基準の直接的な設定主体でもなく，規制・監督機関でもない IFRS 財団が担当している。したがって，IASB が直接的に関与する IFRS と異なり，教育文書の公表に至るまでの公式な手順，今後の評価技法の進歩等に伴う改訂責任の所在は必ずしも明確とはいえない。このような状況で次々に公正価値測定に関する教育文書が公表された場合，会計基準と評価指針の位置付けや評価指針に対する責任体制の不明確さによって，様々な問題が生じることが懸念される。

　なお，IFRS 財団は，2014 年 3 月に国際評価基準審議会（International Valuation Standards Council, 以下「IVSC」）との間で，IFRS 及び国際評価基準（International Valuation Standards, 以下「IVS」）の協調に向けた議定書（IVSC, 2014）を締結している[19]。IVSC は，世界 40 以上の国の評価団体や政府機関等を会員とする独立した民間の非営利機関であり，国際的な視点から評価業務や評価報告，評価技法等の明確化を図る目的で IVS を公表している。議定書では，IASB 及び IVSC は，公正価値が関係する基準の改訂や開発に際して，定期的な意見交換や調査活動，スタッフの交流等を通じてお互いに情報を提供しあうこと，両者の基準開発の際に受け取った互いのコメントは適切に対応すること，両者間の公正価値測定の取扱いに乖離がある場合には連絡し合うこと等を協調事項に盛り込んでいる（IVSC, 2014, pars.3.2-3.3）。議定書の真の狙いは定かではないが，議定書の調印者である IFRS 財団は，公正価値測定の教育文書の設定主体でもあるため，既に公表した相場価格のない資本性金融商品に続く他の項目の公正価値測定の教育文書作成に向けての支援体制の整備が想定される。

　なお，IVSC は，IASB における IOSCO や EU のような後ろ盾がなく，世

146

第3章　公正価値測定プロジェクトの展開とIFRS13

界各国におけるIVSの認知度や自国の評価基準への導入度合には相当の幅がある（日本不動産鑑定士協会連合会，2012, p.13）。したがって，仮に会計基準における公正価値測定の評価指針としてIVSを取り込んだ場合，各国におけるIVSの認知度やコンバーシェンスの状況によっては，公正価値の測定額自体に多様化が生じるおそれがある。これらを勘案すると，FASBのコメント勧誘における問題意識，すなわち会計基準における評価指針の位置付けは，将来的に改めて検討を要する課題といえる。

小　括

　本章では，IFRS13の枠組み，基準化に至るまでの変遷や主な論点，米国会計基準とのコンバージェンス等を概括した上，金融商品会計の見直しの契機となった金融商品会計の複雑性低減プロジェクト及び世界金融危機の視点から，IFRS13の評価を行うとともに，残された主な課題を考察した。

　IFRS13は，IFRS体系における公正価値の測定及び開示の包括的な指針であり，個々のIFRS間での公正価値の定義や測定の不整合，開示の重複等を是正し，全体として首尾一貫性を確保する役割が期待されている。また，公正価値測定のインプットに基づく3段階の階層構造を導入し，活発な市場での相場価格を最上位層，自己のデータに基づく見積値を最下位層とする公正価値の序列付けを行い，最下層の公正価値には追加的な開示項目を課すことで財務諸表利用者に対する情報提供を義務付けている。世界金融危機では，秩序ある取引が成立しないほど市場流動性が著しく低下した市場の相場価格であっても，機械的に公正価値の最善の証拠として使用した結果，公正価値測定の意義自体に疑問符が付くに至った。この問題については，FASB及びIASBとも，公正価値の階層構造を絶対視することなく，状況に応じて最下位層の自己のデータに基づく見積値が優先する解釈を打ち出し，IFRS13に盛り込むことで対応が図られている。

　IASBの公正価値測定プロジェクトは，IFRS13の公表を最終成果として終了している。しかしながら，公正価値測定には，残された課題が多いことも確かである。IFRS13は，公正価値測定に際して市場参加者の視点を求める

147

基本方針を堅持しているため，将来において世界金融危機と同様な状況が生じた場合，その反省として盛り込んだ再発防止策が実効性を有するかどうかは未知数である。また，IFRS13では，公正価値測定の評価技法の成熟度を考慮していないが，実際にはインプットの選択と同様に重要な問題である。同じインプットを使用しても，定着した評価技法または未成熟な評価技法のいずれを用いるのかで見積値の信頼性は異なるが，公正価値測定の信頼性の下限水準の問題は，財務報告の概念フレームワークレベルの議論の進展を待つことになる。また，当面は個々の分野で公正価値の評価指針の整備及び運用に努めるとしても，将来的には会計基準と評価・鑑定基準の関係性，会計基準設定主体と評価・鑑定基準設定主体の関係性の問題解決を図る必要がある。評価指針の整備及び運用の方向性によっては，会計基準はコンバージェンス（収斂）しても，公正価値測定自体がダイバージェンス（拡散）するためである。

　これらを勘案すると，IASBの公正価値測定プロジェクトは，比較的合意が得やすい基礎段階が終了したにすぎず，次の応用段階に備えて待機中の状況にあると解される。

注

1) 具体的にはプロモーション，販売促進，デュー・デリジェンス等の市場参加者が価格形成する際に必要な情報収集・分析を行うための期間を十分に確保した取引を指す。
2) 例えば，資産の取得目的が市場参加者の最有効使用と異なる場合や負債の測定が第三者への移転と債権者との決済では異なる場合が想定される。
3) EBITDAとは，Earnings Before Interest & Tax, Depreciation, Amortizationの略であり，支払利息，減価償却等，税金を控除する前の利益として，フリー・キャッシュフロー概念からみた本業の儲けを意味する。企業買収等に際して，被買収企業の企業価値を算定する際の最終価値をEBITDAの乗数倍（EBITDA倍率）で見積もることがある。
4) 市場利回りが入手困難な場合，リスク・フリー金利を基礎として，比較可能な資産または負債に関する取引から入手したリスク・プレミアム相当を上乗せした金利（市場金利≒リスク・フリー金利＋リスク・プレミアムの換算金利等）を代替値とすることも可能である。
5) 割引率調整技法については，吉田（2003, pp.231-234）を参照されたい。
6) 期待現在価値技法については，吉田（2003, pp.234-236）を参照されたい。
7) イールドカーブを例にとると，全ての期間を通じて市場から直接的に観測可能な

期間別の市場金利が入手できれば問題ないが，期間によっては入手できない場合がある。この場合には，市場から直接的に観測可能な期間別の市場金利をもとに，合理的な推定手法を用いることで，入手できない対象期間の市場金利を間接的に観測することになる。

8) 経常的な公正価値測定の例としては，IFRS9 に基づいて公正価値＆純損益が適用となる事業モデルに分類された金融資産（または金融負債），デリバティブ及びその他の包括利益オプション適用の資本性金融商品，公正価値オプション適用の金融資産（または金融負債）等が該当する。非経常的な公正価値測定の例としては，企業が売却目的で保有する資産の帳簿価額が当該資産の公正価値（売却費用控除後）を超過するため，IFRS5 に基づいて帳簿価額から当該超過額を切り下げ，売却費用控除後の公正価値で測定する場合が該当する。

9) いわゆるロックアップであり，企業結合によって研究開発プロジェクトを取得する目的は，競合他社が同プロジェクトの成果である技術を入手できないように阻止し，自社が既に有している技術の競争優位性を維持することであり，同プロジェクト自体の遂行は意図していないことがある。

10) 負債の公正価値測定のパラドクス問題は，IFRS9 で対処されている。

11) ネッティング契約とは，取引相手が債務不履行等になった場合，対象となる取引を純額で精算，法的に相殺適状となるように予め取り決めておく契約である。これによって，取引相手が倒産等に至った場合でも，自らが当該相手先に負っている債務額までは，純額精算を通じて債権回収を図ることができる。

12) 買値（bid）と売値（ask）の価格差（spread）を指す。

13) 例えば，自己資本比率規制の関係上，ポジションの圧縮を迫られたり，資金運用規定中に投資対象の信用格付が投資適格以下になった場合やレバレッジが一定水準以上になった際にポジションの圧縮を要する条項がある場合が想定される。

14) 売手は，対象物を 100 で売却し，仲介業者に手数料として売却代金の 5% を支払うとする。この場合の公正価値は，取引コストの仲介手数料 5 を考慮しない 100 であり，95（＝出口価格 100 − 取引コスト 5）ではない。買手側も，仲介業者に手数料として購入代金の 2% を支払うとして，公正価値は取引コストである仲介手数料 2 を考慮しない 100 であり，102（＝出口価格 100 ＋ 取引コスト 2）ではない。

15) 公正価値 923 ＝ 1 年目 CF50 ／（1＋ 市場金利 0.08）＋ 2 年目 CF50 ／（1＋ 市場金利 0.08）^{2}＋3 年目 CF1,050 ／（1＋ 市場金利 0.08）^{3}。なお，市場金利は，3 年間を通じて 8% フラットである。

16) IASB 及び FASB による公正価値測定の共同プロジェクトを通じたコンバージェンスの作業過程等は，IASB が 2010 年 7 月に公表したプロジェクト要約「IFRS 及び US GAAP における公正価値測定及び開示規定の共同開発」（IASB, 2010d）を参照されたい。

17) Brunnermeier and Pederson（2009）は，世界金融危機時に市場流動性と資金流動性の両方の悪化に反応した金融機関の行動が市場に与えた影響を分析している。Vayanos and Wooley（2013）は，世界金融危機時にみられた裁定の限界の下での市場価格に対する投資者の行動の影響を分析している。

18) 米国会計基準の開発に際して，限定的な事項や緊急性を要する事項は，当初から

FASB が関与する場合の正規の手続に要する時間を節約するため，下部組織の EITF が会計上の問題点を明確化した上で議論を行い，解決策を検討することで FASB を支援する仕組みになっている。

19) 議定書の IVSC 側の調印者である評議会議長の David Tweedie 氏は，前 IASB 議長である。また，IFRS 財団側の調印者である財団議長の Michel Prada 氏は，元 IVSC 評議会議長である。

第 4 章

IFRS9による金融資産及び
金融負債の分類と測定の見直し

はじめに

　現行の会計制度が採用する混合測定属性モデルは，分類と測定が密接不可分な関係にあり，その後の会計上の問題に直結することになる。例えば，公正価値とする分類であれば，期間配分手続は不要となる一方，公正価値自体の測定の信頼性や評価差額の計上区分に関する問題が生じる。一方，取得（償却）原価とする分類であれば，期間配分手続や減損の方法等の問題が生じる。また，資産や負債の測定属性や損益計上方法が異なる混合測定属性モデルでは，損益ミスマッチに対応するヘッジ会計の検討も必要となる。

　この期間配分手続や減損の方法，ヘッジ会計の検討に際しては，その前提となる金融資産及び金融負債の分類と測定が先決問題となるため，IAS39置換プロジェクトのフェーズ区分，すなわち見直し作業では，金融資産及び金融負債の分類と測定がフェーズ1になっており，IFRS9全体の根幹を形成している。

　したがって，本章では，金融資産及び金融負債の分類と測定に関するIFRS9の枠組みを概括するとともに，数次の改訂を要した経緯等も含めて，従来のIAS39による分類及び測定との主な相違点や論点を明らかにする。次いで，金融商品会計の見直しの契機となった金融商品会計の複雑性低減プロジェクト及び世界金融危機の視点から，IAS39置換プロジェクトのフェーズ1「金融資産及び金融負債の分類と測定」の結果を評価するとともに，残された主な課題を考察する。

1　IFRS9による金融資産及び金融負債の分類と測定の枠組み

　金融資産及び金融負債の分類と測定は，減損の方法やヘッジ会計のあり方を検討する際の前提にもなるため，IAS39置換プロジェクトのフェーズ1に位置付け，その会計基準の開発は数次にわたって慎重に行う等，関係者の合意のもとにIAS39からIFRS9への置き換えを円滑に行いたいとするIASBの

152

第 4 章　IFRS9 による金融資産及び金融負債の分類と測定の見直し

意図が感じられる。しかしながら，1999 年 3 月に IAS39 が公表されてから
10 年以上が経過し，さらには IAS39 の分類及び測定の取扱いに大きな影響を
与えた米国会計基準の SFAS115 が 1993 年に公表されてから 20 年以上が経
過して実務に定着していることもあり，その変更は必ずしも容易ではない側
面がある。

　したがって，ここではフェーズ 1「金融資産及び金融負債の分類と測定」の
終了に至るまでの経緯を簡単に触れた後，IFRS9 の分類と測定に係る基本事
項の説明を行う。次いで実際の運用に際して必要となる指針や解釈を要する
個別事項の説明を通じて，IFRS9 による分類と測定の全体的な枠組みを概括
する。

1. フェーズ1「金融資産及び金融負債の分類と測定」の開発過程

　IAS39 置換プロジェクトのフェーズ 1「金融資産及び金融負債の分類と測
定」の最初の成果は，金融資産側の分類と測定であった。IASB は，2009 年
7 月に契約上の元利金の取立を通じたキャッシュ・フローの回収を主な事業
目的とする事業モデル（元利金取立モデル）で保有する金融資産は償却原価，
それ以外を事業目的とする事業モデルで保有する金融資産は公正価値＆純損
益とする 2 事業モデルを基本とした公開草案「金融商品：分類と測定（以下
「2009 年公開草案（分類と測定）」）」（IASB, 2009d）を公表し，2009 年 11 月
に基準化している。この時点で審議途中であった金融負債側の分類と測定に
ついては，2010 年 5 月に公開草案「金融負債に関する公正価値オプション
（以下「2010 年公開草案（分類と測定）」）」（IASB, 2010e）が公表されてい
る[1]。2010 年公開草案（分類と測定）は，負債の公正価値測定のパラドクス
問題に対処するものであり，公正価値の変動における自己の信用リスク部分
はその他の包括利益に計上し，純損益には反映させない（売買目的で保有す
る金融負債を除く）会計処理が提案されている。IASB は，2010 年公開草案
（分類と測定）の提案に沿って 2010 年 10 月に IFRS9 を改訂し，金融負債側
の分類と測定を基準化している。次いで IASB は既に公表した IFRS9 の適用
上の解釈の明確化のほか，新たな分類区分として契約上の元利金の取立及び
売却の両方によるキャッシュ・フローの回収を事業目的とする事業モデル（元

153

利金取立・売却一体化モデル）を追加し，当該事業モデルで保有する金融資産には公正価値＆その他の包括利益（組替調整あり）の適用を提案した改訂公開草案「分類と測定：IFRS9の限定的修正（IFRS9の修正案）（以下「2012年限定修正公開草案（分類と測定）」）」（IASB, 2012b）を2012年11月に公表し，ほぼ提案通りの内容で2014年7月にIFRS9を改訂して基準化している。

　当初の2事業モデルから3事業モデルに変更となる2014年7月の改訂の背景には，保険プロジェクトやFASBで検討中の分類及び測定に係る米国会計基準の暫定モデルとのコンバージェンスがある。IAS39置換プロジェクトのフェーズ1「金融資産及び金融負債の分類と測定」の基本方針は，事業モデル及び契約キャッシュ・フローの特性の2つの分類規準を通じて，金融資産及び金融負債の測定属性を公正価値または償却原価のいずれかに大別することにある。前者の公正価値で問題となる測定方法は，公正価値測定プロジェクトの最終成果であるIFRS13で対応し，後者の償却原価で問題となる減損の方法は，フェーズ2「減損の方法」で対応する形になっている。なお，2014年7月の改訂で追加された公正価値＆その他の包括利益（組替調整あり）となる元利金取立・売却一体化モデルに分類される金融資産は，元利金取立モデルの金融資産と同じ契約上のキャッシュ・フロー特性を充たすものに限定することで，減損の方法を単一化している。加えて，公正価値と取得（償却）原価による混合測定属性モデルに起因する会計上のミスマッチ問題は，フェーズ3「ヘッジ会計」で対応することで，IAS39から置き換え後の金融商品会計となるIFRS9が形成されている。このようにIFRS9の金融資産及び金融負債の分類と測定は，減損の方法及びヘッジ会計の基盤であると同時に，IFRS13の実質的な適用領域を決定する役割を果たしている。

2. IFRS9による金融資産及び金融負債の分類と測定の概要

（1）IFRS9による金融資産及び金融負債の分類と測定の基本事項

金融資産の分類と測定の基本方針

　金融資産の分類と測定に関するIFRS9の取扱いは，当初認識時に所定の要件（事後の取消不能等を含む）を充たすことを条件に公正価値＆純損益となる会計処理を選択（以下「公正価値オプション」）する場合を除き，①金融資

産を管理する事業モデル及び②金融資産の契約上のキャッシュ・フロー特性の２つの分類規準に基づき，償却原価となる分類，公正価値＆その他の包括利益（組替調整あり）となる分類，それら以外の公正価値＆純損益となる分類の３つに区分される。償却原価となる分類に結びつく事業モデルである元利金取立モデルは，金融資産に係る契約上の元利金の取立を通じたキャッシュ・フローの回収を事業目的とする。この元利金取立モデルの事業目的との整合性から，対象となる金融資産に係る契約上のキャッシュ・フロー特性には，契約に基づいて特定日に生じる元本及び元本残高に対応する利息のみがキャッシュ・フローであること（以下「元利金支払いのみに限定されたキャッシュ・フローの要件」）が求められる（IFRS9, par.4.1.2 (b)）。したがって，レバレッジ性がない（あっても重要性が乏しい）債券や金銭債権等のみが該当し，デリバティブや株式等の資本性金融商品は不適格となる。

　元利金取立モデルに分類される金融資産は，当初認識時の公正価値に取得に直接要した取引費用を加えた金額（重要性がある財務要素を含まない売上債権は取引価額）で当初測定し，保有期間中は実効金利法による償却原価にて事後測定の上，期限到来等にて消滅（認識の中止）する際に生じる利得または損失は純損益に計上される。また，ヘッジ会計の要件を充たした場合には，ヘッジ会計が適用できるほか，減損の要件を充たした場合には減損対象になる。

　公正価値＆その他の包括利益（組替調整あり）となる事業モデルの元利金取立・売却一体化モデルは，売却だけでなく，契約上の元利金取立も主たる事業目的であるため，対象となる金融資産の契約上のキャッシュ・フロー特性には，元利金取立モデルと同様に元利金支払いのみに限定されたキャッシュ・フローの要件が求められる（IFRS9, par.4.1.2A (b)）。

　元利金取立・売却一体化モデルに分類される金融資産は，当初認識時の公正価値に取得に直接要した取引費用を加えた金額で当初測定し，保有期間中の利息損益は実効金利法による償却原価をもとに算定する。決算日には公正価値測定の上，評価差額はその他の包括利益に計上する。期限到来または売却等にて消滅（認識の中止）となる場合，その他の包括利益（累計額）は，組替調整によって純損益に計上される（IFRS9, par.5.7.10）。ヘッジ会計の要

155

件を充たした場合にはヘッジ会計が適用できるほか，減損の要件を充たした場合には，減損対象になる取扱いは元利金取立モデルと同じである。

　元利金取立モデルまたは元利金取立・売却一体化モデルのいずれにも該当しない残余の事業モデル（売却モデル等）で保有される金融資産は，公正価値＆純損益の会計処理が適用される（IFRS9, par.4.1.4, par.5.7.1）。

　なお，売買目的（trading）に該当しないか，またはIFRS3の買収者側で認識される偶発対価に該当しない株式等の資本性金融商品は，当初認識時に所定の要件（事後の取消不能を含む）を充たすことを条件に公正価値＆その他の包括利益（組替調整なし）となる会計処理を選択（以下「その他の包括利益オプション」）できる（IFRS9, par.4.1.4, par.5.7.5）。この場合，受取配当金は純損益，公正価値の変動はその他の包括利益に計上される。その他の包括利益オプションを適用した資本性金融商品から生じるその他の包括利益（累計額）は，組替調整の対象外につき，売却等による消滅（認識の中止）や減損が生じても純損益には反映されない（IFRS9, par.5.7.1 (b)）。なお，その他の包括利益（累計額）から利益剰余金等に振り替える等，資本の中で振り替えることは認められる（IFRS9, par.B5.7.1）。図表4－1は，IFRS9による金融資産の分類と測定の決定プロセスの概要を示したものである。

金融負債の分類と測定の基本方針

　金融負債の分類と測定に関するIFRS9の取扱いは，次の例外を除いて事後測定は実効金利法による償却原価となる（IFRS9, par.4.2.1）。

・公正価値＆純損益となるデリバティブに係る金融負債。

・金融資産の譲渡が消滅（認識の中止）に該当しない場合や継続的関与アプローチの適用から生じる負債（受取対価や保留する権利及び義務は，償却原価または公正価値にて測定）。

・金融保証契約，市場金利を下回るローン・コミットメント（IFRS9による損失評価引当額，または当初認識時の公正価値からIFRS15に基づいて収益認識済みの累計額を控除した金額のいずれか多い方）。

・IFRS3の買手側で認識される偶発対価（公正価値測定の上，その後の変動は純損益に計上）。

　なお，金融資産と同様，金融負債についても，当初認識時に所定の要件

156

図表4-1　IFRS9による金融資産の分類と測定の決定プロセス

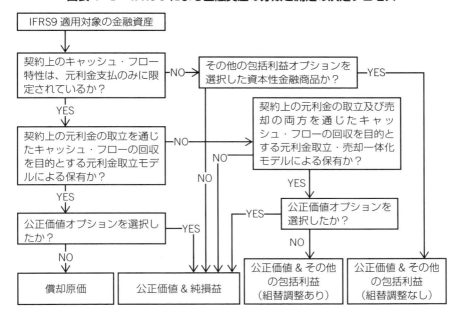

（事後の取消不能を含む）を充たすことを条件に公正価値オプションを選択できる。

1) 第1の分類規準としての事業モデル

　IFRS9における第1の分類規準の事業モデル（business model）は，経営者が決定した特定の事業目的を達成するために合同で管理される金融資産の集合単位であり，個々の取引単位毎に示される経営者の意図に依存するものではない。資金運用手段である金融資産に対する投下資本の回収及び利益獲得の方法は，保有期間中の利息及び元本償還等の契約上の元利金の取立を通じたキャッシュ・フローの回収（元利金取立），または保有期間中の公正価値の変動に着目したキャッシュ・フローの回収（売却）のいずれかによる。元利金取立または売却のうち，元利金取立を主な事業目的とする運用・管理の集合単位である事業モデルが元利金取立モデルであり，その両方を主な事業

目的とする運用・管理の集合単位である事業モデルが元利金取立・売却一体化モデルである。金融資産のうち，株式等の資本性金融商品やデリバティブは，その商品構造から契約上の元利金がないため，キャッシュ・フローの回収は公正価値の変動に着目した売却のみとなる。一方，契約上の元利金を有する金融資産（金銭債権，債券等）のキャッシュ・フローの回収は，元利金取立または売却のいずれも想定できる。

　このように，IFRS9による金融資産の分類と測定は，キャッシュ・フローの回収方法に基づく運用・管理対象の集合単位である事業モデルを第1の分類規準とし，これに後述する第2の分類規準の契約上のキャッシュ・フロー特性を結び付けることで，各々の分類に適合した測定属性を規定している。具体的には，第1の分類規準に基づいて事業モデルが元利金取立モデルであれば償却原価，元利金取立・売却一体化モデルであれば公正価値＆その他の包括利益（組替調整あり），これら以外の残余の事業モデル（売却等が主体の売却モデル）であれば公正価値＆当期純損益となる。次いで第2の分類規準の契約上のキャッシュ・フロー特性に基づき，元利金取立モデル及び元利金取立・売却一体化モデルに適格な金融資産は，元利金支払いのみに限定されたキャッシュ・フローの要件を充たす商品構造のものに限定される。

　なお，保有を前提とする元利金取立モデルに分類された金融資産でも，当該モデルの事業目的に矛盾しない範囲で途中売却が認められるため，実際の事業モデルによる分類に際しては売却の位置付けが問題となる。IFRS9では，売却という行為を事業モデルの決定要因にすることなく，事業モデルの事業目的と矛盾しないかどうか，すなわちキャッシュ・フロー回収のあり方に係る証拠として位置付けている（IFRS9, par.B.4.1.2C）。したがって，事業モデルの事業目的から逸脱していない売却と立証できるならば，売却という行為があっても，事業モデル自体が否定されることはない。IFRS9では，売却頻度や金額的な重要性に係る数値基準（閾値）を設けていないため，過去の売却頻度，金額や時期，売却時の状況等を考慮の上，企業毎に事業モデルの妥当性の評価を行うことになる。事業モデルの妥当性の評価は，通常想定される活動計画（scenario, case）に基づいて行われる。したがって，将来的に予想される売却等は，最悪（worst）または極限（stress）シナリオのいずれで

もなく，通常合理的に想定されるシナリオを前提に検討される（IFRS9, par. B4.1.2A）。

なお，金融資産の事業目的が複数あれば，事業モデルも複数存在することになる。したがって，1つの企業が同種の金融資産を複数保有している場合，全て同じ事業モデルに分類されるとは限らず，複数の事業モデルに分類の上，異なる測定属性が割り付けられることもある。

IFRS9の適用指針に基づき，各事業モデルの事業目的に合致する（矛盾しない）売却等の事例を示すと次の通りである。

①元利金取立モデルの事業目的に合致する売却等の事例(IFRS9, par. B4.1.4)

- ・資金調達の必要性が予見可能かつ金融資産の償還期限と資金調達の期間が見合っている状況において，通常は予期しない（極限シナリオで生じるような）資金調達の必要性から，頻度としては稀であるが金額的な重要性がある売却。
- ・企業の信用リスク管理の一環として，文書化された投資方針での信用格付の下限を下回るほど信用リスクが増大した金融資産のポジション縮小を図る目的での売却。
- ・個々の単位での金融資産の信用リスクは増大していないが，ポートフォリオの集合単位からみた信用リスクの集中を緩和する目的で行う稀な頻度での売却（金額的な重要性は問わず），もしくは個別及び集合単位の両方からみて金額的な重要性が乏しい売却（売却の頻度は問わない）。
- ・経常的に発生するが，金額的な重要性が乏しい売却。
- ・償還期限が間近なことから，売却価額によって残存する契約上のキャッシュ・フローを概ね回収できる売却。
- ・支出時期に目途がある資本的支出に備えて，余剰現金を短期金融資産で運用の上，運用資金は所定の資本的支出に充当する方針での金額的な重要性が乏しい売却。
- ・当初認識時から信用減損が生じている（取得当初から契約上のキャッシュ・フローの全額回収を想定していない）金融資産の取得。
- ・ポートフォリオに含まれる金融資産から生じるキャッシュ・フローの転

換（変動金利から固定金利，または固定金利から変動金利）を目的とし
たデリバティブ（金利スワップ等）の締結。
- 連結対象である証券化スキーム上の特別目的会社を相手方とした，オリ
ジネーター（親会社）による連結財務諸表ベースでの原資産の売却（オ
リジネーターの個別財務諸表ベースでは，売却目的の事業モデルとな
る）。

この適用指針に示された売却等の事例から解釈すると，元利金取立モデル
であっても，全ての金融資産を償還期日まで保有する必要がないことがわか
る。売却という行為があっても，全体として元利金取立によるキャッシュ・
フローの回収という事業目的上の通常シナリオが維持されていれば，元利金
取立モデルは成立することになる。また，売却頻度が多かったり，金額的な
重要性がある売却であっても，それが通常シナリオでは予期されない状況で
発生したものであれば，元利金取立モデルと矛盾しないことになる。

②元利金取立・売却一体化モデルの事業目的に合致する売却等の事例 (IFRS9, par.B4.1.4C)

- 数年後に予定される資本的支出に備えて，余剰現金を短期及び長期金融
資産にて運用（多くの金融資産の償還期限は，資本的支出がある時期を
超過）しており，元利金取立に加えて時機をみて売却，売却代わり金を
高利回りの金融資産に再投資することで元利金取立及び売却合算ベース
での総合利回りの最大化を図る運用態勢。
- 日々の資金流動性を確保しつつ，コスト軽減の観点から元利金取立に加
えて，時機をみて売却，売却代わり金を高利回りの金融資産に再投資す
ることで総合利回りの最大化を図る運用態勢，または負債側のデュレー
ションとの一致を図る運用態勢のもとで，過去に金額的な重要性がある
売却が頻繁にあり，今後も継続して見込まれること。
- 金融負債の返済原資確保の観点から金融資産を保有し，返済を確実にす
る目的でポートフォリオの組み替えを図るため，金額的な重要性がある
取得及び売却を経常的に繰り返す運用態勢。
- 個々の単位での金融資産の信用リスクは増大していないが，ポートフォ
リオの集合単位からみた信用リスクの集中を緩和する目的で行う，個々

第4章　IFRS9による金融資産及び金融負債の分類と測定の見直し

または集合ベースからみて金額的な重要性があって頻度も多い売却。

この適用指針に示された売却等の事例から解釈すると，元利金取立・売却一体化モデルでは，元利金取立に加えて，売却もキャッシュ・フローの回収に不可欠であるため，元利金取立モデルと比較して売却の頻度は多くなり，金額的な重要性も増加することになる。

③元利金取立モデル及び元利金取立・売却一体化モデル以外の事業モデルに該当する事例(IFRS9, pars.B4.1.5-B4.1.6)

・金融資産の公正価値を指標として，活発な取得及び売却の繰り返しからキャッシュ・フロー回収の最大化を図る運用態勢。
・文書化されたリスク管理または投資方針のもと，公正価値を指標として金融資産のポートフォリオ管理及び業績測定が行われ，企業の経営幹部にも当該情報が周知されている運用態勢。

このように元利金取立及び元利金取立・売却一体化モデル以外の残余の事業モデル（売却モデル等）では，金融資産の保有を通じた元利金取立は付随的なものにすぎず，通常想定されるキャッシュ・フローの回収は，専ら公正価値の変動に着目した売却に依存することになる。

2) 第2の分類基準としての契約キャッシュ・フローの特性

IFRS9における第2の分類規準の契約上のキャッシュ・フロー特性は，金融資産の商品構造に関するものである。元利金取立モデルまたは元利金取立・売却一体化モデルに適格な金融資産は，その事業目的に元利金取立を含むことから，契約上のキャッシュ・フロー特性は元利金支払いのみに限定されたキャッシュ・フローの要件を充たすものに限られる。なお，元本は対象金融資産の当初認識時の公正価値が基礎となり，利息の構成要素としては，特定期間の元本残高に対応する貨幣の時間価値，信用リスク，利鞘（profit margin）等の基本的な貸付契約（basic lending arrangement）に含まれるリスク及びコスト（市場流動性リスク，維持管理コスト等を含む）が含まれる（IFRS9, par.4.1.3 (b)）。したがって，元利金の指標に株価や商品価格の変動が含まれていたり，レバレッジ性が加わることで契約上のキャッシュ・フローに大きなボラティリティが生じるような商品構造の金融資産は，基本的な貸

161

付契約の特徴である元利金支払いのみに限定されたキャッシュ・フローの要件を充たさないことになる。

　なお，金融資産の商品構造によっては，期間と金利による貨幣の時間価値の関係が完全（例えば金利改訂が1カ月毎なら，改訂時の適用金利は1カ月物金利）なものではなく，不完全な関係（例えば金利改訂が1カ月毎でも，改訂時の適用金利は12カ月物金利）に修正されている場合がある。また，期限前償還や期限延長を許容する契約条項によっては，契約上のキャッシュ・フローの発生時期や金額が変動する可能性がある金融資産も存在する。貨幣の時間価値に修正があるもの，または期限前償還もしくは期限延長オプション等によってキャッシュ・フローの発生時期や金額が変動する可能性がある条項を含む金融資産について，IFRS9では，元利金支払いのみに限定されたキャッシュ・フローの要件を即座に否定していない。この場合には，後述する契約上のキャッシュ・フロー特性の判定テストによって判断することになる。IFRS9の適用指針に基づき，元利金支払いのみに限定されたキャッシュ・フローの要件を充たす金融資産の事例を示すと図表4－2の通りである（IFRS9, par. B4.1.13）。

図表4-2　元利金支払いのみに限定されたキャッシュ・フローの要件を充たす金融資産の事例

金融資産の商品構造	理　　由
元利金の支払額が発行通貨の物価指数に連動するが，当該指数にはレバレッジ性がない，償還期限がある元本保証の債券。	レバレッジ性がない物価指数の反映は，金利水準を名目金利から実質金利に更改するものであり，貨幣の時間価値の対価としての性質には影響を及ぼさないため。
借手側において，期間に対応した市場金利（次回の金利更改が3カ月後なら3カ月物LIBOR, 1カ月後なら1カ月物LIBOR等[2]）を選択可能な償還期限がある債券。	利息が貨幣の時間価値及び信用リスクを含む基本的な貸付契約の要素の対価である限り，期間中の金利更改によるキャッシュ・フローの変動自体は問題がないため。
金利キャップ（上限），または金利フロアー（下限）が付された変動金利払いの償還期限がある債券。	利息が貨幣の時間価値及び信用リスクを含む基本的な貸付契約の要素の対価である限り，変動金利と固定金利（キャップまたはフロアー発動時）の組み合わせによるキャッシュ・フローの変動自体は問題がないため。

第4章　IFRS9による金融資産及び金融負債の分類と測定の見直し

　次に元利金支払いのみに限定されたキャッシュ・フローの要件を充たさない金融資産の事例を示すと図表4-3の通りである（IFRS9, par. B4.1.14）。

　貨幣の時間価値に修正があるか，またはキャッシュ・フローの発生時期や金額が変動する可能性がある条項を含む金融資産として，後述する契約上のキャッシュ・フロー特性の判定テストの対象となる事例は図表4-4の通りである（IFRS9, par.B4.1.13）。

図表4-3　元利金支払いのみに限定されたキャッシュ・フローの要件を充たさない金融資産の事例

金融資産の商品構造	理　　由
予め定められた数となる発行者の資本性金融商品（株式等）に転換可能な債券[3]。	リターンは発行者の株価に連動することから，基本的な貸付契約の特徴に反するため。
市場金利と逆方向になる変動金利（市場金利の上昇時に引下げ，下落時に引上げ）の貸付金（インバース・フローター）。	利息が特定期間の貨幣の時間価値を反映していないため。
発行者側の要求（コール条項）により，いつでも償還可能であるが，利払後に発行者の支払能力が維持できない場合には利払いが行われず，その際の利息繰延額は累積されない（非累積型）永久債。	永久債に内在する連続的な期限延長オプションや償還額が実質的な元利金支払額となるコール条項自体は問題ないが，無利息となる期間中は，当該期間の貨幣の時間価値やリスクの対価がないため。
元利金の支払いが債務者の業績指標（利益額等）や株価に連動する，償還期限がある債券。	債務者の業績指標や株価に連動するリターンは，基本的な貸付契約の特徴に反するため。なお，債務者の業績指標の変動による調整額が，当該債券の保有者側にとって信用リスクの変動に対する補償金的な役割を果たす場合は，基本的な貸付契約の特徴に合致する場合がある。

163

図表 4 - 4　契約上のキャッシュ・フロー特性の判定テストの対象となる事例

金融資産の商品構造	理　　由
借手側において，3カ月毎に到来する金利更改時の適用金利に1カ月物LIBORを選択できるため，期間は3カ月に対して金利は1カ月物LIBORが適用となる債券。	適用金利と対象期間が対応しておらず，貨幣の時間価値に修正があるため，契約上のキャッシュ・フロー特性の判定テストの対象となる。
残存期間に関係なく，6カ月毎に到来する金利更改に際して，常に5年満期を反映した変動金利が適用となる債券。	
借手側において，貸手側が提示する複数の金利水準（例えば1カ月物変動金利から3カ月物変動金利）の中から適用金利を選択できる債券。	
規制当局の管理下にある銀行が発行した償還期限がある固定利付債券について，発行者である銀行の財政状態が著しく悪化し，資本増強が必要と規制当局が認定した場合，債券額面額の切り下げまたは発行者の株式に転換する権利行使によって，債券保有者に損失が生じる可能性があるもの。	契約上のキャッシュ・フローの発生時期または金額に変動を及ぼす偶発事象（規制当局による権利行使の可能性）の性質を評価する必要があるため，契約上のキャッシュ・フロー特性の判定テストの対象となる。

3）組込デリバティブを含む混合契約の取扱い

　非デリバティブの主（host）契約にデリバティブ（embedded derivative，以下「組込デリバティブ」）を組み込んだ混合契約について，IFRS9では，主契約が金融資産である場合とそれ以外（非金融商品または金融負債等）の場合に区分して会計処理を定めている[4]。

①主契約が金融資産である複合金融資産の会計処理

　金銭債権や有価証券等の金融資産を主契約とする複合金融資産は，その構成要素である主契約と組込デリバティブを分離せず，一体とみなした上で事業モデル及び契約上のキャッシュ・フロー特性の2つの分類規準に基づいて分類と測定を行う（IFRS9, par.4.3.2）。したがって，組込デリバティブが複合金融資産全体の契約上のキャッシュ・フローに高いレバレッジをもたらすなど，基本的な貸付契約の特徴と矛盾すると判定された場合，当該複合金融資

産は，元利金取立モデル及び元利金取立・売却一体化モデルのいずれも不適格となる。この場合は，残余の事業モデル（売却モデル等）に分類されるため，公正価値＆純損益が適用される。一方，組込デリバティブが複合金融資産全体の契約上のキャッシュ・フローに高いレバレッジをもたらさず，基本的な貸付契約の特徴に矛盾しないと判定された場合，当該複合金融資産は，元利金取立モデル及び元利金取立・売却一体化モデルの適格要件を充たすことになる。

②主契約が金融商品以外の複合商品または複合金融負債の会計処理

主契約が棚卸資産等の非金融商品である複合商品または金銭債務等の金融負債である複合金融負債は，次の３つの要件を全て充たす場合に組込デリバティブと主契約に分離し，各々の性質に沿った会計処理を行うことになる（IFRS9, par.4.3.3）。

①組込デリバティブと主契約の経済的特徴及びリスクが密接に関連していないこと。

②組込デリバティブを単独でみた場合，デリバティブの定義を充たしていること[5]。

③当該複合商品または複合金融負債が公正価値＆純損益の適用対象ではないこと。

①の要件は，経済的特徴及びリスクの密接な関連性の評価を求めるものである。例えば，組込デリバティブの原資産または基礎指標が株価や商品価格等であり，主契約が借入金や社債等の金利系キャッシュ・フローの場合，両者間の経済的特徴及びリスクは異なるため，密接な関連性はないことになる。また，組込デリバティブであるオプションの行使価格と主契約である金融負債等の償還額が乖離していたり，早期償還オプションの行使価格では主契約の残存期間中の遺失利益を塡補できない場合も密接な関連性がないことになる。一方，組込デリバティブの原資産または基礎指標が金利であり，主契約が借入金や社債等の金利系キャッシュ・フローの場合，組込デリバティブによるレバレッジ性が高くない限り[6]，両者の経済的特徴及びリスクは密接な関連性があることになる。

これら３つの要件を全て充たす複合商品または複合金融負債は，組込デリ

バティブと主契約の分離処理が求められるが，事後測定も含めて分離処理が困難な場合には，当該対象物全体に公正価値＆純損益が適用される（IFRS9, par.4.3.6）。また，事後測定も含めて分離処理が可能でも組込デリバティブによるキャッシュ・フローの修正度合が著しくない場合，もしくは類似の複合商品または複合金融負債に係る組込デリバティブの分離処理の禁止が当初からほぼ明らかな場合を除き，当該複合商品または複合金融負債の会計処理として公正価値＆純損益を選択（以下「複合商品等の公正価値オプション」）できる（IFRS9, par.4.3.5）。なお，分離処理の判定は取得（発行）時に行われ，契約上のキャッシュ・フローの著しい修正となる契約内容の変更がある場合を除き，それ以降の分離処理は禁止されている。

4）公正価値オプションの取扱い

　IFRS9 では，事業モデルや契約上のキャッシュ・フロー特性に関係なく，金融資産及び金融負債の当初認識時に公正価値オプションの適用を認めているが，無条件ではなく，金融資産及び金融負債別に適用要件を定めている。金融資産に対する公正価値オプションの適用要件は，次の通りである（IFRS9, par.4.1.5）。

- ・資産または負債の測定属性や利得・損失の計上時期が異なることに起因する不整合（以下「会計上のミスマッチ」）が公正価値オプションの適用によって解消，または大幅に軽減できること。

　金融負債に対する公正価値オプションの適用要件は，前述の複合商品等の公正価値オプションが認められる場合のほか，次のいずれかを理由に会計情報の目的適合性が高まることが求められる（IFRS9, par.4.2.2）。

- ・会計上のミスマッチが公正価値オプションの適用によって解消，または大幅に軽減できること。
- ・文書化されたリスク管理または投資戦略のもと，金融負債で構成されたグループ単位または金融資産及び金融負債の両方で構成されたグループ単位による管理及び業績評価が公正価値に基づいて行われ，その管理・業績評価情報が経営幹部に提供されていること。

　このように，金融資産及び金融負債に共通する公正価値オプションの適用

要件には，会計上のミスマッチの解消（または大幅な軽減）がある。例えば，共通の金利リスクを有する金融資産，金融負債またはその両方を保有しており，それらの公正価値の変動が金利リスクの影響を相殺している状況において，金融商品の一部は公正価値＆純損益，それ以外は償却原価や公正価値＆その他の包括利益といったように測定属性や損益計上方法が不統一であり，ヘッジ会計の適用も困難な場合には会計上のミスマッチが発生している。このような場合，共通のリスクを有する金融資産及び金融負債に公正価値オプションを適用すれば，会計上のミスマッチは解消（または大幅に軽減）され，リスクの相殺効果を会計上で反映することができる。

　この公正価値オプションは，金融負債も適用対象となるが，そのまま適用すると，金融負債の公正価値が下落（上昇）する局面では純利益が増加（減少）することになる。金融負債の発行者，すなわち債務者の財政状態の悪化（改善）による信用リスク・プレミアムの増大（減少）は市場金利の上昇（下落）要因となり，支払キャッシュ・フローの現在価値である負債の公正価値は下落（増加）するためである[7]。いわゆる負債の公正価値測定のパラドクス問題であり，債務者の財政状態の悪化で保守的な会計処理が求められる状況において，逆に純利益が増加してしまうことになる。この問題に対処するため，IFRS9では，公正価値オプション適用対象の金融負債の公正価値の変動額のうち，債務（発行）者である企業自らの信用リスク（own credit）の変動に起因する部分はその他の包括利益とし，それ以外の部分は純損益に表示する規定を設けている（IFRS9, par.5.7.7）。なお，その他の包括利益に表示することが会計上のミスマッチになる場合は，純損益として表示するほか，ローン・コミットメントや金融保証契約については，公正価値の変動額の全てを純損益として表示する。金融負債の公正価値の変動額から企業自らの信用リスクの変動に起因する部分を区分する方法として，IFRS9では指標金利（benchmark interest rate）法を例示するほか，これ以外の適切な代替方法の適用も認めている。企業自らの信用リスクの変動に起因する部分の区分について，指標金利法によった場合の算定手順は次の通りである（IFRS9, pars. B5.7.16-B5.7.18）。

　①金融負債の当初認識時の公正価値及び契約上のキャッシュ・フローをも

とに当初認識時の内部収益率（internal rate of return）を算出し，これから同時点の市場で観測可能な指標金利（LIBOR 等）を差し引くことで，対象金融負債の固有要素部分を求める。

②決算日時点の当該金融負債の契約上の将来キャッシュ・フローについて，同時点の市場で観測可能な指標金利に①で求めた固有要素部分を合算した割引率で割り引くことで，現在価値を算出する。

③決算日現在の当該金融負債の公正価値と②で求めた現在価値との差額をもって，企業自らの信用リスクの変動に起因する部分とみなし，その他の包括利益に表示する。

IFRS9 の設例に基づく指標金利法の適用事例は次の通りである（IFRS9, pars.IE1-IE5）。

前提条件

・企業は 20X1 年 1 月 1 日に額面金額 150,000，期間 10 年，約定金利 8% の固定金利債券を発行し，指標金利として LIBOR を指定した。なお，発行日である 20X1 年 1 月 1 日時点の LIBOR は 5% であった。

・決算日である 20X1 年 12 月 31 日時点の債券の公正価値は 153,811，それに対応する債券利回は 7.6%，同時点の LIBOR は 4.75%（イールドカーブはフラット，変動要因は市場環境のみとする）である。

算定手順

①債券の当初認識時（20X1 年 1 月 1 日）の内部収益率の 8% から[8]，指標金利に指定した同時点の LIBOR の 5% を差し引くことで債券の固有要素部分の 3% を求める。

②決算日（20X1 年 12 月 31 日）の債券の契約上の将来キャッシュ・フローについて，同時点の LIBOR の 4.75% に固有要素部分の 3% を合算した割引率の 7.75% で割り引くことで，現在価値 152,367 を算出する。

③決算日（20X1 年 12 月 31 日）の債券の公正価値 153,811 と②で求めた現在価値 152,367 との差額 1,444 を企業自らの信用リスク変動に起因する部分とみなして，その他の包括利益に表示する。

この指標金利法は，当初認識時の内部収益率と指標金利の差額を同時点の信用リスク・プレミアムとみなして固定の上，その後の公正価値の変動額の

うち，指標金利の変動以外は全て信用リスクの変動影響と仮定するものである。したがって，公正価値の変動要因に組込デリバティブの影響や信用リスク以外の固有リスクの影響が含まれており，当該影響額に重要性がある場合には，他の適切な代替方法を用いることになる。

5) 資本性金融商品に対するその他の包括利益オプションの取扱い

　株式等の資本性金融商品は公正価値＆純損益が原則であるが，当初認識時にその他の包括利益オプションを適用することで，公正価値の変動額をその他の包括利益に表示できる（IFRS9, par.5.7.5）。その他の包括利益オプションの適用対象となる資本性金融商品は，その保有目的が売買目的以外のもの，例えば営業取引の維持や拡大等が想定されるが，IFRS9では，その目的の多様性を勘案すると，会計基準で目的を定めることは弊害が多いとして特に明示していない。その代わりに，その他の包括利益オプションを適用した場合には，IFRS7による追加的な開示（適用対象及び理由，適用対象の期末時点の公正価値及び期間中の受取配当金，消滅（認識の中止）があった場合の処分理由や処分損益等）が必要となる（IFRS7, pars.11A-11B）。

　その他の包括利益オプションの適用は，個々の資本性金融商品単位であり，受取配当金（投資元本の実質的な回収である場合を除く）は純損益に計上される一方[9]，公正価値の変動によるその他の包括利益（累計額）は組替調整の対象外となる。したがって，売買損益や減損損失等は純損益に計上されないが，当該金額をその他の包括利益（累計額）から資本中の他の項目（利益剰余金等）に振り替えることはできる（IFRS9, par.B5.7.1）。

(2) IFRS9による金融資産及び金融負債の分類と測定の個別事項

　ここでは，IFRS9による金融資産及び金融負債の分類と測定のうち，前述の基本事項の理解に際して有益な事項，例外的または技術的な要素が強い事項を概括する。

1) 実効金利法による償却原価

　IFRS9では，元利金取立モデルに分類される金融資産の事後測定及び元利

金取立・売却一体化モデルに分類される金融資産の公正価値測定前の帳簿価額は，実効金利法による償却原価（受取利息の認識を含む）が適用される。金融負債の事後測定についても，実効金利法による償却原価（支払利息の認識を含む）が原則となる。実効金利とは，対象資産（負債）に係る将来キャッシュ・フローの割引価値と当該資産（負債）の総帳簿価額が同額になる割引金利であり[10)]，実効金利法とは，当該金利を用いて受取（支払）利息を認識し，各期末の償却原価を算定する方法である。実効金利の基本算式及び算出事例は次の通りである。

実効金利の基本算式

$$総帳簿価額 = \sum_{t=0}^{n} \frac{P}{(1+r)^t} \qquad P：将来キャッシュ・フロー，t：期間 \\ r= 実効金利$$

実効金利の算出事例

約定金利5％，期間4年，償還金額1,000の金融資産を920で取得した場合

$$920 = \frac{50}{(1+r)} + \frac{50}{(1+r)^2} + \frac{50}{(1+r)^3} + \frac{1,050}{(1+r)^4}$$

r（実効金利）≒ 7.38％

受取利息及び償却原価の算定

実効金利の算出に必要な将来キャッシュ・フローの見積りに際して，IFRS9では契約当事者間で授受される手数料（創設手数料やコミットメント手数料等），取引費用，ディスカウントまたはプレミアム等の実効金利の構成要素のほか，期限前償還や期限延長，コールオプション等を含む全ての契約条項の影響を加味することを求めている（IFRS9, Appendix A）。なお，金融資産に係る予想信用損失は，IFRS9の減損規定が受取利息と信用損失を分離（decoupling）するアプローチを採用した関係上，将来キャッシュ・フローの見積りに際して考慮しない取扱いになる。

実効金利の基本算式からわかるように，実効金利法による償却原価は，適用対象に係る全てのキャッシュ・フローの発生金額及び発生時期が予測可能なことが前提であり，利息の配分は期間全体に通じて行われる。したがって，実効金利法による償却原価は，保有期間全体を通じたキャッシュ・フローの

回収, すなわち元利金取立を事業目的とする事業モデルに合致した測定手法
であり, 契約に基づいて定期的かつ規則的に発生する元利金キャッシュ・フ
ローで構成される基本的な貸付契約の特徴を有する金融商品に適合する。分
類規準の1つである元利金支払いのみに限定されたキャッシュ・フローの要
件は, 実効金利法による償却原価の適用要件を支えるものといえる。

2) 契約上のキャッシュ・フロー特性の判定テスト

　前述のように, 貨幣の時間価値に修正があるか, または契約上のキャッ
シュ・フローの発生時期や金額が変動する可能性がある条項を含む金融資産
について, IFRS9では第2の分類規準である契約上のキャッシュ・フロー特
性を即座に否定せず, 定性的または定量的な評価の結果によっては適合とな
る余地を残している。

①貨幣の時間価値に修正がある場合(IFRS9, pars.B4.1.9A-B4.1.9E)

　例えば3カ月の対象期間に1カ月物金利を適用する等, 対象期間と適用金
利の不一致による貨幣の時間価値の修正がある場合には, 対象金融商品の割
引前キャッシュ・フローと貨幣の時間価値に修正がない金融商品の割引前
キャッシュ・フロー(以下「指標キャッシュ・フロー」)の比較を通じて, 貨
幣の時間価値の修正影響(各会計期間及び累積期間の両方, かつ将来の
キャッシュ・フローに与える効果を含む)の評価を行う。評価の結果, 両者
のキャッシュ・フローが著しく異なるならば, 貨幣の時間価値の重大な修正
があるため, 元利金支払いのみに限定されたキャッシュ・フローの要件は充
たしていないと判定される。指標キャッシュ・フローには, 貨幣の時間価値
の修正がある要素(金利や更改時期, 金利適用期間等)を除いて, 判定対象
と同様な契約条件の金融商品のキャッシュ・フローが採用される。例えば, 6
カ月毎に同時点の5年物金利に更改となる5年満期債券の比較対象となる指
標キャッシュ・フローは, 6カ月毎に同時点の6カ月物金利に更改となる5
年満期債券(信用リスクを含む他の要素は同じとする)のキャッシュ・フロー
が採用される。なお, この場合には, 5年物金利と6カ月物金利間のイール
ドカーブの差異分析だけで判定することなく, 通常予想されるシナリオに基
づいて, 残存期間中の金利変動が対象物のキャッシュ・フローと指標キャッ

シュ・フローに及ぼす影響も検討する必要がある。

②キャッシュ・フローの発生時期や金額が変動する可能性がある契約条項を含む場合(IFRS9, pars.B4.1.10)

　契約上のキャッシュ・フローの発生時期や金額が変動する可能性がある契約条項を含む場合には，変動を生じさせる偶発事象の性質も含めて当該条項の適用前及び適用後のキャッシュ・フローの変動の評価を行う。例えば，債務者による債務不履行が所定回数に達した場合に高い金利に更改となる条項は，債務不履行と信用リスクの増大に関連性があるため，残存期間を通じた契約上のキャッシュ・フローは元利金支払いのみに限定されたキャッシュ・フローの要件を充足し得る。発行者による期限前償還，保有者による期限前売戻しを許容する条項は，償還金額が未払元本及び対応する利息額に相当（期限前償還に伴う合理的な補填額を含む）するならば，元利金支払いに限定された契約上のキャッシュ・フローの要件を充足し得る。同様に発行者または保有者に期限延長を許容する条項は，延長期間中の契約上のキャッシュ・フローが当該期間に対応する元利金に相当（期限延長に伴う合理的な補填額を含む）すれば，元利金支払いのみに限定されたキャッシュ・フローの要件を充足し得る。

　なお，IFRS9では，貨幣の時間価値に修正があるか，または契約上のキャッシュ・フローの発生時期や金額が変動する可能性がある条項が含まれる場合でも，各会計期間及び残存期間（累積ベース）の両面からみて，対象金融資産の契約上のキャッシュ・フローに及ぼす影響が軽微であれば対象金融資産の分類に影響を与えない，すなわち第2の分類規準は適合となる（IFRS9, par.B4.1.18）。加えて，対象金融資産の契約上のキャッシュ・フローに及ぼす影響が軽微でない場合でも，キャッシュ・フローに影響を及ぼす事象の発生が極めて稀かつ例外的であり，発生が予見できない性質であれば，対象金融資産の分類に影響を与えない，すなわち第2の分類規準は適合となる（IFRS9, par.B4.1.18）。

　IFRS9では，貨幣の時間価値に修正があるか，または契約上のキャッシュ・フローの発生時期や金額が変動する可能性がある条項を含む場合の具体的な判定方法，金額的な重要性基準や閾値等を明示していない。したがっ

第4章　IFRS9による金融資産及び金融負債の分類と測定の見直し

て，実際の運用に際しては，実効金利法による償却原価の適用可能性の観点
から個社毎に判断することになる。

3) 返済条項の変更によるキャッシュ・フローの修正時の取扱い

　金融資産の発行者または債務者の財政状態が悪化した場合，債権者との交
渉を通じて返済条項が変更されることがある。変更の内容が消滅（認識の中
止）要件を充たす場合，当該金融資産は消滅（認識の中止）となるが，充た
さない場合には総帳簿価額を再計算して修正の上，当該修正による利得また
は損失は純損益に計上される。この場合の総帳簿価額の再計算値は，当初認
識時（修正前）の実効金利（当初認識時から既に信用減損が発生している金
融資産の場合は，信用損失調整後の実効金利）によって，修正後の契約上の
キャッシュ・フローを割り引いた現在価値となる（IFRS9, par.5.4.3）。

4) 事業モデルの変更による金融資産の再分類

　IFRS9による金融資産の測定属性及び損益計上方法は，分類された事業モ
デルに応じて異なるため，当初認識後に分類変更があった場合の取扱いが問
題となる。この問題について，IFRS9では，事業モデルの変更がある場合に
限って，関係する全ての金融資産の再分類（reclassification）を行うことに
なる（IFRS9, par.4.4.1）。再分類を行う基準（再分類）日は，金融資産を再分
類する原因となった事業モデルの変更があった日が属する会計期間の翌会計
期間の初日（翌期初）であり，それ以前に計上した利得や損失（減損による
利得や損失を含む）及び利息は，遡及処理（restate）の対象にはならない。
なお，IFRS9では，事業モデルの変更は極めて稀な行為であり，企業を取り
巻く内外環境の変化の結果として幹部経営者が決定する事項と位置付けてい
る。したがって，金融資産の再分類を要する事業モデルの変更は，業務上で
重要かつ対外的に説明可能な活動の開始または取止め等に相当するものであ
り，IFRS9では次のような事例を示している（IFRS9, par.B4.4.1）。
　　・短期売買目的で貸付金のポートフォリオを有していたが，満期保有を前
　　　提に元利金を回収する目的で貸付金を保有する会社を買収した結果，短
　　　期売買目的による保有は取り止め，貸出金は全て満期保有を前提に元利

173

金を回収する目的で一体管理することにしたこと。

・個人向けローン事業からの撤退を決定し，その後は個人向けローンの新
約は全て取り止め，保有中の個人向けローンの処分を進めていること。

事業モデルの変更自体は，再分類日以前に行われている必要がある。たと
えば，3月末決算の会社が2月15日に個人向けローン事業からの撤退を決定
した場合，関連する個人向けローンの再分類は4月1日となるが，2月15日
以降は撤退を決定した事業モデルが目的としていた事業活動を行ってはなら
ない。

なお，事業モデルの変更に該当しない事例は，次の通りである（IFRS9,
par.B4.4.3）。

・個々の金融資産に対する保有意図の変更。

・個々の金融資産に関する市場の一時的な消滅。

・複数の事業モデルを有する企業による事業モデル間の金融資産の移転。

図表4-5 事業モデルの変更による金融資産の再分類の会計処理

（旧）	（新）	再分類の会計処理
償却原価	公正価値＆純損益	再分類日の公正価値にて再分類し，償却原価との差額は純損益に計上。
公正価値＆純損益	償却原価	再分類日の公正価値を新たな総帳簿価額として再分類し，当該価額をもとに実効金利を算出。
償却原価	公正価値＆その他の包括利益	再分類日の公正価値にて再分類し，償却原価との差額はその他の包括利益に計上。実効金利及び予想信用損失の測定は，そのまま引き継ぎ(変更なし)。
公正価値＆その他の包括利益	償却原価	再分類日の公正価値にて再分類し，その他の包括利益（累計額）は資本から除外の上(組替調整の対象外)，再分類時の帳簿価額(公正価値)に対する修正とする。実効金利及び予想信用損失の測定は，そのまま引き継ぎ(変更なし)。
公正価値＆純損益	公正価値＆その他の包括利益	公正価値による測定額は，そのまま引き継ぎ(変更なし)。実効金利は当該価額を新たな総帳簿価額として算出。
公正価値＆その他の包括利益	公正価値＆純損益	公正価値による測定額は，そのまま引き継ぎ(変更なし)。その他の包括利益(累計額)は資本から除外の上(組替調整の対象)，再分類時の純損益に計上。

174

なお，事業モデルの変更による金融資産の再分類の会計処理は，図表4－5の通りである（IFRS9, pars.5.6.1-5.6.7）。

 ## IFRS9による金融資産及び金融負債の分類と測定の特徴

　IFRS9では，金融資産の分類規準を見直す一方，金融負債の分類規準は，基本的にIAS39を踏襲している。また，組込デリバティブの取扱いについても，IAS39では一定の要件を充たした複合金融資産に分離処理を求めていたが，IFRS9では一体とみなして分類する一方，非金融商品を主契約とする複合商品及び複合金融負債には，一定の要件を充たした場合に分離処理とするIAS39を踏襲している。

　このように，分類及び測定に関するIAS39からIFRS9への置き換えは，金融資産側に大きな影響がある一方，金融負債側の影響は限定的である。したがって，ここでは金融資産及び金融負債の分類と測定に関するIFRS9及びIAS39間の主な相違点を示した上，金融資産側を中心に，IAS39から変更になった背景等を交えてIFRS9の特徴を概括する。次いで，米国会計基準とのコンバージェンスの動向を確認することで，IASB及びFASBによる金融商品会計プロジェクトの成果を考察する。

1．金融資産及び金融負債の分類と測定におけるIFRS9及びIAS39間の主な相違点

　IAS39置換プロジェクトのフェーズ1「金融資産及び金融負債の分類と測定」の成果の第1弾は，2009年11月に基準化された金融資産側の分類と測定の取扱いである。しかしながら，公表後に関係者から寄せられた解釈の明確化の要請，米国での金融商品会計の見直し動向を踏まえたコンバージェンス，IASBの保険会計プロジェクトとの整合性等を反映するため，2014年7月に改訂されている。その結果，2009年11月時点の事業モデルに基づく会計処理は「償却原価」及び「公正価値＆純損益」の2つであったが，2014年7月改訂によって「公正価値＆その他の包括利益（組替調整あり）」が追加され，最終的には3つになっている。IAS39及びIFRS9は，いずれも公正価

175

値と取得（償却）原価の混合測定属性モデルである点は同じとして，分類と
測定に関する両者間の主な相違点は図表4－6の通りである。

図表4-6　分類及び測定分野におけるIFRS9とIAS39の主な相違点

分類及び測定分野	IAS39（※2009年3月）	IFRS9（2015年1月）
金融資産の分類規準	個々の取引単位での経営者の保有意図。	包括的な単位での事業モデル及び金融資産の契約上のキャッシュ・フロー特性。
測定属性及び会計処理の違いに基づく金融資産の分類区分（公正価値オプション及びその他の包括利益オプションの適用を含む）	①満期保有投資（償却原価），②貸付金及び債権（償却原価），③公正価値&純損益となる金融資産，④売却可能金融資産（公正価値&その他の包括利益（組替調整あり）），⑤公正価値オプション適用の金融資産（公正価値&純損益）の5つの分類区分。	①元利金取立モデル（償却原価），②元利金取立・売却一体化モデル（公正価値&その他の包括利益（組替調整あり）），③公正価値&純損益となる残余の事業モデル，④公正価値オプション適用の金融資産（公正価値&純損益），⑤その他の包括利益オプション適用の資本性金融商品（公正価値&その他の包括利益（組替調整なし））の5つの分類区分。
償却原価となる分類の金融資産を途中売却（処分）した場合の取扱い	満期保有投資に分類した金融資産を正当な理由なく売却し，かつ売却金額に重要性がある場合，同分類区分の残り全ての償却原価適用を否定，かつその先2会計期間は同分類の使用を禁止する懲罰的規定が適用される。	元利金取立モデルにおける売却行為自体は当該事業モデルを即座に否定するものではなく，過去の売却経緯及び将来的に予想される売却も勘案した事業モデルの妥当性の検証材料となる。IAS39にみられる懲罰的規定はない。
残余となる事業モデルの分類（残余につき，事業モデル自体の明確な定義はなし）	売却可能金融資産であり，公正価値&その他の包括利益（組替調整あり）が適用される。	元利金取立モデル及び元利金取立・売却一体化モデルに該当しない事業モデル（売却モデル等）であり，公正価値&純損益が適用される。
複合金融資産（組込デリバティブ）の取扱い	主契約と組込デリバティブ間に経済的特徴及びリスクに密接な関連性がない等の一定の要件を充たした場合，主契約と組込デリバティブは分離の上，個々に分類する。	主契約が金融資産の複合金融資産は，組込デリバティブを分離せず，一体として分類する（主契約が金融資産以外の場合は，IAS39と同じ取扱い）。

176

第 4 章　IFRS9 による金融資産及び金融負債の分類と測定の見直し

分類及び測定分野	IAS39（※2009年3月）	IFRS9（2015年1月）
測定属性として償却原価を選択できる証券化商品の要件	特別な要件はないため，他の金融資産と同様，保有意図が満期保有投資であり，それに見合う契約内容であれば，償却原価が適格となる。	証券化商品の契約内容に加えて，原資産プールまでキャッシュ・フローが追跡可能，かつ信用リスクが一定水準内に収まる等の追加要件を充たした場合にのみ，償却原価が適格となる。
非上場株式等の測定属性	活発な市場での相場価格がなく，かつ信頼性がある公正価値測定が困難な場合は，取得原価とする（ただし，減損処理の対象となる）。	公正価値とする（取得原価は，結果として当該金額が公正価値とほぼ近似している場合に限る）。
公正価値測定の評価差額がその他の包括利益となる金融資産の処分時の取扱い	資本性金融商品（株式等）や負債性金融商品（債券・債権等）の別に関わらず，売却可能金融資産に分類された金融資産は，全て組替調整の対象（純損益に反映）になる。	資本性金融商品（株式等）は組替調整の対象外（純損益には反映せず）に対して，負債性金融商品（債券・債権等）は組替調整の対象（純損益に反映）になる。
金融負債に対する公正価値オプション適用時の取扱い	公正価値の変動全体を純損益として表示。	公正価値の変動全体のうち，債務（発行）者である企業自らの信用リスクの変動に起因する部分は，その他の包括利益に表示（それが会計上のミスマッチとなる場合は純損益に表示）し，それ以外の部分は純損益に表示。

※IAS39置換プロジェクトによって，IAS39の改訂（IFRS9に置き換え）が始まる直前の2009年3月時点でのIAS39を比較対象にしている。

　これらの分類と測定に関する IFRS9 と IAS39 の主な相違点をみると，金融資産の分類規準について，IAS39 では経営者の意図（intention）に依拠したところ，IFRS9 では事業モデルに切り替えたことがわかる。また，IFRS9 では，契約上のキャッシュ・フロー特性を追加することで償却原価の適格要件の明確（厳格）化を図りつつ，非上場株式等にも例外なく公正価値測定を求める等，結果として IAS39 よりも公正価値の測定範囲が拡大した観がある。

177

2. 金融資産及び金融負債の分類と測定におけるIFRS9とIAS39間の主な論点

(1) 分類規準としての事業モデル及び契約上のキャッシュ・フロー特性

　金融資産について，IAS39 では金融資産を取得する際の経営者の意図に依拠し，取引毎にそれを裏付ける指定（designation）を求めるとともに，償却原価となる満期保有投資の分類には懲罰的規定を設けることで，安易な分類変更を禁じる枠組みになっていた。これに対して，IFRS9 では，第 1 の分類規準に金融資産の包括的な（ポートフォリオ）管理・運用単位である事業モデルを採用することで，取引毎の指定を不要としている。また，元利金取立によるキャッシュ・フローの回収という事業目的上の通常シナリオが維持される限りは，途中売却も認めることで懲罰的規定を廃止している。

　金融資産の分類規準を経営者の意図から事業モデルに切り替えた理由は経営者の意図が選択を伴い，取引毎の指定は任意である点に対して，事業モデルは企業による運用管理の実態につき，外部から観測可能な点にある[11]。経営者の意図に基づく分類は，外部から観測不能な経営者の主観に左右されるため，同じ取引でも異なる会計上の結果となりかねない。また，取引毎の指定は事務的に煩雑であり，かつ不当な事後的変更も可能となるおそれがある。IAS39 の懲罰的規定は，償却原価とするためにとりあえず満期保有という意図を示し，その後は状況に応じて売却すればよいとの安易な対応を牽制する効果があるならば，分類に際して取引毎の経営者の意図及び指定に依存する限り，必要悪ともいえる規定である。これに対して，IFRS9 は包括的な単位である事業モデルに依拠するため，その目的の範囲内であれば金融資産の途中売却も許容できる余地があり，IAS39 による懲罰的規定の必要性は薄れたものといえる。

　次に IFRS9 では，第 2 の分類規準の契約上のキャッシュ・フロー特性について，具体的には元利金支払いのみに限定されたキャッシュ・フローの要件を設け，当該要件に適合するものに限って元利金取立モデル及び元利金取立・売却一体化モデルに適格な金融資産としている。なお，元利金支払いのみに限定されたキャッシュ・フローの要件は，2009 年公開草案（分類と測定）で示された「基本的な貸付契約」の特徴の表現を変更したものであり[12]，具体的にはレバレッジ性がない（または僅少な），単純なキャッシュ・フロー構

178

造による貸出金等の金銭債権や債券を想定している。

IFRS9 の特徴は，分類規準である事業モデルと契約上のキャッシュ・フロー特性を関連付けることで，金融資産から生じる将来キャッシュ・フローの金額，時期及び不確実性を財務諸表利用者が評価する際の有用な情報提供を目指している点である。保有期間中の利息及び元本償還等の契約上の元利金取立を通じたキャッシュ・フローの回収を事業目的とする元利金取立モデルに適格な金融資産は，元利金支払いのみに限定されたキャッシュ・フローの要件を充たすものに限定し，償却原価を測定属性とすることで，契約上のキャッシュ・フローは保有期間を通じて実効金利で配分かつ純損益に計上される。契約上の元利金取立及び売却の両方を通じたキャッシュ・フローの回収を事業目的とする元利金取立・売却一体化モデルに適格な金融資産も，同様に元利金支払いのみに限定されたキャッシュ・フローの要件を充たすものに限定することで，期間損益は償却原価の場合と同じ結果とする一方，売却によるキャッシュ・フローの回収の観点から測定属性は公正価値とし，評価差額はその他の包括利益（組換調整あり）に表示することで2つの目的の両立を図っている。

なお，これら2つの事業モデルに属さない金融資産，すなわち元利金支払いのみに限定されたキャッシュ・フローの要件を充たさない資本性金融商品やデリバティブ，レバレッジ性の高い金融資産（複合金融資産を含む），充たしているが売却等の異なる事業目的で保有される金融資産は，残余の事業モデルに分類されて公正価値＆純損益が適用される。

このように IFRS9 による金融資産の分類は，元利金支払いのみに限定されたキャッシュ・フローの要件を導入することで償却原価の適用要件を明確（厳格）化し，事業モデルという概念を用いることで取引毎の指定を不要とし，包括的な単位で分類を行う点に特徴がある。

(2) 金融資産の事業モデルにおける残余の分類の位置付け

金融資産の分類に際して，IAS39 及び IFRS9 は定義を定めない残余（residual）の分類を設けることで，定義を定めた分類に該当しない場合の受け皿としている。IAS39 では，分類区分として損益を通じて公正価値測定と

なる金融資産，満期保有投資，貸付金及び債権の3つの定義を定めた上，これらに該当しない非デリバティブの金融資産は，残余として売却可能金融資産に分類する枠組みになっている。これに対して，IFRS9では，分類区分として元利金取立モデル及び元利金取立・売却一体化モデルの2つの定義を定めた上，これらに該当しない事業モデルで保有する金融資産は，残余の事業モデルに分類する枠組みになっている。したがって，IAS39の残余の分類区分は公正価値＆その他の包括利益（組替調整あり）となる売却可能金融資産，IFRS9の残余の分類区分は公正価値＆純損益の売却等モデルとなる。IAS39の残余の分類である売却可能金融資産とIFRS9の元利金取立・売却一体化モデルは，いずれも測定属性が公正価値という類似性があるが，IFRS9は元利金取立・売却一体化モデルよりも売却等モデルの方が定義の明確化が困難との理由から，売却等モデルを残余の分類としている（IFRS9, par.BC4.156, par.BC4.164）。

経営者の意図及び指定に依拠するIAS39と異なり，外部から観測可能な事実である事業モデルに依拠するIFRS9では，売買に係る期間や反復性を外部から観測可能な事実をもとに定義することが困難と思われる。したがって，IFRS9では，残余の分類区分を売却等モデルとする一方，IAS39の残余の分類区分である売却可能金融資産と同じ会計処理（公正価値＆その他の包括利益（組替調整あり））である元利金取立・売却一体化モデルの定義の明確化を図っている。

なお，会計処理が同じであるIAS39の売却可能金融資産とIFRS9の代金取立・売却一体化モデルの違いは，分類対象となる金融資産の適格性である。売却可能金融資産は，株式等の資本性金融商品も許容される一方，代金取立・売却一体化モデルは，元利金支払いのみに限定されたキャッシュ・フローの要件を充たす単純な構造，具体的には実効金利による償却原価法の適用が可能な金融資産のみとなる。この元利金取立・売却一体化モデルの分類対象となる金融資産を限定する観点からも，元利金取立・売却一体化モデルの分類区分の定義の明確化が必要となり，その結果として会計処理が公正価値＆純損益となる事業モデルが残余の分類区分になったと解される。

（3）組込デリバティブの会計処理にみる非対称性

　混合契約について，IAS39では資産及び負債に関わらず，一定の要件を充たした場合には組込デリバティブと主契約の分離処理を求めていた。これに対して，IFRS9では，複合金融負債及び主契約が金融商品ではない複合商品には，IAS39と同様に分離処理を求める一方，主契約が金融資産である複合金融資産は一体として分類対象となる。IFRS9では，複合金融資産を分離処理しない理由について，IAS39による分離処理の要件（例えばリスク及び経済的特徴の密接な関連性の判定）の適用には判断が必要となり，その際の解釈が金融商品会計を複雑なものにしていると指摘する（IFRS9, par.BC4.200）。したがって，分離処理を不要とすれば複雑性が低減するほか，複合金融資産を1つの会計単位とすることで，財務諸表利用者が対象物の将来キャッシュ・フローの金額，時期及び不確実性を評価する際の情報の有用性が向上することも理由に掲げている。

　これに対して，主契約が金融商品でない複合商品及び複合金融負債の取扱いは，これまでの実務で問題がなく，仮に変更した場合の他の会計基準に与える影響を考慮した結果，分離処理を求めるIAS39の規定を引き継いでいる。主契約が金融商品ではない複合商品を一体として分類する場合には，非金融商品にも公正価値＆純損益が適用される可能性が生じる。複合金融負債を一体として分類する場合には，負債と資本の区分問題を解決する必要がある[13]。したがって，IFRS9では，主契約が金融商品ではない複合商品及び複合金融負債について，一定の要件を充たした場合に主契約と組込デリバティブの分離処理を求めるIAS39の取扱いを踏襲したものと解される。しかしながら，部分的でも分離処理を残したため，IAS39の分離処理の要件及び解釈指針（の一部）は，IFRS9に引き継がれる結果となっている。また，複合金融資産の一体化処理は，組込デリバティブの分離判定及び分離処理が不要となるため，複雑性低減につながる一方，判断によっては組込デリバティブの影響が償却原価の中に潜り込む可能性がある。償却原価対象にレバレッジ性の高い組込デリバティブが潜り込むことに対する歯止めは，分類規準である契約上のキャッシュ・フロー特性，具体的には元利金支払いのみに限定されたキャッシュ・フローの要件が担う形になる。貨幣の時間価値の修正，

キャッシュ・フローの発生時期や金額の組替え，レバレッジの付与は，一般的に組込デリバティブがもたらす効果である [14]。その効果が主契約のキャッシュ・フローに著しい影響を与える場合には，元利金支払いのみに限定されたキャッシュ・フローの要件を充たさないことから，結果として償却原価が適用できないためである。

なお，前述の契約上のキャッシュ・フロー特性の判定テストの具体的な方法，金額的な重要性基準や閾値等は，IFRS9で明示されていないため，適用指針等を参考にしつつ，最終的には個社毎の判断事項となる。したがって，IAS39によるリスク及び経済的特徴の密接な関連性の判定テストは，IFRS9による契約上のキャッシュ・フロー特性の判定テストに形を替えて実質的に踏襲されたといえる。

（4）証券化商品の取扱い

IAS39は，証券化商品に特別な規定を設けていないため，他の金融資産と同様，証券化商品の形態及び経営者の保有意図に基づいて分類される。したがって，証券化商品の形態が固定金利または通常の変動金利の債券であり，満期まで保有する経営者の意図及びそれを裏付ける財務能力があれば，証券化商品の原資産プールの内容に関わらず，満期保有投資に指定することで，測定属性を償却原価にすることが許容されていた。これに対して，IFRS9では，証券化商品の測定属性を償却原価とするためには，保有する事業モデルに加えて，①証券化商品自体の契約内容が元利金支払いのみに限定されたキャッシュ・フローの要件を充たすこと，②証券化商品の信用リスクが原資産プール全体の信用リスクと同等またはそれ以下であること，③原資産プールからのキャッシュ・フロー自体も元利金支払いのみに限定されたキャッシュ・フローと整合性があること，の３つの要件を全て充足することを求めている（IFRS9, par.B4.1.21）。

なお，③原資産プールからのキャッシュ・フロー自体も元利金支払いのみに限定されたキャッシュ・フローと整合性がある状態とは，具体的に次のようなことを指している（IFRS9, pars.B4.1.23-B4.1.24）。

・原資産プールには，元利金支払いのみに限定されたキャッシュ・フロー

第4章　IFRS9による金融資産及び金融負債の分類と測定の見直し

の要件を充たす商品を1つ以上含んでいること。

・原資産プールに元利金支払いのみに限定されたキャッシュ・フローの要件を充たさない商品がある場合，それはキャッシュ・フローの変動を減少させる商品（金利キャップ，金利フロアー等），または証券化商品と原資産プール間のキャッシュ・フローの乖離（乖離要因は金利，通貨，受払時期に限定）を解消する商品に限ること。

証券化商品の測定属性を償却原価とするためには，これら3つの要件の充足を確認する必要があるが，そのためには証券化商品のキャッシュ・フロー源泉までのルック・スルー（追跡）が求められる。これら3つの要件の充足の確認が困難な場合，または取得時にはこれら3つの要件を充足しているが，その後の状況の変化によっては未充足となる可能性がある場合，当該証券化商品は公正価値＆純損益となる（IFRS9, par.B4.1.26）。

このように，IFRS9では，金融資産の分類規準である契約上のキャッシュ・フロー特性について，証券化商品に限って原資産プールまでのルック・スルーを含む特別な要件を課していることが特徴といえる。

(5) 非上場株式の公正価値測定

非上場株式の事後測定について，IAS39では，活発な市場での相場価格がなく，かつ信頼性がある公正価値測定が困難な場合は，取得原価（ただし，減損処理の対象）とする公正価値測定の例外規定を設けていた（IAS39, 2009, par.46 (c)）。これに対して，IFRS9では，契約上のキャッシュ・フローがない資本性金融商品は，償却原価の適用ができず，取得原価では将来キャッシュ・フローの発生時期や金額，不確実性に関する予測情報を提供できないと指摘する（IFRS9, par.BC5.14）。このような場合は公正価値が最も目的適合性がある情報として，IFRS9では，IAS39の非上場株式に関する公正価値測定の例外規定を引き継ぐことなく，全ての資本性金融商品に公正価値測定を求めている。会計上の見積りを必要とする非上場株式の公正価値測定は，会計情報の信頼性が問題となる。これに対して，IFRS9は，会計情報の有用性は信頼性だけではなく目的適合性もあるとし，信頼性の問題は，公正価値測定プロジェクトにて対応可能との立場を示している。また，全ての資本性

183

金融商品を公正価値で測定すれば，特別な減損規定が不要になるため[15]，会計基準の簡素化につながるとの見方も示している。

　資本性金融商品に対する公正価値測定の例外規定を引き継がず，全て公正価値測定とする 2009 年公開草案（分類と測定）には，多くのコメント提出者から懸念が表明された。IASB はコメントを検討した結果，IFRS9 の基準化に際して，限定的な状況としながら，公正価値測定に際して入手可能な最新情報が不十分な場合または公正価値の見積り結果の上下幅が広く，当該上下幅の範囲で取得原価が最善の見積りを表す場合には，取得原価が公正価値の適切な見積値になる旨を適用指針で示している（IFRS9, par.B5.2.3）。なお，IFRS9 の適用指針では，取得原価が公正価値を表さない可能性がある兆候として，次のような状況を例示している（IFRS9, par.B5.2.4）。

　　・予算，計画または目標との比較による投資先企業の業績の著しい変化。
　　・投資先企業が達成を目指す製品の技術的な目標に関する予想の変化。
　　・世界経済または投資先企業が事業を行っている経済環境の著しい変化。
　　・投資先企業と類似する企業の業績または市場全体が期待している評価の著しい変化。
　　・不正，紛争，訴訟の発生，経営陣または戦略の変更等の投資先企業の内部事情。
　　・投資先企業の株式に係る外部取引（新株発行や第三者間売買等）によって裏付けられた証拠の存在。

　これらの兆候がある投資先企業の株式は，取得原価が公正価値を表さない可能性があるため，入手可能な情報を用いて公正価値を見積もる必要がある。

　投資先企業によっては兆候の把握が困難な場合も想定されるが，IFRS9 は基本的な株主権の行使によって評価に必要な情報は一般的に入手可能との立場から（IFRS9, par.BC5.17），非上場株式も含む資本性金融商品に例外なく公正価値測定を求める点に特徴がある。なお，IFRS 財団は，2012 年 12 月に市場での相場価格がない資本性金融商品，いわゆる非上場株式の公正価値測定に関する教育文書（公正価値測定）を公表している。

184

（6）組替調整を含む評価差額の会計処理の多様性

　金融資産の測定属性を公正価値とした場合の評価差額の会計処理について，IAS39では，その他の包括利益に計上した場合は組替調整の対象となり，最終的には全て純損益に反映されていた。これに対して，IFRS9では，その他の包括利益オプションを適用した資本性金融商品の評価差額の変動は組替調整の対象外（純損益には反映されない）となる一方，元利金取立・売却一体化モデルで保有する金融資産の評価差額の変動は，組替調整の対象（純損益に反映される）となる。

　次いで金融負債に公正価値オプションを適用した場合の評価差額について，IAS39では，全て純損益に反映していた。これに対して，IFRS9では，公正価値オプション適用対象の金融負債に係るその他の包括利益累計額（企業自らの信用リスクの変動に起因する部分）は組替調整の対象外になるため，期限前（中途）償還した場合でも純損益には反映されない。

　このように，IAS39では，公正価値を測定属性とした場合の評価差額は最終的に全て純損益に反映される一方，IFRS9では組替調整の対象外，すなわち純損益に反映されない項目が複数存在することが特徴といえる。

3. 米国会計基準の動向及びコンバージェンスの状況

　IFRS9の前身であるIAS39は，その開発に際して当時の米国会計基準を参考にした経緯から，細部は異なるものの，金融資産及び金融負債の分類と測定の基本的な枠組みは米国会計基準とのコンバージェンスが維持されていた。また，金融商品会計の複雑性低減プロジェクトは，IASBとFASBの共同プロジェクトであり，両者は別途に公開草案等を公表しながらも，寄せられたコメント等を共有しながら審議を進めてきた。なお，金融商品会計の見直しの方法について，IASBはフェーズに分けて開発する方法を採用する一方，FASBは基本的にフェーズ分けすることなく，包括的な（一括）パッケージとして開発する方法を採用している。FASBは，2010年5月に金融商品会計の全般的な見直しである更新書案「金融商品の会計及びデリバティブ商品とヘッジ活動の会計の改訂（以下「2010年更新書案」）」（FASB, 2010b）を公表，これに対するコメントやその後のIASBとの共同審議の結果を踏まえた

修正版として 2013 年 2 月に更新書案「金融商品－全般（サブトピック 825-10），金融資産及び金融負債の認識と測定（以下「2013 年更新書案」）」（FASB, 2013a）を公表している。

　2010 年更新書案では，一定の要件を充たした短期の金銭債権債務等に限って償却原価による測定属性を認める一方，それ以外は原則として公正価値を測定属性とした上[16)]，評価差額は次のように取り扱うことを提案している。

- ・デリバティブ，資本性金融商品，レバレッジ性が高い（組込デリバティブの分離要件を充たす）複合商品及び売買目的の事業戦略（business strategy）で保有する金融商品の評価差額は，純損益に計上すること。
- ・契約上のキャッシュ・フローの回収または返済を事業目的とする事業戦略で保有し，一定の要件（満期時に元本返済されること等）を充たした金融商品の評価差額は，その他の包括利益に計上し，処分時は全て組替調整の対象として純損益に反映すること。

　次いで 2013 年更新書案は，その後の IASB との共同審議及び IFRS とのコンバージェンスを意識した内容になり，分類規準として IFRS9 が採用した契約上のキャッシュ・フロー特性を取り入れたほか，2010 年更新書案で使用していた「事業戦略」という用語を「事業モデル」に変更している。その結果，市場性がない資本性金融商品の公正価値測定の例外規定，公正価値オプションの適用要件，事業モデルに変更がある場合の分類変更日等の相違はあるものの，大枠としては同更新書案の公表時点（2013 年 3 月）の IFRS9 と概ね整合性がある内容になっている。2013 年更新書案の主な提案内容は，次の通りである。

- ・金融資産の分類規準は，事業モデル及び契約上のキャッシュ・フロー特性の 2 つによること。
- ・契約上のキャッシュ・フローの回収を事業目的とする事業モデルで保有する金融資産は，償却原価によること。
- ・契約上のキャッシュ・フローの回収及び売却の両方を事業目的とする事業モデルで保有する金融資産は，公正価値＆その他の包括利益（組替調整あり）によること。
- ・これら 2 つの事業モデルに該当しない事業モデルで保有，または契約上

第 4 章　IFRS9 による金融資産及び金融負債の分類と測定の見直し

のキャッシュ・フロー特性として元利金支払いのみに限定されたキャッシュ・フローの要件を充たさない金融資産は，公正価値＆純損益によること。

・金融負債は，公正価値での取引や空売りを除いて，原則として償却原価によること。

・組込デリバティブについて，複合金融資産は一体として分類及び測定する一方，複合金融負債は一定の要件を充たした場合に分離処理を行うこと。

・公正価値オプションは，一定の要件を充たした場合に選択できること。金融負債に適用した場合の公正価値の変動額のうち，企業自らの信用リスクの変動に起因する部分は，その他の包括利益に計上すること。

・金融資産を保有する事業モデルに変更がある場合には，再分類を行うこと。

　2014 年 7 月改訂前の IFRS9 には，公正価値＆その他の包括利益（組替調整あり）となる事業モデルはなかったが，2013 年更新書案の提案を受けて，改訂後の IFRS9 では公正価値＆その他の包括利益（組替調整あり）となる元利金取立・売却一体化モデルが追加されている。このように 2013 年更新書案及び IFRS9 の 2014 年 7 月改訂をみる限り，FASB 及び IASB 間において，金融資産及び金融負債の分類と測定のコンバージェンスに向けた努力がみられる。

　FASB は，2013 年更新書案に対するコメント等をもとに，基準化に向けて作業中の段階にある。したがって，見直し後の米国会計基準の内容は流動的であるが，2013 年更新案公表後の FASB による暫定決定をみる限り，それまでのコンバージェンスに向けた努力とは異なる米国独自の動きがみられる。2013 年更新案公表後の FASB による主な暫定決定の概要は次の通りである。

・金融資産の分類規準として提案した契約上のキャッシュ・フロー特性の検討を中止し，一定の要件を充たした場合には複合金融資産の分離処理を求める現行の米国会計基準を維持すること（FASB, 2013b）。

・金融資産の分類規準として提案した事業モデルの検討を中止し，現行の米国会計基準の修正を図る方向で検討を進めること（FASB, 2014）。

187

・公正価値オプションについて，特に適用要件を設けていない現行の米国
　会計基準を維持すること（FASB, 2014b）。

　これらのFASBによる主な暫定決定をみる限り，IFRS9が採用した2つの
分類規準は，いずれも米国会計基準では採用されない模様である。分類規準
について，それまでの経営者の意図から事業モデルに切り替えたことは
IFRS9の最大の特徴の1つである。したがって，最終的な米国会計基準がこ
れらの暫定決定を反映した場合，仮に表面的な会計処理はIFRS9に類似した
内容になったとしても，会計基準としての根本的な枠組みは異なるものとな
る。

3 IAS39置換プロジェクトのフェーズ1の評価及び残された主な課題

　金融資産及び金融負債の分類と測定は，金融商品会計の大枠を決定するた
め，IAS39置換プロジェクトではフェーズ1として検討の上，フェーズ2「減
損の方法」やフェーズ3「ヘッジ会計」に先駆けて基準化されている。なお，
基準化に際しては一括で最終版に至らず，2009年11月に金融資産側の分類
と測定，2010年10月に金融負債側の分類と測定が基準化され，2014年7月
には金融資産側の分類と測定が改訂されている。この逐次対応をみる限り，
金融資産及び金融負債の分類と測定は，関係者の関心が強く，課題も多いこ
とが推測できる。したがって，ここでは，金融商品会計の複雑性低減の視点
及び世界金融危機の再発防止の視点から，IAS39置換プロジェクトのフェー
ズ1「金融資産及び金融負債の分類と測定」の結果を評価するとともに，残
された主な課題を考察する。

1. 金融商品会計の複雑性低減の視点による評価

　IAS39置換プロジェクトの背景には，世界金融危機の原因の1つに会計基
準の不備があるとして，その見直しを求めるG20の要請からの短期的な側面
だけではなく，かねてから金融商品会計は複雑との批判に応えて複雑性低減
を図るため，IASB及びFASBによる共同プロジェクトのもと，中長期的な

視野で検討を続けてきた経緯がある。

　ここでは，IAS39 置換プロジェクトのフェーズ 1「金融資産及び金融負債の分類と測定」の成果である IFRS9 の関連規定について，2008 年討議資料（複雑性低減）及び 2008 年 SEC 報告書の視点から金融商品会計の複雑性低減の効果を考察する。

(1) 2008年討議資料（複雑性低減）からの視点

　IASB による 2008 年討議資料（複雑性低減）では，金融商品会計の複雑性低減に向けた中間的アプローチのうち，分類及び測定に関する複雑性低減として，アプローチ 1「現行の測定規定の改訂」及びアプローチ 2「選択的例外を伴う公正価値測定原則に置き換え」を提案している。

　アプローチ 1「現行の測定規定の改訂」は，①金融商品の分類区分の削減，②分類区分の要件（または制限規定）の簡素化（または削減）等を通じて，測定規定の改訂を図るものである。①金融商品の分類区分の削減については，償却原価を測定属性とする満期保有投資区分の削減，売却可能金融資産区分を削除して売買目的区分に統合，デリバティブ及び活発な市場で取引される金融商品は公正価値で測定等の改訂案が示されている。これに対して，IFRS9 では，金融資産の分類区分として償却原価になる元利金取立モデル，公正価値＆その他の包括利益（組替調整あり）になる元利金取立・売却一体化モデルがあり，活発な市場で取引される金融資産も事業モデルに応じて償却原価になり得るため，①金融商品の分類区分の削減で示された改訂案は採用していない。なお，2009 年 11 月公表時点の IFRS9 では，IAS39 の売却可能金融資産区分に類似する元利金取立・売却一体化モデルがなかったため，この時点では複雑性低減に向けた金融商品の分類区分の削減が行われている。しかしながら，米国会計基準案とのコンバージェンス及び保険プロジェクトとの整合性等から，2009 年 7 月の改訂では，元利金取立・売却モデルが追加されている。②分類区分の要件（または制限規定）の簡素化（または削減）では，適切な開示を条件として，償却原価となる満期保有投資区分の正当な理由がない中途売却の防止を目的とする IAS39 の懲罰的規定の廃止が提案されている。この点について，IFRS9 では，償却原価となる元利金取立モ

189

デルについて，適切な開示を条件に IAS39 のような懲罰的規定を設けていないことから，本提案を取り入れた形となっている。

次いでアプローチ 2「選択的例外を伴う公正価値測定原則に置き換え」は，将来キャッシュ・フローが固定または変動可能性が小さい金融商品には，例外的に償却原価を許容しつつ，それ以外は公正価値測定とするものである。このアプローチは，経営者の意図ではなく，金融商品の契約上のキャッシュ・フロー特性に着目している。IFRS9 の第 1 の分類規準である事業モデルは，経営者の意図の包括な表現とみれば，経営者の意図は引き続き反映されている。一方，第 2 の分類規準である契約上のキャッシュ・フロー特性としての元利金支払いのみに限定されたキャッシュ・フローの要件は，ここでのキャッシュ・フローが固定または変動可能性が小さい金融商品のキャッシュ・フロー特性と実質的に同じである。なお，IFRS9 では，償却原価が許容される元利金支払いのみに限定されたキャッシュ・フローの要件を充たした金融資産でも，保有する事業モデルによっては公正価値測定になることは選択的例外にあたるため，アプローチ 2 の提案を採用したといえる。

これらのことから，IAS39 置換プロジェクトのフェーズ 1「金融資産及び金融負債の分類と測定」の結果である IFRS9 の関連規定について，2008 年討議資料（複雑性低減）の視点からみた場合，中間的アプローチで提案された分類区分の削減は達成されていないが，分類区分の要件の簡素化及び制限規定の削除が図られている。次いで，元利金の支払いのみに限定されたキャッシュ・フローの要件を通じて，償却原価が許容される金融資産の対象を限定（例外）し，それ以外は公正価値測定とすることで，公正価値測定の範囲拡大を軸に金融商品会計の複雑性低減を図ったものと評価できる。

(2) 2008年SEC報告書からの視点

SEC による 2008 年 SEC 報告書では，財務報告における複雑性の発生原因として 7 つの項目を示している。ここではそのうち，金融資産及び金融負債の分類と測定に関連性が高い①比較可能性及び首尾一貫性の欠如及び②膨大な基準量の 2 つの項目をもとに，IAS39 から IFRS9 への置き換えによる複雑性低減の効果を考察する。

第4章　IFRS9 による金融資産及び金融負債の分類と測定の見直し

　2008 年 SEC 報告書では，①比較可能性及び首尾一貫性の欠如がもたらす
会計基準の複雑性の具体例として，公正価値と取得（償却）原価による混合
測定属性モデル，一般原則に対する例外措置の存在等を示している。IAS39
と同様，IFRS9 でも公正価値と取得（償却）原価による混合測定属性モデル
を採用しているため，いずれの測定属性とするかの分類規準や公正価値とし
た場合の評価差額の計上区分（組替調整の有無を含む）等に関連する複雑性
は引き続き存在している。また，一般原則に対する例外措置，具体的には選
択可能な会計方針の存在については，IAS39 と同様，IFRS9 でも公正価値オ
プションを許容していることに加えて，資本性金融商品に対するその他の包
括利益オプションも新たに導入する等，一般原則に対する例外措置は IAS39
よりも増加した観がある。②膨大な基準量について，IAS39 の基準量と比べ
て IFRS9 の基準量は減少しているが，依然として他の IFRS と比べて基準量
が多いことは否めない[17]。個々の規定に目を向けると，IFRS9 では，複合金
融資産を一体とみなして分類するため，IAS39 と比べて組込デリバティブの
分離処理に関連した基準（事例を含む）は減少している。しかしながら，
IFRS9 では，組込デリバティブによる影響が小さい複合金融資産に償却原価
を許容した関係上，貨幣の時間価値に修正等がある場合の契約上のキャッ
シュ・フロー特性の判定テストに関する基準が新たに加わっている。また，
複合金融負債や主契約が金融資産以外の複合商品のうち，一定の要件を充た
すものは，IFRS9 でも組込デリバティブの分離処理を要するため，組込デリ
バティブの分離要件に関する IAS39 の規定が全廃されたわけではない。次い
で，IAS39 において償却原価となる満期保有投資区分を正当な理由なく売却
した場合の懲罰的規定について，IFRS9 では償却原価となる元利金取立モデ
ルで保有する金融資産でも，当該事業モデルの事業目的に矛盾しない範囲で
売却を許容することから，当該規定は引き継いでいない。これ自体は複雑性
低減につながる分類区分の制限規定の削減であるが，IFRS9 では事業モデル
の事業目的に矛盾しない（または矛盾する）売却頻度や金額的な重要性に係
る閾値は明示せず，一義的には財務諸表作成者の判断事項にしている。明確
な線引き規定となる閾値を設けることは，2008 年 SEC 報告書が指摘するよ
うに会計基準の複雑性につながるため，原則主義の観点から事業目的をもと

191

に判断を求める IFRS9 の考え方は理解できる。しかしながら，結果として，IFRS9 では事業モデルの解釈に必要となる多くの適用事例等が加わったことを勘案すると，IAS39 と比べて IFRS9 の基準量が実質的に減少したとはいえない。

これらのことから，IAS39 置換プロジェクトのフェーズ 1「金融資産及び金融負債の認識と測定」の成果である IFRS9 の関連規定について，2008 年 SEC 報告書の視点からみた場合，比較可能性及び首尾一貫性の欠如の原因とされる混合測定属性モデルは分類規準を見直しながら踏襲した上，一般原則に対する例外措置である選択可能な会計方針は逆に増加した観があり，他の IFRS と比べて基準量が多い事実も変わっていない。満期保有投資区分に関する懲罰的規定は廃止されたが，その代わりに事業モデルの解釈指針が追加されていること等を勘案すると，IAS39 から IFRS9 への置き換えによる複雑性低減の効果は総じて限定的といえる。

2. 世界金融危機の再発防止の視点による評価

世界金融危機の背景には，サブプライム・ローンの信用危機，それを原資産とする証券化商品市場の著しい流動性の低下による公正価値の不透明化がある。これによって，証券化ビジネスに関与する多くの関係者の財政状態の悪化が財務諸表に適切に反映されていないとの疑念が負の連鎖を招き，結果として短期金融市場の資金供給が一時的に滞る状況に至ったと解される。サブプライム・ローンは金銭債権であるが，同債権を原資産とする証券化商品は有価証券であり，さらにはクレジット・デリバティブや保証債務等に派生していった。これらの金融商品のキャッシュ・フロー及びリスクの根源は同じであるが，その会計処理は金融商品の形態や経営者の保有意図に応じて異なることから，評価損や信用減損等の認識時期や測定金額にばらつきが生じ，財務諸表利用者間で会計不信が高まったと思われる。

とりわけ，証券化商品に会計不信が集中したため，IFRS9 では，証券化商品の償却原価要件として，元利金支払いのみに限定されたキャッシュ・フローの要件に加えて，実質的に原資産プールまでのルック・スルーを求める特別な要件を課している。これによって，再証券化商品のようにキャッシュ・

フロー及びリスクの組替えが複雑であり，原資産プールまでのルック・スルーが困難なことから償却原価要件を充たさない証券化商品は，保有する事業モデルに関わらず，公正価値＆純損益が適用される。世界金融危機による会計不信の背景の１つとして，償却原価区分に分類された証券化商品の含み損の遅延認識があるならば，IFRS9による証券化商品の償却原価要件の追加は一定の効果があると思われる。一方で証券化商品だけに特別な要件を追加することは，契約上のキャッシュ・フロー特性という一般原則の例外に相当するため，他の金融資産の取扱いとの整合性を欠いた対処療法的な措置であることも事実である。また，証券化商品に係る原資産プールまでのルック・スルーの要請は，金融商品会計の複雑性を増大させるものであり，投資者側の能力格差から運用上のばらつきも予想される。

　次に世界金融危機時に問題となった金融資産の減損の認識時期や測定金額の多様性の解消は，IAS39置換プロジェクトのフェーズ２「減損の方法」のテーマである。しかしながら，その多様性が金融資産の分類区分に応じて異なる減損の方法を許容していたIAS39に問題があるならば，まずは分類区分自体の見直しが必要となる。この問題に対応するため，IFRS9による金融資産の分類区分では，元利金支払いのみに限定されたキャッシュ・フローの要件を充たした金融資産を対象とする事業モデル（元利金取立モデル及び元利金取立・売却一体化モデル）とそれ以外の残余の事業モデルに大別し，前者の事業モデルに属する金融資産には，例外なくフェーズ２の成果である予想信用損失の認識及び測定に関する規定を適用する枠組みになっている。また，後者の事業モデルに属する金融資産には，市場性が乏しい非上場株式等も含めて公正価値＆純利益とすることで（その他の包括利益オプションの適用対象を除く），減損処理自体が不要となる枠組みになっている。このIFRS9の枠組みからわかるように，IAS39置換プロジェクトのフェーズ１「金融資産及び金融負債の分類と測定」は，事業モデルと契約上のキャッシュ・フロー特性の関連付けを通じて金融資産の減損の方法を単一化すると同時に，それに該当しない金融資産の減損の認識及び測定は実質的に不要とする枠組み作りに寄与している。

　これらのことから，フェーズ１「金融資産及び金融負債の分類と測定」の

193

成果である IFRS9 の関連規定をみる限り，世界金融危機によって顕在化した金融商品会計の検討課題である「金融資産及び金融負債の分類と測定の簡素化」は未達成な点が多く，IAS39 よりも複雑化した観がある。これに対して「金融資産の信用リスクの増大に対する適切な対応」については，金融資産の減損の方法の単一化を目指すフェーズ 2「減損の方法」の開発環境の整備に寄与していると評価できる。

3. 残された主な課題

　IASB は，2014 年 7 月の改訂をもってフェーズ 1「金融資産及び金融負債の分類と測定」を含む全てのフェーズが終了となり，同時点での IFRS9 を完成版として IAS39 置換プロジェクト自体も終了したと発表している。しかしながら，G20 の要請で開発作業を急いだことから，今後の実務上の運用も含めて解決を要する課題が残っていることも事実である。ここでは IFRS9 の金融資産及び金融負債の分類と測定について，残された主な課題を考察する。

（1）人為的な複雑性と本源的な複雑性の識別

　IAS39 置換プロジェクトは，IASB 及び FASB の共同プロジェクトであり，世界金融危機による G20 の見直し要請から一気に重要性が高まったが，その発端は IASB 及び FASB の 2006 年 MoU による金融商品プロジェクトである。2006 年 MoU による金融商品プロジェクトでは，金融商品会計を混合測定属性モデルから公正価値に基づく単一測定属性モデルに置き換えることが検討項目に含まれていた。同プロジェクトの成果の 1 つである 2008 年討議資料（複雑性低減）では，金融商品会計の最重要課題として複雑性，具体的には金融商品の測定方法が多いことを指摘した上，長期的解決策として全ての金融商品に公正価値 & 純損益を適用する単一測定属性モデルを提案している。この提案は目新しいものではなく，例えば，1997 年に CICA と IASB（当時は IASC）が共同で公表した CICA・IASC 討議資料，1999 年に FASB が公表した予備見解「公正価値による金融商品及び関連資産・負債に関する主な問題（以下「1999 年 FASB 予備見解」）」（FASB, 1999），2000 年に FASB 及び IASB（当時は IASC）を含む JWG が公表した JWG ドラフト基準でも

第4章　IFRS9による金融資産及び金融負債の分類と測定の見直し

同様なことが提案されている。

　混合測定属性モデルの場合，同じ金融商品であっても，経営者の保有意図等が異なれば，会計上の結果も異なるものになる。この事実をもって比較可能性及び首尾一貫性の阻害要因となる複雑性と捉えれば，考えられる解決策の1つは公正価値による単一測定属性モデルとなる。しかしながら，全面公正価値会計に対する反対意見は根強いため，IAS39と同様，IFRS9でも取得（償却）原価と公正価値による混合測定属性モデルを引き続き採用している。反対意見の主な論拠は，経営者の意図に関係なく，画一的かつ強制的に公正価値＆純損益を適用することは，会計情報の目的適合性を高めることにならないとする点である。加えて，公正価値測定の信頼性にも問題があり，一定の状況下では取得（償却）原価ベースの情報の方が将来キャッシュ・フローの予測に有用な場合があると指摘する（IFRS9, pars.BC4.4-BC4.5）。

　公正価値による単一測定属性モデルと取得（償却）原価を加えた混合測定属性モデルの是非は，複雑性低減を重視した単一化の強制，または経営者の意図を重視した多様性の許容の選択問題と捉えることができる。会計情報の比較可能性は，一律的に単一の取扱いを求める形式的なものではなく，実質が同じものは同一に取扱い，異なるものは異なるように取扱うことを意味する。IFRS9では，経営者の意図の包括的な表現である事業モデルに着目した混合測定属性モデルを採用したため，同じ金融商品でも事業モデルが異なる場合や同じ事業モデルでも取得時点が異なる場合（元利金取立モデル）には，貸借対照表価額等の会計数値は異なることになる。経営者の意図や行為が異なる＝実質が異なるとみれば，IFRS9が採用する混合測定属性モデルは，会計情報の比較可能性，ひいては有用性を損ねるものではない。しかしながら，だれが保有してもキャッシュ・フロー及びリスクは同じであり，主観のれんがない金融商品の実質は同じとみれば，経営者の意図の反映は，恣意性の介入可能性も含めて，同じものを異なるものとして取り扱うことになる。加えて，混合測定属性モデルによる会計基準の複雑性は，それが経済事象自体の複雑性に起因するならば，回避不能な複雑性として受忍すべきであるが，会計基準の開発過程で考慮した異なる見解に起因するならば見直す余地がある。また，単一測定属性モデルと混合測定属性モデルの是非や選択は，金融

195

商品会計だけではなく，非金融商品も含めた会計制度全体の問題でもある。

　したがって，金融商品会計の複雑性低減については，会計基準に起因する人為的な複雑性と経済活動に起因する本源的な複雑性に切り分けた上で，会計制度全体の観点から慎重な議論を要する課題に位置付けられる。

（2）評価差額に対する組替調整の是非

　金融資産及び金融負債の公正価値測定による評価差額の会計処理については，①発生した期の純損益に計上する方法，②発生した期のその他の包括利益に計上し，対象物が消滅（認識の中止）した場合でも純損益に振替処理しない方法（いわゆる非リサイクル，組替調整なし），③発生した期のその他の包括利益に計上し，対象物が消滅（認識の中止）した場合には純損益に振替処理をする方法（いわゆるリサイクル，組替調整あり）の３つが想定される。IFRS9について，これら３つの会計処理の主な適用状況（ヘッジ会計を除く）を示すと次の通りである。

①発生した期の純損益に計上する方法

・元利金取立モデル及び元利金取立・売却一体化モデル以外の残余の事業（売却等）モデルで保有する金融資産。

・公正価値オプションを適用した場合の金融資産。

・公正価値オプションを適用した場合の金融負債のうち，企業自らの信用リスクの変動に該当しない部分。

②発生した期のその他の包括利益に計上し，対象物が消滅（認識の中止）した場合でも純損益に組替調整しない方法

・その他の包括利益オプションを適用した場合の資本性金融商品（ただし，受取配当金は純損益に計上）。

・公正価値オプションを適用した場合の金融負債のうち，企業自らの信用リスクの変動に該当する部分（ただし，会計上のミスマッチが生じる場合は純損益に計上）。

③発生した期のその他の包括利益に計上し，対象物が消滅（認識の中止）した場合には純損益に組替調整する方法

・元利金取立・売却一体化モデルで保有する金融資産。

第4章　IFRS9による金融資産及び金融負債の分類と測定の見直し

2014年7月の改訂前のIFRS9では，公正価値測定による評価差額の組替調整を原則として禁止していた。組替調整の禁止は，金融商品会計だけではなく，IFRS体系に共通する考え方であり，その根底には利得または損失の認識は一度だけであり，その他の包括利益として認識した後に純損益に再び認識する二重計上は不適切とするIFRSの基本的な考え方がある。また，IFRS9による組替調整の禁止には，この基本的な考え方に加えてIFRS9に固有の事情がある。例えば，その他の包括利益オプション適用の資本性金融商品に係る評価差額の組替調整の禁止は，世界金融危機で批判があった資本性金融商品の減損処理自体の不要化を狙ったものである。また，公正価値オプション適用の金融負債の評価差額のうち，企業自らの信用リスクの変動に起因する部分の組替調整の禁止は，通常の金融負債の返済額は契約金額と一致することから，企業自らの信用リスクの変動に起因する部分は最終的にゼロになるためである。

これらの組替調整の禁止の理由付けには議論の余地があるが，2014年7月の改訂で導入された元利金取立・売却一体化モデルで保有する金融資産には，それまでのIFRSの基本的な考え方に反して組替調整が要求される。その理由付けとして，元利金取立・売却一体化モデルでは，公正価値情報と並んで償却原価に係る情報を純損益に反映する必要があり，そのためには組替調整が必要とするものである。いずれにしても，2014年7月の改訂によって，組替調整を要求する規定が加わったため，IFRS9には，その他の包括利益（累計額）の組替調整を禁止する規定と要求する規定が混在している。その他の包括利益オプション適用の資本性金融商品に対する組替調整の禁止の理由が世界金融危機で批判を浴びた減損規定の廃止であれば，それは単なる対処的療法にすぎず，減損損失はその他の包括利益（累計額）に含まれる（放置される）結果となる。公正価値オプション適用の金融負債に対する組替調整の禁止の理由が返済期日には公正価値と返済（償還）額が一致することであれば，期限前（中途）償還という経済行為の存在を当初から無視している。したがって，これらの組替調整の禁止の理由は，必ずしも合理的とはいえない。また，組替調整の禁止の理由が利得または損失の認識は一度だけとするIFRSの基本的な考え方にあるならば，元利金取立・売却一体化モデルで保

197

有する金融資産に対する組替調整の要求は，この基本的な考え方に例外を認めることになる。

　組替調整の是非は，金融商品会計に限ったものでなく，IFRS全般に関係するため，概念フレームワークレベルで検討を要する課題である。この点について，IASBが2015年5月に公表した2015年公開草案（概念フレームワーク）では，その他の包括利益に含まれる収益・費用の項目は全て組替調整の対象になるとの推定を設ける一方，組替調整の推定は純損益の目的適合性を高めることになる期間を識別するための明確な基礎がない場合に反証される可能性があるとしている（IASB, 2015, pars.7.26-7.27）。しかしながら，いかなる場合に純損益の目的適合性が高まるのかは，純損益の定義も含めて明らかにされていない[18]。

　したがって，金融資産及び金融負債を公正価値測定した場合の評価差額の取扱いについては，金融商品会計だけではなく，概念フレームワークレベルの視点から引き続き議論を要する課題に位置付けられる。

（3）米国会計基準との相違による影響

　IAS39置換プロジェクトは，2006年MoU及び世界金融危機を背景に金融商品会計の見直しを求めるG20の要請もあり，IASB及びFASBの共同プロジェクトになっている。したがって，フェーズ1「金融資産及び金融負債の分類と測定」及びフェーズ2「減損の方法」では，互いの公開草案に寄せられたコメントをもとに共同審議を行う等，両者間でコンバージェンスに向けた努力がなされてきた[19]。

　しかしながら，フェーズ1「金融資産及び金融負債の分類と測定」について，その最終成果である2014年7月の改訂後のIFRS9と予想される見直し後の米国会計基準とのコンバージェンスは，根本的なレベルで未達成に終わる模様である。前述のように，分類規準としてIFRS9が採用する事業モデル及び契約上のキャッシュ・フロー特性を取り入れた2013年更新書案までは，IASB及びFASB間でコンバージェンスに向けた努力が見られた。これに対して2013年更新書案公表後のFASBによる暫定決定では，現行の米国会計基準を前提に改善を図ることが最も費用対効果が高いとの考え方のもと，事

業モデル及び契約上のキャッシュ・フロー特性のいずれも検討を取り止める
としている。米国において20年近い運用実績がある会計基準の変更は，多方
面に影響が及ぶことが予想される。また，IFRS9とのコンバージェンスの一
環で複合金融資産の組込デリバティブの分離処理を廃止しても，その代替と
して契約上のキャッシュ・フロー特性の判定テスト等の規定が加わるならば，
会計基準の複雑性低減もさほど期待できない。したがって，米国会計基準の
利害関係者において，現行の会計基準の維持を前提に改善を図るアプローチ
を選好することは理解できる。IFRS9では，予想される見直し後の米国会計
基準とのコンバージェンスの観点から，2014年7月の改訂で元利金取立・売
却一体化モデルを導入済みにつき，金融資産の分類区分における両者間の大
きな差異はないかもしれない。しかしながら，両者間の分類規準が異なるな
らば，そのコンバージェンスは表面的なものにすぎない。

　FASBの主な使命は，米国の財務報告の改善に資する会計基準の開発であ
るならば，IFRS適用国の中では改善になることでも，米国では改善になら
ないことがある。これは金融商品会計の分野に限った問題ではないが，国際
的に最も発達した金融市場を有し，IAS39に先駆けて金融商品会計基準を開
発の上，長年の運用実績があるFASB及び米国の利害関係者にとっては，譲
れない一線かもしれない。一方でだれが保有してもキャッシュ・フロー及び
リスクは同じであり，主観のれんがない金融商品は，だれが保有しても同じ
財務報告となり得る素地がある。

　いずれにしても，金融経済のさらなるグローバル化を勘案すると，金融商
品会計におけるIFRSと米国会計基準のコンバージェンスのあり方は，引き
続き議論を要する課題に位置付けられる。

小　括

　本章では，IAS39置換プロジェクトのフェーズ1「金融資産及び金融負債
の分類と測定」に関係するIFRS9の主な規定及び特徴，IAS39との主な相違
点や論点を概括した。次いで金融商品会計の見直しの契機となった金融商品
会計の複雑性低減プロジェクト及び世界金融危機の視点から，フェーズ1「金

融資産及び金融負債の分類と測定」の結果を評価するとともに，残された主な課題を考察した。

IFRS9の特徴の１つは，金融資産の分類規準について，IAS39の経営者の意図及び指定から，事業モデル及び契約上のキャッシュ・フロー特性に変更したことである。経営者の意図及び指定は企業内部の行為に対して，事業モデルは企業外部から観測可能な事実であることから，変更によって客観性が高まったといえる。しかしながら，事業モデルであっても，経営者の意図の包括的な表現であることに変わりがない。したがって，経営者の意図に依存した混合測定属性モデルである限り，IAS39に内在する問題，例えば会計基準としての複雑性や分類に際しての解釈の困難さ等は，IFRS9であっても大きく変わらないといえる。また，契約上のキャッシュ・フロー特性としての元利金支払いのみに限定されたキャッシュ・フローの要件の導入は，償却原価要件の明確化，さらには減損の方法の単一化の基盤作りに寄与する一方，複合金融資産の分類の解釈は複雑なものになり，その適用に幅が生じることが予想される。

会計基準の複雑性低減の観点からは，複雑性の発生原因が分類区分の多様性にあるならば，2014年7月の改訂で元利金取立・売却一体化モデルが追加された結果，IFRS9の分類区分はIAS39と大差がなくなり，資本性金融商品に対するその他の包括利益オプションの導入等を勘案すると実質的な分類区分は増加した観がある。また，世界金融危機の再発防止の視点から証券化商品の償却原価要件を厳格化する規定を盛り込んでいるが，一般原則である契約上のキャッシュ・フロー特性に対する例外措置になるため，会計基準としての複雑性は増大したことになる。また，米国会計基準との関係についても，予想される見直し後の会計基準の分類規準にIFRS9の考え方が採用されず，現行の米国会計基準の手直し程度であれば，両者のコンバージェンスは達成したとはいえない。

これらを勘案すると，IAS39置換プロジェクトのフェーズ1「金融資産及び金融負債の分類と測定」の最終成果であるIFRS9の関連規定は，フェーズ2「減損の方法」のテーマである減損規定の単一化に向けた基盤整備という点からは評価できるが，分類区分自体はIAS39とさほど変わらないことから，

第4章　IFRS9による金融資産及び金融負債の分類と測定の見直し

金融商品会計の複雑性低減という本来の目的の達成度は総じて限定的といえる。

注

1) 2010年公開草案（分類と測定）に先だって，IASBは負債の測定で問題となる信用リスクの反映のあり方に関する討議資料「負債測定における信用リスク」（IASB, 2009e）を公表している。同討議資料では，負債の当初測定と事後測定の両方について，信用リスクを反映すべきかどうかのコメントを求めている。

2) London Interbank Offered Rate の略であり，ロンドンの銀行間取引で資金の出し手から提示される金利を指す。

3) 新株予約権付社債等が該当する。

4) 複合金融商品の会計処理には，当該商品を支配する特性を見いだし，その特性に応じた会計処理を全体に適用する支配特性アプローチ（governing-characteristic approach）と複合金融商品を構成する基本的な金融商品に分解し，分解後の金融商品毎に会計処理を適用するビルディングブロック・アプローチ（building block approach）がある。詳しくは，吉田（2003, pp.94-96）を参照されたい。

5) IFRS9（Appendix A）では，金融商品のうち，次の3つの特徴を全て有しているものをデリバティブと定義している。
①価値が基礎数値（金利，商品価格，為替レート，価格またはレートの指数等）の変動に応じて変動すること。
②当初の投資がまったく不要か，または市場要因の変動に対する反応が類似する他の種類の契約であれば必要となる当初の純投資よりも小さいこと。
③将来の一定の日に決済されること。

6) 例えば，投資元本の大半が回収不能または組込デリバティブによって当初収益率が少なくても2倍以上になる可能性があるか，主契約と同条件の商品の市場金利の少なくとも2倍以上の収益率となる可能性がある場合には，レバレッジ性が高いとされる（IFRS9, par.B4.3.8）。いわゆるダブル・ダブルテストと称されるものであり，IAS39（2009, par.AG33）から引き継いでいるほか，米国会計基準でも同様の規定がある。

7) 公正価値となる現在価値について，割引率調整技法を用いる場合のリスクの反映は割引率を通じて行う。したがって，契約上の将来キャッシュ・フローを割り引く割引率（＝リスク・フリー金利＋リスクプレミアム）の引上げは現在価値の減少となる一方，割引率の引下げは現在価値の増加となる。一方，期待現在価値技法を用いる場合のリスクの反映は将来キャッシュ・フローの期待値計算を通じて行うため，割引率はリスク・フリー金利となる。

8) 当初測定額と満期日時点の償還金額が同額，かつ期中の利息額が固定で定期的に発生するキャッシュ・フローを有する金融商品の内部収益率（実効金利に相当）は，約定金利と同一値になる。

9) 2009年公開草案（分類と測定）において，その他の包括利益オプション適用対象である株式等の資本性金融商品の受取配当金は，その他の包括利益に表示するこ

201

とが提案されていた。しかしながら，資本性金融商品に係る資金調達コストが費用（支払利息等）として純損益に計上される一方，その対価である受取配当金がその他の包括利益であれば，会計上のミスマッチになる等のコメントを勘案し，IFRS9 では純損益になった経緯がある。

10) ファイナンス理論における内部収益率（Internal rate of return; IRR）であり，複利計算に基づく金利体系となる。

11) 経営者の意図と事業モデルの概念上の相違に関する会計上の問題については，今福（2011），古賀（2014）を参照されたい。

12) 2009 年公開草案（分類と測定）のコメント提出者は，「基本的な貸付契約」という表現に反対し，特定の金融資産に当該分類規準を適用するためのガイダンスの拡充を求めていた。

13) IASB は，資本の性質を伴う金融商品に関する調査プロジェクトを進めており，2008 年 2 月に討議資料「資本の特徴を有する金融商品」（IASB, 2008f）を公表している。議論によっては，負債及び資本の定義にも関係するため，財務報告の概念フレームワークの見直しプロジェクトとも関連性がある。

14) 主契約のキャッシュ・フローを組込デリバティブによって組み替えることで，複合金融商品を作りだす技法は，吉田（1999, pp.85-114）を参照されたい。

15) IAS39（2009, par.66）では，相場価格がない資本性金融商品に公正価値測定の例外，すなわち取得原価を許容する場合の減損損失の測定に際して，対象資産の帳簿価額と類似の金融商品の市場金利で割り引いた将来キャッシュ・フローの現在価値との差額とする規定がある。

16) コア預金負債は平均残高の割引価値（割引率は代替資金レートとコア預金提供総コストの差額による），特定の出資は償還価値による等の例外措置がある。

17) IAS39（IAS39 置換プロジェクトによる IAS39 の改訂がなされる直前の 2009 年 3 月時点）のパラグラフ数は，本文で 136（導入区分の 26 を含む），適用指針で 133，結論の背景で 222 である。また，設例は 31 例であり，適用ガイダンスの質疑応答例は 132 例である。

18) 日本の会計基準設定主体である企業会計基準委員会は，クリーン・サープラス維持の観点から，組替調整すべきことを一貫して主張している。

19) フェーズ 3「ヘッジ会計」は，IASB の単独プロジェクトになっている。

第 5 章

IFRS9による減損の方法の見直し

はじめに

　契約上の元利金取立を通じて投下資本の回収及び利得の獲得を図る金融資産は，取得（創出）時点で発行（債務）者の支払能力を見積もることで取引価額や約定金利，返済期限等を決定するが，その後の状況によっては当初に見積もった発行（債務）者の支払能力が変化する場合がある。ここでの問題は，金融資産の発行（債務）者の支払能力が低下した場合の取扱いであり，回収可能な将来キャッシュ・フローの見込額を下方修正する必要がある。具体的には引当金繰入や直接償却を行うことになるが，その認識及び測定は経営者の判断に委ねられることから問題になることが多い。

　世界金融危機の再発防止の観点から会計基準の見直しに求めるG20の要請の一環として，FCAGが公表した2009年FCAG報告書では，IASB及びFASBに対して将来予測情報を積極的に反映した減損モデルを検討すること，IFRSと米国会計基準間のコンバージェンスに向けて努力をすること等が勧告事項に盛り込まれている（FCAG, 2009, Recommendations 1.2 and 1.3）。IAS39置換プロジェクトのフェーズ2「減損の方法」は，この勧告事項に対応するものである。フェーズ2の対象範囲となる金融資産の多くは貸出金や債券等につき，内容によっては対象資産を多数保有する金融機関はもちろん，一般事業会社にも少なからず影響が及ぶことになる。

　したがって，本章では，減損の方法に関するIFRS9の枠組みを概括するともに，基準化に至るまでの経緯や公開草案の変遷も含めて，IAS39との主な相違点や論点を明らかにする。次いで，金融商品会計の見直しの契機となった金融商品会計の複雑性低減プロジェクト及び世界金融危機の視点から，IAS39置換プロジェクトのフェーズ2「減損の方法」の結果を評価するとともに，残された主な課題を考察する。

1　IFRS9による減損の方法の枠組み

　金融資産の減損の会計処理は，世界金融危機に際して，財務諸表作成者及

び利用者の双方にとって最も関心が集まった項目である。また，複数の減損の会計処理の存在は，金融商品会計の複雑性の大きな要因である一方，良くも悪くも実務慣行化していることも事実である。そのため，IAS39置換プロジェクトのフェーズ2「減損の方法」の開発作業は，金融商品会計の複雑性低減と世界金融危機の再発防止という2つの目的を見据える必要があったことから，フェーズ2の最終成果であるIFRS9の減損規定の内容は，首尾一貫していないところがある。

　したがって，ここではフェーズ2「減損の方法」の位置付け及び同フェーズの終了に至るまでの変遷を触れた後，IFRS9の減損に係る基本事項の説明を行う。次いで，実際の運用に際して必要となる指針や解釈を要する個別事項の説明を通じて，IFRS9の減損規定の全体的な枠組みを概括する。

1. フェーズ2「減損の方法」の位置付け及び開発過程

　IFRS9による金融資産の分類及び測定の枠組みにおいて，元利金支払いのみに限定されたキャッシュ・フローの要件を充たした金融資産は，事業目的に応じて償却原価となる元利金取立モデル，または公正価値＆その他の包括利益（組替調整あり）となる元利金取立・売却一体化モデルに分類される。当該要件を充たさない金融資産，または事業目的に元利金取立を含まない事業モデル（売却モデル等）で保有する金融資産は残余の事業モデルに分類の上，公正価値＆純損益が適用される。IAS39置換プロジェクトのフェーズ2「減損の方法」の成果であるIFRS9の減損規定は，元利金取立モデル及び元利金取立・売却一体化モデルに分類される金融資産に適用される。

　これらの事業モデルの事業目的，すなわちキャッシュ・フローの回収方法には，保有を通じた元利金取立が含まれており，その成果は契約の通りに元利金を回収できたかどうかで示される。したがって，金融資産の発行（債務）者の支払能力の不確実性を示す信用リスクの変化が成果の先行指標となる。信用リスクの増大は金融資産からの予想回収キャッシュ・フローの減少を示唆するため，損失評価引当金繰入または直接償却等の会計処理を通じて遅滞なく，かつ過不足なく下方修正（回復の場合は上方修正）することが有用な会計情報となる。一方，事業目的に元利金取立を含まない残余の事業モデル

（売却モデル等）に分類される金融資産には，IFRS9 の減損規定は適用されない。この場合の主なキャッシュ・フローの回収方法は，公正価値の変動に着目した売却であり，その成果は公正価値の変動で示される。公正価値の変動要因には，金融資産の発行（債務）者の支払能力のほか，市場金利や商品価格，市場流通性等の市場参加者が考慮する全ての要素が含まれる。したがって，市場参加者が考慮する全ての要素を反映した IFRS13 の公正価値で測定することが有用な会計情報になるためである。

　IAS39 置換プロジェクトのフェーズ 2「減損の方法」による IFRS9 の減損規定は，フェーズ 1 で定義された元利金取立モデル及び元利金取立・売却一体化モデルの事業目的である元利金取立の成果を純損益に反映させる役割を担っている。IAS39 置換プロジェクトのフェーズ 2「減損の方法」の最初の成果は，IASB が 2009 年 11 月に公表した 2009 年公開草案（減損）である。当初認識時点の予想信用損失を実効金利に反映（coupling, 一体化）させて期間配分することを提案した 2009 年公開草案（減損）は，金融資産の値付け（pricing）と整合性があるほか，取引初日の損益問題を解決する等，理論的には優れていたものの，実際の運用面で強い懸念が示された。2009 年公開草案（減損）に対する懸念及び FASB による米国会計基準の見直し動向等を考慮して，IASB は 2011 年 1 月に 2011 年補足資料（減損）を公表している。2011 年補足資料（減損）では，予想信用損失と実効金利の一体化処理を断念した上，残存期間中の予想信用損失について，グッドブック（good book, 正常）分類は一部認識（期間比例配分額または予見可能な期間分のいずれか多い金額）とし，バッドブック（bad book, 不良）分類は全額認識することを提案している。対象資産を正常と不良に分類する提案は，金融機関にとって実務慣行の延長線上にあるため[1]，運用面での懸念は減少したものの，グッドブック分類では 2 つの計算（いずれか多い方を選択）を要すること，残存期間の算定にシステム変更が必要になること等を理由として，2011 年補足資料（減損）にも批判的なコメントが多く寄せられた。これらのコメントをもとに，IASB は 3 段階（three-bucket）モデルの検討を進め，2013 年 3 月には 2013 年再公開草案（減損）を公表し，2014 年 7 月に基準化することでフェーズ 2「減損の方法」は終了している。2009 年公開草案（減損），2011

第 5 章　IFRS9 による減損の方法の見直し

年補足資料（減損）及び 2013 年再公開草案（減損）に基づく IFRS9 の減損規定の会計処理はいずれも異なるため，フェーズ 2「減損の方法」の開発作業は，かなりの紆余曲折があったことが推測される。

2. IFRS9による減損の方法の概要

(1) IFRS9による減損の方法の基本事項

IFRS9 の減損規定は，取得（または組成）時に信用減損がある金融資産を除いて，決算日時点での金融資産の信用リスクが当初認識以降に著しく増大している場合は全（残存）期間の予想信用損失に等しい額の損失評価引当金を計上し，著しく増大していない場合は 12 カ月の予想信用損失に等しい額の損失評価引当金を計上する二重測定アプローチを原則（以下「一般アプローチ」）とする（IFRS9, par.5.5.3, par.5.5.5）。金利収益である受取利息の算定についても，信用リスクの増大の度合等に応じて異なる取扱いとなる。なお，一定の要件を充たした営業債権，契約資産及びリース債権は，一般アプローチに代えて，常に全期間の予想信用損失に等しい額の損失評価引当金を計上すること（以下「簡便アプローチ」）を会計方針として選択できる（IFRS9, par.5.5.15）。

一般アプローチによる損失評価引当金及び受取利息の算定は，金融資産の信用リスクの増大の度合及び信用減損の客観的証拠の有無に応じて，次に示す 3 段階（stage）の取扱いとなる。

段階 1：当初認識（取得または創出）の全ての金融資産が対象となる（当初認識時から信用減損がある場合を除く）。12 カ月の予想信用損失を費用認識し，損失評価引当金を計上する。受取利息は，総帳簿価額（損失評価引当金は控除せず）をもとに算定する。

段階 2：当初認識以降に信用リスクが著しく増大し，かつ決算日現在の信用リスクは低くないと判断されるが，信用減損の客観的証拠はない金融資産が対象となる。全期間の予想信用損失を費用認識し，損失評価引当金を計上する。受取利息は段階 1 と同じ，すなわち総帳簿価額（損失評価引当金は控除せず）をもとに算定する。

段階 3：段階 2 の判断に加えて，信用減損の客観的証拠がある金融資産が

207

図表 5 - 1　IFRS 9 による信用減損の一般アプローチ

当初認識（取得・創出）以降の信用リスクの増大 →

段階（stage）1	段階（stage）2	段階（stage）3
「償却原価」「公正価値 & その他の包括利益（組替調整あり）」となる金融資産を当初認識した段階（当初認識時から信用減損があるものを除く）。	当初認識以降に信用リスクが著しく増大、かつ決算日時点の信用リスクは低くないが、信用減損の客観的証拠はない段階。	段階 2 の判断に加えて、信用減損の客観的証拠がある段階。

損失評価引当金の金額

12 カ月の予想信用損失額	全期間（残存期間）の予想信用損失額

受取利息の算定

総帳簿価額（損失評価引当金は控除せず）×実効金利	純帳簿価額（総帳簿価額－損失評価引当金）×実効金利

　　　　対象となる。段階2と同様に全期間の予想信用損失を費用認識し，損失評価引当金を計上する。受取利息は，損失評価引当金控除後の純帳簿価額をもとに算定する。

　この3段階の分類区分は，決算日毎に信用リスクの変化及び信用減損の客観的証拠の有無に応じて見直す必要がある。例えば，前期には全期間の損失評価引当金を要した金融資産が今期になって信用リスクが減少したため，当初認識以降の著しい増大に該当しなくなった場合には，段階1として12カ月の損失評価引当金となる。なお，損失評価引当金の増減は，純損益に計上される。図表5－1は，IFRS9の減損規定による一般アプローチの概要を示したものである。

1）適用範囲及び評価単位

①適用範囲

　IFRS9の減損規定の適用範囲は，測定属性が公正価値以外の金融資産（以下の a. から d.）及び測定属性が公正価値でも償却原価による損益情報が純損

第5章　IFRS9による減損の方法の見直し

益に反映される事業モデルで保有される金融資産（以下の e.）であり，具体的には次の通りである（IFRS9, par.5.5.1）。

a.　元利金取立モデルに分類される金融資産

　信用リスクの増大に起因する将来（元利金回収）キャッシュ・フローの減少を反映する必要があるため。

b.　公正価値＆純損益の対象外であるローン・コミットメント及び金融保証契約

　実行時には貸出金に係る予想信用損失が発生し，信用リスク管理上も貸出金と同様に取り扱われるため。

c.　IFRS15 から生じる営業債権及び契約資産

　将来予測情報を反映した信用損失の認識及び測定は，財務報告の改善につながるため。

d.　IAS17 から生じるリース債権

　偶発事象に基づく支払条項（contingent payment）や変動リース料等のリース契約に固有の特性はあるが，リース契約だけに特別な減損規定を設けるほどの重要性はないため。

e.　元利金取立・売却一体化モデルに分類される金融資産

　公正価値及び償却原価の両方の情報を提供する観点から，受取利息や予想信用損失については，測定属性が償却原価である金融資産と同じ方法を適用するため。

　なお，IFRS9 の減損規定は，貸出金等の金銭債権だけに限ることなく，適用範囲に含まれる公社債等の債券にも一律的に適用される。

②評価単位

　IFRS9 の減損規定は，当初認識以降に信用リスクが著しく増大したかどうかで取扱いが異なるため，信用リスクの評価単位が問題となる。当初認識時から信用減損がある金融資産でない限り，信用リスクの増大は，金融資産の全体的な集合（グループ）単位の潜在的なレベルから，特定の集合（サブ・グループ）単位を経て，最終的には個別単位の金融資産で確認されることが一般的である。企業による一般的な信用リスク管理も同様な流れにつき，信用リスクの著しい増大の有無の評価単位は，金融資産に共通する信用リスク

209

の特性に応じたグループまたはサブ・グループの集合単位が先行し，次いで個別単位に移行することになる。グルーピングの規準となる信用リスクの特性としては，例えば金融商品の種類別，信用格付別，担保種類別，当初認識日別，残存期間別，産業別，債務者の所在地域別，債務不履行時の担保依存度別が想定される。企業としては，自社の信用リスク管理に即して特性を選択し，それに基づいて信用リスクの評価単位のグルーピングを行うことになる。

2）信用リスク管理を反映した一般アプローチの概要

　IFRS9 の減損規定の一般アプローチは，信用リスク管理が集合単位と個別単位では異なる実態を考慮して，損失評価引当金及び受取利息の算定も異なる取扱いになっている。ここでは，信用リスクの変化と信用減損の客観的証拠の有無を基準とする一般アプローチの段階別対応について，簡単な事例を用いて説明する。

事　例

① ABC 銀行は，個人を対象とする住宅ローンを複数実行している。ローン実行時点で信用減損はなく，ローン金利は信用リスクに見合う水準である。なお，ABC 銀行では，これらの住宅ローンの運用及び信用リスク管理をポートフォリオ（集合）単位で行っている。

⇒図表 5 − 1 の段階 1 に該当

　　ポートフォリオ運用として当初認識した住宅ローンについて，12 カ月の予想信用損失を費用認識し，損失評価引当金を計上する。受取利息は，総帳簿価額（損失評価引当金は控除せず）をもとに算定する。

②ポートフォリオ運用している住宅ローン群の対象地域の一部が極めて厳しい経済状態に陥り，同地域に所在する住民の失業率の増加が予想された。ABC 銀行は，予想される失業率の増加が当該地域の住民に実行した住宅ローンの債務不履行率の著しい増大につながると判断した。なお，決算日時点において，当該地域の個々の住宅ローンに債務不履行に該当する事象（元利金の延滞等）は発生していない。

210

⇒図表5－1の段階2に該当

　　ポートフォリオ（全体グループ）から該当地域に所在する債務者の住宅ローン群を切り出し，別途の集合単位（サブグループ）を形成する。当該集合単位に含まれる住宅ローン群については，全期間の予想信用損失を費用認識し，損失評価引当金を計上する。受取利息は，総帳簿価額（損失評価引当金は控除せず）をもとに算定する。

　　なお，切り出したサブグループ以外のポートフォリオに残留する該当地域以外の住宅ローン群の損失評価引当金は，引き続き12カ月の予想信用損失を計上する（図表5－1の段階1に残留）。

③別途に切り出した集合単位（サブグループ）に含まれる特定の住宅ローンについて，債務不履行に該当する事象（元利金の延滞等）が発生した。

⇒図表5－1の段階3に該当

　　信用減損の客観的証拠がある住宅ローンは，別途の集合単位（サブグループ）から切り出し，全期間の予想信用損失とする損失評価引当金は継続の上[2)]，受取利息は損失評価引当金控除後の純帳簿価額をもとに算定する。それ以外の集合単位に含まれる住宅ローン群の取扱いは，状況に変化がなければ（信用減損の客観的証拠がなければ）そのままとなる（図表5－1の段階2に残留）。

　図表5－2は，信用リスクの増大に応じて評価単位が段階的に変化する信用リスク管理の実態を反映した一般アプローチの基本的なイメージを示したものである。なお，全期間の損失評価引当金を計上中（段階2または段階3）の金融資産の債務不履行率が改善する等，信用リスクの著しい増大に該当しない状態になった場合には，12カ月の予想信用損失（段階1）に切り替わるほか，状況によっては段階1から一足飛びに段階3に至る場合もある。

3) 予想信用損失の認識及び測定

①予想信用損失の性質

　IFRS9における予想信用損失とは，回収が予想されるキャッシュ・フロー

図表 5 - 2　一般アプローチにおける評価単位と段階別引当の関係

	損失評価引当金	受取利息の算定
段階 1	12 カ月	総帳簿価額×実効金利
段階 2	全期間	総帳簿価額×実効金利
段階 3	全期間	純帳簿価額×実効金利

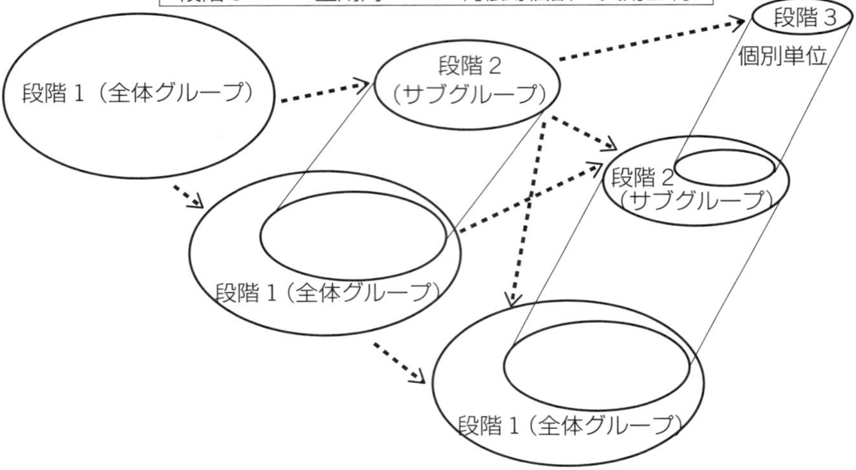

出所：IASB（2013b）p.12をもとに筆者加筆。

が契約上の元利金を下回る場合の差額（不足部分）を当初認識時の実効金利で割り引いた信用損失について，債務不履行リスクをもとにウェイト付けした加重平均（期待）値を指す（IFRS9, Appendix A）。予想信用損失の測定に際して，IFRS9 では，a. 生じ得る可能性がある範囲で確率加重した偏りがない金額であること，b. 貨幣の時間価値を考慮すること，c. 過去の事象，現在の状況及び将来の経済状況の予測について，決算日時点で過度なコストや負担を要しない範囲で利用可能な合理的で裏付けがある情報を用いること，の3つの基本原則を示している（IFRS9, par.5.5.17）。

　a．生じ得る可能性がある範囲で確率加重した偏りがない金額であること

　　　確率加重した金額とは，生じ得る可能性がある複数のシナリオに基づく信用損失の発生確率を反映した値を意味する。なお，生じ得る可能性がある範囲で偏りがない値につき，想定するシナリオは，通常であれば生じな

い最悪（ワースト）シナリオを考慮する必要はなく，合理的に予想される範囲内で勘案することになる。実際の見積りに際しては，想定するシナリオ毎に回収キャッシュ・フローの金額及び発生時期，その発生確率を見積もるシナリオ・シミュレーション等の高度な手法もあれば，信用リスクの共通の特性に応じて分類した金融資産グループの信用損失の平均値等を基礎とする手法もある。

　IFRS9 では，予想信用損失の測定方法を特定していないため，企業毎に合理的な方法を選択することになる。ただし，確率加重された偏りがない金額とする観点から，仮に信用損失の発生可能性が極めて低い場合でも，信用損失が発生する可能性と発生しない可能性の両方を考慮する必要がある[3]。

b. 貨幣の時間価値を考慮すること

　IFRS9 における予想信用損失は，単に元利金の回収をすれば足りるわけではなく，契約期日通りに回収できるかどうかも重要となる。元利金の全額を回収できたとしても，契約期日から遅延した回収であれば，貨幣の時間価値に起因した逸失利益に相当する損失が生じるためである。予想信用損失を割引価値とする限り，貨幣の時間価値は自動的に反映される。予想信用損失を求める際の割引率は，当初認識時の実効金利が基本となるが（当初認識時から信用減損がある場合を除く），リース債権の場合は，IAS17 によってリース債権を測定する際に用いる割引率が使用される[4]。

c. 決算日時点で過度なコストや負担を要しない範囲で利用可能な合理的で裏付けがある情報を用いること。

　IFRS9 の減損規定は，将来予測的（forward looking）な情報を反映する観点から，予想信用損失の見積りに際して，過去の事象及び現在の状況だけでなく，将来の経済状況の予測も織り込むことを求めている。見積額の精度は，見積りに用いる情報の質量に依存するが，そのために費用対効果を度外視することは合理的ではない。したがって，IFRS9 の減損規定では，予想信用損失の見積りに用いる情報の質量について，決算日時点で過度なコストや負担を要しない範囲で合理的に利用可能であり，見積りの適正性を裏付けできれば足りるとしている。予想信用損失には，将来の経済状況

213

の予測の反映が求められるが，過去から現在までの情報は，将来予測の基礎として重要な役割を果たすことに変わりはない。したがって，予想信用損失の見積りに際しては，過去から現在までの情報を基礎として，これに合理的で裏付け可能な範囲で将来情報（失業率，資産・商品価格，債務履行状況，信用格付，金融商品の信用損失を示すその他の要素）を反映させることになる。

②全期間の予想信用損失と12カ月の予想信用損失

全期間の予想信用損失とは，金融資産の予想残存期間中を通じて債務者が債務不履行となった場合に生じる信用損失（割引後）について，債務不履行リスクでウェイト付けした加重平均（期待）値である。これに対して，12カ月の予想信用損失とは，全期間の予想信用損失の一部であり，債務不履行が決算日から12カ月後（金融商品の予想残存期間が12カ月未満の場合は，それより短い期間）に発生する場合に生じる全期間の回収不足額（割引後）を当該債務不履行リスクでウェイト付けした加重平均（期待）値である（IFRS9, par.B5.5.43）。したがって，12カ月の予想信用損失は，その先12カ月間に予想される回収不足額ではなく，その先12カ月間に債務不履行となる見込みの金融資産の予想信用損失でもない点に留意する必要がある。債務不履行確率（probability of default）を用いた12カ月の予想信用損失の見積りの事例は次の通りである。

前提条件
・貸出債権額 1,000,000，12カ月後の債務不履行確率 0.5%，債務不履行時の損失率（貨幣の時間価値を考慮後）25% の場合
　貸出債権額 1,000,000 × 債務不履行確率 0.5% × 債務不履行時の損失率 25%
　= 1,250

12カ月後の債務不履行確率 0.5% は，裏を返せば同時点で債務不履行が生じない確率が 99.5% であることを意味しており，当該確率を用いることで信用損失が発生する可能性と発生しない可能性の両方の確率を考慮した加重平均（期待）値となる。なお，IFRS9 の減損規定は，予想信用損失の測定手法

第5章　IFRS9 による減損の方法の見直し

を特定していないため，債務不履行確率を用いた方法のほか，貸倒損失率を用いた方法でも，前述の3つの基本原則を充たせば許容される[5]。例えば，延滞日数と貸倒損失率を関連付けた引当マトリックスをもとに，延滞なしは1%，30日以内の延滞は2%，30日以上90日以内の延滞は3%の引当率とする簡便法でも，3つの基本原則を充たせば認められる。

4）信用リスクの著しい増大の判定

　IFRS9 の減損規定は，決算日毎に金融資産の信用リスクが当初認識以降に著しく増大しているかどうかの判断を求めている。これは12カ月の予想信用損失となる段階1と全期間の予想信用損失となる段階2の境目について，信用リスクの著しい増大の有無が基本的な目安になるためである。判断に際しては，予想信用損失の金額の変化ではなく，債務不履行リスクの変化に着目することになる（IFRS9, par.5.5.9）。なお，債務不履行となる事象は，金融資産の種類や契約内容，関連法制等に応じて異なるため，IFRS9 では特に定義を設けていない。その代わりに，金融商品の信用リスク管理と整合性があり，必要に応じて定性的な指標（例えば covenant, 借入契約の誓約事項等）を考慮しつつ，自社で債務不履行の定義を設けて適用することを求めている（IFRS9, par.B5.5.37）。このように，IFRS9 では債務不履行の定義を企業に委ねる一方，経営者による恣意性の介入に対する歯止めとして，債務不履行は90日超の遅延（期日経過）となる時点よりも後に発生することはないとする反証可能な推定規定を設けている。

　次にIFRS9 では，信用リスクが当初認識以降に著しく増大した場合に段階1から段階2に移行するが，その際の判断に際して30日超の遅延（期日経過）があれば該当するとの反証可能な推定規定を設けている。反証可能であるため，合理的な説明が可能であれば，30日超の延滞でも信用リスクの著しい増大には該当しない。また，30日超の延滞を待つことなく，企業が信用リスクの著しい増大があると判断した場合には当該規定は適用されない。

　IFRS9 の減損規定で注意すべき点は，決算日時点での金融資産の信用リスクが低い場合，信用リスクの著しい増大はないと推定できることである。したがって，金融資産の信用リスクが当初認識以降に著しく増大した場合で

215

も，決算日時点の信用リスクが低ければ，全期間ではなく，12カ月の予想信用損失で足りることになる。「信用リスクが低い」とは，債務不履行リスクが低いことに加えて，債務者の財務能力は短期的に問題がなく，長期的に不利な環境下でも一定程度は期待できる場合が該当する。信用リスクが低いとする水準の判断規準について，IFRS9では，国際的な信用格付業者の信用格付で「投資適格（investment grade）」以内であることを例示している。なお，判断規準となる信用格付については，必ず信用格付業者の外部信用格付を要するわけではなく，社内の信用リスク管理上の信用格付であっても，国際的に認知されている投資適格の定義と整合性があれば足りる。

5) 営業債権等に対する簡便アプローチの概要

　IFRS9の減損規定では，一般アプローチを原則とする一方，常に全期間の予想信用損失に等しい額を損失評価引当金とする簡便アプローチの適用も認めている（IFRS9, par.5.5.15）。一般アプローチによる場合，対象金融資産の信用リスクの変化を継続的に把握可能な信用リスク管理体制の整備に加えて，損失評価引当金も12カ月と全期間の両方を算定する必要がある。金融資産は，金融機関のみならず，一般事業会社も当然に保有するが，金融機関と同等の信用リスク管理体制を求めることは非現実的であり，売上債権等の期限は12カ月以内であることも多い。簡便アプローチは，これらの事情を勘案したものである。簡便アプローチの適用が可能な金融資産の種類は次の通りであり，企業は種類毎に会計方針として選択することができる（IFRS9, par.5.5.16）。

① IFRS15による売上債権（trade receivables）のうち，重要性がある財務要素を含んでいないもの。または，重要性がある財務要素を含む売上債権であっても，企業が会計方針として簡便アプローチを選択しているもの。

② IFRS15による契約資産（contract assets）のうち[6]，重要性がある財務要素を含んでいないもの。または，重要性がある財務要素を含む契約資産であっても，企業が会計方針として簡便アプローチを選択しているもの。

第 5 章　IFRS9 による減損の方法の見直し

③IAS17 によるリース債権のうち，企業が会計方針として簡便アプローチを選択しているもの。

(2) IFRS9による減損の方法の個別事項

　ここでは，IFRS9 の減損規定のうち，前述の基本事項の理解に際して有益な事項，例外的または技術的な要素が強い事項を概括する。

1) 担保等の信用補完措置がある場合の取扱い

　金融資産について，独立して認識されない契約条項に基づく担保等の信用保全措置がある場合の予想信用損失の見積りには，担保権等の実行を通じて回収が予想されるキャッシュ・フロー（担保権等の実行費用は差引後）が反映される（IFRS9, par.B5.5.55）。見積りに際して，担保権等の実行可能性が極めて高い（probable）かどうかは関係なく，対象金融資産の契約期間内に実行されるとは限らないため，予想信用損失の見積期間が契約期間を超えることもある。なお，担保権等の実行は，一般的に債務者が約定通りの返済が不能となった場合の措置であることを勘案すると，その実行可能性や担保価値の変動は債務不履行リスクに関係なく，信用損失の金額に影響を与える性質のものである。したがって，担保等による債権保全（カバー）率が高い金融資産について，当初認識以降に信用リスクの著しい増大があれば，全期間の予想信用損失の認識が必要となるが，その金額は極めて少額になり得る。

2) ローン・コミットメント等の取扱い

　IFRS9 の減損規定では，認識済の貸出金と未認識であるローン・コミットメント等の信用供与枠（未使用分）は，いずれも信用リスクにさらされている点では同じとして，ローン・コミットメント等にも予想信用損失の認識を求めている。ローン・コミットメントの信用供与枠に係る予想信用損失は，仮に貸出金を実行した場合の契約上の元利金と予想回収キャッシュ・フローの差額の割引価値となる（IFRS9, par.B5.5.30）。債務保証に係る回収不足額は，債権者への支払予想額から債務保証先等からの回収予想額を差し引いた差額の割引価値となる（IFRS9, par.B5.5.32）。

217

予想信用損失の見積り最長期間について，原則は企業が信用リスクにさらされている最長の契約期間になることは，ローン・コミットメント等も同じである。したがって，通常のローン・コミットメント等の予想信用損失は，企業が信用供与を約した契約期間に基づいて見積もればよい。しかしながら，例えば1日前の事前通知で解約可能な条項を有するリボルビング型クレジットカード等の金融商品の実際の信用供与期間は，契約上の期限（この場合は1日）よりも長く，信用リスクの著しい増大が実際に観測された時点で解約等の措置がなされることも多い。このような金融商品に原則を適用した場合，予想信用損失は契約上の期限分だけとなり，その金額は実態と乖離した少額なものとなる。この問題に対応するため，IFRS9の減損規定は，企業側に返済請求及び未実行の貸出枠の打切りができる契約上の権限がある金融資産について，最長の契約期間を超えた期間の適用を例外的に認めている（IFRS9, par.5.5.20）。

　具体的には，最長の契約期間に代えて，信用リスク管理活動によって予想信用損失を軽減できず，企業が信用リスクにさらされている期間とし，過去の顧客取引情報や類似商品の情報等をもとに見積もることになる。なお，未実行の貸出枠に係る予想信用損失は，実行済みの貸出金の損失評価引当金と合算される。その結果，損失評価引当金が貸出金の総帳簿価額を上回った場合の超過額は，引当金（負債）として表示される。

3）契約条項に変更（債務の再編）がある場合の取扱い

　金融資産の当初認識後に債務者の財政状態が悪化したため，債権者及び債務者間の合意のもとで債務の再編を行い，当初の契約条項を変更することがある。契約上のキャッシュ・フローの変更を伴う契約条項の変更については，当該変更が対象金融資産の消滅（認識の中止）要件を充たす場合と充たさない場合で取扱いが異なる。

　消滅（認識の中止）要件を充たす契約変更の場合，契約条項変更前の金融資産は消滅となり（除去損益を計上），契約条項変更後の金融資産を新たに取得（認識）したものとする。したがって，契約条項変更後の金融資産が後述の当初認識時から信用減損がある金融資産に該当しない限り，当初認識時

（段階1）の金融資産として12カ月の予想信用損失を損失評価引当金に計上する（IFRS9, par.B5.5.26）。

　これに対して，消滅（認識の中止）要件を充たさない契約変更の場合，対象金融資産の認識は継続されるため，償却原価法によって帳簿価額の再計算を行うとともに，損失評価引当金の見直しの是非を検討する必要がある。対象金融資産の帳簿価額の再計算に際しては，契約条項変更後の元利金キャッシュ・フローを当初認識時（契約条項変更前）の実効金利で割り引いた割引価値とし（IFRS9, par.5.4.3），契約条項変更前の帳簿価額との差額は当該変更時点の純損益に計上する。次に損失評価引当金の見直しの是非について，IFRS9では，契約条項変更後の内容に基づく決算日時点の債務不履行リスクと契約条項変更前の当初認識時点の債務不履行リスクの比較を通じて，対象金融資産の信用リスクの著しい増大の有無を判断することを求めている（IFRS9, par.5.5.12）。これは契約条項の変更によって自動的に信用リスクが低くなるとの考え方を禁じるものであり，判断に際しては，契約変更に至った状況も含めて，過去，現在及び将来にわたる合理的で裏付け可能な情報を用いて行うことになる。

4）当初認識時から既に信用減損が発生している場合の取扱い

　当初認識（取得または創出）時から既に契約上のキャッシュ・フローに影響を及ぼす可能性がある信用減損の客観的証拠が発生している金融資産（purchased or originated credit-impaired financial asset, 以下「当初認識時から信用減損がある金融資産」）の帳簿価額及び損失評価引当金について，IFRS9では特別な規定を設けている[7]。なお，信用減損の発生を裏付ける客観的証拠の例としては，次の事象に関する観測可能な事実が含まれる（IFRS9, Appendix A）。

①債務者の財政状態が極めて困難な状態になっていること

②債務不履行や延滞等の契約違反があること

③債務者の財政状態の悪化により，債権者側が通常では想定できない譲歩をすること

④債務者が破産または債務整理に陥る可能性が極めて高い（probable）こ

と

⑤債務（発行）者の財政状態の悪化により，当該金融資産の活発な市場が
消滅したこと

⑥信用損失の発生を反映した多額な割引がある金融資産を取得（創出）し
たこと　等

　これらの信用減損の発生を裏付ける客観的証拠が存在するため，当初認識
時から信用減損がある金融資産と判断された場合の実効金利は，予想信用損
失を反映した将来キャッシュ・フローの割引価値が取得価額と同額になる割
引率（以下「信用調整後の実効金利」）となる（IFRS9, Appendix A）。実効
金利の計算構造自体は通常の金融資産と同じであるが，通常の金融資産の場
合には予想信用損失を反映しない点が異なる。次に当初認識時から信用減損
がある金融資産の毎決算日の損失評価引当金は，当初認識以降の全期間の予
想信用損失の累積変動額を計上する（変動額は純損益に計上）。

　なお，全期間の予想信用損失が改善となる方向（元利金の回収予定額が増
加等）に変化した場合には，当初認識時に見積もった予想信用損失額を下
回っていても利得を計上する。したがって，当初認識時から信用減損がある
金融資産については，当初認識以降に一度も損失を計上していない状況で，
利得のみが認識されることがある。

5）公正価値&その他の包括利益となる金融資産に対する適用

　IFRS9の減損規定は，公正価値＆その他の包括利益（組替調整あり）とな
る元利金取立・売却一体化モデルの金融資産にも適用される。この場合の損
失評価引当金は，対象金融資産の帳簿価額の控除項目である損失評価引当金
ではなく，その他の包括利益（累計額）として計上される（IFRS9, par.5.5.2）。
この取扱いは，仮に損失評価引当金とした場合，対象金融資産の貸借対照表
価額が公正価値と異なることを防ぐためである。本件について，事例を用い
て説明すると次の通りである（IFRS9, pars.IE78-IE81）。

事　例

・元利金取立・売却一体化モデルの金融資産として，X0年12月15日に

第5章　IFRS9による減損の方法の見直し

> 固定金利債券を1,000（公正価値）で取得した。なお，取得時点で信用減損の発生を裏付ける客観的な証拠がないため，当初認識時から信用減損がある金融資産には該当しないと判断した。
> （借）金融資産　　　　　1,000　（貸）支払勘定　　　　　1,000
> ・決算日（X0年12月31日）における同債券の公正価値は950であり，50の下落要因は市場金利の上昇である。なお，当初認識以降の信用リスクの著しい増大はないため，12カ月の予想信用損失として30を計上した（受取利息に係る仕訳は省略）。
> （借）その他の包括利益　50　（貸）金融資産　　　　　50
> 　　→評価替え
> （借）信用損失　　　　　30　（借）その他の包括利益　30
> 　　→予想信用損失の計上

　IFRS9の減損規定に基づいてその他の包括利益（累計額）に計上した場合と，仮に損失評価引当金に計上した場合の決算日（X0年12月31日）時点の貸借対照表は，図表5-3の通りである。

図表5-3　公正価値&その他の包括利益の場合の減損の会計処理の対比

その他の包括利益とした場合のB/S		金融資産から控除とした場合のB/S	
金融資産　　　950	支払勘定　　　1,000	金融資産　　　920	支払勘定　　　1,000
（公正価値　　950）	その他の包括利益（累計額）　△20	［公正価値　　　950	その他の包括利益（累計額）　△50
	利益剰余金　　△30	損失評価引当金　△30］	利益剰余金　　△30

IFRS9による減損の方法の特徴

　IFRS9では，IAS39の発生損失モデルに代えて予想損失モデルを採用するとともに，決算日時点の信用リスク水準に依拠するアプローチから当初認識以降の信用リスクの変化度合に依拠するアプローチに変更している。金融資産の減損は，世界金融危機を背景とするG20からの見直し要請の中でも強く

221

指摘された項目であるため，IFRS9 の減損規定は，IAS39 から変更されている点が多い。

　したがって，ここでは，減損に関する IFRS9 及び IAS39 間の主な相違点を示した上，IAS39 から変更になった背景等を交えて IFRS9 による減損の方法の特徴を概括する。次いで，米国会計基準とのコンバージェンスの動向を確認することで，IASB 及び FASB による金融商品会計見直しプロジェクトの成果を考察する。

1. 減損の方法におけるIFRS9及びIAS39間の主な相違点

　IAS39 では，経営者の保有意図に基づく分類や金融資産の種類に応じて複数の減損規定が存在したため，同じ金融資産でも減損の認識時期や測定額が異なることが会計基準の複雑性として指摘されていた。IASB 及び FASB は共同で金融商品会計の複雑性低減プロジェクトを進めていたが，その途中でリーマン・ショックに代表される世界金融危機が発生した。G20 は世界金融危機に至った原因の１つに会計基準の不備があると指摘し，減損の認識が「少なすぎて，遅すぎる（too little too late）」問題の解決に向けて，早急に減損規定を見直すことを IASB 及び FASB に要請した。

　この結果，IAS39 置換プロジェクトの最終成果である IFRS9 は，金融商品会計の複雑性低減という当初の目的と世界金融危機への対応という目的が混在している。さらに減損規定の内容によっては，貸出金等の金融資産を多額かつ大量に保有する金融機関に大きな影響を与えるため，特定業種向けの会計基準は作成しないことを基本とする IASB も，IFRS9 の開発過程では金融機関による運用可能性をかなり配慮している。これらの理由から，IFRS9 の減損規定は必ずしも首尾一貫していないほか，一部に偏りがある内容になっている。減損に関する IAS39 及び IFRS9 間の主な相違点は，図表５－４の通りである。

222

第5章　IFRS9による減損の方法の見直し

図表 5 - 4　減損に関するIAS39及びIFRS 9 間の主な相違点

	IAS39（※2009年3月）	IFRS9（2015年1月）
前提となる減損モデル	発生損失モデル	予想損失モデル
信用損失の認識時期	当初認識後に発生した信用損失事象に関連する客観的証拠が存在する時(このほかに，信頼性をもって見積りが可能との追加要件あり)。	決算日毎に利用可能な合理的で裏付けがある情報に基づいて予想信用損失を認識の上，変化に応じて更新(客観的証拠の存在は必要としない)。
信用リスクの捕捉方法	毎決算日時点における信用リスクの絶対水準。	当初認識時の信用リスク水準を起点とする相対的変化の度合。
将来予測事象の反映の是非	発生の可能性が高くても，将来予測事象による影響は反映しない。	利用可能な合理的で裏付けがある情報の範囲で将来予測事象の反映が必要。
測定値の性質	最頻値及び期待値の両方を想定。	期待値のみを想定。
信用損失の測定金額	全(残存)期間を想定。	当初認識時は12カ月，当初認識以降に信用リスクの著しい増大がある場合は全期間の2本建て。
信用損失の測定方法	金融資産の分類及び信頼性のある公正価値測定の是非に応じて，複数の異なる測定方法を許容。	元利金取立モデル及び元利金取立・売却一体化モデルに分類の金融資産に対して，単一の測定方法を適用(所定の要件を充たす債権等を対象とする簡便法あり)。
以前に計上した信用損失の戻入	戻入を求める場合と禁止する場合の両方があり，金融資産の分類及び信頼性のある公正価値測定の是非に応じて異なる。	予想信用損失について，全期間の認識要件に該当しなくなった場合には12カ月に切り替え(損失評価引当金の戻入)。

※IAS39置換プロジェクトによって，IAS39の改訂(IFRS9に置き換え)が始まる直前の2009年3月時点でのIAS39を比較対象にしている。

　IFRS9 の減損規定は，信用減損の発生を裏付ける客観的証拠を待つことなく，予想信用損失を認識するほか，測定に際して合理的で裏付けがある情報の範囲内で将来予測情報の反映を要する点に特徴がある。したがって，IAS39と比べると，IFRS9 の方が損失を早期に認識する構造になっている。なお，IFRS9 による予想信用損失の測定は12カ月及び全期間の2本建てにつき，損失評価引当金の金額については，常に全期間ベースを前提とする IAS39 と比

223

べると，IFRS9 はそれを下回る場合もある。

2. 減損の方法におけるIFRS9及びIAS39間の主な論点

(1) 減損モデルからみた信用損失の認識及び測定

　IAS39 の発生損失モデルに代えて，IFRS9 では予想損失モデルを採用している。発生損失モデルとは，損失が発生した時にのみ認識を求める考え方である。損失の発生時期の具体的な解釈について，IAS39 では，金融資産の当初認識後に発生した損失事象の結果として，減損の客観的証拠が存在するときとしている。この減損の客観的証拠が示す損失事象の発生が減損の認識に際して閾値の役割を果たしており，実際に発生するまでは損失の認識を禁止する一方，発生後はそれまでの経済的損失が会計上で一気に認識されることになる。過去に認識した減損損失の戻入れは，減損損失を認識するに至った客観的証拠に係る損失事象が実際に解消した時点となる。発生損失モデルでは，減損の客観的証拠が示す損失事象の実際の発生が要点になるため，将来的に損失が予想される場合でも，決算日時点で実際に発生していなければ損失の認識はできない。損失の見積りに係る情報も，実際に発生している過去及び現在の状況に関する観測可能なデータが基本になる。

　これに対して，予想損失モデルとは，将来的に予想される損失事象に基づいて損失の認識を求める考え方である。損失の認識に際して，減損の客観的証拠は必要としない代わりに，常に原因となる将来の損失事象を予測し，その変化を反映することが求められる。したがって，対象資産の当初認識時点から将来的に予測される損失事象に基づく損失を認識し，その後の将来予測の変化に応じて当初（または直前）の予想損失を継続的に見直すため，損失の追加認識（及び戻入れ）が自動的かつ連続的に行われる。予想損失モデルでは，実際に発生している過去及び現在の状況に加えて，将来の事象や経済状況の予測に関する観測可能なデータが基本になる。

　発生損失モデルと予想損失モデルの違いとしては，損失の認識における情報の範囲，具体的には将来予測事象の反映の是非がある。例えば，債務者の債務返済能力に影響する失業率の増加は，債務不履行という損失事象につながる証拠となる。発生損失モデルでは，将来的に失業率が増加する経済状況

が予測できる場合でも，実際に増加していなければ損失の認識はできない。一方，予想損失モデルでは，実際に失業率が増加していなくても，将来的に増加が予測される場合には，損失の認識につながることになる。

（2）金融資産の値付け構造からみた減損の認識及び測定

IFRS9が採用する予想損失モデルは，金融資産の値付けとも密接な関連がある。金融資産の値付け，具体的には約定金利や取引価額の決定は，基準金利（リスク・フリー金利または自社の資金調達金利等）にリスク・プレミアム等を反映することで行われる。リスク・プレミアム等は取引内容に応じて様々であるが[8]，金融資産であれば一般的に信用リスク・プレミアムが中心になる。値付けに信用リスク・プレミアムを反映することは，取引期間を通じて契約上のキャッシュ・フローが回収不能（遅延を含む）となる可能性を取引開始に際して予め見込むことを意味する。約定金利に反映される信用リスク・プレミアム相当の受取額は，実際に貸倒れ等が生じた際の損失補填額にあたるため，経済実態上の損失は，実際の損失額が取引当初に見込んだ信用リスク・プレミアムに相当する当初予想損失額を超過する時に発生する。したがって，対象資産の予想信用損失を当初に見込んだ信用リスクの変化に応じて見直す予想損失モデルは，金融資産の値付けの仕組みと整合性がある。

これに対して，発生損失モデルでは，対象資産の当初予想損失額と関係なく，当初認識後に損失事象が実際に発生し，その客観的証拠が存在する時点の回収不能見込額を損失として認識する。損失事象が実際に発生するまで，信用リスク・プレミアム相当の受取額は，受取利息として収益計上される。これは金融資産の値付けからみると，実際に貸倒れ等が発生した際の損失補填として留保すべき金額を前倒しで収益計上するものであり，金融資産のハイリスク＆ハイリターン度合が増大するほど，取引期間を通じて収益は前倒し・費用は後倒し計上となり得る。

したがって，IAS39が採用する発生損失モデルは，金融資産の値付けの仕組みとの整合性が低いといえる。これに対して，予想損失モデルの場合，当初認識時の予想信用損失の会計処理によっては，金融資産の値付けという経済実態の忠実な表現が可能となる。例えば，契約金利から信用リスク・プレ

225

ミアム相当を控除した金利に基づいて受取利息を計上し，予想損失額の変動を損失とする2009年公開草案（減損）は，予想損失モデルのもとで，金融資産の値付けという経済実態の忠実な表現に適合した提案といえる。

（3）信用リスクの段階（区分）別対応からみた減損の認識及び測定
1）絶対的信用リスク・アプローチと相対的信用リスク・アプローチ

　IFRS9の減損規定は，信用リスクの変化及び信用減損の客観的証拠の有無をもとに3つの段階を設け，段階別に予想信用損失及び受取利息の計算方法を定めている。予想信用損失の測定は，段階1なら12カ月，段階2（または段階3）なら全期間になるため，段階間の違いは極めて重要となる。この点について，IFRS9では，信用リスクの変化度合に着目して段階間の移行を決定する相対的信用リスク・アプローチ（relative credit risk approach）を基礎としている。IFRS9において，金融資産の当初認識時は全て段階1とし（当初認識時から信用減損がある場合を除く），その後は決算日時点で当初認識時よりも信用リスクが著しく増大していれば，段階2に移行（加えて信用減損の客観的証拠がある場合は段階3）する取扱いは，同アプローチを採用したものである。これに対して，IAS39の減損規定では，金融資産の当初認識時の信用リスク水準やその後の変化度合に関係なく，毎決算日時点の信用リスク水準に基づいて信用損失を測定するため，絶対的信用リスク・アプローチ（absolute credit risk approach）を基礎としている。相対的信用リスク・アプローチと絶対的信用リスク・アプローチの概念的な相違について，事例をもとに説明すると次の通りである。

事　例

　信用リスク水準に応じて2区分（信用リスク小は信用格付Ⅰ，信用リスク大は信用格付Ⅱ）の信用リスク管理を実施する企業が2つの金融資産（A，B）を保有している場合

	当初認識時の信用格付 ⇒	決算日（当初認識以降）の信用格付
金融資産A	信用格付Ⅰ	信用格付Ⅱ
金融資産B	信用格付Ⅱ	信用格付Ⅱ

絶対的信用リスク・アプローチによると，金融資産A及び金融資産Bの当初認識時の信用格付は異なるものの，決算日時点の信用格付区分，すなわち信用リスクの絶対水準は同じであれば（いずれも信用格付はⅡ），同じ取扱いが適用される。これに対して，相対的信用リスク・アプローチによると，金融資産Aの信用格付は当初認識時のⅠから決算日ではⅡに移行，すなわち信用リスクは相対的に変化（増大）している一方，金融資産Bの信用格付はⅡのまま，すなわち信用リスク水準は不変と異なるため，両者の取扱いも異なることになる。図表5－5は，本事例をもとに相対的信用リスク・アプローチと絶対的信用リスク・アプローチの概念上の相違を示したものである。

絶対的信用リスク・アプローチの利点は，一定時点，具体的には決算日時点の信用リスクの絶対水準（信用格付等）をもとに金融資産を分類し，当該分類に応じた信用損失の測定方法を適用すればよいため，実務上の運用が容易となる点が挙げられる（事例の金融資産A及びBは同じ取扱い）。欠点は，信用リスクが当初認識時から変化（増大）している事実と当初認識から不変である事実が同列に扱われる点が挙げられる。前述のように，金融資産の値

図表5-5　相対的信用リスク・アプローチと絶対的信用リスク・アプローチの対比

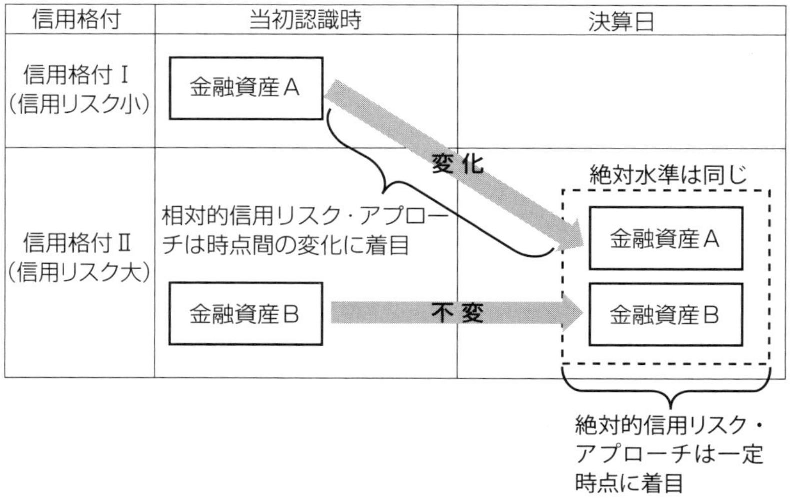

付け（当初認識）において，当初に予想した全期間の信用損失（信用リスク・プレミアム）が反映されているならば，経済実態上の損失の認識は，その後に予想される信用損失額が当初予想額を超過し，信用リスク・プレミアムでは補填できない時点となる。決算日時点での信用リスク水準が高い場合でも，当初認識時から同じ水準であれば，今後予想される信用損失は，当初の予想損失額である信用リスク・プレミアム相当の範囲内に収まっていることになる。したがって，絶対的信用リスク・アプローチは，金融資産の値付けの仕組みを反映しておらず，決算日時点の信用リスク水準が同じであれば，それが当初認識時から変化したものか，または当初認識時から不変であるのかの経路の相違を考慮していない。

　相対的信用リスク・アプローチは，この経路の相違を考慮したものであり，その利点は絶対的信用リスク・アプローチの欠点の裏返しとなる。欠点は，金融資産の当初認識から消滅に至るまで信用リスク水準の相対的変化を継続的に把握する必要があり，実務上の運用が複雑となる点が挙げられる[9]。相対的信用リスク・アプローチによれば，信用リスクの絶対水準に関係なく，原則として当初認識時は同列，具体的には同一区分に分類の上，その後に信用リスクに変化があれば別区分に分類替えを行い，変化がなければ同一区分のままの取扱いとなる。一方，この取扱いは，決算日時点における信用リスクの絶対水準が異なる（同じ）金融資産でも，その取扱いが同じ（異なる）となる。そのため，相対的信用リスク・アプローチになじみがない財務諸表利用者にとっては，直感的な理解に反する結果になる可能性がある。

2）実務上の運用を考慮した3つの推定

　IFRS9の減損規定は，相対的信用リスク・アプローチを基礎とするため，信用リスクが当初認識以降から変化，具体的には著しく増大したかどうかの判断規準が必要となる。IFRS9の損失評価引当金は，原則として信用リスクが当初認識以降から著しく増大した場合に段階1から段階2（または段階3）に移行するが，決算日時点の信用リスクが低いと判断できるならば，全期間の予想信用損失となる段階2（または段階3）への移行は求められない（IFRS9, par.5.5.10）。また，信用リスクの著しい増大の有無の判断は，予想信用損失

額の変化ではなく，債務不履行リスクの変化に基づくため，債務不履行リスクの定義も重要となる。

IFRS9 では，相対的信用リスク・アプローチの実務上の運用を考慮して，債務不履行リスク，信用リスクの著しい増大及び決算日時点での低い信用リスク水準に関する判断規準において，次のような推定を設けている。

①債務不履行における90日超延滞基準

IFRS9 は，信用リスクの著しい増大の判断指標として，当初認識以降の債務不履行リスクの変化を用いる一方，債務不履行リスクに係る債務不履行の定義自体は特に明示せず，社内の信用リスク管理との整合性や契約内容（財務制限条項等）に委ねている[10]。したがって，債務不履行の定義は，各社または契約内容に応じて異なるが，IFRS9 は合理的で裏付けがある情報がない限り，債務不履行は90日超の延滞後に生じることはないとの反証可能な推定規定（以下「90日超延滞基準」）を設けている（IFRS9, par.B5.5.37）。これによると，企業側の恣意的な解釈で債務不履行の認識を後ろ倒しにしても，90日超の延滞が発生すれば，合理的な反証がない限りは債務不履行と推定される。

IFRS9 が債務不履行の定義を明示しない理由は，債務不履行の要件が各国（地域）の法制度や個々の金融商品の契約内容に応じて様々であるため，会計基準で画一的に定義した場合に混乱が生じることを懸念したものである（IFRS9, par.BC5.251）。そのため，債務不履行の定義が複数存在することを許容する一方，実際に IFRS9 の減損規定を適用した際のばらつきを一定範囲内に抑えるために設けた反証可能な推定が90日超延滞基準である。90日超延滞基準は，債務不履行の定義を財務諸表作成者側の自主性に委ねた結果，信用損失の認識が不合理に後ろ倒しされないように歯止め（back stop）をかける役割がある（IFRS9, par.BC5.253）。なお，反証可能であることから，合理的で裏付けがある情報があれば（例えば，延滞日数に関係なく特定事象の発生をもって債務不履行とする契約条項の存在等），90日超延滞があっても債務不履行には該当しないことになる。

②信用リスクの著しい増大における30日超延滞基準

IFRS9 では，段階1から段階2（または段階3）への移行要件である信用

リスクの著しい増大について，契約上の支払期日から30日超の延滞がある場合は当該移行要件に該当するとの反証可能な推定規定（以下「30日超延滞基準」）を設けている（IFRS9, par.5.5.11）。30日超延滞基準が設けられた理由の1つは，信用リスクの著しい増大の有無の判断に際して，延滞情報以外に必要な情報が過度なコストや負担なしに入手困難な場合が想定されるためである。信用リスクの尺度について，IFRS9では，債務不履行の発生確率を想定しているが，財務諸表作成者側の信用リスク管理体制は様々であり，過度なコストや負担なしに債務不履行の発生確率に関する情報が入手可能とは限らない。もう1つの理由としては，信用リスクの著しい増大の認識が不合理に後ろ倒しされないように歯止めをかける役割がある（IFRS9, par.BC5.193）。

　なお，IFRS9は，債務不履行が実際に発生（または減損の客観的証拠が存在）する以前に信用リスクの著しい増大があるとの考え方につき（IFRS9, par.B5.5.7），財務諸表作成者は，実際に債務不履行に至る前段階で信用リスクの著しい増大を識別できる管理体制を整備することになる。したがって，信用リスクの著しい増大の判断規準に30日超延滞基準を用いることは，それ以外に必要な情報を過度なコストや負担なしに入手困難な場合に限られる。なお，30日超延滞基準が反証可能な（30日超延滞でも信用リスクの著しい増大に該当しない）状況は様々であるが，例えば債務者の支払能力は問題ないが，資金送金や商品引渡に係るトラブル等の事務手続上の問題による支払遅延が想定される。このような場合は遅延理由の合理性を立証できれば，30日超延滞があっても信用リスクの著しい増大には該当しないことになる。

③低い信用リスク水準における投資適格格付

　IFRS9では，信用リスクが当初認識以降に著しく増大している金融資産は，原則として段階1から段階2（または段階3）に移行となるが，決算日時点における当該金融資産の信用リスクが低い場合には，著しい増大はないと推定できる規定を設けている。したがって，信用リスクが当初認識以降から著しく増大している場合でも，決算日時点の信用リスクが低いと判断すれば，対象金融資産は段階1に据え置きとなり，損失評価引当金は全期間ではなく，12カ月で足りることになる。信用リスクが低いとされる目安について，IFRS9では，国際的に認知された信用格付での「投資適格（investment grade）」を

第5章 IFRS9による減損の方法の見直し

例示している（IFRS9, par.B5.5.23）。IFRS9が基礎とする相対的信用リスク・アプローチは，当初認識以降の信用リスク水準の相対的な変化に着目するため，決算日時点の信用リスクの絶対水準，例えば信用格付の投資適格かどうかは本来関係がない。しかしながら，信用リスクが低い金融資産にまで，全

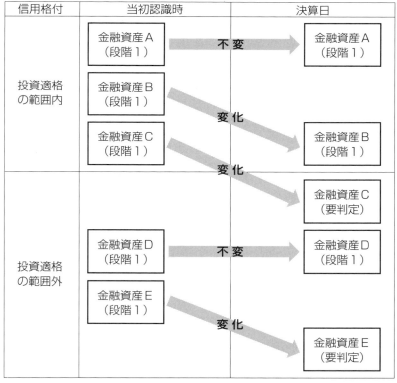

図表5-6　IFRS9による折衷アプローチの適用例

金融資産A及びDは，信用リスク水準が当初認識以降から不変として段階1に据え置き。
金融資産Bは，信用リスクが当初認識以降から著しく増大しているが，決算日の信用リスクは低い（投資適格の範囲内）ことから段階1に据え置き。
金融資産C及びEは，決算日時点の信用リスクが低くないことから（投資適格の範囲外），信用リスクが当初認識以降から著しく増大しているかどうかを要判定（該当する場合は段階2に移行）。

231

期間の予想信用損失を計上することには抵抗感があるほか，対象となる全ての金融資産の信用リスクの変化を継続的に把握することは実務的に煩雑かつ負担が大きい。

　IFRS9 が段階 1 から段階 2 への移行要件に信用リスクの著しい増大だけではなく，決算日時点の信用リスクが低くないことを加味した理由は，相対的信用リスク・アプローチを実際に適用した際の事務負担を軽減するためである（IFRS9, par.BC5.180）。これによると，決算日時点の信用格付が投資適格である金融資産は，仮に当初認識以降に信用リスクが著しく増大しても段階 2 に移行せず，段階 1 に据え置かれることになる。したがって，決算日時点の信用格付が投資適格であれば，信用リスクの著しい増大の判断作業は不要となるため，結果的に信用リスクの著しい増大の判断作業が必要となる金融資産は，決算日時点の信用格付が投資適格以下のものに限られる。このように考えると，信用リスクの著しい増大の判断作業の対象は，①当初認識時点の信用格付は投資適格であったが，決算日時点では投資適格以下になった金融資産，②当初認識時点及び決算日時点とも信用格付が投資適格以下の金融資産となる。

　IFRS9 の減損規定は，相対的信用リスク・アプローチを実際に適用する際の事務負担の軽減を図るため，段階 1 から段階 2 への移行要件の 1 つに決算日時点の信用リスクの絶対水準（投資適格）を取り入れたため，結果として相対的信用リスク・アプローチと絶対的信用リスク・アプローチの折衷アプローチといえる。図表 5 - 6 は，IFRS9 の減損規定が採用した折衷アプローチの適用例を示したものである。

(4) 二重測定アプローチによる予想信用損失

　IFRS9 の減損規定は，段階 1 なら 12 カ月の予想信用損失，段階 2（及び段階 3）なら全期間の予想信用損失とする二重測定アプローチを採用している。12 カ月の予想信用損失は，債務不履行が決算日から 12 カ月後に発生した場合に生じる全期間の回収不能額を当該債務不履行の発生確率で加重平均した割引価値である。12 カ月の予想信用損失は，全期間の予想信用損失の一部分であるが，12 カ月という期間は会計理論上から導出されたものではない。12

カ月の予想信用損失の計算は，一部の金融機関を除けば新たな要請であり，これ以外の目的では使用されない独特なものである。また，損失評価引当金には全期間と12カ月の異なる2つの測定値が混在するため，財務諸表利用者によっては当該引当金の性質の理解が困難になることが予想される。さらに損失評価引当金が12カ月の予想信用損失の場合，決算日時点では引当不足の状態もあり得るほか，段階1（12カ月）から段階2（全期間）に移行した時点で損失評価引当金が一気に増加するため，移行時の純損益に多大な影響（以下「段階移行による激変効果」）が生じることになる。これらの問題を理解した上で，IFRS9が12カ月と全期間による二重測定アプローチを採用した背景には，IASBが理想形としながら運用上の問題で断念した2009年公開草案（減損）モデルへの可能な限りの接近がある。

　2009年公開草案（減損）モデルの詳細は後述するが，同モデルは対象金融資産に係る全期間の予想信用損失である信用リスク・プレミアムを約定金利に反映する金融資産の値付けに着目したものである。2009年公開草案（減損）モデルでは，約定金利に含まれる信用リスク・プレミアム相当は受取利息として収益計上せず，当初の予想信用損失の見合いとすることで，実際の信用損失が当初予想の範囲内であれば信用損失は認識されない仕組みになっている。この2009年公開草案（減損）モデルによる償却原価は，対象金融資産の予想回収キャッシュ・フローを当初認識時の信用リスク調整後の実効金利（＝約定金利－信用リスク・プレミアム）で割り引いた割引価値となる。しかしながら，2009年公開草案（減損）モデルが提案する信用リスク調整後の実効金利は最終的に採用されず，IFRS9による償却原価の割引率は約定金利（信用リスク・プレミアムを含む）に基づく実効金利であり，受取利息等の収益認識は信用リスク・プレミアム相当を含んだ金額となる。この計算構造によるIFRS9の償却原価によれば，当初認識時から常に全期間の予想信用損失を損失評価引当金に計上した場合，予想信用損失の二重計上という誤った結果となる。割引率には当初認識時に予想した全期間の予想信用損失が含まれることから，当該金利で割り引いた償却原価は，全期間の予想信用損失が既に反映されているためである。この理由からIASBは，当初認識時から常に全期間の予想信用損失を認識する考え方を棄却している。また，全期間の予想

信用損失を損失評価引当金に計上した場合，対象金融資産の当初認識時の帳簿価額（損失評価引当金の控除後）が同時点の公正価値（または取引価格）を下回ることも理由に挙げているが（IFRS9, par.BC5.148），12カ月の予想信用損失にしても同じ結果となるため，必ずしも説得力がある理由とはいえない。

　IFRS9 が段階 1 の損失評価引当金を 12 カ月の予想信用損失とする背景には，受取利息の算定に用いる実効金利は信用リスク・プレミアムを含む約定金利に基づくため，実際に信用損失が発生するまで，構造的に収益が過大計上となる点である。この問題に対処するため，IASB は，金融資産の存続期間全体を通じて常に一定額の予想信用損失を費用計上することで，構造的な収益の過大計上の是正を図ることにした。IFRS9 による 12 カ月の予想信用損失は，ここでの「常に一定額の予想信用損失」に相当する。また，12 カ月の予想信用損失は，全期間の予想信用損失の一部であることから，金融資産をポートフォリオ運用している場合には，運用期間を通じて全期間の予想信用損失を期間配分しているとみることもできる。

　なお，IFRS9 では当初認識以降に信用リスクが著しく増大した場合，損失評価引当金に計上される予想信用損失は 12 カ月から全期間に切り替わるが，この切り替え時点は当初認識以降に増大した信用損失が当初認識時の予想額を超過し，経済実態上の損失が発生する点とみなすことができる。そうであれば，当該時点をもって全期間の予想信用損失のうち，認識済みの 12 カ月以外の残りの部分を即時認識することに合理性がある。

　IASB は，12 カ月及び全期間による二重測定アプローチの利点として，当初の信用リスクの予想が変動した結果が財務諸表利用者に明確に示されること，予想信用損失の過度な前倒し計上を回避できること，12 カ月及び全期間の予想信用損失の算定に必要なデータは共通性があるため，運用が容易であること等を挙げている（IFRS9, pars.BC5.150-BC5.151）。

第 5 章　IFRS9 による減損の方法の見直し

3. IFRS9に至るまでに検討されたモデルの変遷

(1) 2009年公開草案（減損）モデルに至るまでの経緯

　IFRS9 の減損規定は，IAS39 の発生損失モデルに代えて予想損失モデルを採用しているが，IAS39 置換プロジェクトのフェーズ 2「減損の方法」の開発過程において，IASB は予想損失モデル以外に公正価値モデル及び景気循環モデルも検討している。

　公正価値モデルとは，減損日時点の金融資産の公正価値に基づいて信用損失を測定する考え方である。公正価値モデルの論拠は，金融商品にとって最も目的適合性が高い測定属性が公正価値であるならば，信用損失の測定値としても目的適合性が高く，経済的損失が即座に認識可能となる点にある。しかしながら，公正価値モデルは，帳簿価額を償却原価から公正価値に切り替える減損日の要件設定が必要となり，結果として発生損失モデルによる減損認識の閾値と同じ問題を抱えることになる。また，信用損失を認識した時点の帳簿価額は，同時点の公正価値となるため，それまで維持してきた実効金利や受取利息との関係が途切れることになる。このほかに減損規定が適用される償却原価区分に公正価値（減損対象）が混在する等の問題もあるため，IASB は開発過程で公正価値モデルを棄却している（IASB, 2009b, pars.BC15-BC21）。

　次いで景気循環モデルとは，景気循環期間を通じた信用損失の統計値に基づいて信用損失を測定する考え方である。例えば，信用損失がほとんど認識されない好況時には損失評価引当金を積み増し，信用損失が顕在化する不況時には取り崩す動的引当金アプローチが該当する。景気循環モデルの論拠は，景気循環期間を通じた信用損失の均等配分によって，一般的に信用損失が早期に認識される点にある。また，ただでさえ不況時には貸出意欲が後退する中，信用損失の増加による業績悪化が貸出意欲の後退に追い打ちをかけ，不況がますます深刻化する景気循環増幅効果について，不況時には損失評価引当金の取り崩しとなる景気循環モデルであれば当該効果の軽減が期待できる。しかしながら，景気循環モデルとした場合，損失評価引当金が決算日時点の金融資産の特性と関係がない，景気循環パターンに依存することになる。また，景気循環期間よりも残存期間が短い金融資産の場合，発生して

235

いない将来の金融資産の信用損失を認識することにつながる。このほかに信用損失が未発生である当初認識時点から景気循環期間に基づく信用損失が認識される等の問題もあるため，IASB は開発過程で景気循環モデルを棄却している（IASB, 2009b, pars.BC22-BC24）。

(2) 2009年公開草案（減損）の概要

　G20 から批判が多かった IAS39 の発生損失モデルの代替モデルとして，IASB は前述の公正価値モデルや景気循環モデル等も含めて検討した結果，最終的に予想損失モデルを採用することを決定した。予想損失モデルに基づく第一弾が 2009 年公開草案（減損）であり，当初認識時に見積もった全期間の予想信用損失を実効金利に反映，具体的には約定金利から信用リスク・プレミアムを控除して実効金利を求める点に特徴がある[11]。これによって，当初認識時の予想信用損失は，全期間を通じて受取利息の減額という形で期間配分されるため，実際に信用損失が発生するまで構造的に収益が過大計上となる発生損失モデルの問題が解消される。次いで 2009 年公開草案（減損）では，毎決算日時点に見直しとなる予想回収キャッシュ・フローの期待値を当初認識時の実効金利（信用リスク・プレミアム控除後）で割り引いて償却原価を算定し，見直し前の償却原価との差額は純損益に計上する。したがって，当初認識以降の予想信用損失の変動が自動的に純損益に反映されるため，信用損失の早期認識の阻害要因とされる発生損失モデルでの認識の閾値は不要となり，過去に認識された信用損失の戻入も自動的に行われる。2009 年公開草案（減損）の基本的な考え方について，事例を用いて説明すると次の通りである。

事　例

　期間 5 年，約定金利 10% の固定金利（利払は年 1 回），当初認識時の予想信用損失を表す予想毀損率（単年度）は，1 年目から 2 年目までは 0%，3 年目は 1%，4 年目は 2%，5 年目は 3% とする金融資産に適用した場合

第5章　IFRS9 による減損の方法の見直し

| | 契約上の
キャッシュ
フロー① | 予想毀損率 | | 期待回収
キャッシュ
フロー率
③＝100%－② | 期待回収
キャッシュ
フロー額
①×③ |
		（単年度）	（累積） ②		
取得時	−500,000	−	−	−	−500,000
1年目	50,000	0.0%	0.0%	100.0%	50,000
2年目	50,000	0.0%	0.0%	100.0%	50,000
3年目	50,000	1.0%	1.0%	99.0%	49,500
4年目	50,000	2.0%	3.0%	97.0%	48,500
5年目	550,000	3.0%	5.9%	94.1%	517,550
実効金利					8.8375%

毀損率（累積）＝前年度の毀損率（累計）＋前年度の期待回収キャッシュフロー率×当年度の毀損率（単年）

2009年公開草案（減損）
モデルによる実効金利
　X ≒ 0.088375（8.8375%）

$$-500,000 = \frac{50,000}{1+X} + \frac{50,000}{(1+X)^2} + \frac{49,500}{(1+X)^3} + \frac{48,500}{(1+X)^4} + \frac{517,550}{(1+X)^5}$$

　事例の実効金利である 8.8375% と約定金利の 10.0% の差である 1.1625% は，当初認識時の予想信用損失，すなわち信用リスク・プレミアムに相当する。約定金利から信用リスク・プレミアムを控除した実効金利で受取利息の収益計上を行うことで，当初の予想信用損失は（約定金利に対する）受取利息の減額として期間配分される。信用損失は，実際の回収キャッシュ・フローが当初の見積りと同じであれば認識されず，異なる場合にのみ認識される。また，当初認識時の帳簿価額は，同時点の公正価値（取引価額）と同額になり金融資産の当初認識と同時に損失評価引当金の計上を要しないため，取引初日の損益問題も生じない。IASB が最終的に採用した予想損失モデルに基づく 2009 年公開草案（減損）は，金融資産の値付けの構造とも整合性があるため，同公開草案のコメント提出者の多くが支持する一方，次のような運用上の問題が指摘された（IASB, 2011, BC30）。

　①対象となる全ての金融資産について，将来キャッシュ・フローの全体を見積もる必要があること
　②予想信用損失の当初見積り時の情報を維持する必要があること

③受取利息の算定に用いる実効金利に，当初認識時の予想信用損失を反映
　させる必要があること

　①及び②の問題は，程度の差はあるものの，予想損失モデルを採用する限
り，回避不能な性質といえる。これに対して，③の問題は，実効金利に予想
信用損失を反映させるという，従来とは異なる取扱いを提案した2009年公開
草案（減損）に固有な性質のものである。多くの企業では，予想信用損失に
係る信用リスク管理システムと受取利息の算定に係る会計システムを別々に
運用している。したがって，同提案の適用に際しては2つのシステムの統合
が必要となるため，準備に向けて過大な費用と時間を要することに強い懸念
が示された（IASB, 2011, BC34）。また，多くの金融機関では，同種かつ大量
の金融資産を集合体として捉え，新規実行や購入等による追加，期限到来や
途中売却，期限前解約等による入れ替りが常態である運用体制（以下「オー
プン・ポートフォリオ」）を採用している。このオープン・ポートフォリオに
2009年公開草案（減損）を適用した場合，当年度に取得した金融資産の予想
信用損失（期間を通じて配分）と過年度に実行した金融資産の予想信用損失
の変動（変動時に即時計上）の区分が困難との指摘があった。IASBとして
は，これらの指摘及び専門家諮問パネル[12]の意見を考慮した結果，2009年
公開草案（減損）の趣旨を可能な限りで残しつつ，運用上の問題に対処する
ために代替案の検討を続けることになった。

（3）2011年補足資料（減損）の概要

　2011年補足資料（減損）は，オープン・ポートフォリオを対象として，2009
年公開草案による運用上の問題の解決を意識した内容になっている[13]。具体
的には企業による信用リスク管理上の目的の変化に着目し，債務者からの通
常返済を前提に利息の獲得を目的とする金融資産グループのグッドブックと
回収可能性の不確実性の増大から回収自体を目的とする金融資産グループの
バッドブックに区分した上，ブック毎に異なる損失評価引当金を計上するこ
とを提案している（IASB, 2011, par.2）。

1）グッドブックに分類した金融資産の損失評価引当金

　一定期間を通じて予想信用損失を認識することが適切な金融資産は，次のいずれか多い方の金額を費用認識し，損失評価引当金に計上する。

①残存期間の予想信用損失を経過年数に応じて配分した期間比例配分額（以下「期間比例配分額」）。

②予見可能な将来（決算日から最低でも12カ月）に発生すると予想される信用損失の全額（以下「予見可能期間の信用損失額」）。

2）バッドブックに分類した金融資産の損失評価引当金

　グッドブック以外の全ての金融資産は，残存期間の予想信用損失の全額を費用認識し，損失評価引当金に計上する。

　期間比例配分額による損失評価引当金は，ポートフォリオの残存期間中に予想される信用損失の全額を見積もり，当該見積額にポートフォリオの契約年数に対する経過年数の割合を乗じた金額とする定額法（割引前または割引後のいずれも許容），または当該見積額を年金額に置き換えて，ポートフォリオの経過年数で累積計上する年金法のいずれかによる。予見可能期間の信用損失額を見積もる際の「予見可能な将来」とは，事象及び状況の具体的な予測が可能であり，その予測に基づいて信用損失を合理的に見積もることができる期間を意味する。予見可能期間は，合理的で裏付けがある情報の質量及び企業の予測能力に依存するが，2011年補足資料（減損）では，企業間のばらつきを一定範囲に収めるため，決算日から少なくとも12カ月の将来期間における事象及び状況は，具体的な予測が可能とする推定規定を設けている（ポートフォリオの平均残存期間が12カ月以内の場合を除く）。2011年補足資料（減損）によるグッドブックの損失評価引当金の算出例は，図表5－7の通りである（期間配分比例額の算定は定額法による）。

図表 5 - 7　2011年補足資料（減損）によるグッドブックの損失評価引当金の算出例

ポートフォリオ	期間配分比例額の算定					予見可能期間	予見可能期間の予想信用損失	損失評価引当金（EまたはFのいずれか多い方）
	残存期間の予想信用損失	経過年数（加重平均）	契約期間（加重平均）	1年分の配分額	期間比例配分額			
	A	B	C	D＝A／C	E＝A×B/C (E=B×D)		F	
Z	100	3年	5年	20	60	2年	100	100
Y	100	2年	5年	20	40	2年	70	70
X	100	2年	5年	20	40	1年	35	40
W	100	3年	5年	20	60	1年	55	60
V	100	2年	10年	10	20	3年	40	40
U	100	5年	10年	10	50	3年	35	50

　この算出例からわかるように，予見可能期間の信用損失額は，損失評価引当金の下限（フロアー）の役割を果たしている。2011 年補足資料（減損）の特徴は，2009 年公開草案（減損）の概念上の利点を残しつつ，現実的な視点から運用上の問題に対処している点にある。2009 年度公開草案（減損）の運用上の最大の問題であった予想信用損失を反映した実効金利は，その適用を断念して，IAS39 と同様に実効金利と信用損失の分離処理（decupling）を提案している。一方，2009 年公開草案（減損）の概念上の利点については，グッドブックの損失評価引当金の算定方法の１つに全期間の予想信用損失の期間配分に通じる期間配分比例額を採用し，全期間の予想信用損失の認識は，バッドブックの損失評価引当金に限定することで引き続き残そうとしている。ただし，2011 年補足資料（減損）では，実効金利と予想信用損失を分離処理する関係上，当初認識時点から損失評価引当金が計上されるため，取引初日の損益が生じない2009 年公開草案（減損）の概念上の利点は受け継がれていない。

　2011 年補足資料（減損）は，IASB 及び FASB がそれぞれ開発した信用損失モデルを組み合わせた折衷案的な内容につき，全体的に首尾一貫しておらず，結果として会計処理も複雑になっている。例えば，グッドブックの損失評価引当金の下限となる予見可能期間の信用損失額は，全期間の予想信用損失を損失評価引当金として計上すべきとする FASB の方針を取り入れたもの

第5章　IFRS9による減損の方法の見直し

である。このFASBの方針は，信用損失の発生が取引期間の前半に偏る場合，期間比例配分額による損失評価引当金では，近い将来に予想される信用損失を十分にカバーできない可能性を考慮したものである。2011年補足資料（減損）に寄せられたコメントの多くは，金融資産をグッドブックとバッドブックに区分することに賛同が示された。しかしながら，グッドブックの損失評価引当金は，期間比例配分額と予見可能期間の信用損失額の2つの異なる計算が必要となるため，事務負担の増加及び比較可能性の低下の観点から懸念が示された。また，予見可能期間の信用損失額に係る予見可能期間の定義があいまいであり，企業間比較が困難になることが指摘された（IASB, 2013, par.BC10）。IASBとしては，2011年補足資料（減損）に対するコメントを分析した結果，IFRS9の減損規定の原型となる3段階モデルの開発を進めることになった。

(4) IFRS9の減損規定と公開草案等の関連性

IFRS9の減損規定の原型である3段階モデルは，金融資産の信用リスクの増大が識別される一般的なパターン，すなわち信用減損が発生していない取得・創成時の状態（段階1）→個々の単位では信用減損が識別されないが，ポートフォリオ等の集合体でみると信用リスクの増大が識別できる状態（段階2）→個々の単位で信用減損が識別される状態（段階3）に移行する過程に着目したものである。IFRS9の減損規定では，各段階の損失評価引当金について，段階1は12カ月の予想信用損失，段階2及び段階3は全期間の予想信用損失としている。段階1の12カ月の予想信用損失は，2011年補足資料（減損）のグッドブックの期間配分比例額に代わるものであり，これによってIAS39の問題点である受取利息の構造的な過大計上の影響が軽減されるほか，2009年公開草案（減損）で提案された全期間の予想信用損失の期間配分の代替効果が期待される。

次いで段階2（または段階3）の全期間の予想信用損失は，2011年補足資料（減損）のバッドブックに代わるものであり，2009年公開草案（減損）モデルにおいて当初予想した以上に信用損失が増加（信用リスクが増大）した場合，当該増加分を純損益に即時認識する構造を可能な限り意識している。

241

図表 5 - 8　IFRS 9 の減損規定と2009年公開草案（減損）モデルの相違

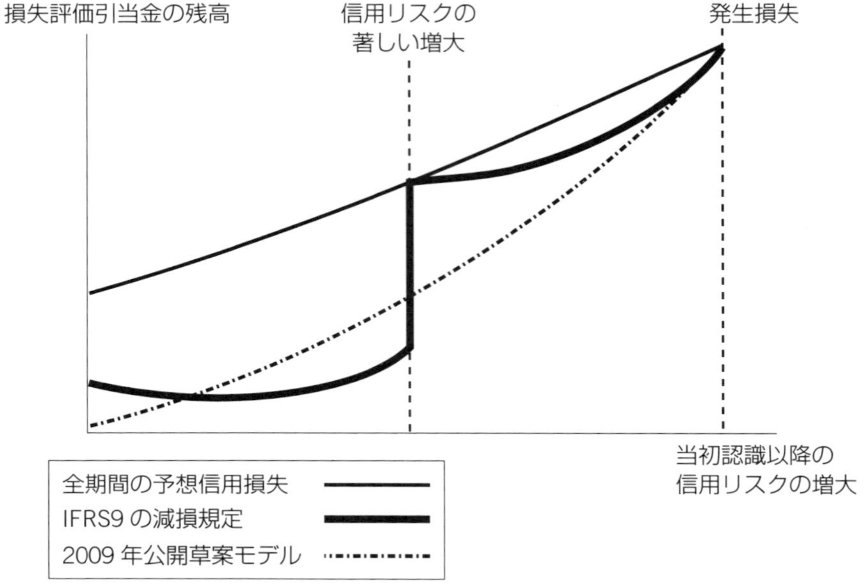

損失評価引当金の残高　　　信用リスクの　　　　　　　　　　発生損失
　　　　　　　　　　　　　　著しい増大

当初認識以降の
信用リスクの増大

全期間の予想信用損失　　━━━━
IFRS9 の減損規定　　　　━━━━
2009 年公開草案モデル　・━・━・━・

出所：IASB（2013b）p.9に加筆。

　図表5－8は，IASB が減損モデルの理想形とする2009年公開草案（減損）モデルと，IFRS9 の減損規定による損失評価引当金の計上額の違いを示したものである。

　2009年公開草案（減損），2011年補足資料（減損）及びIFRS9 の減損規定とも，原則として当初認識時から全期間の予想信用損失を認識しない点では一貫している。これは，当初認識時の全期間の予想信用損失は，金融資産の値付けに反映されている事実に着目し，当該予想額を実際の信用損失額が上回る場合に本来の損失が生じるとする IASB の基本方針が背景にあると思われる。

4. 米国会計基準の動向及びコンバージェンスの状況

　世界金融危機の原因の1つに会計基準の不備があると指摘し，その見直し

242

を求める G20 の要請に応えるため，IASB 及び FASB は FCAG を組成している。FCAG による 2009 年 FCAG 報告書では，貸付金等の減損による損失認識の遅延と減損の方法が複数存在することからの複雑性を問題として指摘し，発生損失モデルに代えて，将来予測情報を使用する代替モデルの検討を勧告している（FCAG, 2009, Recommendations 1.3）。IASB 及び FASB とも，発生損失モデルに代わる新たな減損モデルを検討するに至った背景や当初の問題意識は同じであり，IAS39 置換プロジェクトのフェーズ 2「減損の方法」は，共同プロジェクトとして進められた。しかしながら，両者間で減損の目的等の合意に至らず，最終的には IFRS と見直し後の米国会計基準の減損モデルは異なる公算が大である。

　IFRS9 の減損規定は 2014 年 7 月に基準化されたが，米国会計基準は FASB が引き続き検討中の段階にあり，2010 年 5 月には減損を含む金融商品会計の全般を対象とする 2010 年更新書案，2012 年 12 月には減損に焦点を当てた更新書案「金融商品 – 信用損失（以下「2012 年更新書案」）」（FASB, 2012a）が公表されている。見直し後の米国会計基準の新たな減損モデルは未確定であるが，FASB は IFRS9 の減損規定が採用する 3 段階モデルの検討を取止め，それに代わる現在予想信用損失モデル（Current Expected Credit Loss Model）をもとに基準化を進めることを暫定決定している。

(1) 2010年更新書案の概要

　2010 年更新書案は，企業が契約金額の全て（金融資産を新たに創出した場合）または当初の回収予想額の全て（金融資産を取得した場合）について，決算日時点で回収不能と判断した場合，当該回収不能見込額の全額を純損益に計上することを提案している（FASB, 2010b, par.38）。なお，損失の認識に際して，従来の要件である「発生可能性が極めて高い（probable）」とする蓋然性の閾値は不要とし[14]，キャッシュ・フローの回収可能性は企業の予想に基づくことにしている（FASB, 2010b, par.39）。これは，世界金融危機時に金融資産の信用減損が生じているにも関わらず，当該閾値の要件が会計上の認識を妨げたとの指摘を考慮したものである。2010 年更新書案は，決算日時点の損失評価引当金残高に対象金融資産の残存期間を通じた予想信用損失の全

額が反映されることを重視し，蓋然性の閾値の要件を廃止することで，G20から指摘された損失の計上が「少なすぎて，遅すぎる（too little too late）」問題の解決を図ったものといえる。

なお，2010年更新書案では，信用損失の見積りに際して，過去の事象及び現在の状況に関する全ての利用可能な情報を考慮するものとし，決算日時点の経済状況は残存期間を通じて不変とみなすことを提案している（FASB, 2010b, par.42）。この提案は，信用損失の見積りにおいて，決算日以降の将来事象や経済状況の予測の反映を禁止するものである。したがって，2010年更新書案では，損失の認識に関する蓋然性の閾値を廃止する等，従来の発生損失モデルとは異なるが，予想損失モデルでもない内容になっている。

2010年更新書案に寄せられた主なコメントは次の通りである（FASB, 2010c）。

・金融資産の存続期間に通じて発生すると見込まれる信用損失の全額を損失評価引当金に即時計上する点には，主に財務諸表利用者の多くが支持する一方，財務諸表作成者の多くが反対であること。
・信用損失の認識要件である蓋然性の閾値を廃止する点には，幅広い支持があること。
・信用損失の見積りに際して決算日以降の将来事象や経済状況の予測の反映を禁止する点には，信用損失の見積りに用いる情報を過去及び現在までに限ると，信用損失に関する会計情報の有用性が制限されることを理由に多くの反対があること。ただし，決算日以降の将来事象や経済状況の予測を反映する場合，信用損失の総額や発生時期の将来予測が困難になる点は同意があり，予測期間を短期（例えば2〜3年）とするか，または残存期間全体に代えて予測可能な期間に限る等の意見があること。

(2) 2012年更新書案の概要

2012年更新書案は，2010年更新書案の基本方針，すなわち蓋然性の閾値を廃止の上，決算日時点の損失評価引当金の残高には，対象金融資産の残存期間を通じた予想信用損失の全額を計上すること等を踏襲している。それに加えて，懸念が示された信用損失の見積りに用いる情報範囲を見直し，過去の

事象及び現在の状況に加えて，合理的で裏付けがある将来予測も含めること
を提案している（FASB, 2012a, par.825-15-25-3)。また，予想信用損失の性質
を明確化する観点から，予想信用損失は常に信用損失が生じる可能性と生じ
ない可能性の両方を反映，すなわち概念的には期待値に相当する値とし，最
も可能性が高い結果に基づく見積り（統計学上の最頻値に相当）の禁止を提
案している（FASB, 2012a, par.825-15-25-5)。なお，負債性証券（債券）も適
用対象となるが，2012 年更新書案では，公正価値＆その他の包括利益とな
る金融資産について，当該金融資産の公正価値が償却原価を超過（または同
額）し，かつ予想信用損失の金額的な重要性が乏しい場合，予想信用損失の
認識は要しない取扱いを選択できる旨を提案している（FASB, 2012a, par.825-
15-25-2)。このように 2012 年更新書案は，信用損失の見積りに際して合理的
で裏付けがある将来予測の反映を求めることから，FASB として予想損失モ
デルを取り入れたことになる。

　2012 年更新書案に寄せられた主なコメントは次の通りである（FASB,
2013c)。

・予想信用損失を全額認識する点には，主に財務諸表利用者の多くが支持
　する一方，財務諸表作成者の多くが予想信用損失の部分認識も認める
　か，または全額認識に至る要件として閾値の存続を求めていること。

・財務諸表作成者である金融機関からは，予想信用損失の全額認識が求め
　られた場合，自己資本比率規制上の自己資本に大きな影響が生じる可能
　性があることに強い懸念が示されたこと。

・予想信用損失の測定可能性については，FASB の実地調査に関与したほ
　とんど全ての財務諸表作成者からは可能との感触がある一方，ポート
　フォリオの残存期間を通じた経済状況の予測が求められる場合には信頼
　性が維持できないとの意見があること。

・全期間を通じた予想信用損失の測定に要する費用対効果を勘案し，財務
　諸表作成者からは，予想信用損失の部分認識を認めるか，または全額認
　識の要件として閾値を残すかのどちらかを求める要望が繰り返し寄せら
　れたこと。

245

(3) 2012年更新書案公表後のFASBにおける検討状況

　FASBは，2012年更新書案の基本方針を維持しつつ，寄せられたコメントをもとに米国会計基準を見直すため，現在予想信用損失モデルによる検討を続けている。IAS39置換プロジェクトのフェーズ2「減損の方法」は，IASB及びFASBの共同プロジェクトであることから，両者は途中までIFRS9が採用した3段階モデルの共同開発を続けていた。しかしながら，米国の利害関係者からは，①予想信用損失の測定額が段階によって大きく異なること（12カ月または全期間），②段階間の移行概念が曖昧であり，運用可能性に問題があること，③2つの異なる測定目的を有する減損モデルは，財務諸表利用者にとって理解が困難であること等を理由として，3段階モデルに対して強い懸念が示された（FASB, 2012b）。

　これらの懸念を踏まえて，FASBは，2012年8月に3段階モデルの検討を取り止め，それまでのIASBとの協議結果の一部は維持しつつ，単一の測定目的による現在予想信用損失モデルの開発を進めることを暫定決定している。ここでの単一の測定目的とは，決算日現在で回収不能と見込まれる全ての契約上のキャッシュ・フロー額の見積り，すなわち全期間の予想信用損失を指している。IFRS9の減損規定が採用する3段階モデルと，FSABが検討中の現在予想信用損失モデルの主な異同点は図表5－9の通りである。

　FASBは，2012年更新書案で指摘された問題点，例えば将来予測の運用可能性について，合理的で裏付けがある予測期間を超えた期間は，過去の信用損失の実績に依拠することで対処する等[15]，現在予想信用損失モデルによる

図表5-9　3段階モデルと現在予想信用損失モデルの主な異同点

	3段階モデル	現在予想信用損失モデル
共通点	・過去の事象及び現在の状況に加えて，将来についても合理的で裏付けがある予測を反映した信用損失とする予想損失モデルを採用していること。 ・予想信用損失の測定に際して，貨幣の時間価値を反映させること。 ・予想信用損失は，常に信用損失が生じる可能性と生じない可能性の両方を反映させること（統計学上の最頻値ではなく，期待値によること）。	
相違点	段階1にある金融資産（残存期間が12カ月超）については，予想信用損失の一部が認識されないこと。	左記の場合も含めて，常に予想信用損失の全額が認識されること。

第5章　IFRS9による減損の方法の見直し

基準化作業を続けている。2010年更新書案，2012年更新書案及びその後の検討状況を見る限り，FASBとしては，決算日時点で契約上のキャッシュ・フローの回収不能が見込まれる場合，原則として当該回収不能見込額の全額を認識すべきという点で一貫している。これは，段階間の移転を伴う二重測定アプローチの運用可能性に対する強い懸念に加えて，決算日時点の損失評価引当金は，同時点の信用リスクに対応した金額であるべきとする，FASB及び米国の利害関係者の基本方針が背景にあると思われる。

③ IAS39置換プロジェクトのフェーズ2の評価及び残された主な課題

　IAS39の減損規定は複雑であり，財務諸表作成者からは運用可能性及び財務諸表利用者からは理解可能性の問題が指摘されていた。また，米国発のサブプライム・ローンの信用危機が世界金融危機までに至った理由の1つとして，G20から減損処理が「少なすぎて，遅すぎる（too little too late）」問題が指摘されたため，金融商品会計の見直しに際して最重要項目となり，IFRS及び米国会計基準間のコンバージェンスも強く求められた。したがって，IAS39置換プロジェクトのフェーズ2「減損の方法」は，IASB及びFASBの共同プロジェクトとなったが，2014年7月に公表されたIFRS9の減損規定の内容は，最初の2009年公開草案から大きく変わり，米国会計基準とのコンバージェンスも達成できない公算が大である。この経緯からも，フェーズ2の開発作業は極めて困難なものであり，開発過程で紆余曲折があったことが推察できる。したがって，ここでは，金融商品会計の複雑性低減の視点及び世界金融危機の再発防止の視点から，IAS39置換プロジェクトのフェーズ2「減損の方法」の結果を評価するとともに，残された主な課題を考察する。

1. 金融商品会計の複雑性低減の視点による評価

　IAS39置換プロジェクトの背景には，世界金融危機の原因の1つに会計基準の不備があるとして，その見直しを求めるG20の要請からの短期的な視点だけではなく，かねてから金融商品会計は複雑との批判に応えて複雑性の低

247

減を図るため，IASB 及び FASB による共同プロジェクトのもと，中長期的な視点で検討を続けてきた経緯がある。

　ここでは，IAS39 置換プロジェクトフェーズ2「減損の方法」の成果である IFRS9 の関連規定について，2008 年討議資料（複雑性低減）及び 2008 年 SEC 報告書の視点から金融商品会計の複雑性低減の効果を考察する。

(1) 2008年討議資料（複雑性低減）からの視点

　IASB による 2008 年討議資料（複雑性低減）では，金融商品会計の複雑性の原因の1つである金融資産の測定方法の多様性について，取得原価ベースの金融資産の減損損失の測定が影響していることを指摘する（IASB, 2008c, par.1.4）。次いで取得原価ベースの金融資産に係る減損損失の認識及び測定上の問題として，次の項目を例示している（IASB, 2008c, par.3.27）。

①減損損失の発生時期の判定方法は，概念上でさえも明確ではないこと。
②減損損失の認識は，減損の発生が確からしい時点よりも遅延するため，提供される情報が不完全であること。
③最終的には全額回収の可能性が高い場合，認識された減損損失はキャッシュ・フローの予想を反映していないケースがあること。
④一定の閾値を超えた場合にのみ，減損損失が認識されるため，信用リスクの変動が反映されないこと。
⑤過去に認識した減損損失をいつ戻入れるべきか，概念上でさえも明確ではないこと。

　これらの問題の多くは，減損損失の認識について，当初認識後に発生した損失事象の結果である減損の客観的証拠の存在を要件とする発生損失モデルに起因している。これに対して，予想損失モデルは，減損に係る客観的証拠を含む損失認識の閾値を必要とせず，常に将来的に予想される損失事象の発生や変化を反映した予想損失を認識する。IFRS9 の減損規定は，IAS39 の発生損失モデルに代えて，予想損失モデルを採用するため，2008 年討議資料（複雑性低減）が示した問題の多くは，解消されることが予想される。加えて，IFRS9 の減損規定は，元利金取立モデル及び元利金取立・売却一体化モデルに分類される金融資産を対象として，貸付債権や債券等の取引形態に関

第 5 章　IFRS9 による減損の方法の見直し

係なく一律的に適用されるため，IAS39 にみられる減損の方法の多様性は解消することになる。したがって，2008 年討議資料（複雑性低減）の視点からIFRS9 の減損規定を見た場合，後述する実際の運用上の懸念は別として，IAS39 からの置き換えは複雑性低減に寄与するものと評価できる。

(2) 2008年SEC報告書からの視点

SEC による 2008 年 SEC 報告書は，財務報告における複雑性の発生原因として 7 つの項目を示している。ここではそのうち，減損の方法と関連性が高い①比較可能性及び首尾一貫性の欠如，②会計基準の性質及び③膨大な基準量の 3 つの項目をもとに，IAS39 から IFRS9 への置き換えによる複雑性低減の効果を考察する。

①比較可能性及び首尾一貫性の欠如による複雑性には，一般原則に対する例外措置の存在，具体的には閾値基準や合否テストに代表される明確な線引き規定がある。IFRS9 の減損規定は，予想損失モデルに基づくため，IAS39 にみられる減損の客観的証拠の存在や損失の発生可能性の閾値等の明確な線引き規定は不要なはずである。しかしながら，実際に予想損失モデルを採用した場合の運用面の配慮から，IFRS9 の減損規定では決算日時点の信用リスクが低ければ著しい増大はないと推定できるものとし，その際の判断基準として信用格付の投資適格を例示している。これによると，当初認識時の信用格付が投資適格の金融資産について，決算日時点も投資適格の範囲内なら段階 1 として 12 カ月の予想信用損失，範囲外なら段階 2（または段階 3）として全期間の予想信用損失が損失評価引当金に計上される。このように，信用格付の投資適格水準を上回るか否かで信用損失の追加認識の是非が決まる場合があるため，例示ながらも信用格付の投資適格水準は，段階移行による激変効果を伴う明確な線引き規定に相当する。その意味では IAS39 と内容が異なるものの[16]，IFRS9 にも損益の追加認識に関する明確な線引き規定が存在することになる。また，IFRS9 では，反証可能な推定規定として，債務不履行の判断に係る 90 日超延滞基準や信用リスクの著しい増大の判断に係る 30 日超延滞基準等の数値（日数）基準を採用している。IAS39 の減損規定では，このような日数ベースの数値基準は採用していない。

249

②会計基準の性質による複雑性には，開発時に考慮された異なる見解や複数の会計基準設定主体の関与による影響がある。この点について，IFRS9 の減損規定は，概念的には最も理想とする 2009 年公開草案（減損）の考え方を残しつつ，金融機関を念頭に置いた実際の運用面を配慮した結果から折衷案的な内容になっている。また，IAS39 置換プロジェクトのフェーズ 2「減損の方法」は，IASB 及び FASB の共同プロジェクトであるため，共同審議の結果を反映した IFRS9 の減損規定は，両者の考え方が混在している。例えば，IFRS9 の減損規定の段階 1 は 12 カ月，段階 2（及び段階 3）は全期間の予想信用損失とする 2 重測定アプローチは，2011 年補足資料（減損）のグッドブックとバッドブックの発想を継承しているが，同資料は当初認識時の全期間の予想信用損失の期間配分を求める IASB と即時認識を求める FASB の折衷案であり，その意味では異なる考え方が混在している。したがって，IFRS9 の減損規定は予想信用損失の部分認識（12 カ月）と全部認識が混在する等，運用可能性及び理解可能性の両面で複雑なものになっている。

③膨大な基準量による複雑性については，IFRS9 に含まれる 18 の適用事例（Illustrative Examples）のうち，減損規定に関するものが 14，全体の 80%弱を占めていることが注目される。この 14 の適用事例の内訳は，当初認識以降の信用リスクの著しい増大の判断に関する事例が 7 つ，予想信用損失の認識及び測定に関する事例が 7 つである。IFRS は細則主義ではなく，原則主義であることから，適用事例等をもとに会計基準の趣旨を解釈の上，企業毎の実態に即した適用を促す IASB の基本方針は理解できる。しかしながら，その趣旨の解釈は必ずしも容易ではなく，運用上の配慮から反証可能な推定規定が複数採用されている。これらの推定規定は，IAS39 にはなかったものであり，その説明に要する基準量は決して少なくない。その意味では，IFRS9 の減損規定の基準量は IAS39 と比べて実質的に減少しておらず，内容的には難解なものになったといえる。

したがって，2008 年 SEC 報告書の視点から IFRS9 の減損規定をみた場合，IAS39 からの置き換えによる複雑性低減の効果は総じて限定的といえる。

2. 世界金融危機の再発防止の視点による評価

　米国の信用危機や世界金融危機で問題となったサブプライム・ローン等の貸出債権，同ローンを原資産とする証券化商品やデリバティブに対して，IAS39 の減損規定は経営者の保有意図や金融資産の種類毎に異なることから，減損損失の認識時期や測定金額が異なる結果となった。加えて，IAS39 は発生損失モデルにつき，世界金融危機が急速に進展する中，近い将来に減損損失の発生や増加が予想されても，決算日時点で裏付けとなる客観的証拠の把握が間に合わないため，減損損失を適切に認識できない結果となった。

　世界金融危機で表面化した IAS39 の減損規定の欠点に対応するため，IFRS9 の減損規定では，発生損失モデルから予想損失モデルに切り替えた上，複数存在した減損損失の認識及び測定方法を単一化している。

　IFRS9 の減損規定は，元利金支払いのみに限定されたキャッシュ・フローの要件を充たす元利金取立モデル及び元利金取立・売却一体化モデルの金融資産に対して一律的に適用される。したがって，これらの金融資産に係る契約上のキャッシュ・フローの回収不能見込額，すなわち信用損失の認識及び測定は，IFRS9 のもとで単一化されたことになる。なお，元利金取立モデル及び元利金取立・売却一体化モデル以外の残余の事業（売却等）モデルは，公正価値＆純損益になるため，信用リスクに起因する利得及び損失は，市場リスク等の他の要因とともに公正価値測定を通じて反映される。世界金融危機の原因の１つが減損規定の多様化による会計基準の理解可能性の低下であるならば，IFRS9 による減損規定の単一化は効果があるといえる。また，予想損失モデルを採用したことから，信用損失の早期認識につながる将来予測情報の反映が可能になり，G20 が指摘した損失処理が「少なすぎて，遅すぎる（too little too late）」問題の解消に寄与する。したがって，IFRS9 の減損規定は，実際に適用した際の運用可能性や比較可能性等の問題はあるものの，世界金融危機時に指摘された会計基準の不備の改善がなされている。

　しかしながら，将来において世界金融危機と同様な危機が生じた場合，IFRS9 の減損規定でまったく問題なしといえない点もある。懸念される点としては，第１段階から第２段階への移行要件に係る決算日時点の信用リスクが低いことの判断規準について，例示ながら信用格付の投資適格を挙げてい

る点である。当初認識以降に信用リスクの著しい増大があったとしても，決算日時点で信用リスク水準が低い場合，具体的には信用格付の投資適格の範囲内であれば，信用リスクの著しい増大はないとの推定のもとで段階1に据え置きとなる。この場合，決算日時点の信用格付の投資適格は，段階1から段階2への移行に関する閾値の役割を果たすことになる。したがって，信用格付業者による信用格付の適切性や見直し頻度の適時性に問題がある場合，信用損失の追加認識に支障を来たす可能性がある。

　世界金融危機では，会計基準の不備だけではなく，信用格付業者による信用格付のあり方や，信用リスク管理における外部信用格付への過度な依存姿勢が問題点として指摘されている（FSB, 2010）。具体的には，信用格付作業に必要な基礎データが不十分にも関わらず，格付報酬確保のために安易な信用格付を行ったとされる信用格付業者に対する不信感のほか，信用格付の見直しが遅れがちなため，外部信用格付に大きく依存した信用リスク管理体制を採用する企業を中心に損失の認識が遅延し，金額も不十分だったことである。したがって，段階1から段階2への移行要件に係る信用リスク水準の判断規準として，信用格付の投資適格を機械的に適用した場合には，本来は段階2として全期間の予想信用損失を損失評価引当金に計上すべきところ，段階1として12カ月の予想信用損失にとどまる可能性がある。この場合の損失評価引当金は，決算日時点の金融資産の信用リスクを過不足なく反映しているとはいえない。

　なお，BISバーゼル銀行監督委員会は，2014年12月に公表した金融機関に対する自己資本比率規制上の信用リスクに係る標準的手法の見直しに関する市中協議文書（BIS, 2014）の中で，外部信用格付に対する依存度の低減を提案している。この提案は，世界金融危機の再発防止の観点から，FSBが2010年10月に公表した「信用格付業者による信用格付への依存度の低減に関する原則」（FSB, 2010）に基づくものである。この原則は，世界金融危機当時の金融商品の信用リスク管理体制について，金融機関を含む多くの企業が外部信用格付に過度な依存をしていたことが背景にある。世界金融危機の原因の1つに外部信用格付の過度な依存があるならば，その反省として，金融機関の信用リスク管理では信用格付の依存度の低減を目指す中，IFRS9は

252

第5章　IFRS9による減損の方法の見直し

例示ながら会計基準に信用格付を取り入れたことになる。IAS39置換プロジェクトの背景の1つには，世界金融危機の再発防止があることから，IFRS9の減損規定に信用格付を取り入れた点について，実際の運用に際して問題がないかどうかを注視する必要がある。したがって，世界金融危機によって顕在化した金融商品会計の検討課題である「金融資産の信用リスクの増大に対する適切な対応」については，予想損失モデルの採用による減損の早期認識及び減損の方法の単一化という点で改善がみられる一方，実際の運用時に新たな問題が生じるならば，当該改善の効果が減殺される可能性がある。

3. 残された主な課題

IASBとしては，2014年7月改訂をもってフェーズ2「減損の方法」を含む全てのフェーズは終了とし，同時点でのIFRS9を完成版とすることで，IAS39置換プロジェクト自体も終了したと発表している。しかしながら，G20からの要請で開発作業を急いだことから，実際の運用面も含めて，解決を要する課題が残っていることも事実である。ここではIFRS9の減損規定について，残された主な課題を考察する。

(1) 予想損失モデルによる将来予測情報の反映

IFRS9の減損規定の特徴の1つは，発生損失モデルに代えて，予想損失モデルを採用したことにある。それはIASBに将来予測情報を反映した減損モデルの検討を要請したG20に対する回答であり，世界金融危機時に指摘された損失処理が「少なすぎて，遅すぎる（too little too late）」問題の解消が期待される。その一方で，将来予測は経営者の見積りに依存するため，客観性の確保，ひいては恣意性の介入による損益操作の懸念が生じる。この懸念に対して，IFRS9の減損規定では，将来予測情報の反映は合理的で裏付けがある範囲に限ることで対処しているが，その見積りの結果の検証が難しいことに変わりはない。

初めて予想損失モデルを提案した2009年公開草案（減損）については，将来の予想に対する議論は実質的に不可能であること，その結果は監査可能なものではなく，会計情報に必要な検証可能性を確保できないこと等を理由に

253

代替的見解が示されている[17]。減損損失に限らず，会計において経営者の見積りは不可避であるが，企業の資産構成に占める金融資産の割合によっては，会計情報全体の有用性を損なう可能性がある。実際に予想損失モデルを適用した場合の将来予測情報の位置付けや損失評価引当金等の影響度合は未知数であるが，3段階モデルを提案した2013年再公開草案（減損）の公表にあわせてIASBが行った実地調査によると[18]，次のような結果が示されている（IASB, 2013c）。

①将来予測情報の位置付け

・マクロ経済データには，説明力が求められること。特に全期間の予想信用損失となる段階に移行する際の債務不履行リスクの評価では，マクロ経済データの影響度合や相関関係の重要性が増加すること。

・説明力があり，影響度合を裏付けるデータの入手は困難であり，将来予測期間が長くなるに応じて予想信用損失の算定が困難になること。

・全期間の予想信用損失となる段階に移行する際，個々の金融資産単位の債務不履行リスクの評価にマクロ経済データを反映することは困難であること等。

②IAS39と比較した場合の2013年再公開草案（減損）モデルの感応度

・IAS39と比べて，経済状況の変化に対して敏感に反応すること。

・将来予測情報やマクロ経済データを取り込むほど，IAS39と比べて損失評価引当金は敏感に反応すること。

・経済状況の上昇局面及び下降局面のいずれも，IAS39と比べて敏感に反応すること。経済状況が下降局面では，損失評価引当金が急速に積み上がって景気の底に至る前に最高額となり，上昇局面ではIAS39よりも損失評価引当金の戻入れが早いこと等。

③IAS39と比較した場合の2013年再公開草案（減損）モデルの損失評価引当金残高の反応

・IAS39と比べて，景気循環サイクルの全てを通じて損失評価引当金残高が顕著に増加すること。

・不動産担保債権のポートフォリオを対象に経済予測が最悪な時点の損失評価引当金を2013年再公開草案（減損）に基づいて算定した結果，IAS39

と比べて 80% から 400% の間で増加したこと。また，同様な状況で対象
ポートフォリオの全ての金融資産に係る全期間の予想信用損失を算定し
た結果，IAS39 と比べて 450% から 540% の間で増加したこと。

・不動産担保債権以外のポートフォリオを対象に経済予測が最悪な時点の
損失評価引当金を 2013 年再公開草案（減損）に基づいて算定した結果，
IAS39 と比べて 25% から 60% の間で増加したこと。また，同様な状況
で対象ポートフォリオの全ての金融資産に係る全期間の予想信用損失を
算定した結果，IAS39 と比べて 50% から 140% の間で増加したこと等。

　このIASB による実地調査の結果は，予想損失モデルを採用する IFRS9 の
損失評価引当金の経済状況の変化に対する感応度が高く，その精度はマクロ
経済データを含む将来予測情報の質量に大きく依存することを示唆してい
る。IFRS9 の減損規定は，将来予測情報の反映を含む具体的な予想信用損失
の見積方法を明示していないため，基本的には企業毎に採用する信用リスク
管理に応じて自ら対応することになる。一般的に直接的な検証が困難であ
り，かつ経営者の主観が介入する会計上の見積りの合理性は，見積りに用い
た仮定やインプットデータの質量及び見積プロセス等の妥当性に依存するた
め，絶対的な方法は存在しない。したがって，会計上の見積りの信頼性の維
持には，見積りに用いた仮定やインプットデータの質量及び見積プロセス等
の開示が重要となる。IFRS9 の減損規定では，12 カ月及び全期間の予想信用
損失の見積りに用いた仮定，インプットデータ及び見積手法の開示を求めて
いる。予想信用損失は，決算日時点では生じていない将来予測情報も反映す
ることから，IFRS9 の減損規定の適用後も経営者による損益操作性を排除し，
財務諸表利用者に対して必要十分な情報を提供できる開示の枠組みの検証が
求められる。

（2）特定業種を意識した会計基準のあり方の是非

　IFRS9 の減損規定は，12 カ月及び全期間の予想信用損失の両方の算定を求
める一般アプローチ以外に，全期間の予想信用損失の算定だけで足りる簡便
アプローチもあるが，その適用は，一定の要件を充たす営業債権やリース債
権等に限られる。したがって，IFRS9 の減損規定の対象となる金融資産の多

くは一般アプローチが適用されるが，金融機関等の一部の業種を除いた一般
事業会社にとって，その適用に向けたハードルは高いことが予想される。一
般アプローチによる12カ月及び全期間の予想信用損失の見積りは，その前提
として金融資産（グループ）毎の債務不履行リスクの継続的な把握，それを
可能とする信用リスク管理の整備及び運用が必要となる。新たな会計基準の
採用（または会計基準の変更）に際しては，財務諸表作成者側で導入コスト
が生じるが，それを上回る効果として会計情報の有用性が向上するならば，
費用対効果の観点から導入コストの負担は是認される。IFRS9の減損規定も
同様なことがいえるが，一般アプローチについては，金融機関に配慮した偏
向がみられる。この場合の導入コストの負担について，金融機関は問題がな
いとしても，他の多くの業種にとっては，その効果を超える過度な負担にな
りかねない。

　例えば，12カ月の予想信用損失の見積りにおける「12カ月」という期間
は，会計理論上の根拠がなく[19]，他の会計基準で使われることもない。IASB
も会計理論上の根拠がないことは承知しながら，12カ月という期間を採用し
た理由として，IAS39の問題点である受取利息の構造的な過大計上の是正等
のほか，既に類似の考え方に基づく報告システムを有する金融機関の導入負
担が軽減されることを挙げている（IFRS9, par.BC5.196）。これは，BISバー
ゼル銀行監督委員会の自己資本比率規制対象となる金融機関では，かねてか
ら信用リスク計測に用いるパラメータとして，1年間（すなわち12カ月）の
債務不履行率を推計している事実に着目したものである[20]。なお，自己資本
比率規制上の債務不履行率は，実績観測データからの推計であり，景気循環
サイクルを網羅していない場合に限って，保守的な修正が行われる。した
がって，この場合の修正は過去の事象に基づいて一定範囲内で生じ得る景気
循環サイクルの範囲内にとどまり，将来予測が反映されるわけではない
（IFRS9, pars.BC5.282-283）。そのため，自己資本比率規制上の債務不履行率
をそのまま，IFRS9に適用できない場合も想定されるが，両者の計算論理は
同じにつき，自己資本比率規制用の報告システム上のパラメータを会計用に
入れ替えれば対応可能となる。

　これに対して，一般アプローチによる「12カ月」の予想信用損失の算出は，

第 5 章　IFRS9 による減損の方法の見直し

一般事業会社にとって新たな取り組みとなるため，導入コストの負担は必ず
しも軽いとはいえない。このほかに金融機関に配慮した偏向がみられる
IFRS9 の減損規定としては，債務不履行に関する反証可能な推定の 90 日超
延滞基準がある。90 日超延滞基準について，当初の IASB スタッフ提案では
180 日超延滞になっていた（IASB, 2013b）。これに対して，BIS バーゼル銀
行監督委員会の自己資本比率規制では，前述の債務不履行率の基礎となる債
務不履行を定義するため，かねてから 90 日超延滞債権（past due for more
than 90 days）という概念を使用していた。IASB としては，BIS バーゼル銀
行監督委員会の自己資本比率規制が 90 日超延滞債権に依拠していることを勘
案し，当初のスタッフ提案の 180 日超延滞に代えて（IASB, 2013d），最終的
には 90 日超延滞基準を採用している。なお，金融機関において，90 日超延
滞という概念は，自己資本比率規制上の債務不履行率のみならず，不良債権
の開示基準にも広く使用されている。したがって，債務不履行に関する 90 日
超延滞基準は，金融機関にとって現行実務の延長線上にある一方，他の業種
にとって妥当かどうかは未知数であり，概念的な根拠があるわけでもない。

　このように，IFRS9 の減損規定は，金融機関に配慮した偏向がみられる内
容になっている。信用損失に限らず，金融商品会計の影響を最も受ける業種
は，事業本来の目的から大量の金融商品を保有する金融機関であるため，金
融商品会計基準の開発（または見直し）に際して，会計基準設定主体が金融
機関の現状や意見等を考慮することは理解できる。しかしながら，IASB の
IFRS に関する趣意書（Preface）に記載の通り，IFRS は商業，工業及び金融
を含む営利企業の一般目的財務諸表に適用するように設計されるならば，一
部の業種に偏向がある内容は趣旨に反するおそれがある。IAS39 置換プロジェ
クトによる 3 つのフェーズの中でも，特にフェーズ 2「減損の方法」の成果
である IFRS9 の減損規定は金融機関に配慮した偏向がみられる。当然のこと
ながら，IFRS9 は，一般事業会社にも適用されるため，見方によっては金融
機関の会計慣行，ひいては金融監督当局の規制方針の押し付けになりかねな
い[21]。

　金融商品会計の開発に際して，金融商品の取扱いに長けた金融機関を参考
にすること自体は問題なく，信用リスクを含む金融商品のリスク管理水準の

257

向上は，一般事業会社にとっても必要である。しかしながら，一般事業会社が金融機関の会計慣行や金融監督当局の規制方針に従う必然性はない。IFRS9 は，金融商品の会計基準であり，金融機関の会計基準ではない。したがって，将来における IFRS9 の減損規定の適用後レビューに際しては，一般事業会社による一般アプローチの適用の実態を分析し，金融機関に配慮した偏向が及ぼす影響を見定める必要がある。

(3) 米国会計基準との相違による影響

　米国会計基準の減損規定は，FASB による見直し作業が続いているが，見直し後の減損規定は，現在予想損失モデルによる全期間の単一測定アプローチが基礎となる公算が大である。この場合，12 カ月及び全期間の二重測定アプローチを基礎とする IFRS9 の減損規定とは異なるため，両者間のコンバージェンスは未達成で終わることになる。

　両者の減損モデルは，将来予測情報を反映する点では同じであるが，IASB は当初の 2009 年公開草案（減損）から IFRS9 に至るまで，原則として当初認識時に全期間の予想信用損失を認識しない点で一貫している。これは金融資産の値付けに際して全期間の予想信用損失が反映されているため，当初認識時に全期間の予想信用損失を費用認識することは，リスクの二重計上になるとの論拠である。また，値付けに反映された全期間の予想信用損失は，信用リスク・プレミアムとして約定金利に含まれるため，契約期間を通じて期間配分することが合理的とみる。このように，企業による金融投資活動の経済実態の反映を重視する IASB の視点に立てば，当初認識時の全期間の予想信用損失は期間配分すべきところ，実際の運用面で問題があるため，12 カ月の予想信用損失を各期間の配分額とみなしている。この場合，当初認識時の信用リスク水準に変化がなければ，実際の信用損失と当初認識時の予想信用損失は同額になるため，期中の損失評価引当金残高は，既期間配分額の累計額の性格を有する。また，各期の配分基準を 12 カ月で統一することから，各期の信用損失の発生は，毎期均等となる比例（直線）的な発生パターンを想定している。

　これに対して，FASB は，これまでに公表した 2 つの公開草案を通じて，

258

予想信用損失は一部認識ではなく，全期間分を認識する点で一貫している。全期間の単一測定アプローチであれば，毎決算日時点の損失評価引当金残高は，常に同時点の全（残存）期間分の予想信用損失を示すことになる。また，一部認識を許容した場合には，その測定目的の明確化や全期間への移転要件の開発が必要となるため，会計基準の複雑性が増加するとともに，恣意性の介入も含めて運用上の問題が生じる。引当金の十分性及び会計基準の簡素化を重視するFASBの視点に立てば，全期間以外の異なる測定目的（12か月）の予想信用損失が混在する損失評価引当金は，認められないことになる。この結果，当初認識時から常に全期間の予想信用損失を認識することになるが，それはリスクの二重計上であり，約定金利に含まれる信用リスク・プレミアムと信用損失の対応関係を考慮していないこと等を理由に反対するIASBの見解と対立する。この見解の対立について，FASBは，信頼性をもって信用リスク・プレミアムを分離かつ測定することは実務的に困難であり（FASB, 2012, par.BC15），実際の信用損失の発生は，当初認識時は少なく，期間の前半にかけて急速に増加し，後半にかけて除々に減少する曲線的なパターンを描くとみている（FASB, 2012, par.BC14）。したがって，約定金利に含まれる信用リスク・プレミアムと信用損失の対応関係は必ずしも成立しないとして，予想信用損失の一部認識を主張するIASBの論拠を否定している。FASBが指摘するように，実際の金融資産の信用損失が曲線的な発生パターンであるならば，金利収益との対応関係の描写は困難となるほか，信用損失の比例（直線）的な発生パターンを前提としたIFRS9の損失評価引当金の論拠は乏しくなり，特に期間の前半は引当不足となる懸念も生じる。

　実際の金融資産の信用損失の発生パターンが比例（直線）型または曲線型のいずれかは事実認定の問題であるが，単一測定アプローチまたは二重測定アプローチの是非は，減損の目的自体を問う問題でもある。IAS39置換プロジェクトのフェーズ2「減損の方法」は，IASB及びFASBの共同プロジェクトとして審議は合同で行われており，金融商品会計の複雑性低減及び世界金融危機によるG20の見直し要請という背景も同じである。IFRS及び米国会計基準間のコンバージェンスは，見直しを要請したG20のみならず，IASB及びFASBの公開草案に対するコメント提出者の多くが求めたものの，結果

として未達成に終わる公算が大である。IFRS及びFASBは，各々に独立した会計基準設定主体であり，会計基準の開発に際しては，各々の利害関係者の意見を考慮する必要がある。国際金融市場で主要な地位を占める米国及びFASBに係る利害関係者と，それ以外の地域及びIASBに係る利害関係者では，問題意識や要求内容が異なることが予想されるため，各々の意見を反映した会計基準は必ずしも同じになるとは限らない。一方，金融商品は，だれが保有しても将来キャッシュ・フロー及びリスクは同じであり，米国以外の地域でも広く普及していることも事実である。その意味では，コンバージェンスが可能であり，その効果も大きい分野でもある。会計基準のコンバージェンスは，単にIFRSにすり寄ることではない。仮に見直し後の米国会計基準がIFRSと異なる減損規定を採用した場合，IFRS9の適用後レビューにおいて，互いの仮説の事後検証を実施の上，必要に応じて両者間で見直しを図ることが求められる。

小　括

　本章では，IAS39置換プロジェクトのフェーズ2「減損の方法」に関係するIFRS9の主な規定及び特徴，IAS39との主な相違点や論点を概括した。次いでIAS39見直しの契機となった金融商品会計の複雑性低減プロジェクト及び世界金融危機の視点から，フェーズ2「減損の方法」の結果を評価するとともに，残された主な課題を考察した。

　IFRS9の最大の特徴の1つは，発生損失モデルを基礎に金融資産の保有意図及び種類に応じて複数の減損規定が存在したIAS39から一転し，予想損失モデルを基礎に元利金取立を事業目的に含む事業モデルで保有される金融資産に対して，種類に関係なく，単一の減損規定を適用する点にある。

　会計基準の複雑性低減の観点からは，金融商品会計の複雑性の原因に多様な減損規定の存在があったことから，減損規定の単一化の効果は大きいといえる。しかしながら，IFRS9の減損規定は，世界金融危機で批判されたIAS39の損失認識に必要な閾値の要件を取り除く一方，30日超延滞基準，90日超延滞基準及び信用格付の投資適格等の新たな概念を採用している。これらは，

260

あくまでも反証可能な推定または例示であるが，実際にIFRS9を適用する際には，閾値の代わりを果たすことが予想される。また，90日超延滞基準や一般アプローチにおける12カ月の予想信用損失等は，BISバーゼル銀行監督委員会の自己資本規制と密接な関係があるため，金融機関には馴染みがあるものの，多くの一般事業会社には新たな概念につき，会計基準として有効かどうかは未知数といえる。したがって，一般事業会社からみた費用対効果が不透明なまま，実質的な閾値が増加したIFRS9への置き換えは，前述の減損規定の単一化による会計基準の複雑性の低減効果を減殺している。

　世界金融危機の再発防止の視点からは，IFRS9では，将来予測情報を反映した相対的信用リスク・アプローチによることから，IAS39による損失処理が「少なすぎて，遅すぎる（too little too late）」問題の解消が期待される。一方で相対的信用リスク・アプローチによる運用を容易にするため，決算日時点の信用リスク水準（投資適格）も加味したことから，結果的にIFRS9の減損規定は絶対的信用リスク・アプローチとの折衷案になっている。この場合，決算日時点の信用リスクが低いことの指標とされる信用格付が適切かつ適時に見直しされるならば問題ないが，世界金融危機の際には信用格付業者による信用格付の見直しが遅いほか，格付作業自体に疑義がある等の指摘がなされている。信用格付業者による信用格付制度は，世界金融危機の反省から見直しが図られているが，例示ながらも会計上の判断要件に信用格付を採用したことは，今後の運用次第で問題なしとはいえない。

　また，米国会計基準とのコンバージェンスについては，FASBにて見直し作業中であるが，仮に見直し後の米国会計基準が全期間の予想信用損失とする単一測定アプローチを採用した場合，12カ月及び全期間の予想信用損失の二重測定アプローチであるIFRS9の減損規定とは大きく異なる。その異なる理由が減損本来の目的観の相違にあるならば，IFRS9と米国会計基準がコンバージェンスに至らなかった根源は深いといえる。

　これらを勘案すると，IAS39置換プロジェクトのフェーズ2「減損の方法」の最終成果であるIFRS9の関連規定は，減損規定の単一化という効果がみられる一方，新たな閾値や金融規制上の概念を取り込んだため，多くの一般事業会社にとっては複雑なものになっている。したがって，金融商品会計の複

雑性低減という本来の目的の達成度は総じて限定的といえる。

注

1) 日本の金融機関による貸出債権等の自己査定制度で用いられる金融検査マニュアルでは，債務者区分または担保等の保全措置をもとに，グッドブックに相当する非（Ⅰ）分類債権とそれ以外のバッドブックに相当する分類対象債権（ⅡからⅣ分類）に区分し，それぞれに対応する貸倒償却・貸倒引当金のガイドラインが定められている。

2) 段階2及び段階3の損失評価引当金は，いずれも全期間の予想信用損失である点は同じであるが，個別単位となる段階3では予想信用損失を見積もる際の情報の質量がグループ単位の段階2と異なるため，引当の金額自体は異なり得る。

3) 確率加重した値とは，想定される全てのシナリオの値に発生確率を乗じた期待値であり，最も発生確率が高い最頻値ではない。

4) IAS17の割引率は，実務的に可能であればリースの計算利子率（契約日における最低リース料総額及び保証がない残価部分の合計額の割引価値と，リース資産の公正価値及び貸手の初期直接原価の合計額が等しくなる利率）を用いる。実務的に不可能であれば，借手の追加借入利子率（同等のリースで借手が支払うことになる利子率）を用いる。

5) 12カ月の予想信用損失であれば，自社の累積データに基づく過去の債務不履行による損失額を基礎とし，これに将来（12カ月）の貸倒予想及び貨幣の時間価値を反映した貸倒損失率を用いることになる。

6) 契約資産とは，企業が顧客に譲渡した商品やサービスの対価である権利のうち，当該企業の将来業績等の時の経過以外の条件が付いているものを指す。

7) IAS39（2009, par.AG5）の取扱いを引き継いだものである。

8) 基準金利に対する加算項目としては，信用リスク・プレミアムのほかに流動性リスク・プレミアム，事務管理コスト及び利潤等がある。

9) 債務者が同じでも，当初認識（取得，創出）時点の相違によって信用リスク水準が異なることも想定される。したがって，相対的信用リスク・アプローチにおける信用リスク管理対象は，債務者単位だけではなく，金融資産単位も必要となる。

10) 2009年公開草案（減損）では，債務不履行を90日超の期限経過または回収不能とみなされる金融資産の状態と定義している。

11) 2009年公開草案（減損）の詳細は，吉田（2010）を参照されたい。

12) 予想損失モデルの運用上の問題に対する解決策の助言を目的として，2009年12月にIASB及びFASBによって設置された諮問組織である。

13) 2011年補足資料（減損）がクローズド・ポートフォリオや個別金融資産を検討対象外とした理由は，運用上で最も複雑なオープン・ポートフォリオに対する減損モデルに目途がつけば，検討対象外とした減損モデルの方向性もみえてくることを狙ったものである。

14) 偶発事象に対する会計上の取扱いは，その発生可能性の程度について，「可能性が高い（probable）」，「可能性がある程度ある（resonably possible）」，「可能性が

第 5 章　IFRS9 による減損の方法の見直し

　　ほとんどない（remote）」の 3 つに区分し，「可能性が高い」場合に会計上の認識
　　対象とすることが一般的である。

15)　合理的で裏付けがある予測期間を超える期間は，過去の信用損失に依拠すること
　　になるが，その際の具体的な方法として当該期間中は定額ベースとするか，また
　　は予想信用損失に関する企業の予測を反映したパターンにすることが暫定決定さ
　　れている（FASB, 2014c）。

16)　IAS39（2009, par.58）では，減損の客観的な証拠がある時点で減損損失を認識す
　　るため，証拠の有無によって純損益に与える影響が大きく異なる。

17)　2009 年公開草案（減損）については，Robert P. Garnett 氏及び James J. Leisenring
　　氏が公表に反対し，その反対の理由を含む代替的見解を示している（IASB,
　　2009b, pars.AV1-AV6）。

18)　IASB による実地調査の対象は 15 社であり，選定に際しては偏りを少なくするた
　　め，金融機関と非金融機関，多国籍企業と地域企業，BIS バーゼル規制対象企業
　　と非対象企業の違いのほか，信用リスク管理水準の相違も考慮している。損失評
　　価引当金のシミュレーションは，仮定の時系列経済データをもとに 5 年間を通じ
　　て行われている。

19)　2013 年再公開草案（減損）については，同様の理由から Stephen Cooper 氏が公
　　表に反対し，12 カ月の予想信用損失を用いない方法を含む代替的見解を示してい
　　る（IASB, 2013a, pars.AV1-AV11）。

20)　BIS バーゼル自己資本比率規制における信用リスク部分のリスクアセットの計算
　　方法には標準的手法，基礎的内部格付手法及び先進的内部格付手法の 3 つの手法
　　がある。基礎的内部格付手法または先進的内部格付手法を選択した場合，パラ
　　メータである債務不履行率（今後 12 カ月）は，最低 5 年の観測期間をもとに銀
　　行自らが推計することになる。

21)　BIS バーゼル銀行監督委員会は，金融機関が IFRS9 の予想信用損失を適用した場
　　合の金融機関側と監督当局側の留意点を示したガイドラインの市中協議文書
　　（BIS, 2015）を公表している。

263

第 6 章

IFRS9による一般ヘッジ会計の見直し

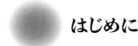 はじめに

　金融商品に限らず，一般的に会計処理は個々の会計単位毎に独立して行われる。これに対して，ヘッジ会計は，複数の会計単位を一定の要件のもとで関連付け，会計処理に同調性を求める例外的な措置である。関連付けはリスクが基準となり，会計単位であるリスクを有するヘッジ対象（hedged item）と当該リスクを軽減するヘッジ手段（hedge instruments）の両者をヘッジ関係（hedge relationship）として結びつける。ヘッジ取引は，ヘッジ対象が有するリスクをヘッジ関係にあるヘッジ手段によって軽減する行為であり，企業のリスク管理の一環として行われる。すなわち，ヘッジ会計とは，企業のリスク管理の一環であるヘッジ取引の効果を財務諸表上に反映する会計処理である。

　ヘッジ会計は例外的な措置を悪用した損益操作の防止を図りつつ，会計の枠組みを通じて，ヘッジ取引という経済活動をどこまで忠実に表現できるかが問題となる。IASB（当時はIASC）は，1999年3月公表のIAS39でヘッジ会計を定めたが，複雑で経済実態を反映していない等の批判に応えるため，IAS39置換プロジェクトのフェーズ3「ヘッジ会計」にて見直し作業を行い，2013年11月にIAS39に代わる新たなヘッジ会計として，IFRS9の一般ヘッジ会計を公表している。

　したがって，本章では，一般ヘッジ会計に関するIFRS9の枠組みを概括するとともに，基準化に至るまでの変遷等も含めて，従来のIAS39によるヘッジ会計との主な異同点や論点を明らかにする。次いで，金融商品会計の見直しの契機となった金融商品会計の複雑性低減プロジェクト及び世界金融危機の視点から，IAS39置換プロジェクトのフェーズ3「ヘッジ会計」の結果を評価するとともに，残された主な課題を考察する。

IFRS9による一般ヘッジ会計の枠組み

　ヘッジ会計は，一般原則に対する例外的な措置であると同時に，その対象

第6章　IFRS9による一般ヘッジ会計の見直し

であるヘッジ取引自体が複雑であるため，自ら会計処理も複雑になりやすい。そのため，IAS39置換プロジェクトのフェーズ3「ヘッジ会計」の開発に際して，IASBはIFRS9全体の完成を急ぐために一般ヘッジと開発に時間を要するマクロヘッジに区分し，マクロヘッジは別なプロジェクトに切り離している。なお，一般ヘッジも前提となる企業のリスク管理やヘッジ取引が多様化しているため，その理解は決して容易ではない。したがって，ここではフェーズ3「ヘッジ会計」の位置付け及び開発の過程を簡単に触れた後，IFRS9の一般ヘッジ会計に係る基本事項の説明を行う。次いで実際の運用に際して必要となる指針や解釈を要する個別事項の説明を通じて，IFRS9の一般ヘッジ会計の全体的な枠組みを概括する。

1. フェーズ3「ヘッジ会計」の位置付け及び開発過程

　世界金融危機の背景の1つに会計基準の不備を指摘し，その見直しを求めるG20の要請を受けて，IASBは2009年4月にIAS39置換プロジェクトの加速化を決定し，3つのフェーズに分けて開発作業を進めることにした。ヘッジ会計の見直しは同プロジェクトのフェーズ3であり[1]，2010年12月には2010年公開草案（ヘッジ）が公表されている。IASBは，同公開草案に対するコメントをもとに審議を進め，2012年9月にはIASBウェブサイトを通じてレビュードラフトを公表し，2013年11月にIFRS9の一般ヘッジ会計を基準化することでフェーズ3は終了している。なお，これらの審議過程で結論が出なかったオープン・ポートフォリオベースのマクロ公正価値ヘッジの取扱いは，IAS39置換プロジェクトのタイム・スケジュールの関係から，フェーズ3とは切り離して別なプロジェクトであるマクロヘッジプロジェクトで取り扱うことになり，2011年9月から実質的な審議が開始されている。マクロヘッジプロジェクトからは，2014年4月にマクロヘッジ討議資料が公表されている。いずれにしても，2013年11月に基準化され，2014年7月改訂後の完成版とされるIFRS9に組み込まれたヘッジ会計は，マクロ公正価値ヘッジを除いた一般ヘッジの会計処理が基本になっている。

　なお，マクロヘッジプロジェクトが終了するまで，マクロ公正価値ヘッジの会計処理はIAS39の例外規定が適用されるほか[2]，一般ヘッジの会計処理

267

については，IFRS9またはIAS39のいずれかを選択適用できる（IASB, 2013, par.7.2.16）。したがって，IASBとしては，IAS39置換プロジェクトのフェーズ3「ヘッジ会計」は終了とするが，ヘッジ会計の最大の利用者である金融機関に最も影響があるマクロヘッジが未解決であること，それが解決するまでIFRS9の一般ヘッジ会計の適用は任意であること等を勘案すると，フェーズ3は実質的に終了していないといえる。

2. IFRS9による一般ヘッジ会計の概要

（1）IFRS9による一般ヘッジ会計の基本事項

　一般ヘッジ会計の目的について，IFRS9では企業が純損益（株式等の資本性金融商品にその他の包括利益オプションを適用する場合はその他の包括利益）に影響を与える可能性がある特定のリスク・エクスポージャーを管理するため，金融商品を用いて行うリスク管理活動の効果を財務諸表上で表示することと定めている（IFRS9, par.6.1.1）。一般ヘッジ会計を適用する企業は，リスクを有するヘッジ対象と当該リスクを軽減（緩和）するヘッジ手段によるヘッジ関係を指定し，当該ヘッジ関係が所定の要件（ヘッジの適格性や有効性等）を充たす限りにおいて，ヘッジ対象またはヘッジ手段から生じる損益に例外的な措置が認められる。一般ヘッジ会計の目的から，その特徴を示すと次の通りである。

　　①企業のリスク管理活動の巧拙は，純損益（またはその他の包括利益）に反映されること。
　　②ヘッジ関係は，適格なヘッジ対象及びヘッジ手段から構成されること。
　　③ヘッジ会計の適用は企業による選択であり，選択の際には所定の要件を充たす必要があること。
　　④ヘッジ会計は，例外的な措置であること。

1）一般ヘッジ会計におけるヘッジの種類

　一般ヘッジ会計の対象となるヘッジの種類は，次の3つである（IFRS9, par.6.5.2）。これらのヘッジの種類は，後述のヘッジ対象が有するリスクと関連性がある。

①公正価値ヘッジ(fair value hedge)

公正価値ヘッジとは，ヘッジ対象である認識済みの資産または負債，未認識の確定約定取引について，特定のリスクに起因して純損益に影響を与える公正価値の変動をリスク・エクスポージャーとして把握の上，当該エクスポージャーからの影響を軽減するものである。したがって，この場合のリスク（以下「公正価値リスク」）は，ヘッジ対象の公正価値の変動に起因する純損益の変動可能性となる。なお，その他の包括利益オプションを適用した株式等の資本性金融商品の場合には，その他の包括利益に影響を与える公正価値の変動がリスク・エクスポージャーとなる。

②キャッシュ・フロー・ヘッジ(cash flow hedge)

キャッシュ・フロー・ヘッジとは，ヘッジ対象である認識済みの資産または負債，将来に予定される取引について，特定のリスクに起因して純損益に影響を与えるキャッシュ・フローの変動をリスク・エクスポージャーとして把握の上，当該エクスポージャーからの影響を軽減するものである。したがって，この場合のリスク（以下「キャッシュ・フロー・リスク」）は，ヘッジ対象から生じるキャッシュ・フローの変動に起因する純損益の変動可能性となる。なお，ヘッジ対象となる将来に予定される取引は，その実行可能性が極めて高い（probable）取引（以下「実行可能性が極めて高い予定取引」）に限定される（IFRS9, par.6.3.3）。

③IAS21に基づく在外営業活動体に対する純投資ヘッジ(hedge of net investment in a foreign operation as defined in IAS21)

IAS21に基づく在外営業活動体に対する純投資ヘッジとは，在外営業活動体の純資産に占める財務諸表作成会社の持分相当額に係る為替レートの変動をリスク・エクスポージャーとして把握の上，当該エクスポージャーからの影響を軽減するものである。IAS21では，在外営業活動体への投資に係る為替換算差額について[3]，当該純投資を続ける限りはその他の包括利益（累計額）に計上する規定につき，為替レートの変動は純損益には影響しないものの，純資産額に影響を及ぼすことになる。したがって，この場合のリスク（以下「在外営業活動体の純投資の為替換算リスク」）は，ヘッジ対象の為替レートの変動に起因する為替換算差額が計上されるその他の包括利益の変動

可能性となる。

2) 一般ヘッジ会計におけるヘッジ対象

　一般ヘッジ会計で適格とされるヘッジ対象は，公正価値リスク，キャッシュ・フロー・リスクまたは在外営業活動体の純投資の為替換算リスクを有する認識済みの資産または負債，未認識の確定約定取引，実行可能性が極めて高い予定取引が該当する。ヘッジ対象としては，単一の資産や負債，取引単位のほか，所定の要件を充たす場合には，グループ単位やデリバティブを含む合計エクスポージャーも適格となる。

　ヘッジ対象の指定に際しては，単一の資産または負債，取引単位の全体のほかに，個々のリスク要素（リスク要素の部分指定）または取引の一部（取引の部分指定）のみの指定もできる（IFRS9, par.6.3.7）。リスク要素の部分指定とは，ヘッジ対象全体の公正価値またはキャッシュ・フローの変動は，個々のリスク要素に起因する変動の集合体であることに着目し，ヘッジ対象全体のほか，個々のリスク要素に起因する公正価値またはキャッシュ・フローの変動を対象とするものである。例えば，金銭債権債務や有価証券等に代表される金融商品の公正価値またはキャッシュ・フローに変動を及ぼす個々のリスク要素としては，①市場金利に起因する金利リスク，②為替レートに起因する為替リスク，③これら以外に起因するリスクがある。貴金属，石油，穀物等に代表される非金融商品の公正価値またはキャッシュ・フローに変動を及ぼす個々のリスク要素としては，①本源的な商品価格に起因するリスク，②物流や地理に起因するリスク，③為替レートに起因する為替リスク，④これら以外に起因するリスクがある。取引の部分指定とは，契約で識別できる個々のキャッシュ・フロー単位（個々の利息キャッシュ・フロー，元本キャッシュ・フロー等）または取引量全体の一部を対象とするものである。なお，取引量全体の一部をヘッジ対象とする場合，その指定方法としては取引量全体の一定割合（例えば貸付金から生じる契約上のキャッシュ・フロー全体の○○％）を指定する方法のほかに一部の階層（例えば最初に発生する利息キャッシュ・フローの○○額）を指定する方法がある（IFRS9, par. B6.3.16）。

ヘッジ対象の部分指定（いわゆる部分ヘッジ）は，金融商品及び非金融商品とも適用可能であるが，ヘッジ対象として独立して識別でき，かつ信頼性をもって測定可能であることが求められる（IFRS9, par.6.3.2）。

3）一般ヘッジ会計におけるヘッジ手段

ヘッジ手段とは，ヘッジ対象のリスク・エクスポージャーを軽減（緩和）する役割を果たすものである。ヘッジ手段の指定は，対象商品の全体が原則であるが，一定割合（例えば名目元本の50%）とすることもできる（IFRS9, par.6.2.4）。

一般ヘッジ会計で適格とされるヘッジ手段は，デリバティブ（IFRS9, par.6.2.1），具体的には先物取引（futures）・先渡取引（forward），スワップ（swap），オプション（option）及びこれらの組み合わせを含む類似取引が該当する。なお，デリバティブであっても，売建オプションは，受取プレミアム額を超過する損失が発生した場合にリスク軽減効果がないため，原則としてヘッジ手段として不適格となる。ただし，買建オプション（purchased option）等との組み合わせ（カラー取引，フロアー取引等）の場合，純額ベースのポジションが売建オプションでなければ適格なヘッジ手段となる（IFRS9, par.6.2.6）。

また，非デリバティブの金融資産及び金融負債であっても，IFRS9の規定によって公正価値＆純損益が適用されるものは，適格なヘッジ手段として指定できる（IFRS9, par.6.2.2）。ただし，公正価値オプション適用の金融負債のうち，信用リスクに起因する公正価値の変動をその他の包括利益に表示するものは除かれる。

4）一般ヘッジ会計の適格要件

一般ヘッジ会計は，例外的な措置につき，その適用に際しては所定の要件を充たす必要がある。この所定の要件は，一般ヘッジ会計を利用した損益操作の防止のほか，ヘッジ関係が有効であること，すなわちヘッジ期間を通じてヘッジ対象から生じる公正価値（またはキャッシュ・フロー）の変動がヘッジ手段から生じる公正価値（またはキャッシュ・フロー）の変動によって相殺される蓋然性を担保するためにも必要となる。

IFRS9では，一般ヘッジ会計が適用されるヘッジ関係について，次の３つの要件を全て充たすことを求めている（IFRS9, par.6.4.1）。

①ヘッジ関係は，適格なヘッジ手段及び適格なヘッジ対象のみから構成されていること。

②ヘッジ開始時において，当該ヘッジ関係が公式に指定され，企業が採用するリスク管理戦略及びリスク管理目的に基づく文書化が行われていること。なお，文書化にはヘッジ手段及びヘッジ対象の識別，ヘッジ対象リスクの性質，ヘッジの有効性評価方法，ヘッジの非有効性部分の発生分析やヘッジ比率の決定方法等が含まれる。

③ヘッジ関係は，次の３つのヘッジの有効性要件を全て充たすこと。

　a．ヘッジ対象とヘッジ手段には，経済的な関係が存在すること。

　　経済的な関係とは，ヘッジ対象及びヘッジ手段に関するリスクが同じ性質であり，双方の価値変動が逆方向（結果として相殺）となる関係を意味する。例えば，ヘッジ対象リスクは金利リスク，ヘッジ対象は固定金利の貸付債権，ヘッジ手段は金利スワップ（変動金利受取・固定金利支払）で構成されるヘッジ関係を想定する。この場合，金利の上昇局面ではヘッジ対象の公正価値の減少とヘッジ手段の公正価値の増加，金利の低下局面ではヘッジ対象の公正価値の増加とヘッジ手段の公正価値の減少となる。したがって，ヘッジ対象とヘッジ手段の公正価値の変動は逆方向であり，両者は相殺となる経済的な関係が存在することになる。

　b．信用リスクがヘッジの経済的な関係に著しい影響を及ぼさないこと。

　　ヘッジの有効性に係る経済的な関係は，対象リスクに起因する本来の価値変動とは別に，ヘッジ対象またはヘッジ手段に内在する信用リスクの影響によって歪むことがある。ヘッジ対象リスクに起因する公正価値（またはキャッシュ・フロー）の変動よりも，ヘッジ対象またはヘッジ手段に内在する信用リスクに起因する公正価値（またはキャッシュ・フロー）の変動が著しい場合には，ヘッジの経済的な関係が損なわれるためである。したがって，本要件は，ヘッジ対象またはヘッジ手段に係る信用リスクの変動が両者の経済的な関係を損なうほどの重要性がないことを求めるものである。同時に，ヘッジ対象またはヘッジ手段の公正価

第6章　IFRS9による一般ヘッジ会計の見直し

値（またはキャッシュ・フロー）の変動には，信用リスクの影響があることを注意喚起する役割がある。

c. ヘッジ関係で指定するヘッジ比率は，実際のヘッジ対象の量と実際に使用するヘッジ手段の量からの結果と同じであること。なお，ヘッジ比率は，意図的にヘッジの非有効性を生み出す不均衡を反映するものではないこと。

　ヘッジ比率は，実際に使用するヘッジ対象及びヘッジ手段に基づくため，例えば企業がヘッジ対象エクスポージャーのヘッジ割合を85％とする場合，ヘッジ対象エクスポージャーの85％に相当する量及びこれをヘッジするために実際に使用するヘッジ手段の量に基づいたヘッジ比率をもとに，ヘッジ関係を指定する必要がある。実際に使用するヘッジ対象及びヘッジ手段の量に基づくヘッジ比率にする理由は，ヘッジ手段として最も適切な金融商品があっても，費用対効果等の実務上の理由から使用できないため，ヘッジの非有効性が生じる事実を反映したものである。加えて，ヘッジ比率はリスク管理の観点から決定すべき事項であり，会計の観点から決めるべき事項ではないことも理由として挙げられる。なお，意図的にヘッジの非有効性を生み出す不均衡なヘッジ比率かどうかは，キャッシュ・フロー・ヘッジにおけるヘッジの非有効性部分の認識回避の有無，公正価値ヘッジを利用した公正価値会計の適用範囲の拡大（ヘッジ対象の簿価修正の操作）の意図の有無を確認することになる。

　ヘッジの有効性評価は，ヘッジ開始時から継続的に行うことになるが，少なくとも決算日毎または当該有効性に影響を与える重大な状況の変化があったときのいずれか早い方で行うことになる（IFRS9, par.B6.4.12）。なお，ヘッジの有効性評価は，将来予測的（forward-looking）な視点から行うものであり，過去に遡及して行うことはない。IFRS9の一般ヘッジ会計では，ヘッジの有効性評価方法を明示していないため，企業はヘッジの非有効性の発生原因やヘッジ関係の特性を考慮して，適切と思われる定性的または定量的な評価方法を採用することになる。例えば，ヘッジ対象とヘッジ手段の主要な取引条件（名目元本，期日，原資産等）が一致または同等（密接に関連してい

273

る）であれば，両者間には経済的な関係が存在する。したがって，ヘッジ対象とヘッジ手段の価値変動は一般的に逆方向となるため，ヘッジの有効性は定性的な評価方法で判断することが可能である。これに対して，ヘッジ手段とヘッジ対象の主要な取引条件が大きく異なる（密接に関連していない）場合は経済的関係の不確実性が増大するため，ヘッジ比率の妥当性を含めて，ヘッジの有効性は定量的な評価方法で判断することも想定される。

　いずれにしても，ヘッジの有効性評価は企業のリスク管理に基づくため，評価に際しては企業の内部情報も用いられる。

5) 一般ヘッジの会計処理

　ヘッジ対象及びヘッジ手段で構成されるヘッジ関係は，ヘッジ会計の適格要件を充たす限りにおいて，例外的な措置である一般ヘッジ会計が適用される。IFRS9の一般ヘッジ会計は，公正価値ヘッジ，キャッシュ・フロー・ヘッジ及び在外営業活動体に対する純投資ヘッジのヘッジ種類別に会計処理を定めている。

①公正価値ヘッジの会計処理(IFRS9, pars.6.5.8-6.5.10)

　公正価値ヘッジの場合，ヘッジ手段は公正価値＆純損益（ヘッジ対象がその他の包括利益オプション適用の資本性金融商品の場合は，公正価値＆その他の包括利益）によると同時に，指定したヘッジ対象リスクに起因するヘッジ対象の公正価値の変動は，当該ヘッジ対象の簿価修正を通じて純損益（ヘッジ対象がその他の包括利益オプション適用の資本性金融商品の場合はその他の包括利益）に計上される。この会計処理によって，ヘッジの有効部分は純損益（またはその他の包括利益）を通じて相殺されるため，ヘッジの非有効部分である未相殺の残額が純損益（またはその他の包括利益）に反映される。

　ヘッジ対象が金融商品の場合の簿価修正部分は償却原価法の対象となり[4]，実効金利を通じて純損益に計上される。ヘッジ対象が未認識の確定約定取引であれば，ヘッジ開始後の公正価値の累積変動額は，資産または負債として認識すると同時に純損益に計上される。この場合，確定約定取引の実行時点で認識される対象資産または負債の当初帳簿価額は，約定価額にヘッ

274

ジ期間中に資産または負債計上した公正価値の累積変動額を加減した金額（いわゆるベーシス・アジャストメント）となる。公正価値ヘッジの会計処理について，事例を用いて説明すると次の通りである。

公正価値ヘッジの事例

　ヘッジ対象は固定利付債券，ヘッジ手段は金利先渡取引の売建，ヘッジ対象リスクは金利リスクとするヘッジ関係において，ヘッジ開始後に金利が上昇してヘッジ対象の公正価値は下落（損失），ヘッジ手段の公正価値は上昇（利得）した場合を想定する。

　ヘッジ開始後から決算日まで，ヘッジ対象（ヘッジ開始時の帳簿価額は110とする）の公正価値は13減少（金利リスク▲20，その他のリスク＋7），ヘッジ手段の公正価値は18増加（ヘッジ開始時に約定につき，同時点の公正価値は0）している。なお，一般ヘッジ会計の適格要件は，全て充たすものとする。

（仕訳）

ヘッジ対象：（借）ヘッジ損失（P/L）　20　（貸）ヘッジ対象資産　　20
ヘッジ手段：（借）ヘッジ手段資産　　18　（貸）ヘッジ利得（P/L）　18

　図表6－1は，公正価値ヘッジの事例をもとに，ヘッジ開始時及び決算日

図表6-1　公正価値ヘッジの適用例

公正価値ヘッジ適用時の貸借対照表　　　　　　　　　　　　　　　　　　（参　考）

	ヘッジ会計を適用した場合		ヘッジ会計適用せず
	ヘッジ開始時	決算日	
ヘッジ対象資産	110	90	110
ヘッジ手段資産	－	18	18
資産合計	110	108	128
負債（見合調達）	110	110	110
純損益	－	▲2	18
負債・純資産合計	110	108	128

※損益に係る税金，償却原価法の影響は省略。
※ヘッジ対象は取得（償却）原価とする。

275

の貸借対照表，一般ヘッジ会計を適用しなかった場合の貸借対照表を示したものである。

②キャッシュ・フロー・ヘッジの会計処理(IFRS9, pars.6.5.11-6.5.12)

キャッシュ・フロー・ヘッジの場合，ヘッジ手段の損益のうち，ヘッジの有効部分はその他の包括利益，ヘッジの非有効部分は純損益に計上となる。なお，ヘッジの有効部分は，ヘッジ開始後から生じたヘッジ手段からの累積損益額，またはヘッジ開始後から生じたヘッジ対象の公正価値（現在価値）の累積変動額のいずれか少ない方（絶対額）となる（IFRS9, par.6.5.11（a））。この低価テスト（lower of test）によって，ヘッジ手段の効果がヘッジ対象の影響を上回るオーバーヘッジの場合の当該超過額はヘッジの非有効部分となる一方，ヘッジ手段の効果がヘッジ対象の影響を下回るアンダーヘッジの場合は，ヘッジの非有効部分が発生しないことになる。

その他の包括利益に計上されたヘッジの有効部分は，ヘッジ対象に応じて，その後の会計処理が異なる（IFRS9, par.6.5.11(d)）。ヘッジ対象が非金融資産または非金融負債を認識する予定取引であれば，当該取引の実行時点にその他の包括利益（累計額）から振り替え（組替調整には該当せず），当該資産または負債の帳簿価額に加減（ベーシス・アジャストメント）する。これ以外の場合（例えばヘッジ対象が金融資産または金融負債である場合）には，ヘッジ対象から生じるキャッシュ・フローが純損益に反映される時点（例えば受取利息や支払利息の計上時，または売却時）にあわせて，その他の包括利益（累計額）から純損益に振り替える（組替調整に該当）。キャッシュ・フロー・ヘッジの会計処理について，事例を用いて説明すると次の通りである。

キャッシュ・フロー・ヘッジの事例

　ヘッジ対象は穀物購入の予定取引，ヘッジ手段は先渡取引の買建，ヘッジ対象リスクは穀物の価格リスクのヘッジ関係を想定する。ヘッジ開始後に穀物の市場価格が上昇し，ヘッジ対象に係る予定支払キャッシュ・フローは20増加，ヘッジ手段の公正価値は18上昇（利得）している。なお，一般ヘッジ会計の適格要件は，全て充たすものとする。

第6章　IFRS9による一般ヘッジ会計の見直し

（仕訳）

ヘッジ対象：　　　　　　　—予定取引は未認識にて仕訳なし—

ヘッジ手段：（借）ヘッジ手段資産　　　18　（貸）その他の包括利益　18

　図表6-2は，キャッシュ・フロー・ヘッジの事例をもとに，ヘッジ開始時及び決算日の貸借対照表，一般ヘッジ会計を適用しなかった場合の貸借対照表を示したものである。

図表6-2　キャッシュ・フロー・ヘッジの適用例

キャッシュ・フロー・ヘッジ適用時の貸借対照表　　　　　　　　　　　（参　考）

	ヘッジ会計を適用した場合		ヘッジ会計 適用せず
	ヘッジ開始時	決算日	
ヘッジ対象資産	—	—	—
ヘッジ手段資産	—	18	18
資産合計	—	18	18
負債（見合調達）	—	—	—
その他の包括利益（累計額）	—	18	—
純損益	—	—	18
負債・純資産合計	—	18	18

※損益に係る税効果等は省略。

③在外営業活動体に対する純投資ヘッジの会計処理（IFRS9, pars.6.5.13-6.5.14）

　在外営業活動体に対する純投資ヘッジは，キャッシュ・フロー・ヘッジと同様な会計処理が適用される。具体的には，ヘッジ手段の損益のうち，ヘッジの有効部分はその他の包括利益，ヘッジの非有効部分は純損益に計上となる。

6) 一般ヘッジ会計の中止

　IFRS9の一般ヘッジ会計は，指定したヘッジ関係の全部または一部について，後述するバランス再調整（rebalancing）の実施後も一般ヘッジ会計の適格要件を充たさない場合にのみ，一般ヘッジ会計を中止することを定めてい

277

る（IFRS9, par.6.5.6）。したがって，一般ヘッジ会計の適格要件を充たしている限りは一般ヘッジ会計の継続適用が求められるため，企業による任意の一般ヘッジ会計の中止はできない。ヘッジ比率が原因でヘッジの有効性要件が未充足となっても，当該ヘッジ関係を指定したリスク管理目的が不変であれば，再びヘッジの有効性要件を充たすためにバランス再調整を行う必要がある（IFRS9, par.6.5.5）。

　指定したヘッジ関係の全体について，一般ヘッジ会計の適格要件を充たさないことから，一般ヘッジ会計の中止となる場合は次の通りである（IFRS9, par.6.5.6）。

　①ヘッジ関係が当初に指定したリスク管理目的と合致しなくなった場合。

　②ヘッジ手段の実行，期限の到来，処分または打ち切りをした場合。

　③ヘッジ対象とヘッジ手段間の経済的な関係が失われた場合，または信用リスクがヘッジ関係に著しい影響を及ぼすようになった場合。

　指定したヘッジ関係の一部が一般ヘッジ会計の適格要件を充たさなくなった場合は，当該部分のみが一般ヘッジ会計の中止となり，一般ヘッジ会計の適格要件を充たしている残存部分は，引き続き一般ヘッジ会計が適用される。ヘッジ関係のうち，一般ヘッジ会計が中止となる部分は次の通りである（IFRS9, par.B6.5.27）。

　①バランス再調整を通じてヘッジ関係から除いたヘッジ対象の当該除外部分。

　②ヘッジ対象とした実行可能性が極めて高い予定取引のうち，実行可能性が乏しくなった部分。

(2) IFRS9による一般ヘッジ会計の個別事項

　ここでは，IFRS9の一般ヘッジ会計のうち，前述の基本事項の理解に際して有益な事項，例外的または技術的な要素が強い事項を概括する。

1) ヘッジ対象であるグループ及び合計エクスポージャーの適格性

　IFRS9の一般ヘッジ会計は，ヘッジ対象として，個々の資産，負債または取引単位のほか，複数で構成されるグループ単位でも，個々の単位がヘッジ

対象の適格要件を充たしており，かつ企業のリスク管理目的が当該グループ単位を対象とする場合はヘッジ対象として認めている（IFRS9, par.6.6.1）。

　グループ単位としてのヘッジ対象は，グループ内のヘッジ対象同士だけでリスク管理の対象リスクが相殺となる純額ゼロ・ポジション（nil net positions），すなわちヘッジ手段がない場合でも，次の要件を充たす場合はヘッジ関係に指定できる（IFRS9, par.6.6.6）。

①ヘッジは純額ベースを対象とする循環型（rolling）のリスクヘッジ戦略の一環であり，企業は常に同じタイプの新たなポジションに同様なヘッジを行っていること。

②ヘッジされている純額ゼロ・ポジションについて，純額ベースを対象とする循環型のリスクヘッジ戦略の対象期間中に変化が生じてポジション（純額ベースのリスク）が発生した場合，企業は当該リスクのヘッジのために適格なヘッジ手段を使用すること。

③純額ポジションがゼロでない場合は一般ヘッジ会計が適用されており，適格なヘッジ手段を使用してヘッジしていること。

④純額ゼロ・ポジションに一般ヘッジ会計を適用しない場合，純額ポジションを通じてヘッジしているにも関わらず，その経済実態が反映されない等の一貫性に欠けた会計処理になること。

　次にIFRS9の一般ヘッジ会計は，適格なヘッジ対象とデリバティブを組み合わせた合計エクスポージャー（aggregated exposure）もヘッジ対象として認めている（IFRS9, par.6.3.4）。例えば，将来の一定時点に予定される商品仕入取引（実行可能性が極めて高い予定取引に該当）の仕入代金の決済通貨が外貨建（US$建）である場合，企業としては外貨ベース（US$建）での支払キャッシュ・フローを確定させるため，外貨建（US$建）の商品先物取引の買建をヘッジ手段としてキャッシュ・フロー・ヘッジを行ったとする（第1のヘッジ関係）。次に第1のヘッジ関係で創出された外貨建（US$建）の固定支払キャッシュ・フロー（予定取引＋デリバティブ）について，円貨ベースによる支払キャッシュ・フローを確定させるため，先物為替予約（US$／円）をヘッジ手段とするヘッジを行ったとする（第2のヘッジ関係）。この第2のヘッジ関係に対する一般ヘッジ会計の適用は，第1のヘッジ関係がヘッ

ジ対象として適格かどうかが問われることになる。

デリバティブはヘッジ手段であり，ヘッジ対象にはならないとの見方によると，デリバティブを含む第1のヘッジ関係は，ヘッジ対象として不適格となるため，第2のヘッジ関係は一般ヘッジ会計の適格要件を欠くことになる。これに対して，IFRS9の一般ヘッジ会計は，ヘッジ対象として適格なエクスポージャー（外貨建の予定取引）とデリバティブ（外貨建の先物取引）の合計エクスポージャー（外貨建の固定支払キャッシュ・フロー）を対象に企業がリスク管理を行っている場合は，適格なヘッジ対象として指定することができる。したがって，IFRS9の一般ヘッジ会計のもとでは，第2のヘッジ関係は一般ヘッジ会計の適格要件を充たすことになる。

ただし，合計エクスポージャーの取扱いはヘッジ対象の適格性に限るものであり，会計処理は構成要素毎に行う必要がある。

2）バランス再調整によるヘッジの有効性の維持

IFRS9の一般ヘッジ会計は，ヘッジ会計の適格要件の1つであるヘッジの有効性要件のうち，ヘッジ比率が原因でヘッジ関係の有効性に問題が生じている場合，当初に指定したリスク管理目的が引き続き同じであれば，再びヘッジの有効性を維持するためにバランス再調整の実施を求めている。バランス再調整とは，ヘッジの有効性を維持する目的でヘッジ関係のヘッジ対象またはヘッジ手段の指定量を調整（変更）する行為であり，これ以外の目的による変更は該当しない（IFRS9, par.B6.5.7）。

バランス再調整は，リスク変数（参照価格やレート等）に対するヘッジ対象とヘッジ手段間の関係性の変化によって，ヘッジ比率が両者の関係をもはや適切に反映しない場合に行われる。例えば，ヘッジ対象及びヘッジ手段の公正価値（またはキャッシュ・フロー）間の相殺度合に変化があり，当初のヘッジ比率に問題が生じたとする。企業は当該変化が当初のヘッジ比率とは異なるヘッジ比率の周辺で生じているか，または当初のヘッジ比率から乖離する傾向にあると判断した場合，それを原因とするヘッジの非有効部分をヘッジ比率の調整を通じて解消する必要がある（IFRS9, par.B6.5.13）。バランス再調整の要否は，リスク管理目的及びヘッジの有効性要件の両方が関係

するが，一般ヘッジ会計の継続・中止の観点も含めて整理すると図表6-3の通りである。

　ヘッジ関係のリスク管理目的は不変であるが，ヘッジの有効性要件が未充足な状態にあり，ヘッジの非有効部分がヘッジ対象とヘッジ手段間のウェイト付けの不均衡から生じている場合，当該不均衡を是正するためにバランス再調整を行うことになる。バランス再調整は，企業が実際に使用するヘッジ対象またはヘッジ手段の量の調整によることが通常であるが，ヘッジ比率の維持がヘッジの非有効部分の原因である場合には，当該ヘッジ比率自体を調整することになる。ヘッジ対象またはヘッジ手段のウェイトの増減によるバランス再調整の実施例は，図表6-4の通りである（IFRS9, par.B6.5.16）。

図表6-3　バランス再調整の要否判断

一般ヘッジ会計の適格要件		ヘッジ関係のリスク管理目的	
		不変（引き続き同じ）	変　更
ヘッジの 有効性要件	充足（有効）	継続（任意の中止は不可）	中止
	未充足（非有効）	バランス再調整の実施	中止

図表6-4　バランス再調整の実施例

ヘッジ対象の ウェイト増加 （＝ヘッジ手 段のウェイト 減少）	ヘッジ対象の分量の 増加（新たなヘッジ 対象の発生）	ヘッジ手段及び過去に指定したヘッジ対象の 会計処理は影響なし。バランス再調整後の ヘッジ対象の簿価修正は，増加部分も対象に なる。
	ヘッジ手段の分量の 減少（ヘッジ指定の 一部解除）	ヘッジ対象の会計処理は影響なし。ヘッジ手 段のうち，過去に指定した残存部分は影響な いが，減少（解除）部分は通常の会計処理 （ヘッジ関係がないため）となる。
ヘッジ手段の ウェイト増加 （＝ヘッジ対 象のウェイト 減少）	ヘッジ手段の分量の 増加（新たなヘッジ 手段の発生）	ヘッジ対象及び過去に指定したヘッジ手段の 会計処理は影響なし。バランス再調整による ヘッジ手段の増加部分は，一般ヘッジ会計の 対象になる。
	ヘッジ対象の分量の 減少（ヘッジ指定の 一部解除）	ヘッジ手段及び過去に指定したヘッジ対象の 残存部分は影響ないが，減少（解除）部分は通 常の会計処理（ヘッジ関係がないため）となる。

バランス再調整は，ヘッジの有効性要件が未充足の場合に求められるため，その時点ではヘッジの非有効部分が生じていることになる。このヘッジの非有効性部分の損益認識を繰り延べる理由はないため，バランス再調整はヘッジの非有効性部分を純損益に計上した後に行うことになる（IFRS9, par. B6.5.8）。

3) ヘッジ手段であるオプション等の取り扱い

IFRS9の一般ヘッジ会計では，ヘッジ手段の指定は対象金融商品の全体を原則としつつ，オプション等については，商品構造を勘案して部分指定も認めている。例えば，オプションをヘッジ手段とする場合は，本源価値（intrinsic value）と時間価値（time value）に区分し，本源価値の変動のみをヘッジ手段に指定することができる（IFRS9, par.6.2.4）。オプションの商品構造上，その価値は，権利行使した場合に得られる利得である本源価値とそれ以外の時間価値（＝オプションの全体価値－本源価値）から構成される。本源価値は，オプションの権利行使によって利得が生じる in-the-money 状態で発生するため，ヘッジ対象の公正価値またはキャッシュ・フロー等の不利な動きと対応させることでヘッジ関係が成立する[5]。これに対して，オプションの権利行使によって利得が生じない at-the-money や out-of-the-money 状態での本源価値はゼロであり，同状態でのオプションの全体価値は時間価値のみとなる。図表6－5は，コールオプション（購入する権利）の買建を例として，本源価値と時間価値の関係を示したものである。このような商品構造を有するオプションについて，時間価値も含めた全体価値をヘッジ手段として指定した場合，時間価値の変動も含めてリスク管理を行っていない限り，時間価値はヘッジの非有効部分の発生原因となる。

したがって，IFRS9の一般ヘッジ会計では，オプションをヘッジ手段に指定した時点の時間価値はヘッジコストに相当するとして[6]，本源価値とは異なる取扱いを認めている。具体的には，時間価値に係る公正価値の変動をその他の包括利益に計上し，その後の会計処理はヘッジ対象が取引に関連（transaction related）するものか，または期間に関連（time-period related）するものかで異なることになる。

図表 6 - 5　コール（購入する権利）オプションの買建における各価値の関係

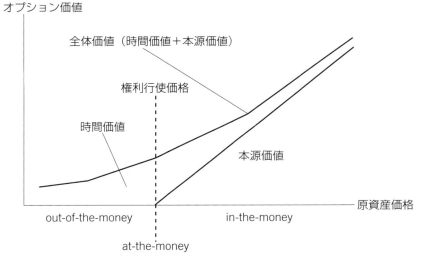

①ヘッジ対象が取引に関連する場合のオプションの時間価値の取扱い（IFRS9, par.6.5.15（b））

　ヘッジ対象が取引に関連する場合，ヘッジコストとしてのオプションの時間価値は，当該取引に紐付きで処理される。具体的には，ヘッジ対象である取引の履行によって非金融資産または非金融負債が認識される場合（例えばキャッシュ・フロー・ヘッジ適用の予定取引の対象物が商品であり，実際に商品を購入する場合），または公正価値ヘッジ適用の非金融資産または非金融負債に係る確定約定の場合，時間価値の変動に係るその他の包括利益（累計額）は，対象資産または負債の帳簿価額に振替処理（ベーシス・アジャストメント）を行う（組替調整に該当しない）。これ以外の取引については，実際にヘッジ対象のキャッシュ・フローが純損益に計上される時点にあわせて，その他の包括利益（累計額）から純損益に振り替えとなる（組替調整に該当）。

②ヘッジ対象が期間に関連する場合のオプションの時間価値の取扱い（IFRS9, par.6.5.15（c））

　ヘッジ対象が期間に関連する場合（例えば認識済みの商品在庫に係る一定

期間の価格リスク），ヘッジコストとしてのオプションの時間価値は，当該ヘッジ期間を通じて処理される。具体的には，ヘッジ手段に指定した時点の時間価値は，本源価値からの効果が期待される期間（通常はオプションの権利行使期間）を通じて，規則的かつ合理的な基準（定額法等）によって償却処理となる。各期間の償却額は，その他の包括利益（累計額）から純損益に振り替えとなる（組替調整に該当）。したがって，ヘッジ対象が期間に関連する場合のその他の包括利益は，期間配分の対象になる部分とそれ以外の部分に区分する必要がある。

　なお，IFRS9 の一般ヘッジ会計は，先渡取引の直物要素（spot element）と金利要素（forward element）に区分して直物要素をヘッジ手段に指定する場合，または金融商品から為替ベーシス・スプレッド（foreign currency basis spread）を除いた部分をヘッジ手段に指定する場合，金利要素や為替ベーシス・スプレッドはオプションの時間価値と同じ性質であるため，同様の会計処理が適用されることになる（IFRS9, par.6.5.16）。

4）クレジット・デリバティブを用いた信用リスクのヘッジ

　IFRS9 の一般ヘッジ会計は，金融商品（全体または比例部分）の信用リスクを管理する目的でクレジット・デリバティブを使用する場合，次の要件を充たすことを条件として，当該金融商品に公正価値＆純損益を適用する会計処理を認めている（IFRS9, par.6.7.1）。対象となる金融商品は，貸付金や債券のほか，IFRS9 の適用範囲外であるローン・コミットメント等も含まれる。

　①信用リスク・エクスポージャーの相手（貸付金の債務者，債券の発行者等）がクレジット・デリバティブの参照企業と一致していること（name matching），かつ

　②対象金融資産の優先順位がクレジット・デリバティブの引渡し対象である金融資産の優先順位と一致していること。

　クレジット・デリバティブを用いた信用リスクのヘッジの会計処理は，実質的に公正価値オプションの適用範囲を拡大し，信用リスク・エクスポージャーを有する金融資産も対象にするものである。通常の公正価値オプションの指定は当初認識時のみに対して，この場合の指定は当初認識後や未認識

第6章　IFRS9 による一般ヘッジ会計の見直し

の期間（ローン・コミットメントの場合）でも可能な点で異なるが，指定と同時に文書化が必要であり，任意の中止は認められない点は通常の公正価値オプションと同じである。なお，信用リスクのヘッジ指定に際して，対象金融資産の帳簿価額と同時点の公正価値が異なる場合の差額は純損益に計上される。

　クレジット・デリバティブを用いた信用リスクのヘッジは，次の両方の要件を充たす場合に中止となり，対象金融資産の新たな帳簿価額は当該中止時点の公正価値となる（IFRS9, par.6.7.3）。

　①クレジット・デリバティブまたは対象金融資産を売却，決済した場合や信用格付の改善等によってクレジット・デリバティブを利用した信用リスク管理が不要になる等，クレジット・デリバティブを用いた信用リスクのヘッジの要件を充たさなくなったこと。

　②対象金融資産に公正価値オプションを適用しない限り，公正価値＆純損益となる会計処理が求められないこと（公正価値オプションの適用後に，IFRS9 の規定によって対象金融資産が公正価値＆純損益となる分類区分に変更されていないこと）。

　クレジット・デリバティブを用いた信用リスク管理対象の金融資産に対する公正価値オプションは，信用リスク要素を部分指定とする一般ヘッジ会計が認められないための代替措置である。前述のように，IFRS9 の一般ヘッジ会計では，個々のリスク要素に起因する公正価値またはキャッシュ・フローの変動をリスク対象に指定できるが，その場合には当該リスク要素を独立して識別，かつ信頼性をもって測定が可能でなければならない。この点について，IFRS9 の一般ヘッジ会計は，信用リスク要素を独立して識別することは困難との見方を示している（IFRS9, par.BC6.470）。

　一方で金融機関を中心にクレジット・デリバティブを用いた信用リスク管理が行われており，会計上で何らかの措置をしない場合，会計上のミスマッチ（例えばクレジット・デリバティブは公正価値＆純損益に対して，貸付金等は償却原価）が生じることになる。したがって，厳密には一般ヘッジ会計に該当しないものの，IASB としては会計上のミスマッチの解消を求める声に応えるため，IFRS9 の一般ヘッジ会計の章に盛り込んだものといえる。

285

② IFRS9による一般ヘッジ会計の特徴

　IFRS9の一般ヘッジ会計は，企業のリスク管理の実態を会計上で反映する基本方針のもと，ヘッジ手段やヘッジ対象の適格性，ヘッジの有効性評価等を中心にIAS39の取扱いを変更する一方，会計処理は基本的にIAS39を踏襲している。結果として，IFRS9の一般ヘッジ会計は，IAS39と異なる点が多い一方，同じ点も多いことから，その理解に際しては両者の異同点を明らかにする必要がある。また，IAS39置換プロジェクトのフェーズ3「ヘッジ会計」は，FASBとの共同ではなく，IASBによる単独プロジェクトであるが，FASBもヘッジ会計の見直し作業に着手している。ヘッジ会計を含む金融商品会計について，IFRS及び米国会計基準間のコンバージェンスは，G20を含む利害関係者にとっても大きな関心事である。

　したがって，ここでは一般ヘッジ会計に関するIFRS9及びIAS39間の主な異同点を示した上，IAS39から変更になった背景も踏まえて，IFRS9による一般ヘッジ会計の特徴を概括する。次いで米国会計基準とのコンバージェンスの動向を確認することで，IASB及びFASBによる金融商品見直しプロジェクトの成果を考察する。

1. 一般ヘッジ会計におけるIFRS9及びIAS39間の主な異同点

　IFRS9の一般ヘッジ会計は，IAS39のヘッジ会計を置き換えるものであり，大きく変更された点もあれば，そのまま引き継いだ点もある。IFRS9の一般ヘッジ会計がIAS39のヘッジ会計を引き継いだ点，すなわち変更がない主な取扱いは次の通りである。

- ・ヘッジ会計の適用は任意であり，一定の要件を充たした場合に認められる例外的な措置であること。
- ・ヘッジ開始時には，ヘッジ関係に関する公式な指定及び文書化が必要であること。
- ・公正価値ヘッジ，キャッシュ・フロー・ヘッジ及び在外営業活動体に対する純投資ヘッジの会計処理自体は，基本的に同じであること（ベーシ

286

第6章　IFRS9による一般ヘッジ会計の見直し

ス・アジャストメント等の一部の取扱いを除く）。
・ヘッジの非有効部分は，純損益に計上されること（その他の包括利益オプション適用対象の資本性金融商品がヘッジ対象の場合を除く）。
・キャッシュ・フロー・ヘッジの非有効部分の認識は，いわゆる低価テストによること。
・オプションの売建（純額）は，ヘッジ手段として不適格であること。
・ヘッジ対象として一部の構成要素を指定する場合，当該構成要素に係るキャッシュ・フローは，対象全体のキャッシュ・フロー以下であること。

　次にIFRS9の一般ヘッジ会計とIAS39のヘッジ会計が異なる点，すなわち変更があった主な取扱いは図表6－6の通りである。

図表6-6　IFRS9の一般ヘッジに関するIAS39からの主な変更項目

		IAS39（※2009年3月）	IFRS9（2015年1月）
ヘッジ会計の目的		明確な記載なし(ヘッジ会計は，通常の認識及び測定の例外として位置付け)。	純損益(資本性金融商品にその他の包括利益オプションを適用している場合は，その他の包括利益)に影響を与える特定のリスク・エクスポージャーに対するリスク管理活動の効果を財務諸表上で表示すること。
ヘッジ手段	適格性（対象範囲）	ヘッジ手段は，為替リスクを除いてデリバティブに限定(為替リスクの場合は，非デリバティブの金融資産及び金融負債の為替リスク要素も許容)。	IAS39に加えて，公正価値＆純損益となる分類区分に属する非デリバティブの金融資産及び金融負債も許容。
	オプションの区分処理	オプションの本源価値のみをヘッジ手段に指定した場合，時間価値の公正価値の変動は純損益に計上。	オプションの本源価値のみをヘッジ手段に指定した場合，時間価値の公正価値の変動は，その他の包括利益に計上(その後はヘッジ対象の性質にあわせて純損益に計上)。
ヘッジ対象	合計エクスポージャー	デリバティブはヘッジ対象として不適格につき，デリバティブを含むエクスポージャーはヘッジ対象として認められない。	適格なヘッジ対象とデリバティブを含む合計エクスポージャーも，一定の要件を充たせばヘッジ対象として認められる。

287

		IAS39（※2009年3月）	IFRS9（2015年1月）
ヘッジ対象	グループ単位	個々のヘッジ対象の公正価値等の変動と，グループ全体の公正価値等の変動の間に一定の比例関係が必要。	個々のヘッジ対象が適格であり，リスク管理対象がグループ単位であれば，個々の項目とグループ全体間の比例関係は特に問われない。
	純額ネット・ポジション	ヘッジ対象として認められない。	一定の要件を充たせば，ヘッジ対象として認められる(期間を跨って純損益に影響を与えるキャッシュ・フロー・ヘッジを除く)。
	個々のリスク要素	ヘッジ対象が金融商品の場合，リスク要素を独立して認識，かつ信頼性をもって測定が可能であればヘッジ対象として適格。ヘッジ対象が非金融商品の場合，為替リスクを除いて，個々のリスク要素はヘッジ対象として不適格。	金融商品，非金融商品に関係なく，独立して認識，かつ信頼性をもって測定が可能である限り，個々のリスク要素はヘッジ対象として認められる。
ヘッジの有効性	ヘッジの有効性評価の指標	ヘッジ開始時からヘッジ期間を通じて，ヘッジ対象及びヘッジ手段間の相関関係(相殺効果)が極めて有効であり，その指標として80%-125%の範囲内とする数値基準がある。	ヘッジ対象とヘッジ手段間の経済的関係の存在，信用リスクの考慮及び実際の使用量に基づくヘッジ比率の使用等の原則的な規定のみであり，数値基準はない。
	ヘッジの有効性の変化によるヘッジ関係の変動	ヘッジ開始後のヘッジ関係の変動(ヘッジ対象またはヘッジ手段の分量の変動等)は，新たなヘッジ関係となる。したがって，変動があるヘッジ関係は，ヘッジ会計の中止(必要に応じて再指定)となる(IFRS9のバランス再調整という概念はない)。	ヘッジの有効性要件が未充足でも，ヘッジ関係のリスク管理目的が不変の場合は，バランス再調整を行う。したがって，ヘッジ関係自体は継続となり，バランス再調整の影響を受けない部分はヘッジ会計が継続される(ヘッジ会計の中止は，バランス再調整による調整部分のみ)。
ヘッジ会計の中止		ヘッジ会計の中止は，ヘッジ会計の適格要件を充たさない場合のほか，ヘッジ指定の取り消しも該当するため，企業の任意で中止することができる。	ヘッジ会計の中止は，ヘッジ会計の適格要件を充たさない場合(バランス再調整後)のみとし，企業の任意による中止はできない。

	IAS39（※2009年3月）	IFRS9（2015年1月）
クレジット・デリバティブによる信用リスクのヘッジ	信用リスク要素は，独立して認識かつ信頼性がある測定は困難につき，ヘッジ対象として不適格。したがって，ヘッジ会計は適用できない。	一定の要件を充たした信用リスクを有するヘッジ対象について，適用要件を緩和した公正価値オプションを許容。

※IAS39置換プロジェクトによって，IAS39の改訂（IFRS9に置き換え）が始まる直前の2009年3月時点でのIAS39を比較対象にしている。

　これらの IFRS9 の一般ヘッジ会計と IAS39 のヘッジ会計の主な異同点から，IFRS9 の一般ヘッジ会計では，会計処理は基本的に IAS39 を引き継ぎながら，ヘッジ対象やヘッジ手段の範囲，ヘッジの有効性要件等のヘッジ会計の適格要件を中心にリスク管理の実態を反映し，弾力的な運用を可能とする方向で見直しを図ったことがわかる。

2. 一般ヘッジ会計におけるIFRS9及びIAS39間の主な論点

（1）会計基準とリスク管理のバランス

　IFRS9 の一般ヘッジ会計の第 1 の特徴としては，企業によるリスク管理の一環であるヘッジ活動の実態を財務諸表上に反映することに重点を置いていることが挙げられる。IAS39 のヘッジ会計は，国際会計基準として初めてヘッジ活動を取り上げたものであり，それまで未開発の分野に会計基準を示した意義は大きい。その一方で，IAS39 のヘッジ会計は，原則としてヘッジ手段はデリバティブに限定し，ヘッジ対象はデリバティブ以外とする枠組みのもと，ヘッジ会計の適格要件を中心に多くの要求事項がある。ヘッジ会計は例外的な措置であり，それを利用した損益操作防止の観点から要求事項が多いことは理解できるが，結果として会計基準が経済実態上のヘッジ活動を規制する結果となっていた。

　要求事項が多い IAS39 のヘッジ会計は，金融商品会計の複雑性を増加させるだけでなく，それを順守した会計上の結果はヘッジ活動の実態を反映していない等の批判から，IFRS9 の一般ヘッジ会計では，ヘッジ活動の実態をできる限り反映できるように枠組みを弾力化している。例えば，IFRS9 の一般ヘッジ会計において，ヘッジ対象にデリバティブを含む合計エクスポー

ジャーや純額ネット・ポジションを適格とする取扱い，ヘッジ手段に非デリバティブの金融資産や金融負債を適格とする取扱いは，IAS39のヘッジ会計の枠組みでは認められないものである。企業のヘッジ活動において，デリバティブと非デリバティブの区別は意味がなく，リスク管理の一環であるヘッジ活動は，刻々と変化する純額ポジションを対象とすることもめずらしくない。この観点からは，総額ベースを前提としてヘッジ手段はデリバティブ，ヘッジ対象は非デリバティブとしてヘッジ関係を決定し，ヘッジ期間中は当該ヘッジ関係を固定するIAS39のヘッジ会計は，企業によるリスク管理の一環である実際のヘッジ活動とは異なるものである。

　会計基準が実際のヘッジ活動を制約するIAS39のヘッジ会計は，経済実態と乖離した会計上の結果を招くことになる。これに対して，リスク管理の一環である実際のヘッジ活動を意識したIFRS9の一般ヘッジ会計は，経済実態と会計上の結果が一致しやすい素地がある。そのため，経済実態の忠実な表現という観点からは，IFRS9の一般ヘッジ会計に優位性がある一方，企業によるリスク管理やヘッジ活動の経済実態は多種多様であることも事実である。したがって，会計基準による制約が緩和されたIFRS9の一般ヘッジ会計の適用も多様化する可能性があり，比較可能性の観点からの対応が必要となる。

（2）規則順守主義と原則準拠主義のバランス

　IFRS9の一般ヘッジ会計の第2の特徴としては，ヘッジ会計の根幹には企業の自発的な行動であるリスク管理があり，その結果の会計上の反映は原則に準拠する範囲内で企業の自主性に委ねる原則準拠（principle-based）主義の採用が挙げられる。一方，IAS39は，ヘッジ会計の根幹に会計基準があり，その妥当性は詳細な規則の順守で担保される規則順守（rule-based）主義を採用している。規則順守主義から原則準拠主義への移行は，IFRS9の一般ヘッジ会計の第1の特徴である，企業によるリスク管理の一環であるヘッジ活動の実態の反映からすれば当然の帰結といえる。規則順守主義であるIAS39のヘッジ会計から，原則準拠主義であるIFRS9の一般ヘッジ会計への移行を裏付ける例としては，ヘッジの有効性要件としてIAS39が採用していた80-125%テストの廃止が挙げられる。IAS39のヘッジ会計は，ヘッジの有

効性がヘッジ期間を通じて極めて高いことをヘッジ会計の適格要件の1つとし，具体的には相関（相殺）関係が80-125%の範囲内とする80-125%テストを定めていた（IAS39, 2009, par.AG105）。ヘッジ開始後に80-125%テストを充たさなくなった場合，最後に充たした時点以降の当該ヘッジ関係全体に対するヘッジ会計は中止となる。また，IAS39ではIFRS9の一般ヘッジ会計が採用するバランス再調整という概念がないため，ヘッジ開始後にヘッジの有効性が低下した場合でも，当初に指定したヘッジ対象及びヘッジ手段の分量を加減することはできない（加減した場合は，ヘッジ会計の中止となる）。IAS39のヘッジ会計の結果は，80-125%テストの結果如何で大きく異なるため，all-or-nothing的な要件といえる。

　ヘッジの有効性要件について，IFRS9の一般ヘッジ会計は，IAS39の80-125%テストに代えて，ヘッジ比率は企業のリスク管理に基づくとともに，ヘッジの有効性評価は過去に遡及することなく，将来に向かってのみ行うことになる。その一方で企業毎にリスク管理の内容や水準は異なるため，IFRS9の一般ヘッジ会計によるヘッジ有効性の評価は，IAS39と比べて多様化することが想定される。IFRS9の一般ヘッジ会計によるヘッジの非有効部分の会計処理は，IAS39と同様に純損益に計上されるため（ヘッジ対象がその他の包括利益オプション適用の資本性金融商品である場合を除く），ヘッジの有効性評価の多様化を悪用した損益操作があっても，損益面の影響は限定的と思われる。規則順守主義のIAS39のヘッジ会計のもとでは，会計基準がヘッジ会計の教科書的な役割を果たしてきたことも事実である。これに対して，原則準拠主義のIFRS9の一般ヘッジ会計のもとでは，企業によるヘッジ活動の自由度が増加した分，自ら原則を解釈する必要があり，これまでの「会計基準ありき」からの意識転換が求められる。

（3）ヘッジの会計処理の統一の是非

　IFRS9の一般ヘッジ会計の第3の特徴としては，会計処理は基本的にIAS39の枠組みを引き継いでいる点が挙げられる（ベーシス・アジャストメント等の一部の取扱いを除く）。したがって，企業においては，IAS39のヘッジ会計からIFRS9の一般ヘッジ会計への変更に際して，ヘッジ会計の適格要

件等の見直し作業は必要となるが，会計システム自体の大幅な見直しは要しないことになる。

　なお，IAS39置換プロジェクトのフェーズ3「ヘッジ会計」の開発作業に際して，当初からヘッジの会計処理は変更しないとの判断があったわけではない。2010年公開草案（ヘッジ）では，それまでのIAS39による公正価値ヘッジと異なる会計処理を提案している。2010年公開草案（ヘッジ）が提案した公正価値ヘッジの会計処理案は，次の通りである（IASB, 2010a, par.26）。

・ヘッジ手段の公正価値の変動は，その他の包括利益に計上すること。
・ヘッジ対象リスクに起因するヘッジ対象の公正価値の変動は，貸借対照表上の独立科目として認識の上，その他の包括利益に計上すること。なお，ヘッジ対象が償却原価を測定属性とする金融商品の場合，当該独立科目は償却原価法を通じて純損益に計上すること。
・ヘッジ対象及びヘッジ手段の公正価値変動から生じるヘッジの非有効部分は，その他の包括利益から純損益に振り替えること。

　2010年公開草案（ヘッジ）が提案した公正価値ヘッジの会計処理案について，前述のIFRS9による公正価値ヘッジの会計処理の事例（275ページ）に適用すると次の通りである。

（仕訳）

ヘッジ対象：　　（借）その他の包括利益　20　（貸）独立項目（負債）　20
ヘッジ手段：　　（借）ヘッジ手段資産　　18　（貸）その他の包括利益　18
非有効分の振替：（借）純損益　　　　　　 2　（貸）その他の包括利益　　2

　図表6－7は，この事例をもとに，2010年公開草案（ヘッジ）とIFRS9の一般ヘッジ会計の会計処理を適用した場合の貸借対照表を示したものである。

　2010年公開草案（ヘッジ）は，公正価値ヘッジにキャッシュ・フロー・ヘッジと類似した会計処理の適用を提案するものであり，次のような利点を挙げている（IASB, 2010a, par.BC119, BC123）。

①全てのヘッジ活動の成果の表示は，その他の包括利益で統一されるため，透明性と比較可能性が高まること。

292

第6章　IFRS9による一般ヘッジ会計の見直し

図表6-7　2010年公開草案（ヘッジ）とIFRS9の一般ヘッジ会計の対比

公正価値ヘッジ適用時の貸借対照表

		ヘッジ開始時	決算日	
			2010年公開草案	IFRS9
	ヘッジ対象資産	110	110	90
	ヘッジ手段資産	−	18	18
資産合計		110	128	108
	負債（見合調達）	110	110	110
	独立科目（負債）	−	20	−
	純損益	−	▲2	▲2
負債・純資産合計		110	108	108

※損益に係る税金、償却原価法の影響は省略。

②公正価値ヘッジの有効性，すなわち相殺度合が包括利益計算書を通じて
　提供できること。

③複数存在するヘッジ会計処理の統一化によって，金融商品会計の複雑性
　を低減できること。

④IAS39からの移行に際して，会計システムの大幅な変更を要しないこと。

⑤公正価値ヘッジによる簿価修正が不要になるため，ヘッジ対象の混合的
　な測定属性が解消すること[7]。

　2010年公開草案（ヘッジ）の提案によると，その他の包括利益項目に公正
価値ヘッジのヘッジ関係損益が追加となるため，その他の包括利益に関する
プロジェクトが終了するまで見合わせるべきとのコメントが多く寄せられた
（IFRS9, par.BC6.359）。また，ヘッジ対象リスクに起因する公正価値の変動
について，ヘッジ対象の簿価修正ではなく，独立科目として表示する提案に
は，貸借対照表に多数の独立科目が表示される可能性があり，かえって煩雑
になるとのコメントが多く寄せられた（IFRS9, par.BC6.360）。確かに2010年
公開草案（ヘッジ）の提案によれば，ヘッジ対象の簿価修正による混合的な
測定属性はなくなるものの，それは単なる表示上のすり替えにすぎず，独立
科目自体は資産または負債の定義を充たすものではない。また，ヘッジの非

293

有効部分の識別や独立科目に対する償却原価法の適用は引き続き必要であるため，独立科目にした場合はヘッジ対象との関連性の追跡が困難となり得る。IASB は，これらのコメントを勘案した結果，IFRS9 の一般ヘッジ会計では 2010 年公開草案（ヘッジ）が提案した会計処理案を採用せず[8]，IAS39 の会計処理を踏襲している。

　したがって，IFRS9 による一般ヘッジの会計処理は，公正価値ヘッジとキャッシュ・フロー・ヘッジの 2 本建である。加えて，その他の包括利益オプション適用の資本性金融商品のヘッジも認めたため，ヘッジの非有効部分は，純損益（公正価値ヘッジとキャッシュ・フロー・ヘッジ）及びその他の包括利益（その他の包括利益オプション適用の資本性金融商品のヘッジ）の両方に跨って計上される。

3. 米国会計基準の動向及びコンバージェンスの状況

　IFRS 及び米国会計基準間のコンバージェンスを図ることは，G20 を含む多くの利害関係者からの要請であるが，IAS39 置換プロジェクトのフェーズ 3「ヘッジ会計」は，IASB の単独プロジェクトとして展開されている。米国会計基準のヘッジ会計は，FASB が 1998 年に公表した SFAS133「デリバティブ商品及びヘッジ活動に関する会計処理」（FASB, 1998）が基礎になっている[9]。IAS39 のヘッジ会計は，基本的に SFAS133 の枠組みを踏襲しているため，IAS39 のヘッジ会計と米国会計基準間の親和性は高い。したがって，IFRS9 の一般ヘッジ会計と IAS39 のヘッジ会計間の相違点は，概ね IFRS9 の一般ヘッジ会計と米国会計基準間の相違点と同様の関係にある。

　なお，SFAS133 を基礎とする米国会計基準のヘッジ会計は，見直しがまったく検討されていないわけではない。FASB は，2008 年 6 月にヘッジ会計の見直しに限定した公開草案「ヘッジ活動の会計処理—SFAS133 の改訂」（FASB, 2008b），2010 年 5 月にヘッジ会計を含む金融商品会計の包括的な見直しとして 2010 年更新書案を公表している。これらの公開草案を通じて提案されたヘッジ会計の主な見直し項目は，①ヘッジの有効性の水準，②ヘッジ会計の中止，③キャッシュ・フロー・ヘッジによるヘッジの非有効部分の測定等の限定的な範囲に留まっており，これら以外は現行のヘッジ会計を踏襲

第6章　IFRS9による一般ヘッジ会計の見直し

する形となっている。

①ヘッジの有効性の水準(FASB, 2010b, par.113)

ヘッジの有効性の水準について，2010年更新書案では現行規定の「極めて有効（highly effective）」から，「かなり有効（reasonably effective）」に変更することを提案している。「かなり有効」の判定は，原則としてリスク管理に基づく定性的な評価（ヘッジ対象及びヘッジ手段間の経済的な関係の存在等）によるものとし，定量的な評価は，定性的な評価が困難な場合に行うことを想定している。

②ヘッジ会計の中止(FASB, 2010b, par.119)

ヘッジ会計の中止要件について，2010年更新書案では，現行規定が認めているヘッジ関係の指定の取り消しを削除することで，企業による任意のヘッジ会計の中止ができないことを提案している。

③キャッシュ・フロー・ヘッジによるヘッジの非有効部分の測定(FASB, 2010b, par.122)

キャッシュ・フロー・ヘッジによるヘッジの非有効部分の測定について，2010年更新書案では現行規定が採用する低価テストを廃止することで，オーバーヘッジだけでなく，アンダーヘッジの場合もヘッジの非有効部分を測定の上，純損益に計上することを提案している。

これらの提案が全て反映されたとしても，米国会計基準のヘッジ会計とIFRS9の一般ヘッジ会計間には大きな乖離がある。FASBによる米国会計基準のヘッジ会計の見直し作業は，これらの公開草案等のコメント分析を行うほか，IASBの2010年公開草案（ヘッジ）に対して2011年2月にコメント募集（FASB, 2011）を行う程度であった。しかしながら，米国会計基準の金融資産及び金融負債の分類と測定，減損の方法の見直し作業に目途がついたことから，FASBは2014年11月にヘッジ会計プロジェクトをリサーチ・プロジェクトからテクニカル・アジェンダに変更することを決定し，2015年2月から具体的な見直し作業に着手している。

したがって，FASBによるヘッジ会計の見直し作業が本格化した場合，IAS39置換プロジェクトのフェーズ1「金融資産及び金融負債の分類及び測定」の開発過程において，2009年11月に一旦は確定した2事業モデルが2014

年7月には3事業モデルに改訂されたように，後出し的な米国会計基準に追随する形のコンバージェンスによって，IFRS9の一般ヘッジ会計が改訂される可能性が残っている。

③ IAS39置換プロジェクトのフェーズ3の評価及び残された主な課題

金融商品会計でも特に複雑なヘッジ会計の見直しは，検討に十分な時間を要するところ，世界金融危機を背景とするG20の見直し要請には時限性があった。IASBとしては，マクロヘッジ会計は別プロジェクトとして切り離し，IAS39置換プロジェクトのフェーズ3は一般ヘッジ会計にすることで終了となったが，残された課題が多いことも事実である。

したがって，ここでは，金融商品会計の複雑性低減の視点及び世界金融危機の再発防止の視点から，IAS39置換プロジェクトのフェーズ3「ヘッジ会計」の結果を評価するとともに，残された主な課題を考察する。

1. 金融商品会計の複雑性低減の視点による評価

IAS39置換プロジェクトの背景には，世界金融危機の原因の1つに会計基準の不備があるとして，その見直しを求めるG20の要請からの短期的な視点だけではなく，かねてから金融商品会計は複雑との批判に応えるため，IASB及びFASBによる共同プロジェクトのもと，中長期的な視点で検討を続けてきた経緯がある。ここでは，IAS39置換プロジェクトのフェーズ3「ヘッジ会計」の成果であるIFRS9の関連規定について，2008年討議資料（複雑性低減）及び2008年SEC報告書の視点から金融商品会計の複雑性低減の効果を考察する。

(1) 2008年討議資料（複雑性低減）からの視点

IASBによる2008年討議資料（複雑性低減）では，金融商品会計の複雑性低減に向けた中間的アプローチのうち，ヘッジ会計の見直しをアプローチ3に取り上げ，具体的にはヘッジ会計の全廃（または置き換え）及びヘッジ会

計の簡素化という2つの改訂案を示している。

　ヘッジ会計の全廃（または置き換え）案における全廃は，まさに文字通りとして，置き換えについては，ヘッジ対象に対する公正価値オプションの適用，ヘッジ手段から生じる損益の純損益外での計上，金融商品から生じる損益の純損益外での計上とする3つの具体案を示している。ヘッジ会計の簡素化に向けた改訂案では，①ヘッジ取引の指定及び文書化，②ヘッジ取引の指定解除及び再指定，③部分ヘッジ，④ヘッジの有効性評価（及びヘッジの非有効部分の取扱い），⑤ポートフォリオ（包括）ヘッジ，⑥ヘッジ損益の再分類，⑦予定取引等の実行時の取扱いの項目毎に簡素化の方向性が検討されている。

　IAS39置換プロジェクトのフェーズ3「ヘッジ会計」は，2008年討議資料（複雑性低減）のアプローチ3に呼応するものであり，その成果であるIFRS9の一般ヘッジ会計は，アプローチ3で示されたヘッジ会計の簡素化及びヘッジ会計の置き換えに関する改訂案の一部を取り入れた内容になっている。前述したIAS39のヘッジ会計からの変更点からみたIFRS9の一般ヘッジ会計の特徴のうち，任意によるヘッジ会計の中止の禁止（アプローチ3のヘッジ会計の簡素化に向けた改訂案の②ヘッジ取引の指定解除及び再指定に該当，以下同じ），ヘッジの有効性評価を定量的判定（80-125%テスト）から定性的判定に変更（④ヘッジの有効性の評価に該当），グループ全体と個々のヘッジ対象間の価値変動の類似性を求める規定の廃止（⑤ポートフォリオ（包括）ヘッジに該当）等は，ヘッジ会計の簡素化に向けた改訂案を反映したものである。次いで，IFRS9の一般ヘッジ会計で新たに認められたクレジット・デリバティブを用いた信用リスクのヘッジは，ヘッジ会計の全廃（または置換え）の改訂案のうち，ヘッジ対象に対する公正価値オプションの適用に該当する。

　このように，IFRS9の一般ヘッジ会計は，2008年討議資料（複雑性低減）の提案を反映しているが，全体的にIAS39の枠組みを前提としたヘッジ会計の簡素化にとどまっている。抜本的な改訂案であるヘッジ会計の全廃（または置き換え）の反映はわずかにつき，2008年討議資料（複雑性低減）の視点からIFRS9の一般ヘッジ会計を見た場合，IAS39のヘッジ会計からの置き換

えによる複雑性低減の効果は総じて限定的といえる。

（2）2008年SEC報告書からの視点

　SEC による 2008 年 SEC 報告書は，財務報告の複雑性を回避不能なものと回避可能なものに区分し，回避可能な複雑性のうち，特に問題とすべき項目として，①公正価値と取得（償却）原価による混合測定属性モデル，②会計基準における明確な線引き規定，③一般原則に対する例外措置，④開示に対する全体的アプローチの未整備を挙げている（SEC, 2008, p.25）。

　①公正価値と取得（償却）原価による混合測定属性モデルは，複数の測定属性の許容による会計処理の多様化が問題となるが，その多くは金融商品会計に起因している。とりわけ，ヘッジ会計は，測定属性または損益計上方法が異なるヘッジ対象及びヘッジ手段間の会計上のミスマッチを是正する役割を果たす一方，公正価値ヘッジのヘッジ対象にみられる取得原価または公正価値のいずれでもない第3の測定属性を許容している。この問題については，IAS39 と同様，IFRS9 の一般ヘッジ会計も混合測定属性モデルを前提にするため，単一測定属性モデルに移行しない限り，複雑性軽減に向けた抜本的な解決にはならない。

　②会計基準における明確な線引き規定は，連続的な取引に人為的な境界を設定し，それを境に異なる会計処理を求めることで，経済実態の適正な表示を妨げることが問題となる。明確な線引き規定には，所定の数値を超過した（または達しない）場合に一定の会計処理を求める閾値基準（quantified threshold）と，所定の要件を充たした場合に一定の会計処理を求める合否テスト（pass／fail test）の2種類がある（SEC, 2008, pp.40-41）。ヘッジ会計の代表的な閾値基準としては，IAS39 のヘッジの有効性評価で用いられる 80-125% テストが該当するが，IFRS9 の一般ヘッジ会計では廃止され，定性的評価に置き換えられている。ヘッジ会計の代表的な合否テストとしては，文書化を含むヘッジ会計の適格要件を充たせばヘッジ会計が適用され，充たさない場合は適用できない取扱いが該当する。これについては，ヘッジ会計を悪用した損益操作防止の観点から，IAS39 と概ね同様な形で IFRS9 の一般ヘッジ会計に引き継がれている。

298

第6章　IFRS9による一般ヘッジ会計の見直し

　③一般原則に対する例外措置は，一般原則に加えて例外措置の理解も必要
となる負担の増加，例外措置の適用が企業側で選択可能な場合の企業間比較
の阻害が問題となる。IAS39のヘッジ会計と同様，IFRS9の一般ヘッジ会計
は一定の要件を充たした場合の例外措置であり，その適用は企業側で選択可
能，すなわち強制ではない。IFRS9の一般ヘッジ会計では，企業の任意によ
るヘッジ会計の中止は禁止したが，ヘッジ会計の適用自体は任意のままであ
る。したがって，純損益（またはその他の包括利益）ボラティリティの緩和
を目的とするリスク管理やヘッジ活動という経済実態は同じでも，ヘッジ会
計の適用の有無によって，その会計上の結果は異なることになる。

　このように，IFRS9の一般ヘッジ会計は，2008年SEC報告書が問題とす
る回避可能な複雑性のうち，主に②会計基準における明確な線引き規定の一
部に対処したにすぎない。①公正価値と取得（償却）原価による混合測定属
性モデルや③一般原則に対する例外措置の問題は手つかずのままである（④
開示に対する全体的アプローチの未整備の問題は，ヘッジ会計を含む金融商
品会計に限らず，会計制度全般に関わるため，ここでは検討対象外とする）。
したがって，2008年SEC報告書の視点からIFRS9の一般ヘッジ会計をみた
場合，IAS39のヘッジ会計からの置き換えによる複雑性低減の効果は総じて
限定的といえる。

2. 世界金融危機の再発防止の視点による評価

　世界金融危機では，サブプライム・ローンを原資産とする証券化商品価格
の不透明化を機に，同商品を運用資産に組み入れていた金融機関の資金繰り
の悪化から負の連鎖が発生し，国際金融市場は大きく混乱するに至った。市
場の価格発見機能が著しく低下した状況では，ヘッジ対象及びヘッジ手段の
市場価格や将来キャッシュ・フローの動きも通常と異なって不規則となり，
結果としてヘッジの経済的な関係も歪んだものとなる。また，ヘッジ手段と
しての効果を期待していたデリバティブも，売手側の信用リスクが増大すれ
ば履行可能性に疑義が生じるため，市場価格やヘッジの経済的関係にも影響
が及ぶことになる。

　企業としては，このような場合にヘッジ対象やヘッジ手段の分量，ヘッジ

299

比率の事後的な調整を通じて，当初に予定したヘッジ効果の維持を図ること
は経済合理性がある行動といえる。しかしながら，ヘッジ期間中のヘッジ関
係は不変とする静態的なヘッジ活動が前提である規則順守主義の IAS39 の
ヘッジ会計では，経済合理性があるヘッジ活動の結果を財務諸表上に適切に
反映することが困難である。これに対して，市場の変化を前提とする企業の
リスク管理を取り込んだ原則準拠主義の IFRS9 の一般ヘッジ会計は，会計上
の結果と経済上の結果が一致しやすい素地がある。したがって，常に変化す
る市場環境を勘案すると，IAS39 のヘッジ会計から IFRS9 の一般ヘッジ会計
への置き換えは，企業によるリスク管理の一環であるヘッジ活動の結果を会
計上で忠実に表現する観点からは評価できる。

　一方，世界金融危機によって顕在化した会計上の検討課題の１つである
「金融資産及び金融負債の分類と測定の簡素化」は，IFRS9 の一般ヘッジ会
計でも未解決のままである。IFRS9 の一般ヘッジ会計は，IAS39 と同様に混
合測定属性モデルが前提であり，ヘッジの会計処理も基本的に同じにつき，
取得（償却）原価または公正価値のいずれにも該当しない第３の測定属性（公
正価値ヘッジのヘッジ対象）が引き続き残ることになる。さらにその他の包
括利益オプション適用の資本性金融商品もヘッジ対象としたことから，IFRS9
の一般ヘッジ会計によるヘッジの非有効部分は，純損益だけではなく，その
他の包括利益にも含まれる。また，合計エクスポージャーや純額ネット・ポ
ジションも，所定の要件を充たせばヘッジ対象として通常とは異なる会計処
理が適用されるため，結果として IFRS9 が原則とする事業モデル及び契約上
のキャッシュ・フロー特性に基づく分類及び測定の例外措置にあたる。した
がって，IAS39 と比べて，IFRS9 による金融資産及び金融負債の分類と測定
は，ヘッジ会計によって多様性が増大した観があり，簡素化が図られたとは
いえない。

3. 残された主な課題

　IASB としては，2013 年 11 月の一般ヘッジ会計の公表をもって IAS39 置
換プロジェクトのフェーズ３「ヘッジ会計」は終了し，同プロジェクト自体
も 2014 年 7 月の IFRS9 の改訂で終了したと発表している。しかしながら，

300

第6章　IFRS9 による一般ヘッジ会計の見直し

G20 の要請で開発作業を急いだことから，実際の運用面も含めて，解決を要する課題が残っていることも事実である。ここでは，IFRS9 の一般ヘッジ会計について，残された主な課題を考察する。

(1) 原則準拠主義による開示面の負担

　会計基準がヘッジ活動を制限していた規則順守主義の IAS39 のヘッジ会計と異なり，企業のリスク管理を重視する原則準拠主義の IFRS9 の一般ヘッジ会計は，経済実態の反映という観点からは優位性がある。しかしながら，企業のリスク管理やヘッジ活動の内容は様々であり，その水準も企業間格差があることも事実である。また，同一企業であっても，リスク管理やヘッジ活動の内容は，時々の経済環境や取引内容及び取引量等に応じて変化していく。企業によるリスク管理の実態の反映は，IFRS9 の一般ヘッジ会計の特徴である一方，それは同時に企業毎に異なるリスク管理の多様性を受け入れることから，会計情報の比較可能性の問題が生じることになる。

　IFRS9 の一般ヘッジ会計では，この問題に対応するために IFRS7 を改訂し，IAS39 のヘッジ会計による開示項目に代えて，次の新たな開示事項を定めている（IFRS7, par.21A）。

①企業のリスク管理戦略及びリスク管理の概要

　企業がヘッジ会計を適用するリスク・エクスポージャーのリスク区分毎にリスク管理戦略を開示するものである[10]。内容としては，リスクの発生原因，リスクの管理方法及びリスク管理対象のリスク・エクスポージャーの程度を財務諸表利用者が評価できることが求められる。具体的には，ヘッジ手段の概要，ヘッジ対象及びヘッジ手段間の経済的な関係の判断規準，ヘッジ比率の設定方針やヘッジの非有効性の発生原因，特定のリスク要素をヘッジ対象とした場合の追加情報等の記述が想定される。

②企業のヘッジ活動が将来キャッシュ・フローの金額及び発生時期，その不確実性に及ぼす影響

　リスク区分毎の定量及び定性情報の開示であり，内容としては，ヘッジ対象の将来キャッシュ・フローの金額及び発生時期，その不確実性に対してヘッジ手段が及ぼす影響を財務諸表利用者が評価できることが求められる。

301

具体的には，ヘッジ手段の名目金額の期限別明細，ヘッジ手段の平均価格または平均レート等の定量的情報のほか，キャッシュ・フロー・ヘッジを適用する予定取引の履行可能性が乏しくなった場合の説明等の記述が想定される。

③ヘッジ会計が企業の財務諸表に及ぼす影響

ヘッジ対象及びヘッジ手段の帳簿価額と財務諸表上の表示箇所，ヘッジの非有効部分の発生額等について，ヘッジの種類（公正価値ヘッジ，キャッシュ・フロー・ヘッジ，在外営業活動体に対する純投資ヘッジ）毎に，リスク区分に応じた表形式（tabular format）による開示が求められる。

これらの開示項目は，財務諸表の注記または独立した項目を設けて示されるが（IFRS7, par.21B），IFRS は原則準拠主義であることから，詳細な開示内容や開示水準までは定められていない。したがって，原則の趣旨を理解した上で，企業毎に自主的な判断が求められるが，企業のリスク管理やヘッジ活動は多種多様につき，実際の開示内容や開示水準も同様に多種多様となることが予想される。不十分な開示はもちろん，過度な開示も，財務諸表利用者の理解可能性を低下させる要因となる。これはヘッジ会計を含む金融商品会計の分野だけではなく，他の会計分野でも同様なことがいえる。規則順守主義から原則準拠主義への移行による詳細な要求事項の削減は，複雑性低減につながるものの，結果として開示が肥大化するならば，複雑性低減の効果が減殺されることになる。その意味では，2008 年 SEC 報告書が指摘する開示に対する全体的アプローチの整備の必要性は，原則準拠主義のもとでさらに増加することになる[11]。

（2）複雑性低減の方向性

前述のように 2008 年討議資料（複雑性低減）及び 2008 年 SEC 報告書の視点からみると，IAS39 のヘッジ会計から IFRS9 の一般ヘッジ会計への置き換えは，金融商品会計の複雑性軽減に大きく寄与するまでに至っていない。また，IFRS9 による一般ヘッジ会計の要求事項，適用指針，設例及び結論の根拠等を含む一連の内容は，会計基準として相当な分量に上っている。

IFRS9 の一般ヘッジ会計の枠組みは，IAS39 を前提とした簡素化が基本で

あり，一部にヘッジ会計の置き換えもあるが限定的な範囲に留まっている。いずれにしても，2008年討議資料（複雑性低減）が提案する全ての金融商品に公正価値＆純損益を適用する長期的解決策からみれば，混合属性測定モデルであるIFRS9の一般ヘッジ会計による複雑性低減の効果が限定的なことは当然といえる。

仮に金融商品会計が全ての金融商品に公正価値＆純損益を適用する長期的解決策を採用した場合，ヘッジ関係が金融商品のみで構成されるならば，一部を除いてヘッジ会計は実質的に不要になるため[12]，複雑性低減の効果は大きい。しかしながら，その場合には公正価値測定の信頼性の向上はもちろん，負債の公正価値測定のパラドクス問題等の解決すべき課題が多い。また，ヘッジ会計のヘッジ対象には，非金融商品も当然に含まれるため，全ての金融商品に公正価値＆純損益を適用しても，ヘッジ会計またはそれに類する例外措置の必要性は残ることになる。

なお，IFRS9の一般ヘッジ会計は，ヘッジ会計の全廃（または置き換え）に向けた将来的な布石ともいえる公正価値オプションの適用対象の拡大が図られている。クレジット・デリバティブを用いた信用リスクのヘッジによる公正価値オプションの適用は，IAS39の適用対象外であるローン・コミットメントも対象となるほか，その指定は当初認識後も可能である等，指定は当初認識時のみとする通常の公正価値オプションと比べて柔軟な規定になっている。加えて，IFRS9の一般ヘッジ会計は，会計上のミスマッチの解消の観点から，自己使用（own use）目的の非金融商品の売買契約を金融商品とみなして公正価値オプションが適用できるようにIAS39の金融商品の定義を改訂している（IFRS7, pars.5-5A）。IAS39では，購入・販売または使用目的による非金融商品の受け渡し契約が金融商品の定義に該当しても，自己使用目的の場合には金融商品の範囲から除外していた（以下「自己使用目的の例外措置」）。これは，金融商品の定義を厳格に適用することで，自己使用目的の非金融商品の売買契約を先渡取引，すなわちデリバティブとしないための措置であり[13]，結果として未履行契約として取り扱われる。この自己使用目的の例外措置は，多くの場合に違和感なく受け入れられてきたが，これによって未履行契約とされたポジションをヘッジする場合には会計上のミスマッチ

303

が生じるため，実務界を中心に見直しを求める要請があった。この要請に応えるため，2010年公開草案（ヘッジ）では，一定の要件を充たした自己使用目的の非金融商品の売買契約にデリバティブの会計処理を適用することを提案したが，それでも会計上のミスマッチは解消しない等のコメントがあり，最終的には公正価値オプションの適用対象とした経緯がある。

　公正価値オプションの会計処理自体は単純であり，適用要件の緩和は使い勝手の向上につながる。また，公正価値オプションの適用範囲の拡大は，公正価値測定の対象範囲の増大につながり，結果として2008年討議資料（複雑性低減）が提案する長期的解決策の全面公正価値会計に近づくことになる。一方で安易な公正価値オプションの適用は，事業モデル及び契約上のキャッシュ・フロー特性という分類規準によって，本来は償却原価が適切である金融商品の測定属性についても，選択によって公正価値に変更できるため，IFRS9が原則とする分類規準が有名無実化するおそれがある[14]。また，公正価値オプションと公正価値ヘッジの関係を整理することなく，いずれも財務諸表作成者に選択権がある例外的措置として認めることは，企業間の比較可能性の阻害要因となる。これらの問題点を勘案すると，ヘッジ会計の複雑性低減に向けた公正価値オプションの適用範囲の拡大や適用要件の緩和には慎重な検討が必要である。複雑性低減のために可能な限りの簡素化は必要であるが，過度に単純化することで本質を見失っては本末転倒である。

　したがって，将来におけるIFRS9の一般ヘッジ会計の適用後レビューに際しては，ヘッジ会計と企業のリスク管理の一環であるヘッジ活動の関係性を検証し，回避可能な複雑性は簡素化を進める一方，回避不能な複雑性は安易な単純化に走ることなく，実態に即した対応を図ることが必要である。

(3) マクロヘッジの取り扱い

　IAS39置換プロジェクトのフェーズ3「ヘッジ会計」は，開発作業の途中でオープン・ポートフォリオベースのマクロ公正価値ヘッジの取扱いを別プロジェクトのマクロヘッジプロジェクトとして切り離した結果，完成版とされる2014年7月時点のIFRS9のヘッジ会計は，基本的に一般ヘッジ会計の規定になっている。また，IFRS9では，マクロヘッジプロジェクトが終了す

るまで，一般ヘッジ会計について IFRS9 または IAS39 の選択適用を認めている。IFRS9 の一般ヘッジ会計は基準化されたものの，将来的にはマクロヘッジ会計との整合性を図るために改訂される可能性が残っている。したがって，IAS39 から IFRS9 への切り替え，さらにマクロヘッジ会計との整合性を図る IFRS9 の改訂の可能性を想定した数次のシステム変更の負担回避を望む企業にとって，この選択適用の許容は，IFRS9 の一般ヘッジ会計の事実上の適用延期措置といえる。マクロヘッジプロジェクトが終了するまで，IFRS9 のマクロ公正価値ヘッジは，IAS39 の例外規定を引き継ぐ形となる。IFRS9 と IAS39 のヘッジ会計，マクロヘッジプロジェクトの対象範囲の関係を示すと図表 6 - 8 の通りである。

　IAS39 のヘッジ会計は，主に一般ヘッジを対象とするが，部分的にマクロヘッジも対象にしている。具体的には，マクロのキャッシュ・フロー・ヘッジの取扱いは IAS39 の本則（2009, pars.IG.F6.2-6.3）による一方，マクロ公正価値ヘッジの取扱いは IAS39 の本則では対応が困難なため，例外規定（IAS39, 2009, par.81A, 89A, pars.AG114-132）にて対応している。IFRS9 のヘッジ会計では，マクロのキャッシュ・フロー・ヘッジの取扱いは本則によ

図表 6 - 8　ヘッジ会計規定の対象範囲の関係

		IAS39のヘッジ会計	IFRS9のヘッジ会計	マクロヘッジプロジェクト
一般ヘッジ		対象：本則 （規則ベース）	対象：本則 （リスク管理ベース）	
マクロヘッジ	キャッシュ・フロー・ヘッジ	対象：本則 （規則ベース） IAS39（IG.F6.2-6.3）による。	対象：本則 （リスク管理ベース） IAS39（IG.F6.2-6.3）は引き継がないが，その利用を却下するものではない。	
	公正価値ヘッジ	対象：例外規定（規則ベース） IAS39の例外規定(81A, 89A, AG114-132)による。	IFRS9に代えて，IAS39の例外規定(81A,89A, AG114-132)の適用を認める。	マクロ公正価値ヘッジのみを対象とする。

るため，IAS39 は引き継いでいないが，その利用は却下しない立場をとっている。マクロ公正価値ヘッジの取扱いは，マクロヘッジプロジェクトが終了するまで，IAS39 の例外規定の適用が引き続き認められる（IAS39, 2015, par.71）。

IAS39 置換プロジェクトのフェーズ 3「ヘッジ会計」と同様，マクロヘッジプロジェクトも IASB による単独プロジェクトであり，2011 年 9 月から実質的な審議が開始されている。マクロヘッジとは，オープン・ポートフォリオの純額（ネット）ポジションをリスク管理対象として，資金損益（マージン）の安定化を図るヘッジ活動を想定したものである。金融機関が保有する金融資産及び金融負債は，ポートフォリオ管理が一般的であり，構成要素の貸出金や預金等は，顧客側の自由意思による新約・解約等によって頻繁に入れ替わる。金融機関は，常に中身が刻々と変化，すなわちオープンな状態のポートフォリオを前提として，リスク管理に基づくヘッジ活動を通じて資金損益の安定化を図ることになる。ヘッジ対象が常に入れ替わるオープン・ポートフォリオの場合，ヘッジ対象とヘッジ手段間の 1 対 1 対応による紐付けは困難である。したがって，オープン・ポートフォリオを対象とするマクロヘッジは，ヘッジ対象とヘッジ手段間の 1 対 1 対応による紐付けを前提とした一般ヘッジとは異なるものとなる。

マクロヘッジプロジェクトでは，マクロヘッジに特有な問題に加えて，オープン・ポートフォリオという新たな会計単位の取扱い，一般ヘッジとマクロヘッジの適用範囲や優先関係等の現行会計制度との整合性も検討する必要がある。通常の金融商品会計に例外措置の一般ヘッジ会計，さらなる例外措置のマクロヘッジ会計の併存による多重構造になった場合，IAS39 置換プロジェクトの目的の 1 つであった金融商品会計の複雑性低減から遠のく可能性がある。IASB は，2014 年 4 月にマクロヘッジ討議資料を公表しているが，今後のマクロヘッジプロジェクトの展開が注目される。

小　括

本章では，IAS39 置換プロジェクトのフェーズ 3「ヘッジ会計」に関連す

る IFRS9 の規定の特徴，IAS39 との主な異同点や論点を概括した。次いで IAS39 見直しの契機となった金融商品会計の複雑性低減プロジェクト及び世界金融危機の視点から，フェーズ３「ヘッジ会計」の結果を評価するとともに，残された主な課題を考察した。

　会計基準が実際のヘッジ活動を制約する形になっていた規則順守主義の IAS39 のヘッジ会計から，企業毎のリスク管理を重視する原則準拠主義の IFRS9 の一般ヘッジ会計への置き換えは，経済実態の反映という観点から合理性が認められる。例えば，ヘッジの有効性評価の80-125% テストを廃止し，合計エクスポージャーの許容やバランス再調整の導入等を図った IFRS9 は，企業のヘッジ活動を杓子定規的に制約していた IAS39 とは異なる。一方，IFRS9 に置き換わっても，ヘッジ会計が例外措置であり，その適用は任意である点は IAS39 と同じである。また，会計処理自体も，基本的に IAS39 を踏襲しているため，会計基準としての複雑性低減の効果は限定的である。原則準拠主義である IFRS のもと，企業毎に多様性があるリスク管理やヘッジ活動を反映することは，会計上の結果も多様化する可能性があり，比較可能性の観点から開示の重要性が増大することになる。開示の重要性の増大は，原則準拠主義を採用する IFRS 全般に共通するが，結果として開示が肥大化し，逆に財務諸表利用者の理解可能性を阻害しないように注意する必要がある。

　加えて，ヘッジ活動は一般事業会社も行うが，実際には金融機関や商社等が主要プレーヤーであり，ヘッジ会計の最大ユーザーであることも事実である。金融機関や商社等にとって，マクロヘッジが実際のリスク管理やヘッジ活動の主体であるならば，マクロヘッジプロジェクトが終了しない限り，IAS39 置換プロジェクトのフェーズ３「ヘッジ会計」は実質的に終了したことにはならない。これらの点を勘案すると，IAS39 置換プロジェクトのフェーズ３「ヘッジ会計」の成果である IFRS9 の関連規定は暫定的なものであり，金融商品会計の複雑性低減及び世界金融危機の再発防止という２つの目的達成の観点からは道半ばといえる。

注 ■■■■■■■■■■■■■■■■

1) フェーズ1は「金融資産及び金融負債の分類と測定」，フェーズ2は「減損の方法」である。

2) IAS39 によるマクロ公正価値ヘッジの例外規定としては，本則の 81A, 89Å 及び適用指針の AG114-132 がある。IFRS9 の一般ヘッジ会計では，この例外規定の見直しは行わず，継続適用を認めている（IFRS9, par.IN8）。なお，マクロのキャッシュ・フロー・ヘッジは，IFRS9 の一般ヘッジ会計の本則が適用されるが，IAS39 の適用指針（F.6.2-F.6.3）の適用を却下するものではない。

3) IAS21 では，在外営業活動体の外貨建財務諸表上の資産及び負債の換算に決算日レートを適用する。したがって，貸借対照表上の資産及び負債に係る為替差損益は自動的に相殺となり，純資産に対する子会社の持分相当額は連結手続を通じて相殺されるため，最終的には親会社の持分相当額に係る為替差損益が残ることになる。

4) 償却原価が測定属性となる元利金取立モデルの金融資産，償却原価に基づく損益が反映される元利金取立・売却一体化モデルの金融資産が該当する。

5) ヘッジ手段が先物・先渡取引やスワップ取引の場合，ヘッジ対象の価値が有利な動き（利得）の場合には不利な動き（損失），逆にヘッジ対象の価値が不利な動き（損失）の場合には有利な動き（利得）と対照的な関係となる。したがって，ヘッジ対象の価値の不利な動き（損失）はヘッジできる代わりに，ヘッジ対象の価値の有利な動き（利得）は享受できない。これに対して，ヘッジ手段がオプション取引（買建て）の場合，ヘッジ対象の不利な動き（損失）はオプション価値（本源価値）の有利な動き（利得）でヘッジできる一方，ヘッジ対象が有利な動き（利得）であれば，権利行使しないことで当該利得を享受できる。そのため，オプション取引は片側リスク（one-side risk）に対応できるヘッジ手段であるが，その対価としてプレミアムの支払いを要することになる。

6) 一般的にオプション購入時は out-of the-money 状態につき，購入と同時にヘッジ手段に指定した場合，購入時点のオプションの全体価値である支払プレミアム額がヘッジコストに相当する。

7) 公正価値ヘッジのヘッジ対象の測定属性は，ヘッジ開始時の帳簿価額にヘッジ開始後のヘッジ対象リスクに起因する公正価値の変動を加減した金額につき，取得原価ベースまたは公正価値のいずれでもないものとなる。

8) 公正価値ヘッジの会計処理以外の 2010 年公開草案（ヘッジ）からの主な変更点としては，IFRS9 ではその他の包括利益オプション適用の資本性金融商品もヘッジ対象にしたこと，自己使用目的の例外措置に該当する契約を公正価値オプションの適用対象にしたこと等が挙げられる。また，同公開草案では含まれず，IFRS9 の一般ヘッジ会計の章に加わった主な項目としては，クレジット・デリバティブを用いた信用リスクのヘッジが挙げられる。

9) 2009 年からの US GAAP コード化（codification）に伴い，ヘッジ会計に関する SFAS133 等は，Broad Transaction-Topic 815-Derivatives and Hedging としてコード化されている。

10) IFRS9 の一般ヘッジ会計では，リスク管理戦略とリスク管理目的を区別している（IFRS9, par.B6.5.24）。リスク管理戦略は，企業がリスクを特定し，どのように対

308

応するのかを決定するものであり，長期に渡って機能する高いレベルでの設定を想定している。これに対して，リスク管理目的は，ヘッジ対象に指定した特定のエクスポージャーをヘッジするため，指定したヘッジ手段をどのように使用するかに関するものである。したがって，リスク管理戦略の実行に際しては，関連性があるリスク管理目的のもとで，多くの異なるヘッジ関係が存在する場合がある。

11）IASB では，2013 年 1 月に開催された財務報告の開示フォーラムを受けて，開示に関する取り組み（Disclosure Initiative）プロジェクトを設置し，その一環として「重要性」，「開示の原則」，「会計基準レベルでの開示の再検討」の 3 つのリサーチ・プロジェクトを展開している。

12）予定取引に対するキャッシュ・フロー・ヘッジのニーズがある限り，それに対応する例外措置が必要となる。

13）非金融商品が容易に換金可能な場合には，現金での純額決済（他の金融商品での純額決済または金融商品の交換決済を含む）に該当するため，デリバティブの要件を充たすことがある。したがって，取引慣行等の関係で契約締結日と実際の受渡・決済日が異なる（乖離がある）現金での純額決済となる売買契約は，デリバティブの一種である先渡取引に該当する場合がある。

14）IFRS9 による分類変更は，事業モデルの変更のみが該当し，信用リスク・エクスポージャーに対する公正価値オプションの適用は分類変更に該当しないとしている（IFRS9, pars.4.4.1-4.4.3）。

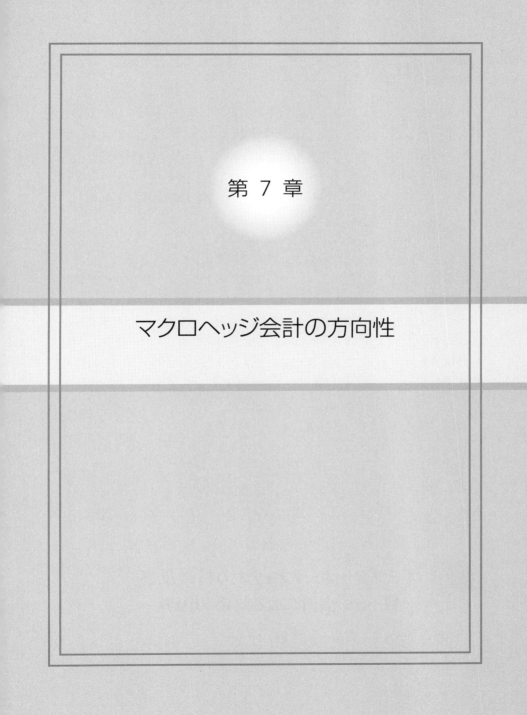

第 7 章

マクロヘッジ会計の方向性

はじめに

　IAS39置換プロジェクトは2014年7月に終了したが，実際にはマクロヘッジが積み残しとなっている。IFRS9は2018年1月1日以後に開始する事業年度から適用となるが，マクロ公正価値ヘッジにはIAS39の例外措置を引き続き適用できるほか，一般ヘッジ会計についても，マクロヘッジの取扱いに目途がつくまでIFRS9またはIAS39のいずれかを選択適用できるためである。

　マクロヘッジは，IAS39置換プロジェクトのフェーズ3「ヘッジ会計」の検討項目であったが，G20の見直し要請で加速化したタイム・スケジュールを勘案し，IASBは同プロジェクトから切り離すことで，IFRS9の完成を急いだ経緯がある。マクロヘッジの検討は，IASBが別途に立ち上げたマクロヘッジプロジェクトに引き継がれ，2014年4月にマクロヘッジ討議資料が公表されている。IASBは，マクロヘッジ討議資料に寄せられたコメントをもとに検討を続けているため，IFRS9に組み込まれるマクロヘッジ会計の最終形は未知数であるが，同討議資料で提案されたポートフォリオ再評価アプローチ（Portfolio Revaluation Approach）は，マクロヘッジにおける会計上の問題を検討するに際して示唆に富む内容である。

　したがって，本章では，マクロヘッジの対象であるオープン・ポートフォリオ及びそのリスク管理の特徴を概括した上，一般ヘッジ会計による対応の限界を指摘する。次いでマクロヘッジ討議資料が提案するポートフォリオ再評価アプローチの考え方及び実際に適用する際に問題となる概念上の主な論点を考察する。

1　オープン・ポートフォリオの特徴及び一般ヘッジ会計による対応の限界

　IAS39のマクロ公正価値ヘッジ会計について，IASBは2004年3月のIAS39改訂で「金利リスクのポートフォリオ・ヘッジに対する公正価値ヘッジ（以

下「IAS39による金利リスクの公正価値ヘッジ特例」)」（IASB, 2004a）を公表しているが，後述のように一般ヘッジ会計の枠組み内での対応につき，金融機関を中心に経済実態を反映しておらず，使い勝手が悪い等の批判があった。ここでは，マクロヘッジ会計の検討に際して前提となるオープン・ポートフォリオ及びそのリスク管理を概括の上，一般ヘッジ会計ではマクロヘッジの経済実態の反映が困難とされる理由を指摘する。

1. オープン・ポートフォリオの動的リスク管理

(1) オープン・ポートフォリオの特徴

　マクロヘッジ討議資料では，オープン・ポートフォリオ（open portfolio）をもって，マクロ（macro）と捉えている。オープン・ポートフォリオとは，構成要素であるリスク管理対象エクスポージャーの追加や除去によって，刻々と変動するポートフォリオのことであり（IASB, 2014, A7, Glossary），当初に組み込まれた管理対象エクスポージャーで固定となるクローズド・ポートフォリオ（closed portfolio）とは対極の関係にある。

　金融機関を例にとると，金利リスク管理が必要な運用資産である貸出金や債券等は，不特定多数の顧客を対象かつ取扱件数も多く，新約や期日回収，期限前返済（償還）は日常業務として発生する。したがって，金融機関では，貸出金や債券等の頻繁な入れ替わりを前提として，グループ単位で金利リスク管理を行うことが通常である。このグループ単位の管理対象がオープン・ポートフォリオ（資金運用側）に該当する。資金調達手段である預金等も同様であり，不特定多数の顧客を対象かつ取扱件数も多く，新約や期日解約，期限前解約（償還）は日常業務として発生する。したがって，金融機関では，預金等の頻繁な入れ替わりを前提として，グループ単位で金利リスク管理を行うことが通常である。このグループ単位の管理対象がオープン・ポートフォリオ（資金調達側）に該当する。

　構成要素が固定化されたクローズド・ポートフォリオと異なり，オープン・ポートフォリオでは，構成要素の頻繁な入れ替えがあるため，そのリスク管理も自ずと動的なものとなる。また，ポートフォリオの構成要素の頻繁な入れ替えは，企業自らの意思による能動的な要因だけではなく，顧客からの依

頼による受動的な要因もあり，それがリスク管理に大きな影響を与える場合には，顧客の行動予測を織り込む必要がある。

マクロヘッジ討議資料において，ポートフォリオ再評価アプローチの適用対象である管理対象ポートフォリオに後述する顧客の行動予測を反映する提案は，このオープン・ポートフォリオの特徴と密接な関係がある。

(2) 純額オープン・リスクポジジョンによる管理

マクロヘッジ討議資料におけるオープン・ポートフォリオのリスク管理対象は，純額オープン・リスクポジジョン（net open risk position）が前提になっている。純額オープン・リスクポジジョンとは，オープン・ポートフォリオのロングとショートの差額ポジションであり（IASB, 2014, par.A7, Glossary），ロングまたはショートのみを対象とする総額ポジションとは対極の関係にある。

ロングは資産（資金運用）側，ショートは負債（資金調達）側を意味するため，純額オープン・リスクポジジョンは，同一のリスク管理対象である資産側と負債側のオープン・ポートフォリオの差額に相当する。金利リスク管理を例にとると，金利感応度が同一（期間帯やデュレーションが類似）の資産側ポジションと負債側ポジションが見合う部分は互いに金利変動の影響を相殺するため，実際にリスク管理が必要な部分は見合ってない差（純）額部分となる。オープン・ポートフォリオは刻々と変動するため，純額オープン・リスクポジジョンも必然的に刻々と変動する。したがって，企業によるリスク管理も動的となり，純額オープン・リスクポジジョンの変動を識別及び分析の上，必要に応じてリスクの軽減を図ることになる。

リスク管理対象ポジションを総額ではなく，純額として把握することは，機動性及びコスト面からも合理的である。相殺効果を考慮しない総額を対象とするヘッジは，多額な名目想定元本のヘッジ手段が必要となる。これに対して，相殺効果を考慮した純額を対象とするヘッジは，少額な名目想定元本のヘッジ手段で足りることから，コストも安く，機動性も高まるためである。図表7-1は，オープン・ポートフォリオの純額オープン・リスクポジジョンに対するリスク管理の概要を示したものである。

第 7 章　マクロヘッジ会計の方向性

図表 7 - 1　純額オープン・リスクポジションに対するリスク管理の概要

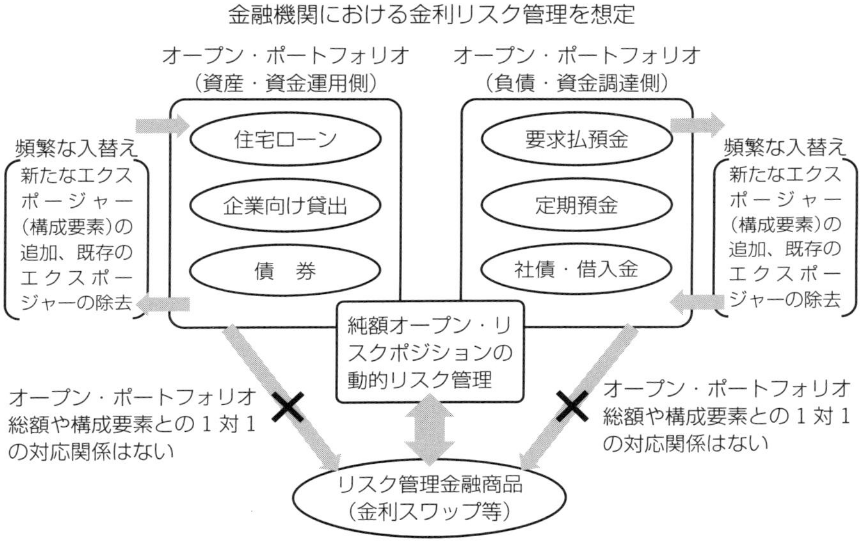

金融機関における金利リスク管理を想定

オープン・ポートフォリオ（資産・資金運用側）

オープン・ポートフォリオ（負債・資金調達側）

住宅ローン

企業向け貸出

債　券

要求払預金

定期預金

社債・借入金

頻繁な入替え　新たなエクスポージャー（構成要素）の追加、既存のエクスポージャーの除去

頻繁な入替え　新たなエクスポージャー（構成要素）の追加、既存のエクスポージャーの除去

純額オープン・リスクポジションの動的リスク管理

オープン・ポートフォリオ総額や構成要素との 1 対 1 の対応関係はない

オープン・ポートフォリオ総額や構成要素との 1 対 1 の対応関係はない

リスク管理金融商品（金利スワップ等）

出所：IASB（2014）snapshot, p.4をもとに筆者加筆。

　なお，純額オープン・リスクポジションは刻々と変動するため，継続的なリスク管理が必要となるが，必ずしも同ポジションをゼロにすることが求められるわけではない。いわゆるノーリスク＆ノーリターンであり，ポジションをゼロにすることは，リスクがゼロになる一方，超過収益も期待できないためである。したがって，リスク管理では，「実際のリスク量＞許容リスク量」ならヘッジすることでリスク量を軽減する一方，「実際のリスク量＜許容リスク量」ならヘッジをせず，一定のリスクを許容してリターンを追求することもある。

　マクロヘッジ討議資料では，ポートフォリオ再評価アプローチの適用範囲について，ヘッジによるリスクの軽減を要件とするかどうかで 2 つの案を示しているが，それはヘッジをせず，一定のリスクを許容してリターンを追求するリスク管理のあり方と密接な関係にある。

315

（3）移転価格によるリスクの集中管理

　純額オープン・リスクポジションを対象とする動的リスク管理では，ポジション量を継続的に把握し，必要に応じてリスクの軽減を図るため，管理対象リスクの集中管理を行う特定部門を設置し，同部門にヘッジ手段であるリスク管理金融商品の取引権限を付与することが一般的である。また，オープン・ポートフォリオの構成要素である貸出金や預金等取引を行う営業店と管理対象リスクの集中管理部門が各々に独立した目的と利益責任が課されたプロフィット・センターの場合，両者間の責任権限や業績を明確に区分する必要がある。

　金融機関を例にとると，貸出金や預金獲得は営業店が担当し，その金利リスクは本部の資産負債総合管理（asset-liability management，以下「ALM」）部門で集中管理することが一般的である。例えば，営業店が固定金利型住宅ローンを新約した場合（見合いは変動金利型借入），その後に市場金利が上昇（下落）すると利鞘が縮小（拡大）する等，金利リスクによって当該取引からの正味金利損益が不安定となる可能性がある。この場合は変動金利受取・固定金利支払の金利スワップを締結することで金利リスクをヘッジできるが[1]，デリバティブの取引権限は本部側にあることが多い。また，営業店の利益責任は，営業活動の成果である貸出金実行が中心であり，その後の金利リスクの影響は切り離したい場合，営業店とALM部門間取引に移転価格（transfer prices）を設定し，金利リスクをALM部門に移転することが一般的である[2]。ALM部門は，固定金利運用の期間別に移転価格を提示し，営業店は同価格を基準に利益を含むスプレッドを加算して対顧客折衝を行う。例えばALM部門が提示した移転価格が2.0%，加算したスプレッドが0.2%の計2.2%で対顧客取引の貸出金利が成立した場合，営業店側では，取引期間を通じて0.2%（＝対顧客金利2.2%－移転価格2.0%）が利益となる。一方，ALM部門の金利リスク管理対象であるオープン・ポートフォリオ（ロング・ポジション）には，2.0%（移転価格）の固定金利運用が加わり，純額オープン・リスクポジションを構成する。預金等の資金調達も同じ仕組みであり，営業店はALM部門が提示した固定金利調達の期間別の移転価格をもとに対顧客折衝を行う。移転価格（例えば0.50%）よりも低い金利（例えば0.45%）

第7章 マクロヘッジ会計の方向性

図表7-2　移転価格によるリスクの集中管理と損益管理制度

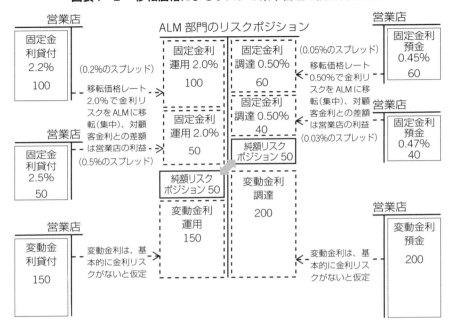

で対顧客取引の預金金利が成立した場合，営業店側では，取引期間を通じて0.05%（＝移転価格0.50%－対顧客金利0.45%）が利益となる。一方，ALM部門の金利リスク管理対象であるオープン・ポートフォリオ（ショート・ポジション）には0.50%（移転価格）の固定金利調達が加わり，純額オープン・リスクポジションを構成する。

　図表7-2は，移転価格を使用したリスクの集中管理及び部門別の損益管理制度を示したものである。マクロヘッジ討議資料では，後述のようにポートフォリオ再評価アプローチで用いる割引率の運用上の便法として移転価格の利用を提案しているが，それは金融機関のALM及び損益管理制度と密接な関係にある。

317

2. 一般ヘッジ会計による限界

（1）一般ヘッジ会計の基本的な枠組み

　IFRS9の一般ヘッジ会計は，ヘッジの有効性評価に係る数値基準（80-125%テスト）の廃止やバランス再調整を認める等，IAS39と比べて企業のリスク管理の実態を考慮しているものの，ヘッジ会計の適格要件やヘッジ会計処理自体は基本的にIAS39を踏襲している。IFRS9とIAS39の一般ヘッジ会計の共通点としては，①ヘッジ対象は，原則として会計上の資産または負債の定義を充たしていること，②ヘッジ関係は，適切に指定されたヘッジ対象とヘッジ手段で構成され，原則として両者は1対1の対応関係にあること，③ヘッジ対象の指定は資産または負債の総額ベースであり，両者の差（純）額ベースは指定できないこと等が挙げられる。ヘッジ対象は，個別取引単位に限らず，グループ単位によるポートフォリオ（包括）ヘッジも認められるが，当初指定後の追加や除去等による頻繁な入れ替えは想定していないクローズド・ポートフォリオが前提である。IAS39では，オープン・ポートフォリオの純額ポジションをヘッジ対象として認めていなかったが，マクロヘッジを認めるべきとの欧州の金融機関からの強い要請を考慮した結果（山田，2013，p.42），IASBは，2004年3月にIAS39を改訂して金利リスクの公正価値ヘッジ特例を追加している。

　IAS39による金利リスクの公正価値ヘッジ特例では，①ヘッジ対象の指定を個々の資産や負債毎に行うことなく，期間帯毎の金額によることを許容，②ヘッジ対象の簿価修正を単一の独立（資産または負債）勘定に計上することを許容，③期限前償還リスクは，契約上の金利改定日ではなく，予想される金利改定期間に基づくことを許容等の特例措置が設けられている（IAS39，2009，par.81A，89A，pars.AG114-132）。しかしながら，あくまでも一般ヘッジ会計の範囲内での暫定対応につき，純額ポジションをヘッジ対象とすることは認められていない。したがって，資産100と負債80からの純額ポジション20をヘッジしたい場合には，資産100から20に等しい金額（比率として20%）をヘッジ対象に指定する必要がある。この方法は，クローズド・ポートフォリオであれば，純額ポジションの指定と同様の効果があるが，変動を伴うオープン・ポートフォリオでは効果がない。また，実際の金利リスク管理で

はヘッジ対象とされるコア要求払預金（core demand deposits）について，会計上もヘッジ対象として認めるべきとの欧州銀行連盟からの要請は（山田，2013，p.66），公正価値ヘッジのヘッジ対象の適格要件に合致しない等の理由で退けられている。これらのことから，一般ヘッジ会計を緩和した IAS39 による金利リスクの公正価値ヘッジ特例でも，オープン・ポートフォリオを対象とする動的リスク管理の経済実態を反映することは困難であった。

(2) ヘッジ会計とリスク管理の相違からの問題

　一般ヘッジ会計は，ヘッジ対象の公正価値の変動（公正価値リスク）またはヘッジ対象から生じるキャッシュ・フローの変動（キャッシュ・フロー・リスク）をリスクとし，ヘッジ手段を通じて当該リスクの軽減を図ることが前提になっている。しかしながら，経済実態上のリスク及びヘッジ技法は多様化している上，実際のリスク管理では常にリスクの軽減が図られるとは限らない。前述のように，実際のリスク量が許容リスク量を下回る場合には，リスクの存在を許容することで，超過リターンを狙うことも合理的な選択肢の 1 つになるためである。

　金融機関の金利リスク管理を例にとると，全ての金融資産及び金融負債を変動金利とすれば，金利変動の影響をほとんど受けないため（指標金利及び金利更改時期は同じとして），正味金利損益（＝金利運用収益－金利調達費用）は安定する。しかしながら，その場合の正味金利損益の絶対額は，低水準にとどまることになる。したがって，金融機関は，ALM による金利リスク管理のもと，固定金利の金融資産及び金融負債を取り交ぜて，許容リスク量の範囲内で期間ミスマッチによる金利リスク見合いのリターンを狙うことが通常である[3]。これは，リスクを識別かつ分析した結果，あえてリスクを軽減しないことを意味する。リスクを軽減しないことも合理性がある経済実態に対して，リスクの軽減を前提とする一般ヘッジ会計の枠組みを当てはめた場合，結果として経済実態と会計上の結果に不整合が生じることになる。

　マクロヘッジ討議資料では，ポートフォリオ再評価アプローチの適用範囲について，ヘッジを通じたリスクの軽減を必要としない案を選択肢の 1 つに示しているが，それは一般ヘッジ会計の枠組みでは反映できないリスク管理

の経済実態を問うものである。

（3）リスク管理の運用実態からの問題

　前述のように，IFRS9及びIAS39に共通する一般ヘッジ会計の枠組みのも
とでは，オープン・ポートフォリオによるマクロヘッジの対応が困難である。
企業においては，経済実態に即したリスク管理が求められる一方，会計基準
を勝手に変更できないことも事実である。この場合に生じるリスク管理と会
計間の不整合の対応策としては，リスク管理を重視して一般ヘッジ会計の適
用を全て取止める選択肢もあるが，会計上の結果も考慮する必要があれば，
一般ヘッジ会計の選択的適用や代用的な会計処理の組み合わせで対応せざる
を得ない。例えば，純額ポジションをヘッジ対象にしたい場合には，前述の
ように同ポジションを構成する資産または負債の総額ポジションの一部を
ヘッジ対象とみなすことになる。刻々と変化するオープン・ポートフォリオ
をヘッジ対象にしたい場合には，会計上は期間が短いクローズド・ポート
フォリオの連続とみなして，一般ヘッジ会計の開始及び中止を繰り返すこと
になる。このほか，本来の趣旨とは異なる形での公正価値ヘッジやキャッ
シュ・フロー・ヘッジの選択的適用，公正価値オプションの組み合わせ等を
通じて，リスク管理と会計間の不整合を補正することになる。

　リスク管理上は対象範囲となるが，会計上はヘッジ対象の適格要件を充た
さないために一般ヘッジ会計を適用できない場合の不整合は，代用ヘッジ
（proxy hedge）で対応することになる。例えば，金利リスク管理対象である
が，公正価値ヘッジのヘッジ対象の適格要件を充たさないコア要求払預金ポ
ジションのリスク管理の結果を会計上で反映したい場合には，見合いとなる
変動金利資産をヘッジ対象として代用するキャッシュ・フロー・ヘッジを行
うことになる[4]。

　リスク管理と会計間の不整合について，一般ヘッジ会計の選択的適用や代
用的な会計処理の組み合わせで対応した場合，会計上は継ぎ接ぎによるパッ
チワーク状態となる。その結果は，運用負担も含めて無用な会計上の複雑性
をもたらすだけでなく，リスク管理と会計間の不整合が完全に解消する保証
はない。問題は包括的なリスク管理活動に対する断片的な会計処理の適用で

320

あり，抜本的な解決には新たな視点での対応が求められる。

マクロヘッジプロジェクトの当初の名称は「マクロヘッジ会計（macro hedge accounting）」であったが，途中から「マクロヘッジ活動の会計（accounting for macro hedging）」に変更されている。この名称の変更は，動的なリスク管理活動に対応するため，IAS39やIFRS9の一般ヘッジ会計の延長線ではなく，新たな会計モデルを模索するに至った同プロジェクトの性格を表している。したがって，同プロジェクトの成果であるマクロヘッジ討議資料が提案するポートフォリオ再評価アプローチは，これまでの一般ヘッジ会計の枠組みに収まらない，異なる要素を含むことは当然の帰結といえる。

② マクロヘッジ討議資料の概要

マクロヘッジ討議資料が提案するポートフォリオ再評価アプローチは，前述のリスク管理と会計間の不整合を抜本的に解決するため，新たな会計モデルの模索する過程で開発されたものである。ここでは，ポートフォリオ再評価アプローチの目的及び会計処理を概括した上，IFRS9に組み込む際に問題となる適用対象及び適用範囲について，マクロヘッジ討議資料で検討された様々な見解を説明する。

1. ポートフォリオ再評価アプローチの概要

(1) ポートフォリオ再評価アプローチの目的

ポートフォリオ再評価アプローチの目的は，オープン・ポートフォリオの純額オープン・リスクポジションに対する動的なリスク管理活動を財務諸表上で忠実に表現することである。刻々と変動する純額オープン・リスクポジションに対する動的なリスク管理は，一般的に次のような特徴を有している（IASB, 2014, par.2.1.1）。

- リスク管理の対象は，構成要素であるエクスポージャーが頻繁に入れ替わるオープン・ポートフォリオであること。
- オープン・ポートフォリオに内在するリスク特性に影響を受ける純額オープン・リスクポジションの変動に対応するため，リスク管理は適時

に更新されること。

また，動的なリスク管理では，次のような特徴を伴うことがある（IASB, 2014, par.2.1.2）。

・市場金利の変動によって影響を受けるオープン・ポートフォリオの正味金利損益について，目標とする金利感応度の範囲内に収めることがリスク管理の目的になり得ること。

・リスク管理対象となるオープン・ポートフォリオには，キャッシュ・フローの発生金額や発生時期が見積りとなるエクスポージャーが含まれること。

・リスク管理対象となるオープン・ポートフォリオには，対外取引によるエクスポージャーから生じるリスクのみが組み込まれること。

ポートフォリオ再評価アプローチでは，動的リスク管理対象であるオープン・ポートフォリオのエクスポージャーについて，管理対象リスクに関する再評価を行うとともに，当該再評価調整を純損益に計上する。あわせて，リスクの軽減に用いるリスク管理金融商品（デリバティブ）の会計処理は公正価値＆純損益とすることで，動的リスク管理の効果は自動的に純損益に反映される。

マクロヘッジ討議資料では，ポートフォリオ再評価アプローチの利点として，次のような項目を挙げている（IASB, 2014, par.IN9）。

・純額オープン・リスクポジションの再評価と関連損益の表示及び開示を通じて，実際の事業リスク及びリスク管理活動の透明性が向上すること。

・損益に関する経済実態上のボラティリティの忠実な表現が可能になること。

・リスク管理目的で実際に使用しているデータやシステムは，会計上でも目的適合性がある情報を生み出す可能性が高いこと。

(2) ポートフォリオ再評価アプローチの会計処理

ポートフォリオ再評価アプローチでは，動的リスク管理対象であるオープン・ポートフォリオを構成するエクスポージャーの将来キャッシュ・フロー

について，管理対象リスクに関連する割引率で割り引いて再評価を行う（IASB, 2014, par.4.1.1）。再評価額は割引計算による現在価値であり，その際に発生する再評価調整は純損益に計上される。オープン・ポートフォリオに含まれるエクスポージャーを再評価した結果である純額オープン・リスクポジションは，管理対象リスクの現在価値（リスクポジション量）に相当する。ポートフォリオ再評価アプローチにおける動的リスク管理は，このリスクポジション量に対して，必要に応じてリスク管理金融商品を用いてリスクの軽減を図ることを想定している。この場合のリスク管理金融商品がデリバティブであり，公正価値＆純損益が適用される（IASB, 2014, par.1.28）。

このように，ポートフォリオ再評価アプローチは，ヘッジ対象とヘッジ手段間の1対1対応を求める一般ヘッジ会計の枠組みと異なり，管理対象ポートフォリオという，いわば箱で仕切られたエクスポージャーを管理対象リスクに関連付けて再評価し，同じ箱の中で用いるリスク管理金融商品の評価差額とともに，同一の損益区分に計上する考え方である。エクスポージャーの再評価は，管理対象リスクに起因する部分のみであり，全てを対象とする公正価値測定ではないため，いわゆる公正価値モデルには該当しない。なお，一般ヘッジ会計の公正価値ヘッジの会計処理では，ヘッジ対象リスクに起因する公正価値の増減額をヘッジ対象の簿価修正額とし（当該修正額は純損益に計上），ヘッジ手段のデリバティブには公正価値＆純損益が適用される。したがって，会計処理の構造だけに着目すれば，ポートフォリオ再評価アプローチと公正価値ヘッジには類似性が認められる。ここでは，ポートフォリオ再評価アプローチの会計処理について，簡単な事例をもとに説明する。

事　例

　金利リスクの動的リスク管理を行っているA社は，対象となるオープ

資産側	償却原価	再評価額	再評価調整	負債側	償却原価	再評価額	再評価調整
金融資産A	1,000	1,011	11	金融負債D	400	395	(5)
金融資産B	750	780	30	金融負債E	1,500	1,555	55
金融資産C	500	480	(20)				
資産計	2,250	2,271	21	負債計	1,900	1,950	50

ン・ポートフォリオにポートフォリオ再評価アプローチを適用している。同ポートフォリオのエクスポージャーの再評価額及び再評価調整は次の通りである。なお，リスクの軽減のために用いたリスク管理金融商品であるデリバティブ（資産側）の公正価値は25である（金融資産及び金融負債，デリバティブに係る利息収支の処理は省略する）。

（再評価に関する仕訳）

（借）リスク管理再調整（資産） 21 （貸）純損益 21

（借）純損益 50 （貸）リスク管理再調整（負債）50

　貸借対照表上の再評価調整の表示方法は，ポートフォリオ再評価アプローチの重要な論点の1つであるが（IASB, 2014, par.6.1.4)，ここでは資産側及び負債側の合計額について，各々に独立科目（仕訳例では「リスク管理再調整」）で表示する案によっている。

（リスク管理金融商品に関する仕訳）

（借）デリバティブ資産 25 （貸）純損益 25

　以上の結果，A社による金利リスクの動的リスク管理活動の結果として，純額の4（損失）が純損益に反映される。

純額ポジションの再評価調整 ▲29 　資産側21－負債側50

リスク管理金融商品の公正価値（増減） ＋25

動的リスク管理活動の結果 ▲ 4 　純損益に反映

　なお，再評価自体は，エクスポージャーである個々の資産や負債の基本的な会計処理に影響を及ぼすものではなく，例えば再評価対象の測定属性が償却原価の場合には，実効金利による利息収支も通常通りに計上される。償却原価という測定属性及び損益計上方法は不変のまま，そこに管理対象リスクに関連する再評価額が重なる（オーバーレイ）イメージであり，測定属性及び損益計上方法自体を変える（オーバーライド）ものではない。

(3) 代替的アプローチの概要

　マクロヘッジ討議資料が提案するポートフォリオ再評価アプローチの会計処理は，再評価調整及びリスク管理金融商品の評価額の両方を純損益に計上

する案を原則とする一方，両方ともその他の包括利益に計上する案（以下「その他の包括利益案」）を代替案として提示している（IASB, 2014, Section 9）。マクロヘッジ討議資料では，後述のようにポートフォリオ再評価アプローチの適用範囲が論点の１つになっており，実際にリスクを軽減していない部分まで再評価の適用範囲とした場合，純損益ボラティリティが増大する可能性がある。これに対して，その他の包括利益案であれば，純損益には影響がないため，純損益ボラティリティの増大を回避できる。したがって，ポートフォリオ再評価アプローチの適用範囲の検討に際して，リスクの軽減を要件に含めない選択肢も視野に入れやすくなる。また，リスク管理の目的が正味金利損益の安定化であるならば，再評価調整及びリスク管理金融商品の損益を純損益に計上した場合の純損益ボラティリティの増大は，当該目的を忠実に表現していないとの見方もある。

　これらがその他の包括利益案の主な論拠であるが，マクロヘッジ討議資料では，同案に基づいて開発作業を進めた場合，次のような概念上及び運用上の問題が生じることを指摘している（IASB, 2014, par.9.7）。

- ・リスク管理金融商品であるデリバティブの会計処理が原則（公正価値＆純損益）と異なるため，例外措置を認める結果になること。
- ・内部デリバティブ（Internal derivatives）の会計処理が変更になる可能性があること[5]。
- ・エクスポージャーである資産や負債，リスク管理金融商品から生じる処分損益等の組替調整が行われないこと（行う場合は複雑性が増大）。
- ・財務報告に関する概念フレームワーク上のその他の包括利益の目的との整合性が問われること。

マクロヘッジ討議資料では，その他の包括利益案を代替案とするポートフォリオ再評価アプローチを提案しているが，開発過程においては発生主義会計アプローチや全面公正価値アプローチも検討されている。発生主義会計アプローチは，リスク管理に使用するデリバティブについて，発生主義会計の適用を例外的に認めるものである（IASB, 2014, par.1.24）。しかしながら，この場合には，リスク管理の巧拙の結果が純損益に反映されず，常に完全なリスク管理が達成しているように表示される欠点がある。全面公正価値アプ

ローチは，全ての管理対象エクスポージャーに公正価値＆純損益を適用する
ものである（IASB, 2014, par.1.25）。これによると，混合測定属性モデルに起
因する複雑性低減が可能になる一方，管理対象外のリスクに起因する公正価
値の変動まで純損益に計上されるため，リスク管理の実態を反映していると
いえない欠点がある。これらの理由から，IASB は発生主義アプローチ及び
全面公正価値アプローチを棄却している。

2. ポートフォリオ再評価アプローチの適用対象

（1）リスク管理目的に特有のエクスポージャーの取扱い

　マクロヘッジプロジェクトの結果は，IAS39 による金利リスクの公正価値
ヘッジ特例と置き換えられるため，その再評価対象に公正価値ヘッジ対象と
なる資産及び負債，ローン・コミットメント等が含まれることに異論はない。
問題は，公正価値ヘッジ対象外の項目，さらには会計上の資産及び負債の定
義に該当しない項目までも再評価対象に含めるかどうかである。会計上は資
産及び負債の定義に該当しない項目でも，リスク管理上は管理対象リスクに
関連するならば，エクスポージャーとしてポートフォリオに含まれるためで
ある。

　マクロヘッジ討議資料では，リスク管理の実態を会計上で忠実に表現する
観点から，公正価値ヘッジ対象外または会計上の資産及び負債の定義に該当
しない項目であっても，ポートフォリオ再評価アプローチの再評価対象とな
り得る管理対象ポートフォリオの構成項目として，コア要求払預金，パイプ
ライン取引（pipeline transactions）及びエクイティ・モデル・ブック（equity
model book）を例示している。

1）コア要求払預金(IASB, 2014, par.3.9)

　コア要求払預金とは，当座預金や普通預金等のように契約上はいつでも顧
客側の要求で解約可能な預金について，ポートフォリオ単位で捉えた場合に
は，概ね一定額が常に残高として滞留している部分のことである。いつでも
解約可能ならば契約上の期間概念がなく，金利リスクに起因する公正価値の
変動，すなわち公正価値リスクは生じないため，要求払預金は一般ヘッジ会

計による公正価値ヘッジの対象外とされている。しかしながら，金融機関による金利リスク管理の観点からは，要求払預金のうち，金利変動に関係なく概ね一定額が常に滞留する部分（コア）は，顧客の行動予測に基づいて安定的な資金調達源である固定金利負債とみなすことが通常である。

現行の一般ヘッジ会計では，要求払預金自体が公正価値ヘッジの対象外となるため，金融機関によっては見合いの変動金利資産をヘッジ対象に指定する等の代用ヘッジを通じて，リスク管理の実態を会計上で反映させている。

マクロヘッジ討議資料の提案は，公正価値ヘッジの対象外である要求払預金について，顧客の行動予測を反映したコア部分を再評価対象ポートフォリオのエクスポージャーに含めることで，リスク管理と会計の不整合を解消する方策の是非を問うものである。

2）パイプライン取引（IASB, 2014, par.3.2）

パイプライン取引とは，広告した固定金利による預貸金取引の勧誘と実際の成約までの時間差に関連した取引のことである[6]。実際の金利リスクは成約時点で確定するが，広告勧誘から実際の成約までの間の金利変動を勘案すると，成約前から顧客の行動予測をもとに成約取引量を見込むことで，勧誘中から将来生じ得る金利リスクに備えることがある。したがって，リスク管理の観点からは，パイプライン取引に関連する将来の固定金利エクスポージャーを管理対象ポートフォリオに含めることには合理性がある。一般ヘッジ会計においても，パイプライン取引が予定取引に該当すればヘッジ対象になるが，その場合はキャッシュ・フロー・ヘッジが適用される。

しかしながら，予定取引のキャッシュ・フロー・ヘッジの場合にはヘッジ対象の簿価修正がない一方，ポートフォリオ再評価アプローチのリスク・エクスポージャーに取り込んだ場合は再評価対象になり，再評価調整額は純損益に計上される。すなわち，予定取引であるパイプライン取引は，一般ヘッジ会計であればキャッシュ・フロー・ヘッジの会計処理になるところ，ポートフォリオ再評価アプローチであれば確定約定取引に対する公正価値ヘッジと同じ会計処理になる。

2014年討議資料の提案は，未約定の予想キャッシュ・フローであるパイプ

ライン取引について，顧客の行動予測に基づいて固定金利エクスポージャーとみなし，管理対象ポートフォリオに含めることで，リスク管理と会計の不整合を解消する方策の是非を問うものである。

3) エクイティ・モデル・ブック(IASB, 2014, par.3.3)

　エクイティ・モデル・ブックとは，自己資本のリターンも金利リスクとみなして管理する技法のことである。自己資本も資金調達手段であり，資金提供者が資金提供に見合うリターンを求めることは，負債と同様である。したがって，企業（特に金融機関）によっては，自己資本を固定金利調達とみなし，負債と同様に金利リスク管理に組み込むことがある。リスク管理の観点からは，負債と自己資本は資金調達という点で変わりがなく，いずれもリターンが求められる点では同じとの見方である。

　一般ヘッジ会計では，自己資本はヘッジ対象にならないため，エクイティ・モデル・ブックを採用する企業がリスク管理と会計の整合を図りたい場合，本来の趣旨とは異なる代用的な会計処理を行う必要がある。したがって，自己資本をポートフォリオ再評価アプローチの管理対象ポートフォリオに組み込むことができれば，代用的な会計処理が不要になるため，実務上の負担軽減と同時にリスク管理の実態の反映が可能となる。一方，マクロヘッジ討議資料が提案するエクイティ・モデル・ブックの取り込みは，概念的に自己資本を再評価し，その結果を純損益に計上することになるため，これまで自己資本は再評価の対象外としてきた会計上の前提を問うものである。

　コア要求払預金，パイプライン取引及びエクイティ・モデル・ブックを管理対象ポートフォリオに含むかどうかの結論は，必ずしもポートフォリオ再評価アプローチの採用自体の可否を決定付けるものではない。しかしながら，ポートフォリオ再評価アプローチの目的にリスク管理の忠実な反映があるならば，これらを管理対象ポートフォリオに含めないとする結論は，当該目的に反する可能性がある。一方，これらを管理対象ポートフォリオに含めるとの結論は，会計の基本的な枠組みや前提の変更を迫ることになる。したがって，リスク管理目的に特有のエクスポージャーの取扱いは，リスク管理と会計間のトレードオフ問題といえる。

(2) 管理対象ポートフォリオの再評価

ポートフォリオ再評価アプローチは，概念的に管理対象リスクに関する純額オープン・リスクポジションの再評価（現在価値化）を行い，それに対するリスク管理金融商品のヘッジ効果とともに純損益に反映する仕組みになっている。再評価は（割引）現在価値法を用いて行うため，管理対象リスクに関連するエクスポージャーの将来キャッシュ・フロー（分子）と当該キャッシュ・フローを現在価値化するための割引率（分母）を決める必要がある。

分子に相当する将来キャッシュ・フローについて，固定金利エクスポージャーであれば，エクスポージャーとして認識した時点に対応する管理対象の金利水準をもとに算定する（認識後のキャッシュ・フローに内在する金利は固定されるため，その後の金利変動は現在価値に影響を及ぼす）。変動金利エクスポージャーであれば，金利更改時点に対応する管理対象の金利水準をもとに算定する（金利更改による将来キャッシュ・フローの金利は，基本的に分母である割引率と連動するため，金利更改時点の現在価値には影響が及ばない）。再評価額である現在価値を算出する際の分母に相当する割引率

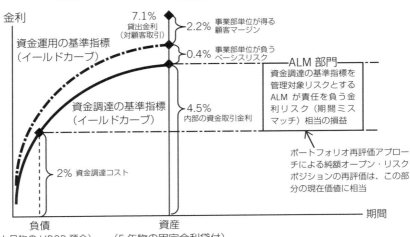

図表7-3　ALMによる金利リスク管理と割引率の関係

出所：IASB（2014）par.4.1.3の図をもとに加筆。

は，管理対象リスクと整合性があり，かつ管理対象外リスクを含まない金利水準が選択される（IASB, 2014, par.4.1.2）。金融機関を例にとると，ALM のリスク管理対象であり，移転価格の基礎となる資金調達の基準指標（イールドカーブ）をもとに，期間に対応した割引率を選択することになる。

　図表7－3は，資金調達の基準指標を管理対象リスクとする金融機関の ALM と割引率の関係を示したものである。3カ月 LIBOR の資金調達と期間5年の固定金利運用（貸出）による金利の期間ミスマッチは，ALM 部門で集中管理される。ALM のリスク管理対象である期間ミスマッチからの正味金利損益ボラティリティは，基本的に資金調達の基準指標に依存するため，管理対象リスクは，資金運用の基準指標ではなく，資金調達の基準指標になることが通常である。なお，対顧客取引の貸出金利を決定する際に用いる資金運用の基準指標は，管理対象リスク以外の要素を含むことが多い。例えば，額面1,000，期間5年の固定金利貸付の金利について，営業店は対顧客取引部門（営業店の統括部門）が提示した資産運用の基準指標（金利）4.9%（＝資金調達の基準指標4.5% ＋ 0.4%）をもとに折衝し，最終的には顧客の信用リスク・プレミアム2.2% を加算した7.1% で決定したとする。資産運用の基準指標4.9% のうち，0.4% は対顧客取引部門のマージンや貸出政策に関する要素であれば[7]，貸出金利に含まれる対顧客の信用リスク・プレミアム2.2% と同様，ALM の管理対象リスクである金利リスクとは関連性がない。この場合の再評価に用いる割引率は，管理対象リスクと関連性がある資金調達の基準指標が選択される。

　ポートフォリオ再評価アプローチに基づく対象エクスポージャーの再評価について，期間5年の固定金利貸付 1,000 を対象とした場合（資金調達の基準指標は，当初認識時は4.5%，1年後は5.0%，2年後は5.5% とする）の計算例は図表7－4の通りである。なお，管理対象である金利リスクは，貸出時点で対顧客取引部門（営業店）から ALM 部門に移転するため，ALM 部門は同時点で期間5年，金利4.5% の固定金利運用エクスポージャーを有することになる。

330

第7章　マクロヘッジ会計の方向性

図表7-4　ポートフォリオ再評価アプローチによる再評価の計算例

	取引日 (割引率：4.5%)		第1回目の再評価(1年後) (割引率：5.0%)		第2回目の再評価(2年後) (割引率：5.5%)	
		再評価調整		再評価調整		再評価調整
再評価額	① 1,000	0	② 982	▲18	③ 973	▲9

※再評価時点における資金調達の基準指標(イールドカーブ)は、期間を通じてフラットとする。
$①1,000＝45/(1+0.045)＋45(1+0.045)^2＋＋45(1+0.045)^3＋45(1+0.045)^4＋1,045(1+0.045)^5$
$②982＝45/(1+0.050)＋45(1+0.050)^2＋＋45(1+0.050)^3＋1,045(1+0.050)^4$
$③973＝45/(1+0.055)＋45(1+0.055)^2＋＋1,045(1+0.055)^3$

(3) 移転価格の利用可能性

　管理対象ポートフォリオに含まれる対象エクスポージャーの再評価に用いる割引率は、管理対象リスクと関連性があるものが選択される。前述の事例であれば資金調達の基準指標が割引率となるが、部門間取引で用いられる移転価格の代用が可能であれば、ポートフォリオ再評価アプローチを適用する際の事務負担の軽減が期待できる。移転価格は、対顧客取引部門（営業店）の取引から生じる金利リスクのほとんど全てを ALM に移転する形で設定されることが多く、当該価格に期限前償還やコア要求払預金等に係る顧客の行動予測が織り込まれていれば、これらも再評価を通じて自動的に反映できるためである（IASB, 2014, pars.4.2.3-4.2.4）。

　移転価格を再評価の割引率として用いる利点は大きい一方、本来の趣旨はリスク管理や損益管理目的であるため、必ずしも会計上の目的に合致するとは限らない。移転価格は、純粋な資金調達の基準指標のみではなく、前述のように金利リスクと関連性がない対顧客取引部門のマージンや政策要素を含む場合がある。また、リスク管理や損益管理のあり方は企業毎に異なることから、それを反映した移転価格は千差万別といえるためである。したがって、移転価格を再評価の割引率として機械的に用いた場合、動的リスク管理の経済実態の反映という本来の趣旨を損ねるほか、企業間の比較可能性を阻害する可能性がある。

　マクロヘッジ討議資料では、これらの移転価格に関する問題点を認識した上で、実務上の便法として再評価の割引率に用いる場合の解決策として、次

331

の３つの方法を提案している。

1）資金調達の基準指標のみとする方法（IASB, 2014, par.4.2.18）

　移転価格が資金調達の基準指標だけを反映している場合に限って，再評価の割引率としての使用を認めるものである。この場合の再評価対象となる将来キャッシュ・フロー（分子）は，同じく資金調達の基準指標をもとに算出されるため，管理対象ポートフォリオに組み込んだ時点で再評価差額が生じることはない。その後は，再評価時点毎の資金調達の基準指標が割引率となる。この方法では，管理対象リスクと関連性がない要素を含まないため，会計目的に合致する一方，経営管理の手段としての移転価格の自由度は制限されることになる。

2）移転価格と資金調達の基準指標を併用する方法（IASB, 2014, par.4.2.19）

　再評価対象となる将来キャッシュ・フロー（分子）は，移転価格（マージン等の管理対象リスクと関連性がない要素を含む場合あり）をもとに算出する一方，割引率（分母）は資金調達の基準指標を用いる方法である。移転価格の設定や運営方針の変更は要しない一方，将来キャッシュ・フローに内包された金利水準と割引率が異なるため，管理対象ポートフォリオに組み込んだ時点で再評価差額が生じることになる。この差額は純損益として即時計上しない限り，償却等の会計処理を要するため，運用面での複雑性が生じることになる。

3）関連性がない要素を固定化する方法（IASB, 2014, par.4.2.20）

　再評価対象となる将来キャッシュ・フロー（分子）は，移転価格（マージン等の管理対象リスクと関連性がない要素を含む場合あり）をもとに算出する一方，当初認識時点の移転価格から関連性がない部分（＝当初時点の移転価格－同時点の資金調達の基準指標）については，対象期間を通じて固定化するものである。この場合の割引率（分母）は，再評価時点毎の資金調達の基準指標に当該固定部分を加算した金利となる。したがって，管理対象ポー

第7章　マクロヘッジ会計の方向性

図表 7 - 5　移転価格を再評価の割引率に利用する場合の適用例

	キャッシュ・フロー	当初の割引率	事後の割引率
資金調達の基準指標のみとする方法	3.8%	3.8%	再評価時点の資金調達の基準指標
移転価格と資金調達の基準指標を併用する方法	4.5%	3.8%	再評価時点の資金調達の基準指標
関連性がない要素を固定化する方法	4.5%	4.5%	再評価時点の資金調達の基準指標＋固定部分0.7%^{（注）}

(注) 0.7%＝移転価格4.5%－同価格適用時点の資金調達の基準指標3.8%

トフォリオに組み込んだ時点で再評価差額が生じないほか，その後は資金調達の基準指標の変動部分のみを再評価に反映させることが可能である。

　これら３つの方法について，移転価格は4.5%，同価格設定時点の資金調達の基準指標は3.8%とした場合の適用例は図表７－５の通りである（IASB, 2014, par.4.2.21）。

　割引率に移転価格を利用する実務上の便法は，ポートフォリオ再評価アプローチの運用上の負担を軽減できる一方，これら３つの方法をみても，利点と欠点が混在していることがわかる。今後検討を進める場合には，運用上の負担軽減に加えて，リスク管理の忠実な表現と企業間の比較可能性のバランスが問われることになる。

3. ポートフォリオ再評価アプローチの適用範囲

(1) リスクの軽減目的の有無による相違

　ポートフォリオ再評価アプローチの適用範囲の問題は，再評価調整額が純損益に即時計上となる資産及び負債の範囲を決定するため，慎重な検討を要する重要な論点の１つである。この問題に対して，マクロヘッジ討議資料では，リスク管理活動がリスクの識別，リスクの分析及びヘッジを通じたリスクの軽減の３つの要素で構成されている点に着目した上で，動的リスク管理に焦点を当てた適用範囲案とリスクの軽減に焦点を当てた適用範囲案の２つを示している。

333

1）動的リスク管理に焦点を当てた適用範囲案（IASB, 2014, par.5.1.2）

　動的リスク管理に焦点を当てた適用範囲案は，リスク管理活動の３つの要素のうち，いずれか１つでも存在すれば，当該リスク管理対象のポートフォリオをポートフォリオ再評価アプローチの適用範囲とする考え方である。したがって，ヘッジを通じたリスクの軽減という要素は必ずしも必要としないため，リスクの識別及び分析の結果，ヘッジしなかった部分のエクスポージャーとリスク管理金融商品を用いてヘッジした部分のエクスポージャーが同様に取り扱われる。この場合の会計情報は，動的リスク管理対象である純額オープン・リスクポジションのうち，ヘッジしないでリスクを維持することと，ヘッジしてリスクを軽減したことの両方の含意を反映するものとなる。一方，ヘッジしていないエクスポージャーも再評価されるため，それが実態としても純損益ボラティリティが増大する可能性がある。

2）リスクの軽減に焦点を当てた適用範囲案（IASB, 2014, par.5.1.3）

　リスクの軽減に焦点を当てた適用範囲案は，リスク管理活動の３つの要素の全てが存在する状況に限って，当該リスク管理対象のポートフォリオをポートフォリオ再評価アプローチの適用範囲とする考え方である。したがって，動的リスク管理対象である純額オープン・リスクポジションのうち，ヘッジされた部分のエクスポージャーのみが再評価の対象となる。ヘッジしていない部分のエクスポージャーは対象外につき，ヘッジしないという決定が純損益ボラティリティの増大につながることはない。この適用範囲案の含意は，動的リスク管理は行っているが，ヘッジはしていない企業と，動的リスク管理は行っておらず，ヘッジもしていない企業では，基礎となる経済実態は同じであり，リスク・エクスポージャーに影響を及ぼすヘッジという行為だけが違いを生じさせるというものである。

　リスク管理活動に際して，リスクの識別及び分析の２つの要素は通常行われることから，動的リスク管理に焦点を当てた適用範囲案とリスクの軽減に焦点を当てた適用範囲案の違いは，ヘッジによるリスクの軽減を求めるかどうかである。マクロヘッジ討議資料に示された２つの適用範囲案の主な利点及び欠点を整理すると図表７－６の通りである。

第7章　マクロヘッジ会計の方向性

図表7-6　2つの適用範囲案の主な利点及び欠点

	動的リスク管理に焦点を当てた適用範囲案	リスクの軽減に焦点を当てた適用範囲案
利点	・管理対象リスクと全てのリスク管理活動に関する情報提供が可能。 ・包括的な適用を通じて管理対象リスク・エクスポージャーの完全な描写が可能となり，一般ヘッジ会計や代用的な会計処理の継ぎ接ぎ適用は不要。 ・既存のリスク管理データの使用機会が拡大するため，運用面の負担が軽減。 ・ヘッジの有無による適用範囲の変動がないため，運用上の複雑性が低減。	・リスク管理の成功度合が反映されることで有用な情報提供が可能。 ・リスクの軽減という共通性があるため，一般ヘッジ会計との関連性の理解及び説明が容易になること。 ・動的リスク管理に焦点を当てた適用範囲とした場合に効果が少ないポートフォリオ(例えば変動キャッシュ・フローが大半につき，ヘッジが不要の場合)について，適用対象から除外することが可能。
欠点	・ヘッジしていない部分の再評価による純損益ボラティリティの増大は目的適合性がなく，有用な情報にはならないとの懸念。 ・動的リスク管理の有無によって純損益ボラティリティが異なるため，比較可能性の問題があること。	・一般ヘッジ会計や代用的な会計処理の継ぎ接ぎ適用になるため，包括的なリスク管理活動に関する情報提供が困難。 ・適用範囲がヘッジの有無で頻繁に変動するため，運用上の複雑性が増大。 ・経済実態の忠実の表現に反して，純損益ボラティリティの軽減手段になり得ること。

　なお，リスクの軽減に焦点を当てた適用範囲案については，管理対象ポートフォリオ全体のうち，ヘッジによるリスクの軽減がある部分とない部分を区別する必要がある。この点について，マクロヘッジ討議資料では，ポートフォリオ全体を小分けにすることで対応するサブポートフォリオ・アプローチと，比例的な割合で按分する比例的アプローチの2つを示している[8]。

(2) 適用の強制の有無による相違

　ポートフォリオ再評価アプローチの検討に際して，重要な論点となる適用範囲の問題は，その適用を任意または強制とするかの問題とも密接に関連する（IASB, 2014, par.5.3）。仮に動的リスク管理に焦点を当てた適用範囲に

335

図表7-7 ヘッジ会計の適用パターン

適用パターン	会計情報への反映
一般ヘッジ会計及びポートフォリオ再評価アプローチのいずれも適用せず。	ヘッジを含むリスク管理の効果が反映されない（IFRS9の分類及び測定の基本原則のみに従う）。
一般ヘッジ会計のみ適用。	一般ヘッジ会計のヘッジ指定を通じたヘッジ効果のみが反映。
ポートフォリオ再評価アプローチのみ適用。	動的リスク管理が行われている一部または全部に係るポートフォリオの再評価のみが反映。
一般ヘッジ会計及びポートフォリオ再評価アプローチの両方を適用。	動的リスク管理部分はポートフォリオの再評価が反映され，それ以外は一般ヘッジ会計のヘッジ指定を通じたヘッジ効果が反映。

　ポートフォリオ再評価アプローチを強制適用とした場合，動的リスク管理の定義の明確化以外の追加要件の開発作業は最少となり得る。これに対して，リスクの軽減に焦点を当てた適用範囲にポートフォリオ再評価アプローチを任意適用とした場合，サブポートフォリオ・アプローチまたは比例的アプローチのいずれであっても，刻々と変動する適用範囲の指定及び指定解除，任意による会計処理の開始及び中止に係る追加要件の開発作業が必要となる。仮にポートフォリオ再評価アプローチは任意適用としてIFRS9に組み込む場合，一般ヘッジ会計との組み合わせを勘案すると，動的リスク管理を行っている企業は，図表7－7で示した4つの適用パターンのいずれかを選択できることになる（IASB, 2014, par.5.3.2）。

　マクロヘッジ討議資料では，ポートフォリオ再評価アプローチを任意適用とした場合，多くの企業は純損益ボラティリティが最小となるパターンを選択するとして，比較可能性の低下を懸念している（IASB, 2014, par.5.3.3）。その一方でポートフォリオ再評価アプローチを強制適用とした場合，次のような問題があることを指摘している（IASB, 2014, par.5.3.4）。

①一般ヘッジ会計との関係

　一般ヘッジ会計によるキャッシュ・フロー・ヘッジで対応可能（かつ十分）な状況であっても，動的リスク管理を行っているために，ポートフォリオ再評価アプローチの適用が強制されること。

②適用範囲の明確化

強制適用の場合には，動的リスク管理の定義の明確化が必要となるが，動的リスク管理の多様性を勘案すると困難が予想されること。

なお，マクロヘッジ討議資料は，ポートフォリオ再評価アプローチの適用に際して，動的リスク管理以外の具体的な適用要件を示していない。したがって，適用範囲や強制適用の是非に関する議論の進展によっては，追加的な適用要件の検討が必要になると思われる。

(3) 他のリスクに対する適用可能性

マクロヘッジの問題は，IAS39による金利リスクの公正価値ヘッジ特例では経済実態が反映できず，使い勝手も悪い等の金融機関からの批判に応えることに端を発している。また，動的リスク管理は，金融機関で最も行われていることから，マクロヘッジ討議資料の内容は金融機関のALMによる金利リスク管理を想定している。しかしながら，動的リスク管理は金融機関のみが行っているわけではなく，管理対象リスクも金利リスクだけとは限らない。したがって，マクロヘッジ討議資料では，金利リスク以外のリスクの動的リスク管理に対するポートフォリオ再評価アプローチの利用可能性を示唆している（IASB, 2014, Section 8）。具体的には，リスク管理金融商品であるデリバティブが普及している為替リスクや商品価格リスクが想定される。例えば，原油や貴金属等を取り扱う企業において，購入及び販売間の価格ミスマッチが大きく，市場価格の変動が激しい状況では，商品価格リスクによって正味の売買マージンが不安定となる。この場合，企業によっては，商品価格リスクに対する動的リスク管理のもと，商品デリバティブを利用して正味の売買マージンのボラティリティの軽減を図ることがある。この場合のリスク管理対象が顧客の行動予測を反映したオープン・ポートフォリオであり，管理手法も移転価格を用いたリスクの集中管理であれば，金融機関による金利リスクの動的リスク管理と類似している。

マクロヘッジ討議資料は，この類似性に着目することで，金利リスクと同様に商品価格リスクや為替リスク等にも，ポートフォリオ再評価アプローチを適用できる可能性を示唆している。しかしながら，金利リスク以外のリス

クに対するポートフォリオ再評価アプローチの適用可能性については，経済実態の類似性からは理解できる一方，実際の運用を勘案すると解決を要する課題が多いことも事実である。例えば，商品価格リスクが対象であれば，非金融商品の棚卸資産等も再評価対象となり，再評価調整額は純損益に計上される。再評価は管理対象リスクに限定される点は，一般ヘッジ会計の公正価値ヘッジと同じであるが，動的リスク管理に焦点を当てた適用範囲案の場合には，ヘッジ対象外の非金融商品の測定属性にも影響を及ぼすことになる。また，商品価格リスクは，実際の商品とヘッジ手段であるリスク管理金融商品（デリバティブ）の原資産間の相違（品質や地理的要因）に起因するベーシスリスクの考慮が不可欠である等，再評価に際して金利リスクよりも困難な点が多い。したがって，金利リスク以外のリスクの動的リスク管理に対するポートフォリオ再評価アプローチの適用は，金融機関による金利リスクの動的リスク管理よりもハードルが高いといえる。

③ マクロヘッジ討議資料における概念上の論点

マクロヘッジ討議資料が提案するポートフォリオ再評価アプローチは，一般ヘッジ会計の延長線ではなく，企業が採用する動的リスク管理の忠実な表現を重視した新たな会計モデルといえる。新たな会計モデルの導入自体は，費用対効果を含めて会計情報の有用性を向上させるならば必要であるが，リスク管理の目的と会計の目的は必ずしも同一ではない。また，多様性があるリスク管理の取り込みは，会計上の結果の多様性を招くことになる。

ポートフォリオ再評価アプローチの運用上の論点の多くは，2014 年討議資料の各質問項目に示されているため，ここでは概念上の論点として，会計の基本的な枠組みとリスク管理との整合性，IFRS9 に組み入れた場合の整合性及びマネジメント・アプローチによる多様性の 3 点を考察する。

1. 会計の基本的な枠組みとリスク管理との整合性

ポートフォリオ再評価アプローチの最大の特徴は，一般ヘッジ会計が前提とするヘッジ対象及びヘッジ手段間の 1 対 1 の個別対応という発想に代えて，

管理対象ポートフォリオという，いわば箱の中での包括対応という発想に切り替えたところにある。金融機関による金利リスクの管理対象は，個々の取引単位ではなく，移転価格を通じて ALM 部門に集中化した純額ポジションであり，市場の金利動向を睨んでヘッジ比率を刻々と切り替え，状況によってはヘッジをしない動的リスク管理が行われる。動的リスク管理の忠実な表現を重視するポートフォリオ再評価アプローチは，ALM 部門が管理するポートフォリオという箱に着目し，管理対象リスクに関連付けて当該ポートフォリオのエクスポージャー（ヘッジ対象に相当）の再評価を行い，リスク管理金融商品（ヘッジ手段に相当）であるデリバティブとともに，評価差額を純損益に計上することで包括対応を図るものである。

　動的リスク管理の観点からは，ヘッジ対象及びヘッジ手段間の１対１の個別対応による一般ヘッジ会計よりも，包括対応とするポートフォリオ再評価アプローチの方が実態に即しているが，概念的には純額オープン・リスクポジションという会計単位をもとに，管理対象リスクの変動を認識かつ測定することになる。その意味でマクロヘッジ討議資料の提案は，測定及び認識の基礎となる会計単位について，個々の取引単位とする基本的な枠組みとは異なる例外措置の適用を求めるものである。さらにマクロヘッジ討議資料では，会計上の資産または負債の定義に該当しないパイプライン取引やエクイティ・モデル・ブック，公正価値ヘッジの要件から外れるコア要求払預金について，再評価対象となる管理対象ポートフォリオに組み込む可能性を示唆している。なお，これらの項目を組み込むに際して，リスク管理上は顧客の行動予測が基礎になるが，会計上の金融資産及び金融負債の認識（及び中止）は，実際に契約の当事者かどうかが基礎になる。会計上は管理対象ポートフォリオに組み込まないとの判断もあるが，その場合にはリスク管理と乖離するため，その経済実態を忠実に表現できない可能性がある。また，当該乖離を埋めるため，代用的な会計処理による継ぎ接ぎ適用が残るならば，ポートフォリオ再評価アプローチに移行する意義自体が問われることになる。

　経済実態の忠実な表現は，会計情報の有用性の向上に資するにしても，それは会計の基本的な枠組みの準拠が前提にある。したがって，ポートフォリオ再評価アプローチによるリスク管理の取り込みは，会計上の基本的な枠組

みとの整合性を勘案しつつ，どこに境界線を引くかが問題になる。

2. IFRS9に組み入れた場合の整合性

　マクロヘッジプロジェクトの最終成果は，IAS39による金利リスクの公正価値ヘッジ特例を置き換える形でIFRS9に組み込まれる予定であり，その時点でIFRS9は実質的に完成となる。IFRS9による金融資産及び金融負債の分類と測定，減損の方法及び一般ヘッジ会計は，2014年7月時点で一旦確定しているため，後追いの形で組み込まれる同プロジェクトの最終成果の内容によっては再度の改訂も予想される。その際には一般ヘッジ会計の改訂も予想されるが，全てがマクロヘッジに置き換わるわけではないため，両者間の整合性が問われることになる。仮にマクロヘッジ会計にポートフォリオ再評価アプローチが採用された場合，リスクの軽減に焦点を当てた適用範囲であれば，ヘッジによるリスクの軽減という観点を通じて，一般ヘッジ会計との概念的な整合性を図ることが可能と思われる。ただし，その場合には，あえてヘッジをしない場合もある動的リスク管理の実態を反映できない懸念に加えて，ヘッジによるリスクの軽減の有無で異なる会計処理になるため，会計上の複雑性が増大することになる。また，会計とリスク管理の相違を埋めるための代用的な会計処理の継ぎ接ぎ適用も，完全には解消されない可能性が残る。これらの問題の多くは，適用範囲を動的リスク管理に焦点を当てた適用範囲とすれば解消する一方，ヘッジによるリスクの軽減の有無は会計処理に違いをもたらさないため，一般ヘッジ会計との整合性は断たれることになる。

　なお，ポートフォリオ再評価アプローチは，IFRS9による金融商品の分類及び測定の基本的な枠組みを変更しておらず，新たな事業モデルを目指したものではないとされる（IASB, 2014, par.1.22）。確かに対象エクスポージャーの再評価は管理対象リスクに関連する部分に限られ，リスク管理金融商品であるデリバティブの会計処理はIFRS9の原則の通りである。しかしながら，IFRS9が事業モデルとして定義する元利金取立モデルや元利金取立・売却一体化モデルでも，それが動的リスク管理対象であれば，当該事業モデルが本来想定する純損益とは大きく異なる可能性がある。例えば，元利金取立モデルで保有される金融資産の測定属性は償却原価であるが，動的リスク管理対

象であればポートフォリオ再評価アプローチによって管理対象リスクに関連する再評価が行われ，再評価調整は純損益に計上される。仮に金融資産は信用リスクが僅少な国債等であり，管理対象リスクは金利リスクの場合，再評価額は実質的に公正価値となり，再評価調整は純損益に計上されるため，会計上の結果は残余の事業モデル（売却等モデル）と同じになる。純損益に含まれる本来の事業モデルの業績とポートフォリオ再評価アプローチによる動的リスク管理の効果は，財務諸表の表示や開示の工夫を通じて区別が可能と思われる。しかしながら，動的リスク管理の有無によって，本来の事業モデルによる会計上の結果と大きく異なるならば，見方によっては新たな事業モデルの追加ともいえる。

したがって，ポートフォリオ再評価アプローチのIFRS9への組み入れは，一般ヘッジ会計との整合性に加えて，分類と測定の基本的な枠組みとの整合性を勘案しつつ，どこに境界線を引くかが問題になる。

3. マネジメント・アプローチによる多様性

ポートフォリオ再評価アプローチは，企業による動的リスク管理活動の忠実な表現を重視するため，マクロヘッジ討議資料では，顧客の行動予測を取り込んだ管理対象エクスポージャーの拡大やALMで用いる移転価格の利用等を提案している。その背景には，企業のリスク管理で有用であれば，投資者の意思決定でも同様に有用であり（IASB, 2014, par.5.2.4），リスク管理で使用されているデータ及びシステムは，会計上でも目的適合性を有する情報を生みだす可能性があるとの見方がある（IASB, 2014, par.IN9）。この見方は，IFRS8が採用するマネジメント・アプローチにつながるものである[9]。

マネジメント・アプローチは，財務諸表利用者に経営者と同じ視点から企業の事業を検討することを可能とし，企業内部の情報は経営者が重要と考えるリスクや機会と結びつくため，それ自体に価値があるとの考え方に立脚している（FASB, 1997, pars.59-60）。また，企業内部で実際に使用されているデータ及びシステムであれば，会計上の目的のために特別に用意する必要がないこともマネジメント・アプローチの利点として挙げられる。オープン・ポートフォリオを対象に経営者が顧客の行動予測等を加味した動的リスク管

理を実際に行っているならば，その巧拙や今後の見通しを同じ視点で財務諸表利用者に提供し得るポートフォリオ再評価アプローチは，マネジメント・アプローチの利点を享受できる。また，再評価レートにALMの移転価格を利用できれば，ポートフォリオ再評価アプローチの適用に必要なデータの多くは，ALM部門の内部資料で事が足りることになる。

　しかしながら，ポートフォリオ再評価アプローチの採用は，マネジメント・アプローチの利点とともに，その欠点も伴うことになる。最大の欠点は比較可能性の低下であり，類似の活動を行っている企業間比較や同一企業の年度間比較に問題が生じる可能性がある。当然のことながら，リスク管理の枠組みや手法等は，企業によって千差万別であり，同一企業でも随時見直しがあるためである。比較可能性を高める方策としては，会計基準で動的リスク管理等の定義を明確化することが考えられるが，合理性がある定義の開発作業は困難が予想されるほか，明確な定義付け自体がマネジメント・アプローチと矛盾することになる。なお，マクロヘッジ討議資料では，動的リスク管理の特徴を列挙するにとどまり，明確な定義までは示されていない。

　管理対象エクスポージャーに対する顧客の行動予測の反映方法についても，会計基準で明確に定めれば比較可能性が高まる反面，最先端のリスク管理を行っている企業と初歩的なリスク管理に留まっている企業の双方に同じ規定を押し付けることになりかねない。マネジメント・アプローチの採用は，会計情報の目的適合性の向上が期待できる一方，多様性をもたらすことになる。同じマネジメント・アプローチでも，セグメント情報の開示にとどまるIFRS8と，財務諸表の本体情報に直接影響を与えるポートフォリオ再評価アプローチは，同列に扱うことはできないと思われる。したがって，マネジメント・アプローチの流れをくむポートフォリオ再評価アプローチは，会計情報の目的適合性と比較可能性のトレードオフ問題を内在するため，どこに境界線を引くかが問題になる。

小　括

　本章では，マクロヘッジの対象であるオープン・ポートフォリオ及びその

第7章　マクロヘッジ会計の方向性

リスク管理の特徴について，一般ヘッジ会計の限界とともに概括した。次いでマクロヘッジ討議資料が提案するポートフォリオ再評価アプローチの考え方，その適用対象及び適用範囲等を解説した上，実際に適用した場合に問題となる概念上の論点を考察した。

　ヘッジ対象の頻繁な入れ替わりが常態であるオープン・ポートフォリオのヘッジについて，ヘッジ対象とヘッジ手段の1対1の個別対応を前提とする一般ヘッジ会計の枠組みの中で開発を進めることは，多くの困難が予想されるほか，会計上の複雑性が増大する可能性が高い。これに対して，マクロヘッジの最大利用者である金融機関が実際に行っている金利リスク管理技法であるALMを想定したポートフォリオ再評価アプローチは，1対1の個別対応に捉われない点で発想の転換であり，会計処理自体は単純である。したがって，ポートフォリオ再評価アプローチだけをみれば，合理性がある新たな会計モデルであるが，これをIFRS9に組み込んだ場合には，リスク管理の目的と会計の目的は必ずしも同じではないため，新たな問題が生じることになる。いずれにしても，マクロヘッジ会計の問題は，トレードオフ関係ともいえるリスク管理と会計について，どこに境界線を引くかの妥協点を探る性質のものと解される[10]。

注

1) 固定金利型住宅ローンの見合い調達資金が変動金利の場合，変動金利受取・固定金利支払の金利スワップを組み合わせ（両者の変動金利の基準金利は同じとする），見合い調達資金の支払利息（変動金利）に金利スワップの受取利息（変動金利）を充てることで，住宅ローンの受取利息（固定金利）と金利スワップの支払利息（固定金利）の差額の利鞘は，見合い調達資金の金利変動に影響を受けることなく確定する。
2) 移転価格は，管理会計上の内部振替価格に相当する。なお，日本の金融機関では，個別仕切りレートと称することもある。
3) 通常のイールド・カーブであれば，短期よりも長期の方が高金利となる。したがって，資金調達は短期，資金運用は長期とすることで，期間ミスマッチによる利鞘の獲得を図ることが可能である。
4) みなし固定金利エクスポージャーであるコア要求払預金を管理するために受取固定・支払変動の金利スワップの締結が必要となる場合，コア要求払預金は公正価値ヘッジのヘッジ対象に該当しないため，一般ヘッジ会計の適用ができない。したがって，コア要求払預金と見合う変動金利資産をヘッジ対象として代用の上，

343

受取固定・支払変動の金利スワップをヘッジ手段とすることで，会計上はキャッシュ・フロー・ヘッジとし，リスク管理上の ALM との両立を図ることがある。

5) 内部デリバティブとは，連結企業グループの事業単位間で締結されるデリバティブを指す。金融機関を例にとると，預貸金等の対顧客取引を行うバンキング部門が自らの金利リスクをヘッジするため，同じ企業グループ内のトレーディング部門を相手に金利スワップを締結する場合が想定される。

6) 一定の募集期間を設けて，通常よりも高金利の預金または低金利のローン商品を勧誘する期間限定のキャンペーンが該当する。なお，優遇金利の適用は，新約後に最初に到来する金利更改日までとすることがある。

7) 移転価格を純粋に ALM 目的で設定した場合，業務施策によるインセンティブを加味した収益・業績管理が十分に機能しないおそれがある。したがって，金融機関によっては，ALM 目的の振替価格とは別に収益・業績管理目的の振替価格を設ける二元的振替価格法を採用している（谷守編，2009，pp.147-150）

8) サブポートフォリオ・アプローチとは，管理対象ポートフォリオを構成する複数のポートフォリオのうち，リスクの軽減またはヘッジ活動を行っているポートフォリオだけにポートフォリオ再評価アプローチを適用するものである。比例的アプローチとは，管理対象ポートフォリオ全体に対してリスクの軽減またはヘッジ活動を行っている割合部分（例えば名目想定元本ベースで 80% をヘッジしている場合には，ポートフォリオ全体の 80% が対象）にポートフォリオ再評価アプローチを適用するものである。

9) マネジメント・アプローチの原点は，SFAS131「企業のセグメント及び関連情報に関する開示」（FASB, 1997）によるセグメントの決定方法であり，コンバージェンスの観点から，IFRS8 でも採用された経緯がある。

10) マクロヘッジ討議資料のポートフォリオ再評価アプローチに対するコメントは，財務諸表利用者と作成者間で賛否が分かれたこと等もあり，IASB は異なるアプローチも視野に再検討の上，改めて討議資料（場合によっては公開草案）を公表する方針である。

終　章

IAS39置換プロジェクトの総括及び
金融商品会計の今後の課題

はじめに

　IAS39置換プロジェクトは，2014年7月のIFRS9の改訂をもって終了し，IFRS体系の金融商品会計はIAS39からIFRS9に置き換えられ，2018年1月1日以後に開始する事業年度から適用となる。IAS39は1999年3月に公表され，2001年1月1日以後に開始する事業年度から適用につき，17年ぶり（適用ベース）の見直しになる。IAS39置換プロジェクトの当初の目的は，金融商品会計の複雑性低減であったが，開発の途中に顕在化した世界金融危機を背景とするG20の見直し要請が加わり，米国会計基準とのコンバージェンスも求められる等，様々な要素が絡み合う結果となった。また，G20の見直し要請は時限性があったことから，IAS39置換プロジェクトの最終成果であるIFRS9は，見切り発車的なところが見受けられる。いずれにしても，今後のIFRS体系の金融商品会計はIFRS9が基軸になるため，IAS39からの置き換えの意義や効果の検証は，今後予想されるIASBの適用後レビューや我が国の金融商品会計基準を見直す際の論点整理に資すると思われる。したがって，本章では，IAS39置換プロジェクトの結果を総括するとともに，同プロジェクト終了後の金融商品会計に残された主な課題を示すものとする。

1　IAS39置換プロジェクトの総括

　IAS39置換プロジェクトは，金融商品会計の複雑性低減に加えて，世界金融危機の再発防止という目的が課せられている。したがって，IAS39の置き換えの意義や効果は，これら2つの目的の達成度合が問われることになる。ここでは，金融商品会計の複雑性低減及び世界金融危機の再発防止の視点毎にIAS39置換プロジェクトの最終成果であるIFRS9を評価し，次いで両者を包含した視点から総括的な評価を行うものとする。

1. IAS39置換プロジェクトの成果としてのIFRS9の枠組み

　IFRS9は，キャッシュ・フローの回収方法（元利金取立または売却）に基

づく事業モデル及び契約上のキャッシュ・フロー特性という2つの分類規準によって，金融資産を償却原価となる元利金取立モデル，公正価値＆その他の包括利益（組替調整あり）となる元利金取立・売却一体化モデル，公正価値＆純損益となる残余の事業モデル（売却モデル等）に分類する枠組みになっている（金融負債は，原則として償却原価となる）。なお，一定の要件を充たす金融資産及び金融負債は，事業モデルに関係なく公正価値オプションを適用できるほか，資本性金融商品にはその他の包括利益オプション（組替調整なし）を適用できる。次いで元利金取立モデル及び元利金取立・売却一体化モデルに分類される金融資産の信用損失の認識と測定の方法は，原則として単一化が図られるとともに，それ以外の金融資産の減損は公正価値測定に包含される枠組みになっている。ヘッジ会計は，IAS39の会計処理を概ね踏襲しているが，ヘッジ対象及びヘッジ手段の適格要件やヘッジの有効性評価テスト等を中心に会計上の制約を緩和し，できるだけ企業のリスク管理の実態を取り入れる枠組みになっている。なお，マクロ公正価値ヘッジはマクロヘッジプロジェクトに切り離したため，IFRS9のヘッジ会計は基本的に一般ヘッジを取扱うほか，同プロジェクトの目途が着くまで，一般ヘッジはIFRS9またはIAS39の選択適用が認められる。

2. 金融商品会計の複雑性低減の視点による評価

(1) 2008年討議資料（複雑性低減）からの視点

2008年討議資料（複雑性低減）では，金融商品会計の複雑性低減に向けて，全ての金融商品に公正価値＆純損益を適用する長期的解決策のほか，公正価値と取得（償却）原価の混合測定属性モデルを前提とする中間的アプローチを提案している。IAS39置換プロジェクトの最終成果であるIFRS9は，公正価値と取得（償却）原価の混合測定属性モデルを基礎に簡素化が図られているため，長期的解決策ではなく，中間的アプローチを採用したことになる。2008年討議資料（複雑性低減）の中間的アプローチは，現行の測定規定を改訂するアプローチ1，選択的例外を伴う公正価値測定原則に置き換えるアプローチ2，ヘッジ会計の見直しであるアプローチ3を提案している。金融商品の分類区分の削減や要件の簡素化（または削減）を提案するアプロー

チ1の観点からみると，IFRS9はIAS39と比べて分類区分に大差がなく，組替調整を禁じるその他の包括利益オプションや2014年7月の改訂にて組替調整を要求する公正価値＆その他の包括利益の分類区分が加わったこと等から，測定方法の多様性は増大している。分類区分の要件の簡素化については，IAS39で償却原価となる満期保有投資区分を途中売却した際の懲罰的規定を引き継ぐことなく，IFRS9では償却原価となる元利金取立モデル（償却原価）の金融資産を途中売却しても，その売却行為自体が即座に事業モデルを否定することはない。したがって，IAS39と比べて，IFRS9では償却原価となる分類区分の要件の簡素化が図られている。選択的例外を伴う公正価値測定原則に置き換えを提案するアプローチ2の観点からみると，元利金支払いのみに限定されたキャッシュ・フローの要件を充たす金融資産で構成される元利金取立モデルだけを償却原価とし，それ以外の金融資産は全て公正価値測定とするIFRS9は，アプローチ2を採用したものといえる。ヘッジ会計の全廃（または置き換え），ヘッジ会計の簡素化を提案するアプローチ3の観点からみると，IFRS9は基本的にIAS39のヘッジ会計処理を踏襲しつつ，ヘッジ対象及びヘッジ手段の適格要件やヘッジの有効性評価テスト等を中心にヘッジ会計の簡素化が図られている。また，新たに導入されたクレジット・デリバティブを用いた信用リスクのヘッジである公正価値オプションの適用は，ヘッジ会計の置き換えにあたる。

　このように，IFRS9における複雑性の低減は，2008年討議資料（複雑性低減）が提案する中間的アプローチを組み合わせたものである。具体的には，選択的例外を伴う公正価値測定原則に置き換えるアプローチ2を主軸とし，現行の測定規定の改訂であるアプローチ1からは分類区分の要件の簡素化，ヘッジ会計の見直しであるアプローチ3からはヘッジ会計の簡素化及び部分的な置き換えを取り入れている。全体的にはIAS39と比べて公正価値の測定範囲は拡大しているが，分類区分は削減されていないため，2008年討議資料（複雑性低減）の視点によれば，IAS39からIFRS9への置き換えによる複雑性低減の効果は総じて限定的といえる。

　なお，金融商品会計の複雑性の要因の1つである金融資産の減損方法の多様性について，IFRS9では事業モデルと契約上のキャッシュ・フロー特性の

関連付けを通じて，信用減損の方法の単一化が図られている。それ以外の金融資産の減損は公正価値測定に包含することで特別な減損の方法が不要になったことは，アプローチ2を採用した効果といえる。

(2) 2008年SEC報告書からの視点

2008年SEC報告書は，財務報告制度の回避可能な複雑性のうち，特に問題視すべき項目として，①公正価値と取得（償却）原価による混合測定属性モデル，②会計基準における明確な線引き規定，③一般原則に対する例外措置，④開示に対する全体的アプローチの未整備を挙げている。①公正価値と取得（償却）原価による混合測定属性モデルについて，IFRS9でも償却原価の事業モデルがあるため，IAS39と同様に混合測定属性モデルである。したがって，各々の測定属性に固有な問題や両者間を跨ぐ問題が残る点で複雑性は解消されていない。②会計基準における明確な線引き規定について，IFRS9ではヘッジの有効性評価の閾値（80-125％テスト）や減損の認識の閾値（減損損失の客観的な証拠の存在）を廃止しているが，それに代わる新たな線引き規定が増加している。例えば，IFRS9の減損規定では，反証可能な推定規定ながら債務不履行に係る90日超延滞基準や信用リスクの著しい増大に係る30日超延滞基準のほか，例示ながら信用リスクが低いとする判断規準に信用格付の投資適格を新たに採用している。IAS39の減損規定では，具体的な日数や信用格付を用いた閾値はないため，IAS39からIFRS9の置き換えによって，会計理論では説明ができない閾値が増加したことになる。③一般原則に対する例外措置について，IFRS9では公正価値オプションを踏襲したほか，資本性金融商品に対するその他の包括利益オプション，クレジット・デリバティブを用いて信用リスクをヘッジする際の公正価値オプションを新たに採用している。これらのオプションの適用は，一定の要件を充たす必要があるが，その名称の通りに財務諸表作成者側に選択権がある会計方針であり，一般原則に対する例外措置に該当する。IFRS9の減損規定の簡便アプローチも，原則である一般アプローチからみれば選択可能な会計方針であり，ヘッジ会計もIAS39と同様に任意適用として財務諸表作成者側に選択権があることから，ともに例外措置に該当する。結果からみれば，IFRS9では，IAS39に比

べて一般原則の例外措置が増加している。④開示に対する全体的アプローチの未整備については，2008 年 SEC 報告書が前提とする米国の開示制度が FASB と SEC の二重関与という個別事情があるほか，IASB において開示の取組みプロジェクトが進行中につき，その評価は同プロジェクトの進展を待つことになる。これらのことから，2008 年 SEC 報告書の視点によれば，IAS39 から IFRS9 への置き換えによる複雑性低減の効果は総じて限定的であり，項目によっては逆に複雑性が増大している。

3. 世界金融危機の再発防止の視点による評価

　世界金融危機を背景とする G20 からの金融商品会計の見直し要請は，それ以前から進行していた金融商品会計の複雑性低減プロジェクトの問題意識と同じ視点もあれば，異なる視点もある。世界金融危機が極めて例外的な事象であるならば，例外をもって一般を規定することは必ずしも合理的ではないが，通常なら顕在化しなかった課題が浮き彫りになったとみれば，それを契機に見直すことにも合理性があると思われる。第 2 章で示した世界金融危機によって顕在化した金融商品会計の検討課題は，①市場流動性が著しく低下している状況での公正価値測定の対応，②金融資産の信用リスクの増大に対する適切な対応，③金融資産及び金融負債の分類と測定の簡素化，④金融資産及び金融負債のオフバランス処理の見直し，⑤ビジネス・リスクを含む企業の将来キャッシュ・フロー情報の開示の拡充であった。

　検討課題①「市場流動性が著しく低下している状況での公正価値測定の対応」は，世界金融危機当時に FASB 及び IASB が公正価値の階層構造の弾力的な適用を認める緊急対応を行い，その後に基準化された IFRS13 にも同様な規定が組み込まれる等，会計基準として措置がなされている。検討課題②「金融資産の信用リスクの増大に対する適切な対応」は，IAS39 の発生損失モデルに代えて，IFRS9 では予想損失モデルを採用し，信用損失の認識の閾値であった当初認識後に発生した信用減損の客観的証拠を不要とした上，測定に際して将来予測情報を反映する措置がなされている。これらの措置の実効性は未知数であるが，世界金融危機の再発防止に向けて会計基準の見直しが行われたことは事実である。検討課題③「金融資産及び金融負債の分類と測

350

定の簡素化」は，2014年7月の改訂によって公正価値＆その他の包括利益（組替調整あり）となる元利金取立・売却一体化モデルが追加されたこと等から，IFRS9への置き換えによって分類と測定の簡素化は実現せず，項目によってはIAS39と比べて複雑性が増大している。ただし，複雑性の要因である複数の減損方法の存在について，IFRS9では事業モデル及び契約上のキャッシュ・フロー特性の関連付けを通じて，信用減損の方法の単一化が図られているため，この点では簡素化がなされている。

　なお，検討課題④「金融資産及び金融負債のオフバランス処理の見直し」は，IASBが2009年3月に公開草案「認識の中止」を公表する等の見直しの動きがあったものの，最終的にIFRS9のオフバランス処理はIAS39の規定を踏襲し，開示面を改善するにとどまっている。検討課題⑤「ビジネス・リスクを含む企業の将来キャッシュ・フロー情報の開示の拡充」については，世界金融危機後に目立った動きがなかったが，最近ではIASBによる開示の取り組みプロジェクトが進行中である。したがって，検討課題④及び⑤が積み残しになっているが，これらは金融商品会計に限ったものではなく，非金融商品を含む会計制度全般に関係する性質のものである。なお，検討課題④は財務報告に関する概念フレームワークの見直しプロジェクトで改めて検討が行われており，2015年公開草案（概念フレームワーク）では「認識の中止」の定義が含まれていることから，同プロジェクトの進展を待つことになる。

4. IAS39置換プロジェクトの総括的な評価

　IAS39置換プロジェクトの当初の目的は，金融商品会計の複雑性低減であったが，途中で顕在化した世界金融危機を背景としたG20の見直し要請が加わり，その開発作業の多くはIFRSと米国会計基準間のコンバージェンスを意識したIASBとFASBの協議のもとで進められた。したがって，同プロジェクトの最終成果であるIFRS9は，当初の目的に照らした首尾一貫性の確保が困難な環境のもとで開発されたといえる。結果的にIAS39置換プロジェクトの当初の目的であった金融商品会計の複雑性低減は，複雑性の根源を金融資産の分類区分及び測定方法の多様性という視点から捉える限り，IFRS9では達成されておらず，項目によっては複雑性が増大している。2009年7月

時点の IFRS9 の事業モデルは償却原価と公正価値 & 純損益の 2 区分のところ，2014 年 7 月の改訂で公正価値 & その他の包括利益（組替調整あり）を加えた 3 区分になったため，IAS39 の分類区分と大差がなくなったといえる。加えて，IAS39 にはなかったその他の包括利益オプションやクレジット・デリバティブを用いた信用リスクのヘッジの採用等を勘案すると，IAS39 と比べて IFRS9 の分類区分及び測定方法は実質的に増加している。ただし，金融資産の測定方法を減損の観点から捉えた場合，減損の方法が複数存在した IAS39 と比べて，IFRS9 は事業モデルと契約上のキャッシュ・フロー特性を関連付けて減損の方法の単一化を図ったことは，複雑性低減につながるものである。対象となるリスク管理やヘッジ活動自体が複雑なヘッジ会計は，混合測定属性モデルを採用する限り，抜本的な複雑性低減の効果は期待できない。この制約のもと，IFRS9 の一般ヘッジ会計は，IAS39 にみられた会計基準が経済実態上のヘッジ活動を制約する規則順守主義から，企業の自発的な行動であるリスク管理を重視した原則準拠主義に方向転換することで複雑性低減を図っている。ただし，ヘッジ会計の最大の課題であるマクロヘッジは別なプロジェクトで検討中であり，その結果によっては IFRS9 の一般ヘッジ会計に影響が及ぶ可能性があるため，同プロジェクトの進展を待つ必要がある。

　このように，金融商品会計の根幹といえる金融資産の分類区分と測定方法は，分類規準の変更はあるものの，IAS39 と比べて大差がなく，逆に IFRS9 に置き換えることで複雑性が増大したところもあるため，金融商品会計の複雑性低減という目的は未達成といえる。もう 1 つの目的である世界金融危機の再発防止については，前述の 5 つの検討課題のうちで会計基準として措置済みは，①「市場流動性が著しく低下している状況での公正価値測定の対応」及び②「金融資産の信用リスクの増大に対する適切な対応」の 2 つであり，これら以外の 3 つの検討課題は積み残しになっている。検討課題①は IFRS13 の範疇であるため，結果論的には，G20 から最も強く見直しを要請された検討課題②の減損の方法を中心に IAS39 の改訂を図ることでも，IAS39 置換プロジェクトの最終成果である IFRS9 とさほど変わらない内容になる。

　したがって，会計基準の変更に伴う費用対効果の観点からすると，IFRS9

を最終成果とする今回の金融商品会計の見直しについては，IAS39 の全面的な置き換えという大上段にかまえたアプローチのほか，IAS39 の部分改訂というアプローチも選択肢として合理性があったといえる。

② IAS39置換プロジェクト終了後の金融商品会計に残された主な課題

IAS39 置換プロジェクトの最終成果である IFRS9 は，複数の目的や開発途中での追加要請が交錯したことから，必ずしも首尾一貫していないところがある。また，金融商品会計の複雑性低減プロジェクトの成果でもある IFRS9 は，同プロジェクトが提案する最終的解決策の全面公正価値会計から見れば，当面の暫定対応といえなくもない。いずれにしても，IFRS9 は金融商品会計の完成型ではないことから，ここでは IAS39 置換プロジェクト終了後の金融商品会計に残された主な課題を示すものとする。

1. 米国会計基準とのコンバージェンスとの是非

IAS39 の原型は米国会計基準であり，IAS39 置換プロジェクトの発端である金融商品会計の複雑性低減プロジェクトは，IASB と FASB の共同プロジェクトである。また，世界金融危機を背景とする G20 の見直し要請では，金融商品会計の複雑性低減に加えてコンバージェンスが求められ，2009 年 FCAG 報告書の基本原則の 1 つには「会計基準のコンバージェンス」が含まれている。IAS39 置換プロジェクトに寄せられたコメントの多くも，IFRS と米国会計基準のコンバージェンスを求めているが，FASB によって見直し作業中の米国会計基準と IFRS のコンバージェンスは不調に終わる公算が大である。IAS39 置換プロジェクトのフェーズ 1「金融資産及び金融負債の分類と測定」及びフェーズ 2「減損の方法」は IASB と FASB の共同審議のもと，途中まではコンバージェンスに向けた努力がなされていた。しかしながら，フェーズ 1 の金融資産の分類規準について，IASB は共同審議の成果である事業モデル及び契約上のキャッシュ・フロー特性を採用した IFRS9 を公表する一方，FASB は採用を取り止め，従来の分類規準を維持して修正を図る方向で基準

353

化作業を進めている。フェーズ２「減損の方法」についても，IASB は共同審議の成果である二重測定アプローチに基づく３段階モデルを IFRS9 に採用する一方，FASB は当該モデルの採用を取り止め，単一測定アプローチに基づく現在予想信用損失モデルとする方向で基準化作業を進めている。なお，従来の米国会計基準は単一測定アプローチにつき，従来の基準を維持して修正を図る点では，フェーズ１における FASB の対応方針と同じである。フェーズ３「ヘッジ会計」は IASB の単独プロジェクトであり，FASB によるヘッジ会計の見直しは 2010 年更新書案の公表後から小休止状態にあったが，2014 年 11 月にヘッジ会計プロジェクトをリサーチ・プロジェクトからテクニカル・アジェンダに変更することを決定し，2015 年 2 月から見直し作業を再開している。FASB による作業が続いているため，見直し後の米国会計基準のヘッジ会計の内容は流動的であるが，ヘッジの有効性評価テストでの「極めて有効」の閾値（80-125％テスト）は維持する等の FASB の暫定決定をみる限り（FASB, 2015），ここでも従来の基準を維持して修正を図る対応方針は同じである。したがって，金融商品に係る米国会計基準の見直しについて，FASB は IASB のような全面見直しではなく，従来の基準を維持して修正を図るアプローチを採用したと解される。米国会計基準と IAS39 との親和性が高く，結果として IFRS9 と IAS39 間に大差がないのであれば，G20 の見直し要請に関連がある箇所を中心に米国会計基準の修正を図ることは，費用対効果の観点から合理的といえる。同様なことが IASB にも当てはまるとして，会計基準の開発能力があっても採用の決定権限がない IASB にとって，自国の会計基準の決定権限を有する各国首脳の集合体である G20 から金融商品会計の簡素化とコンバージェンスの要請がある以上，最大限の努力をせざるを得ない環境にあったといえる。これに対して，FASB の主な関心事は米国資本市場の投資者のニーズであり，自らが開発した会計基準の決定権限は SEC のみが有するため，基本的には自国の便益だけを意識すれば足りる環境にある。したがって，ともに会計基準設定主体である IASB と FASB にとって，高品質の会計基準の開発という目標は同じとしても，利害関係者を含む環境の相違が両者の会計基準の開発に影響を与える可能性がある。今回の IAS39 置換プロジェクトにおいて，IFRS と米国会計基準のコンバージェンスが不

354

調に終わるならば，その要因が金融商品会計に固有なものか，またはそれ以外の環境要因によるものであるかを見極める必要がある。

2. 金融商品の会計基準と金融機関の会計基準の是非

　IFRS9は，金融機関に限ることなく，一般事業会社にも適用される。これはIFRSに関する趣意書に記載の通り，IFRSは商業，工業及び金融を含む営利企業の一般目的財務諸表に適用するために設計されることから当然であり，この趣旨に沿ってIASBは業種別の会計基準を作成していない。その観点からIFRS9をみると，IAS39置換プロジェクトのフェーズ2「減損の方法」の関連規定を中心に金融機関を意識した内容になっている。一般アプローチにおいて予想信用損失を見積もる際の12カ月，信用リスクの指標となる債務不履行の推定規定である90日超延滞基準等は，BISバーゼル銀行監督委員会の自己資本比率規制を援用したものである。同規制の援用は，原則準拠主義を採用するIFRSにおいて，規則順守主義を連想させる閾値基準をIFRS9の減損規定に取り込む結果になっている。多くの金融機関にとって，IFRS9の減損規定は現行実務の延長線上にある一方，一般事業会社にとっては馴染みがなく，会計理論上の根拠もないことから，導入に伴う費用対効果は未知数である。一般事業会社も金融商品を保有するため，信用リスクを含む金融商品のリスク管理水準の向上は必要であり，その際に金融商品の取扱いに長けた金融機関を参考にすること自体は問題がない。金融商品会計基準についても，その影響を最も受ける業種は金融機関につき，その開発（見直し）に際して，会計基準設定主体が金融機関の意見等を考慮することは理解できる。しかしながら，金融監督当局の規制方針と会計基準の目的が異なるならば，会計基準に金融監督当局の規制方針を取り込むことは問題がある。会計基準が達成すべき目的に歪みが生じるほか，一般事業会社にも金融監督当局の規制方針を押し付ける可能性があるためである。また，IFRS9の減損規定に対する金融監督当局の規制の援用が金融機関による導入負担の軽減であるならば，将来的に金融監督当局の規制方針が変更された際，会計上は必要がないにも関わらず，会計基準の変更を求める圧力の素地を抱えたことになる。マクロヘッジ会計も最大の利用者は金融機関であるため，2014年4月公表のマクロ

355

ヘッジ討議資料をみる限り，その内容は金利リスクに対する金融機関の
ALM を念頭に置いている。IASB は他業種による金利リスク以外のリスクの
マクロヘッジも視野に入れているが，実際には金融機関を想定した金利リス
クのマクロ公正価値ヘッジの開発が先行すると思われる。それ自体は時間的
な制約等の関係で理解できるが，実質的に金融機関が利用者であるマクロ
ヘッジプロジェクトの結果によっては，一般事業会社も利用者である IFRS9
の一般ヘッジ規定に影響が及ぶことが予想される。したがって，今後の金融
商品会計の開発や見直しに際して，金融「商品」の会計基準を念頭に置くな
らば，実質的には金融「機関」の会計基準にならないように，偏りがない開
発環境の整備が必要となる。

3. 全面公正価値会計への移行の是非

　IFRS9 は，IAS39 と同様に公正価値と取得（償却）原価の混合測定属性モ
デルであり，金融商品会計の複雑性低減プロジェクトによる2008年討議資料
（複雑性低減）が提案する中間的アプローチを採用した形になっている。な
お，同討議資料では中間的アプローチのほかに，長期的解決策として公正価
値＆純損益とする単一測定属性モデル，すなわち全面公正価値会計の採用を
提案している。金融商品に対する全面公正価値会計の提案自体は目新しいも
のではなく，例えば1997年の CICA・IASC 討議資料，1999年 FASB 予備見
解，2000年の JWG ドラフト基準でも同様なことが提案されている。全面公
正価値会計に関する論点としては，見積りによる公正価値の信頼性のほかに，
公正価値評価の拡大が契約における会計情報に与える影響（徳賀・太田，
2013）や金融システムにおける景気循環増幅効果の影響（草野，2012，pp.279-
285）等がある。公正価値会計の有用性に関する実証分析も累積しつつある
が，金融商品会計に係る概念的な論点としては，主観のれんがない契約上の
キャッシュ・フローに着目した金融商品の商品性に重点を置くか，経営者の
選択による金融商品への投下資本の回収方法に着目した投資スタイルに重点
を置くかの違いがある。主観のれんがない商品性に重点を置くならば，だれ
が保有しても同じであるため，その会計処理は統一することが合理的といえ
る。その際の測定属性は公正価値が妥当であるならば，金融商品会計の範疇

に限るとして全面公正価値会計に説得力があり，会計基準の複雑性低減の効果も大きいといえる。これに対して，投資スタイルに重点を置くならば，同じ金融商品でも経営者が選択した投資スタイルに応じて結果が異なるため，その会計処理も異なることが合理的といえる。その際に投資の結果を反映する測定属性として取得（償却）原価も妥当であるならば，混合測定属性モデルに説得力がある。この場合には全面公正価値会計と比べて，会計基準の複雑性低減の効果は期待できないが，複雑性が金融商品に係る経済活動自体に起因するものであれば，回避不能な複雑性として受忍すべき性質にある。比較可能性は，同じ事象は同じように，異なる事象は異なるように取り扱うことで達成されるならば，金融商品会計の比較可能性の向上は，金融商品の「商品性」または「投資スタイル」のいずれに着目するかの見極めが先決問題となる。全面公正価値会計である単一測定属性モデルと取得（償却）原価を含む混合測定属性モデルのいずれを選択するかの金融商品会計の命題の行方は，この先決問題の延長線上にあると思われる。したがって，複雑性低減に向けた金融商品会計の簡素化の努力は必要であるが，拙速によって過度な単純化に走ることなく，主観のれんを含まない契約上のキャッシュ・フローという金融商品の特性と当該商品に対する投資スタイルの選択に表れる経営者の意図の接点を巡る探究を地道に続ける必要がある。

結びに代えて

　IAS39置換プロジェクトの最終成果であるIFRS9は，IAS39と同様に公正価値と取得（償却）原価による混合測定属性モデルであるため，減損の方法やヘッジ会計等の部分的な見直しがあるものの，IFRS9とIAS39間に根本的な違いはないといえる。また，開発途中で顕在化した世界金融危機によるG20の見直し要請には時限性があったため，IFRS9は見切り発車的なところもある。金融商品のみならず，非金融商品も対象に公正価値測定の範囲拡大を目指したIASBの方針は，近年において修正された観があり，混合測定属性モデルを維持する方向にある。しかしながら，それが根本的な方針の修正であるのか，世界金融危機による公正価値会計の批判をかわすための小休止

であるのかは定かではない。金融商品会計の複雑性低減プロジェクトによれば，IFRS9 は中間的アプローチ（の組み合わせ）を採用しているが，同プロジェクトが示す最終的解決策の全面公正価値会計は，IASB と FASB が幾度となく提唱していることも事実である。IASB のメンバーは変わっても，残された課題は変わらないことから，将来における IFRS9 の適用後レビューに際しては，その場の状況に流されない適切な対応が求められる。また，今後予想される IFRS9 とのコンバージェンス作業を含む我が国の金融商品会計基準の見直しに際しては，反面教師的な側面も含めて，IAS39 置換プロジェクトの審議過程や IFRS9 の適用後レビューの内容が十分に反映されることが望まれる。

参考文献

BIS (2014) *Standards Revisions to the Standardised Approach for credit risk*, Consultative Document, Basel Committee on Banking Supervision.

BIS (2015) *Guidelines-Guidance on accounting for expected credit losses*, Consultative Document, Basel Committee on Banking Supervision.

Brunnermeier, Markus K. and Lasse Heje Pedersen (2009) Market Liquidity and Funding Liquidity, *Review of Financial Studies* 22 (6), pp.2201-2238.

CICA・IASC (1997) *Accounting for Financial Assets and Financial Liabilities*, Discussion Paper.

FASB (1977) SFAS No.15, *Accounting by Debtors and Creditors for Troubled Debt Restructurings*.

FASB (1981) SFAS No.52, *Foreign Currency Translation*.

FASB (1982) SFAS No.65, *Accounting for Certain Mortgage Banking Activities*.

FASB (1984) SFAS No.80, *Accounting for Futures Contacts*.

FASB (1993a) SFAS No.114, *Accounting by Creditors for Impairment of a Loan an Amendment of FASB Statements No.5 and 15*.

FASB (1993b) SFAS No.115, *Accounting for Certain Investments in Debt and Equity Securities*.

FASB (1995) *A Guide to Implementation of Statement 115 on Accounting for Certain Investments in Debt and Equity Securities*, FASB Staff Implementation Guides.

FASB (1996) SFAS No.125, *Accounting for Transfers and Servicing of Financial Assets and Financial Liabilities*.

FASB (1997) SFAS No.131, *Disclosures about Segments of an Enterprise and Related Information*.

FASB (1998) SFAS No.133, *Accounting for Derivative Investments and Hedging Activities*.

FASB (1999) *Preliminary Views on Major Issues Related to Reporting Financial Instruments and Certain Related Assets and Liabilities at Fair Value*.

FASB (2004) *Fair Value Measurements*, Exposure Draft.

FASB (2006a) SFAS No.155, *Accounting for Certain Hybrid Financial Instruments*.

FASB (2006b) SFAS No.157, *Fair Value Measurements*.

FASB (2007a) SFAS No.159, *Fair Value Option for Financial Assets and Financial Liabilities*.

FASB（2007b）*Valuation Guidance for Financial Reporting*, Invitation to Comment.

FASB（2007c）*Valuation Guidance Roundtable Meeting*, Minutes of The April 30, 2007.

FASB（2008a）*Reducing Complexity in Reporting Financial Instruments（Including IASB Discussion Paper, Reducing Complexity in Reporting Financial Instruments）*, Invitation to Comment.

FASB（2008b）*Accounting for Hedging Activities, an amendment of FASB Statement No.133*, Exposure Draft.

FASB（2008c）No.FAS157-3, *Determining the Fair Value of a Financial Asset When the Market for That Asset Is Not Active*, FASB Staff Position.

FASB（2009a）SFAS No.166, *Accounting for Transfers of Financial Assets, an amendment of FASB Statement No.140.*

FASB（2009b）SFAS No.167, *Amendments to FASB Interpretation No.46（R）.*

FASB（2009c）No.FAS115-2 and FAS124-2, *Recognition and Presentation of Other-Than-Temporary Impairments*, FASB Staff Position.

FASB（2009d）No.FAS157-4, *Determining Fair Value When the Volume and Level of Activity for the Asset or Liability Have Significantly Decreased and Identifying Transactions That Are Not Orderly*, FASB Staff Position.

FASB（2010a）*Fair Value Measurements and Disclosures（Topic 820）Amendments for Common Fair Value Measurement and Disclosure Requirements in US.GAAP and IFRSs*, Proposed Accounting Standards Update（ASU）.

FASB（2010b）Proposed Accounting Standards Update, *Accounting for Financial Instruments and Revisions to the Accounting for Derivative Instruments and Hedging Activities, Financial Instruments（Topic 825）and Derivatives and Hedging（Topic 815）*, Exposure Draft.

FASB（2010c）Feedback Summary-Credit Impairment and Interest Income Recognition, *Proposed Accounting Standards Update, Accounting for Financial Instruments and Revisions to the Accounting for Derivative Instruments and Hedging Activities-Financial Instruments（Topic 825）and Derivatives and Hedging（Topic 815）.*

FASB（2011）*Selected Issues about Hedge Accounting（including IASB Exposure Draft, Hedge Accounting）*, Invitation Comment.

FASB（2012a）Proposed Accounting Standards Update, *Accounting for Financial Instruments-Credit Losses（Subtopic 825-15）*, Exposure Draft.

FASB（2012b）Feedback Summary-Three-Bucket Impairment Model（July 2012）,

Proposed Accounting Standards Update, Accounting for Financial Instruments and Revisions to the Accounting for Derivative Instruments and Hedging Activities-Financial Instruments（Topic 825）and Derivatives and Hedging（Topic 815）.

FASB（2013a）Proposed Accounting Standards Update, *Financial Instruments － Overall （Subtopic 825-10）, Recognition and Measurement of Financial Assets and Financial Liabilities,* Exposure Draft.

FASB（2013b）FASB Board Meeting Minutes, December 18, 2013 Joint Board Meeting-Accounting for Financial Instruments: *Classification and Measurement.*

FASB（2013c）Feedback Summary, *Proposed Accounting Standards Update, Financial Instruments- Credit Losses（Subtopic 825-15）.*

FASB（2014a）FASB Board Meeting Minutes, January 29, 2014, Board Meeting-Accounting for Financial Instruments: *Classification and Measurement.*

FASB（2014b）FASB Board Meeting Minutes, April 4, 2014, Board Meeting-Accounting for Financial Instruments: *Classification and Measurement.*

FASB（2014c）FASB Board Meeting Minutes, August 13, 2014, Board Meeting-Accounting for Financial Instruments: *Impairment.*

FASB（2015）FASB Board Meeting Minutes, June 29, 2015, Board Meeting-Accounting for Financial Instruments: *Hedging.*

FCAG（2009）*Report of The Financial Crisis Advisory Group.*

FSB（2010）*Principles for Reliance on CRA Ratings.*

FSF（2008）*Report of the Financial Stability Forum on Enhancing Market and Institutional Resilience.*

FSF（2009a）*Report of the Financial Stability Forum on Addressing Procyclicality in the Financial System.*

FSF（2009b）*FSF Principles for Sound Compensation Practices.*

FSF（2009c）*FSF Principles for Cross-border Cooperation on Crisis Management.*

GHOS（2009）*Comprehensive response to the global banking crisis.*

IASB（2004a）*Fair Value Hedge Accounting for a Portfolio Hedge of Interest Rate Risk,* amendment to IAS39.

IASB（2004b）*Transition and Initial Recognition of Financial Assets and Financial Liabilities,* amendment to IAS39.

IASB（2005a）*Cash Flow Hedge Accounting of Forecast Intragroup Transactions,* amendment to IAS39.

IASB（2005b）*Fair Value Option*, amendment to IAS39.

IASB（2005c）*Financial Guarantee Contracts*, amendment to IAS39.

IASB（2006a）*Fair Value Measurement*, Discussion Paper.

IASB（2006b）*A Roadmap of Convergence between IFRSs and USGAAP 2006-2008*, Memorandum of Understanding between the FASB and the IASB.

IASB（2008a）*Eligible Hedged Items*, amendment to IAS39.

IASB（2008b）*Reclassification of Financial Assets*, amendments to IAS39 and IFRS7.

IASB（2008c）*Reducing Complexity in Reporting Financial Instruments*, Discussion Paper.

IASB（2008d）*Using judgement to measure the fair value of financial instruments when markets are no longer active*, An IASB Staff Summary.

IASB（2008e）*Measuring and disclosing the fair value of financial instruments in markets that are no longer active*, IASB Expert Advisory Panel.

IASB（2008f）*Financial Instruments with Characteristics of equity*, Discussion Paper.

IASB（2009a）*Derecognition（Proposed amendments to IAS39 and IFRS7）*, Exposure Draft.

IASB（2009b）*Financial Instruments: Amortised Cost and Impairment*, Exposure Draft.

IASB（2009c）*Fair Value Measurement*, Exposure Draft.

IASB（2009d）*Financial Instruments: Classification and Measurement*, Exposure Draft.

IASB（2009e）*Credit Risk in Liability Measurement*, Discussion Paper.

IASB（2010a）*Hedge Accounting*, Exposure Draft.

IASB（2010b）*Measurement Uncertainty Analysis Disclosure for Fair Value Measurements*, Limited re-exposure of proposed disclosure.

IASB（2010c）The Conceptual Framework for Financial Reporting, *Chapter1: The objective of general purpose financial reporting, Chapter3: Qualitative characteristics of useful financial information.*

IASB（2010d）*Developing common fair value measurement and disclosure requirements in IFRSs and US GAAP*, Comprehensive Project Summary.

IASB（2010e）*Fair Value Option for Financial Liabilities*, Exposure Draft.

IASB（2011）*Financial Instruments :Impairment*, a supplement to the exposure draft Financial Instruments: Amortised Cost and Impairment.

IASB（2012a）The Chapter, *Measuring the fair value of unquoted equity instruments with the scope of IFRS9 Financial Instruments*, Educational Material on Fair Value Measurement.

IASB（2012b）*Classification and Measurement: Limited Amendments to IFRS9（Proposed amendments to IFRS9（2010））*, Exposure Draft, ED/2012/4.

IASB（2013a）*Financial Instruments: Expected Credit Losses*, Exposure Draft ED/2013/3.

IASB（2013b）*Snapshot: Financial Instruments: Expected Credit Losses*, Exposure Draft.

IASB（2013c）IASB Meeting, *Outreach Feedback Summary-Fieldwork, Financial Instruments: Impairment*, Staff Paper.

IASB（2013d）IASB Meeting, *Project: Financial Instruments, Paper Topic: Definition of Default*, 16-19 September 2013, Staff Paper.

IASB（2014）*Accounting for Dynamic Risk Management: a Portfolio Revaluation Approach to Macro Hedging*, Discussion Paper DP/2014/1.

IASB（2015）*Conceptual Framework for Financial Reporting*, Exposure Draft, ED/2015/3.

IASC（1991）*Financial Instruments*, Exposure Draft E40.

IASC（1994）*Financial Instruments*, Exposure Draft E48.

IASC（1997）*Accounting for Financial Assets and Financial Liabilities*, Discussion Paper.

IMF（2007）*United States: Selected Issues*, IMF Country Report No. 07/265.

IVSC（2014）*Statement of Protocols for Cooperation on International Financial Reporting Standards and International Valuation Standards*.

JWG（2000）*Financial Instruments and Similar Items*.

OECD（2007）*Financial Market Trends No.93*, November 2007.

SEC（2008）*Final Report of the Advisory Committee on Improvements to Financial Reporting to the United States Securities and Exchange Commission*.

USBC（2010）REPORT OF ANTON R. VALUKAS, EXAMINER, *United States Bankruptcy Court Southern District of New York*.

Vayanos, Dimitri and Paul Woolley（2013）An Institution Theory of Momentum and Reversal, *Review of Financial Studies* 26（5）, pp.1087-1145.

伊藤眞（2013）『公正価値測定とオフバランス化』中央経済社。

今福愛志（2011）「財務報告におけるビジネスモデル・アプローチの有効性」『會計』第179巻第6号，1-11頁。

越智信仁（2012）『IFRS 公正価値情報の測定と監査』国元書房。

大日方隆編著（2012）『金融危機と会計規制―公正価値測定の誤謬』中央経済社。

外務省（2008）*DECLARATION SUMMIT ON FINANCIAL MARKETS AND THE WORLD ECONOMY*, November 15, 2008

外務省（2009a）*LONDON SUMMIT: LEADERS' STATEMWNT, DECLARATION ON*

STRENGTHENING THE FINANCIAL SYSTEM.

外務省（2009b）*THE PITTSBURGH SUMMIT: LEADERS' STATEMENT.*

金子康則（2011）『オフバランス会計の実務』中央経済社。

川北英隆編著（2012）『証券化─新たな使命とリスクの検証』金融財政事情研究会。

草野真樹（2012）「証券化会計と景気変動増幅効果」（大日方編著（2012）第 8 章所収）

古賀智敏（2014）「財務報告の認識基点とビジネスモデル・アプローチ」『會計』第 185 巻第 6 号，1-15 頁。

国土交通省（2010）参考資料『米国の住宅ローン市場等について』住宅局。

小林正宏・大類雄司（2008）『世界金融危機はなぜ起こったか』東洋経済新報社。

谷守正行編著（2009）『金融機関のための管理会計マネジメント』同文舘出版。

徳賀芳弘・太田陽子（2013）「会計の契約支援機能を踏まえた情報提供のあり方について─公正価値評価の拡大の影響を中心に─」『IMES Discussion Paper Series』2013-J-8，日本銀行金融研究所。

内閣府（2007）『世界経済の潮流 2007 年秋』。

内閣府（2008）『世界経済の潮流 2008 年 Ⅱ』。

中空麻奈（2009）「金融市場における CDS の功罪の整理」『証券アナリストジャーナル』第 47 巻第 10 号，5-16 頁。

日本不動産鑑定士協会連合会国際委員会（2012）『IFRSs の公正価値評価に対応した最新国際評価基準』住宅新報社。

山田辰巳（2013）『IFRS 設定の背景─金融商品─』税務経理協会。

吉田康英（1999）『金融商品の時価会計論』税務経理協会。

吉田康英（2003）『金融商品会計論』税務経理協会。

吉田康英（2010）「公開草案「金融商品：償却原価及び減損」の概要と論点」『企業会計』第 62 巻第 4 号，37-44 頁。

索引

英数字

AIG ································ 63
CDO キューブド ······················ 81
CDO スクエアード ····················· 81
CICA・IASC 討議資料 ············· 8, 194
IAS39 による金利リスクの公正価値ヘッジ特例 ·························· 313, 318
JWG ドラフト基準 ············· 9, 28, 194
OTD モデル ························· 86
3 段階モデル ···················· 206, 241
12 ヵ月の予想信用損失 ·············· 214
30 日超延滞基準 ···················· 230
80-125％テスト ····················· 290
90 日超延滞基準 ···················· 229
90 日超延滞債権 ···················· 257
1999 年 FASB 予備見解 ············· 194
2006 年 MoU ························ 10
2008 年 SEC 報告書 ················· 16
2008 年公開草案（減損）············· 12
2008 年討議資料（複雑性低減）······· 10
2009 年 FCAG 報告書 ······ 68, 204, 243
2009 年公開草案（減損）········· 206, 236
2009 年公開草案（分類と測定）······· 153
2010 年概念フレームワーク ·········· 143
2010 年公開草案（分類と測定）······· 153
2010 年公開草案（ヘッジ）········ 13, 291
2010 年更新書案 ········· 185, 243, 294
2011 年補足資料（減損）····· 12, 206, 238
2012 年限定修正公開草案（分類と測定）
································ 154
2012 年更新書案 ·············· 243, 244
2013 年更新書案 ···················· 186
2013 年再公開草案（減損）······· 12, 206

2015 年公開草案（概念フレームワーク）
······························ 143, 198, 351

あ

閾値基準 ······················ 49, 298
一般アプローチ ···················· 207
一般原則に対する例外措置 ··········· 48
一般ヘッジ会計の中止 ··············· 278
移転価格 ······················ 316, 331
入口価格 ·························· 102
インカム・アプローチ ··············· 104
インバース・フローター ············· 163
インプット ························ 107

運用・調達の期間ミスマッチ ······· 77, 85

エクイティ・モデル・ブック ········· 328

大きすぎて潰せない ·············· 18, 62
オープン・ポートフォリオ ······· 238, 313
オリジネーター ····················· 76

か

会計上のミスマッチ ················ 166
回避可能な複雑性 ·············· 16, 47
回避不能な複雑性 ·················· 47
価格発見機能 ······················ 141
観察可能インプット ················ 107
観察不能インプット ················ 107
簡便アプローチ ·············· 207, 216
元利金支払いのみに限定されたキャッシュ・フローの要件 ··············· 155

期間比例配分額 ……………………… 239	
規則順守主義 …………………………… 290	
期待現在価値技法 ……………………… 105	
基本的な貸付契約 …………… 161, 178	
キャッシュ・フロー・ヘッジ ……… 269	
キャッシュ・フロー・リスク ……… 269	
教育文書（公正価値測定）…… 122, 145, 184	
強制された取引 ………………………… 102	
緊急問題特別委員会 …………………… 145	
金融資産の再分類 ……………………… 173	

グッドブック …………………… 206, 238
組込デリバティブ ……………………… 164
クレジット・デフォルト・スワップ …… 63
クレジット・デフォルト・プロテクション ‥83
クレジット・デリバティブ ………… 82, 284
クローズド・ポートフォリオ ………… 313

景気循環増幅効果 ………… 65, 67, 138
景気循環モデル ………………………… 235
継続的関与アプローチ ………… 4, 7, 156
契約資産 ………………………………… 216
現在予想信用損失モデル …… 243, 246
原則準拠主義 …………………………… 290

コアスタンダード …………………………… 8
コア要求払預金 ………………… 319, 326
合計エクスポージャー ………………… 279
公正価値 ………………………………… 98
公正価値オプション …………………… 154
公正価値の階層別開示 ………… 109, 110
公正価値ヘッジ ………………………… 269
公正価値モデル ………………… 69, 235
公正価値リスク ………………………… 269
合否テスト ……………………… 49, 298
国際評価基準 …………………………… 146
国際評価基準審議会 …………………… 146
コスト・アプローチ …………………… 104

■ さ

在外営業活動体に対する純投資ヘッジ
……………………………………… 269
在外営業活動体の純投資の為替換算リスク
……………………………………… 269
再証券化 ………………………………… 80
債務担保証券 …………………………… 81
財務報告の複雑性 ……………………… 46
最有効使用 ……………………………… 112
誘い水的な低金利 ……………………… 75
サブプライム・ローン ………… 17, 74
サブポートフォリオ・アプローチ ……… 335
残余の事業モデル ……………………… 156

時間価値 ………………………………… 282
事業モデル ……………………………… 157
事業モデルの変更 ……………………… 173
仕組投資運用会社 ……………………… 52
資産担保コマーシャル・ペーパー …… 86
資産負債総合管理 ……………………… 316
市場参加者 ……………………………… 101
実行可能性が極めて高い予定取引 …… 269
実効金利 ………………………………… 170
支配プレミアム ………………… 123, 125
指標キャッシュ・フロー ……………… 171
指標金利法 ……………………………… 167
住宅ローン担保証券 …………………… 81
主観のれん ……………………………… 138
主要な市場 ……………………………… 99
純額オープン・リスクポジション ……… 314
純額ゼロ・ポジション ………………… 279
純額ポジションの例外措置 …………… 116
純資産倍率 ……………………………… 104
証券化 ………………………… 17, 76, 86
証券化商品 ……………………………… 182
ショート・ポジション ………………… 117
慎重性 …………………………………… 143
信用減損の発生を裏付ける客観的証拠
……………………………………… 219

信用調整後の実効金利 ················ 220
信用リスクのヘッジ ················ 284
信頼性 ································ 143

少なすぎて，遅すぎる ·············· 89, 222

世界金融危機 ························ 18
絶対的信用リスク・アプローチ ········ 226
全期間の予想信用損失 ················ 214
全面公正価値アプローチ ·············· 325
全面公正価値会計 ···················· 98

相対的信用リスク・アプローチ ········ 226
測定の不確実性 ······················ 143
その他の包括利益案 ·················· 325
その他の包括利益オプション ······· 156, 169

▍た

第1回 G20 金融サミット
　　（ワシントン D.C.） ··········· 18, 65
第2回 G20 金融サミット（ロンドン）
　　································· 19, 65
第3回 G20 金融サミット（ピッツバーグ）
　　································· 66
第3の測定属性 ······················ 300
大数の法則 ·························· 78
代用ヘッジ ·························· 320
大量保有要因 ······················ 123, 124
段階移行による激変効果 ············ 233, 249

秩序ある取引 ················ 101, 119, 141
中間的アプローチ ···················· 14, 33
長期的解決策 ························ 14, 27
懲罰的規定 ···················· 7, 34, 54, 178

追加的な信用補完措置 ················ 81

ディスカウント ······················ 123
出口価格 ···························· 102

投資適格 ·························· 216, 231
当初認識時から信用減損がある金融資産
　　································· 219
動的なリスク管理 ···················· 321
動的引当金アプローチ ················ 235
特別目的会社 ························ 76
トランシェ ·························· 78
取引コスト ·························· 99
取引初日の損益 ··············· 125, 128, 129

▍な

二重測定アプローチ ··············· 12, 207
認識の中止プロジェクト ·············· 11

値付け ·························· 101, 225
ネッティング契約 ···················· 116

▍は

パイプライン取引 ···················· 327
ハイブリッド型金利 ·················· 74
発生主義会計アプローチ ·············· 325
発生損失モデル ······················ 7
発生損失モデル ······················ 224
バッドブック ···················· 206, 238
バランス再調整 ······················ 280
パリバ ···························· 61
パリバ・ショック ···················· 62

比較会社評価倍率 ················ 103, 108
非支配ディスカウント ·············· 123, 125
非上場株式の公正価値測定 ············ 183
ビッド・アスク・スプレッド
　　························ 117, 119, 124
評価前提の規定 ······················ 112
表現の忠実性 ························ 143
非リサイクル ························ 196
ビルドアップ・アプローチ ············ 141
比例的アプローチ ···················· 335

367

フェーズ1「金融資産及び金融負債の分
　　類と測定」 ……………… 11, 153
フェーズ2「減損の方法」 ………… 12, 206
フェーズ3「ヘッジ会計」 ………… 12, 267
複合金融資産 ……………… 164, 181
複合金融負債 ……………… 165, 181
複合商品 …………………………… 165
複合商品等の公正価値オプション …… 166
負債の公正価値測定のパラドクス
　　……………… 32, 114, 167, 303
負ののれん ………………………… 128
部分ヘッジ ………………………… 271
プレミアム ………………………… 123

ペイメント・ショック ……………… 75
ベーシス・アジャストメント …… 275, 283
ヘッジ関係 ……………… 266, 272
ヘッジ手段 ……………… 266, 271
ヘッジ対象 ……………… 266, 270
ヘッジの有効性評価 ……………… 273
ヘッジ比率 ………………………… 273

ポートフォリオ再評価アプローチ …… 321
本源価値 …………………………… 282

■ ま

マーケット・アプローチ …………… 103
マージンコール …………………… 85
マクロヘッジ ……………………… 306
マクロヘッジ討議資料 ……………… 22
マスターネッティング契約 ………… 136
マトリックス・プライシング指標 …… 104
マネジメント・アプローチ ………… 341

明確な線引き規定 ………………… 48

最も有利な市場 …………………… 99
モノライン ………………………… 81

■ や

優先劣後構造 ……………………… 78
輸送コスト ………………………… 99

予見可能期間の信用損失額 ………… 239
予想信用損失 ……………………… 211
予想信用損失の二重計上 …………… 233
予想信用損失の見積り最長期間 …… 218
予想損失モデル ……………… 4, 69, 224

■ ら

リーマン・ショック ……………… 18, 26
リーマン・ブラザーズ ……………… 18
リサイクル ………………………… 196
リサイクル問題 …………………… 43
リスク・プレミアム ……………… 105, 225
リスクの二重計算 ………………… 105
リスク分散 ………………………… 78
リスク要素の部分指定 ……………… 270

レバレッジ運用 …………………… 84
レベル1インプット ………………… 108
レベル2インプット ………………… 108
レベル3インプット ………………… 108
レベル4概念 ……………………… 142
レポ取引 …………………………… 90

ロールオーバー …………………… 87
ロング・ポジション ……………… 116

■ わ

割引率調整技法 …………………… 105

【著者紹介】

吉田 康英（よしだ　やすひで）

yyoshida @mecl.chukyo-u.ac.jp

1960 年　愛知県に生まれる
1981 年　公認会計士第 2 次試験合格（会計士補登録）
1983 年　早稲田大学商学部卒業，三井銀行（現 三井住友銀行）入社
1986 年　公認会計士第 3 次試験合格（公認会計士登録）
1992 年　筑波大学大学院修士課程経営・政策科学研究科企業法学専攻修了・
　　　　　修士（法学）
1992-94 年　Ernst & Young 会計事務所（New York）勤務（出向）
1994 年　米国公認会計士登録（カリフォルニア州）
1996 年　銀行を退職し，中京大学経営学部助教授に就任
2003 年　名古屋大学大学院経済学研究科博士後期課程修了・博士（経済学）
2005 年　中京大学経営学部教授となり，現在に至る

〈主な著書〉
『金融商品の時価会計論』（税務経理協会，1999 年）
『金融商品の会計基準』（税務経理協会，2001 年）
『金融商品会計論』（税務経理協会，2003 年）日本公認会計士協会学術賞 - 会
　　員特別賞
『金融機関のための管理会計マネジメント』（共著，同文舘出版，2009 年）
『銀行経理の実務 第 8 版』（分担，金融財政事情研究会，2012 年）

平成 28 年 2 月 10 日　　初版発行　　　　　　　　　　略称：IFRS9

IFRS9「金融商品」の構図
―IAS39 置換プロジェクトの評価―

著　者 © 吉　田　康　英

発行者　　中　島　治　久

発行所　同 文 舘 出 版 株 式 会 社

東京都千代田区神田神保町 1-41　　〒 101-0051
営業（03）3294-1801　　編集（03）3294-1803
振替 00100-8-42935　　http://www.dobunkan.co.jp

Printed in Japan 2016　　　　　　　　DTP：マーリンクレイン
© Y. Yoshida　　　　　　　　　　　　印刷・製本：萩原印刷
　　　　　　　ISBN978-4-495-20431-0

JCOPY〈出版者著作権管理機構 委託出版物〉
本書の無断複製は著作権法上での例外を除き禁じられています。複製され
る場合は，そのつど事前に，出版者著作権管理機構（電話 03-3513-6969，
FAX 03-3513-6979，e-mail: info@jcopy.or.jp）の許諾を得てください。